中国法学会后期资助项目文丛

BOOK SERIES FUNDED BY CHINA LAW SOCIETY

税法的分配功能研究

Allocating Function of Tax Law

侯卓◎著

法律出版社
LAW PRESS·CHINA

中国法学会后期资助项目文丛

出版说明

为进一步落实中央《关于加强中国特色新型智库建设的意见》，充分发挥中国法学会作为党和政府联系法学法律界桥梁和纽带的作用，着力实现中国法学会作为国家法治建设领域核心智库的发展目标，为专家学者开展法学研究和成果转化提供支持，不断丰富和发展中国特色社会主义法治理论体系，中国法学会特决定设立后期资助项目，对具有重要理论和实践价值的优秀法学研究成果予以后期资助，纳入“中国法学会后期资助项目文丛”出版。2015年中国法学会后期资助项目设立以来，累计立项60余项成果，已交付出版40余部。今后每年我们还将评选确定一定数量的后期资助项目并予以出版。

中国法学会

2018年7月

目 录

Contents

导　论

一、问题的缘起

总体上讲，有三个方面的因素，促使笔者关注税法分配功能议题。

第一，分配压力与分配失衡不断凸显的现况。

伴随我国改革开放以来近四十年的经济增长，无论国家财政收入还是居民可支配收入，较之过去都有大幅提高，朝着“富国裕民”的目标不断迈进。但与此同时，各类分配压力仍现实存在，其中至为突出的是国家的财政压力[①]与国民的民生压力；“国计”和“民生”之间虽非“零和博弈”，但二者间的张力亦不可小觑，[②]分配权益向其中一方倾斜配置时，往往会加剧另一方的分配压力，甚至形成分配危机。即便在经济增长高歌猛进的时期，隐性地方债务问题便已潜滋暗长，经济高速增长、“土地财政”无序扩张一定程度上掩盖了问题的严重性；当经济发展进入中高速增长的“新

---

① 虽然财政收入在相当长一段时间内快速增长，但正如“瓦格纳定律”所揭示的，随着国民收入的增长，国家财政支出会以更大比例增长；特别是现代国家职能的日益丰富，也加剧了这一趋势。这种状况，使国家依然要面临较为严重的财政压力。

② 笔者同武汉市政府机关部分领导干部座谈，当谈及 20 世纪 90 年代至 21 世纪初的一段时间内武汉市何以经济增速相对偏缓时，曾有在场同志认为彼时市府施政“更偏重民生”也是不可忽视的原因之一。相关问题当然是十分复杂的，但该同志的“心声”确实在一定程度上彰显出“国计”与“民生”二者间可能存在的内在张力。

常态”，“土地财政”也难以为继时，地方债问题便逐渐凸显。[①] 至于民生压力，某种意义上只能缓释，无法根本解决，因为公众对国家供给公共产品的需求类似“棘轮效应”，倾向于要求公共产品供给在质与量两个维度不断提高，这就要求国家加大财政投入，此时民生压力转化为财政压力；然而“羊毛出在羊身上”，国家的财政支出仰赖充裕的财政收入，这又使民生压力不断积聚。[②] 指望一劳永逸地解决“双重分配压力”殊为不易，包括税法在内的各部门法调整国家与国民之间的分配关系时，主要任务是把握内在逻辑、合理确定基本原则，因应不同时期的特定问题，有针对性地进行制度设计。[③]

前述“双重分配压力”，处置稍有不当，即会因分配失衡而致分配危机。实际上，无论哪个层面，分配失衡都应当避免，而这恰是当下存在的比较严重的问题。除“国民分配”失衡外，目前引发广泛关注的是居民收入差距问题。根据国家统计局发布的数据，我国 2003 年以来的居民收入基尼系数[④] 如表 1 所示。

表 1　2003 年以来全国居民收入基尼系数

年份	2003	2004	2005	2006	2007	2008	2009
系数	0.479	0.473	0.485	0.487	0.484	0.491	0.490
年份	2010	2011	2012	2013	2014	2015	2016
系数	0.481	0.477	0.474	0.473	0.469	0.462	0.465

---

① 2014 年修改《预算法》时，对地方债作了较大幅度的制度革新，在主体、方式、用途、偿债资金、债务规模和管理方式、法律责任等问题上皆有所安排。参见朱大旗:《新〈预算法〉的进步》，载《国际税收》2014 年第 10 期。

② 参见张守文:《分配危机与经济法规制》，北京大学出版社 2015 年版，第 19 ~ 22 页。

③ Stavros Gadinis and Howell E. Jackson, “Markets as Regulators: A Survey, Southern California”, *Law Review*, Vol. 80, 2007, p.1239.

④ 基尼系数是用来衡量收入分配差异的重要分析指标，定量测定收入分配差异程度。其值在 0 和 1 之间，越接近 0 就表明收入分配越是趋向平等；反之，则收入分配越是趋向不平等。按照国际一般标准，0.4 以上的基尼系数表示收入差距较大，当基尼系数达到 0.6 以上时，则表示收入差距很大。

需要指出，国家统计局从2003年开始公布基尼系数的数据，2003年之前的情形可由“供领导干部和理论工作者参阅的以文摘为主的综合性内部理论刊物”所刊文章中载明的数据有所了解。[①] 为对我国居民收入分配状况有相对长程的把握，列示见表2。

表2　1981～2001年全国居民收入基尼系数（非官方口径）

年份	1981	1982	1983	1984	1985	1986	1987	1988	1989	1990	1991
系数	0.284	0.256	0.246	0.239	0.306	0.326	0.326	0.331	0.335	0.316	0.333
年份	1992	1993	1994	1995	1996	1997	1998	1999	2000	2001	……
系数	0.353	0.366	0.369	0.373	0.327	0.362	0.363	0.377	0.394	0.404	……

不难发现，我国也存在一定程度居民收入分配不公平的状况，更细致的研究还表明，“无论是城镇内部还是农村内部，居民收入差距都在不断扩大”。[②] 诚如十九大报告所阐明，我国社会主要矛盾已转化为人民日益增长的美好生活需要和不平衡、不充分的发展之间的矛盾；其中，发展不平衡、不充分的突出问题中，“收入分配差距依然较大”是一个重要方面，这表现在“有3000万人尚未脱贫，城市还有很多困难群众，社会上还存在一些弱势群体”。[③] 从决策层的定性看，有关社会主要矛盾的界定“既不是一个狭义概念，也不是短期概念”，从而须认识到其“不仅有很强的现实针对性和工作导向，还有很强的历史适应性和时间张力”，[④] 这也从某个方面凸显了相关分配问题的复杂性和长期性，以及解决起来的不易。

分配问题的解决，需要多措并举，政策和法律（尤其是经济法、财税法）是两类至为重要的手段。分配结构不仅体现为经济结构，同时也是

① 参见佚名：《历年中国居民总体基尼系数与高、中、低三组人群收入分配状况》，载《理论参考》2004年第12期。

② 杨灿明等：《规范收入分配秩序研究》，经济科学出版社2014年版，第91页。

③ 本书编写组编著：《党的十九大报告辅导读本》，人民出版社2017年版，第128页。

④ 同上书，第129～130页。

法律结构，尤其是权利结构，无论是市场主体之间的分配、公权力主体与市场主体之间的分配还是不同公权力主体之间的分配，其根源皆为权利（力）的配置。[①] 权利残缺、权力失范，常带来分配失序。[②] 法律手段中，税法的地位越发突出。但现实中，由于制度设计、变迁和运行等层面存在的问题，税法蕴含的财政性分配功能、调节性分配功能难以充分发挥，不仅未能缓释，反而在一定程度上加剧了分配失衡。

第二，决策层对税法分配功能的重视。

诸种分配问题中，收入分配不公最引人注目，决策层采取了一系列措施，试图改善收入分配状况。一般认为，自 2004 年起，收入分配改革便开启调研过程，改革进程中的重要节点及关键事项如表 3 所示。

表 3　2006 年以来收入分配改革大事件

年份	核心内容	相关文件
2006	坚持按劳分配为主体、多种分配方式并存的分配制度，加强收入分配宏观调节，在经济发展的基础上，更加注重社会公平，着力提高低收入者收入水平，逐步扩大中等收入者比重，有效调节过高收入，坚决取缔非法收入，促进共同富裕	十六届六中全会《关于构建社会主义和谐社会若干重大问题的决定》
2007	逐步提高居民收入在国民收入分配中的比重，提高劳动报酬在初次分配中的比重……初次分配和再分配都要处理好效率和公平的关系，再分配更加注重公平	十七大报告
2012	调整国民收入分配格局，加大再分配调节力度，着力解决收入分配差距较大问题，使发展成果更多更公平惠及全体人民	十八大报告

① 参见张守文：《分配结构的财税法调整》，载《中国法学》2011 年第 5 期。

② 如有学者认为，劳资关系失衡、公权力干预私权利、隐性收入大行其道是引致收入分配秩序紊乱的三个十分重要的因素。参见杨灿明等：《规范收入分配秩序研究》，经济科学出版社 2014 年版，第 93 ~ 153 页。其中前两方面因素都具有明显的权利失位、权力失范之特征。

续表

年份	核心内容	相关文件
2013	继续完善初次分配机制、健全再分配调节机制、建立健全促进农民收入较快增长的长效机制、形成公开透明、公正合理的收入分配秩序	《关于深化收入分配制度改革的若干意见》
2013	完善以税收、社会保障、转移支付为主要手段的再分配调节机制，加大税收调节力度……完善慈善捐助减免税制度，支持慈善事业发挥扶贫济困积极作用……规范收入分配秩序，完善收入分配调控体制机制和政策体系，建立个人收入和财产信息系统，保护合法收入，调节过高收入，清理规范隐性收入，取缔非法收入，增加低收入者收入，扩大中等收入者比重，努力缩小城乡、区域、行业收入分配差距，逐步形成橄榄型分配格局	十八届三中全会《关于全面深化改革若干重大问题的决定》
2014	建立由发改委牵头的深化收入分配制度改革部际联席会议制度	《国务院关于同意建立深化收入分配制度改革部际联席会议制度的批复》
2017	鼓励勤劳守法致富，扩大中等收入群体，增加低收入者收入，调节过高收入，取缔非法收入……拓宽居民劳动收入和财产性收入渠道。履行好政府再分配调节职能，加快推进基本公共服务均等化，缩小收入分配差距	十九大报告

在收入分配改革的“顶层设计”中，税法的分配规制功能得到彰显。以作为本轮收入分配改革纲领性文件的《关于深化收入分配制度改革的若干意见》为例，其中涉及税法的主要是：其一，再分配调节机制中，提出加强个人所得税调节、改革完善房地产税等，另外，集中更多财力用于保障和改善民生、加大促进教育公平力度等内容涉及财政支出；其二，改善收入分配秩序环节，提出要加快收入分配相关领域立法，其中包括税收征管、房产税等事项，另外，清理规范工资外收入等也间接地同个人所得税

法有所关联。[①]

第三，现有理论范式对税法分配功能的挖掘不够、解释力不足。

本书的一个“问题意识”在于：一方面，税法学理十分强调税法的分配功能，无论是将“分配收入”作为税收和税法的基本职能，还是以“分配法”指代税法，都印证了这一点；另一方面，制度研究中对税法分配功能的强调偏重所得税法、财产税法对收入分配的调节，相应提出的制度建议也多在这些维度上展开。事实上，无论是个人所得税还是财产税收入，在当前我国税收收入中所占比重均相对有限，而且其是否真能“调节分配”有时亦难以获得实证数据的支撑。[②]由此不免生出疑窦，贯穿税法始终的分配功能何以体现，其作为“分配法”的属性界定又何以成立？如此看来，当我们谈论税法的分配功能时，我们究竟在谈什么？便是必须直面的问题。这实际上包含两个层次：初阶问题是，税法为何能够以及如何进行分配规制；高阶，也更有待学理廓清的问题是，此税种能分配规制，彼税种亦能，此间之“分配规制”是在相同意义上展开的吗，再者，任一税种法常具有多维功能，相互间冲突与否？如果说初阶问题是就事论事的，高阶问题则更强调系统与协调，两条思维路径在研究过程中皆须自觉遵循。

作为正文之前的“导论”，这里简要概括体察税法分配功能的四个基点。首先，从内涵看，任何法律对社会关系的调整都是在分配权利、义务和责任，归根结底就是在分配利益。税法的独特性在于，其影响分配关系的手段是税收。在此意义上，无论直接分配税负，还是将税负作为“经济诱因”，都会不同程度影响分配格局。其次，从对象看，分配权益受税法

① 参见本书第五章。

② 如有学者通过实证研究发现，近年来数次对《个人所得税法》的修改，虽然理论上是朝着更加优化的收入分配格局之方向发展，但实际情况难以乐观，甚至在调节效果上讲较之旧法还有所弱化。参见郭庆旺、吕冰洋、岳希明：《税收对国民收入分配调控作用研究》，经济科学出版社 2014 年版，第 331 页。个中原因，本书第五章将会阐明。

调整的主体包括国家和国民两大类，对于前者，“税”意味着“利益”；对于后者，“税”意味着“不利益”。这里的“利益”或“不利益”，在国家和国民这两大主体内部，又会继续分配，从而形成国家与国民之间、国民之间、不同层级政府之间三组分配结构。再次，从方式看，税法在前述三组对象之间分配税收时，既可能基于财政目的、根据能力原则进行；也可能是为促进特定政策目标达致，在财政性分配基础上再为调节。由此形成税法的两类分配规范以及因之衍生的两种分配功能，但无论哪类分配规范、抑或何种分配功能的作用，都会影响前述三组分配结构。①最后，从状态看，税法的分配功能既透过静态的制度设计得以体现，又在动态的税制变迁以及税收征纳过程中彰显无余，这要求对税法分配功能的把握应立体化。②

总之，笔者认为，目前对税法分配功能的研究可能存在理论上的不自洽以及基础理论同制度研究的脱节。究其根源，实存在于对税法分配功能的理解过狭，以及在方法论上“只见树木不见森林”，学者们更多关注税法中具有调节收入分配作用的部分内容，而未置身于整体的高度予以把握。

二、文献综述——论点聚焦、范式提炼与共识梳理

文献综述的意义至少有两个方面：一是确定研究起点，通过梳理并

① 如果仅就税法的分配功能而论分配功能，不可避免地会遇到一个难题：既然需要税法发挥“调节分配”功能的制度规范只占税法总体中的那么一小部分，那么这些以“调节分配”为目标的制度，完全可能因为同税法体系中其他（追求不同目标的）制度规范发生“对冲”，而招致分配规制预期的落空。就此而论，还是应该从整体的高度去把握税法的分配功能，梳理税法分配功能的不同类别，提炼其各自的制度逻辑，并且研究税制变迁和税收征管实践中相关因素对分配功能的发挥可能产生的消极影响。

② 所以，有必要研究税法变迁中的分配权益保护，以及税收征管实践中可能存在的消解税法分配功能的因素等问题。相关讨论分别集中于本书的第四章和第五章。

且贮存相关文献之中的学术洞见，为正文研究的展开提供“前进阵地”与“理论养分”；二是明晰研究“边界”，税法的分配功能问题至为重要，其中有待拓掘之处颇多，依循不同的研究路径，常生“横看成岭侧成峰”之感，进行文献综述便于把握“重叠共识”，明晰本研究的关注重心，即前人关注较少或存在认识误区的问题。后一层面的考虑更为重要，故此，本部分的文献综述侧重梳理相关成果的研究思路，提炼相应的理论共识，进而发掘可能的创新空间。

（一）“分配是否成为一个问题”的诸神之争

收入分配是否重要？在理论上这并非不言自明的问题。经济学界就此形成判然有别的两派意见：大卫·李嘉图最早提出“确定调节分配的法则是政治经济学的基本问题”，约翰·穆勒强调“只有在落后国家，生产的增长才是依然重要的目标”并认为“在最发达的国家，经济所需要的是更好的分配”，约翰·克拉克更是重申分配“超乎一切的重要性”；而对分配问题的强调自“二战”前始受到另一派学者的抨击，庇古在其名著《福利经济学》中认为，“假定穷人所得的份额不减，国民收入规模增加，只要这两条分别成立并且其他因素不变，必然会带来经济福利的增加”，西蒙斯也重述了此种观点，“我们的首要问题是生产……而不是各种可能的收入再分配”。[①] 前述经济学家从效率导向出发反对过分重视收入分配，也有学者以作为“基本的人类价值”的自由为逻辑起点，主张古典的、“不接受某些事情的”自由，认为以索要资源为特征的积极自由将“使强制成为必要并导致恐惧”，进而反对与程序公正相对的“社会公正”，“当政府被赋予一种再分配职能时，它会因此而不按照形式平等的原则对待公民……当再分配成为西方社会中政府的一项事务时，个人自由权和法治就处于被

① 参见［美］马丁·布朗芬布伦纳:《收入分配理论》，方敏等译，华夏出版社 2009 年版，第 1 ~ 6 页。

削弱的危险之中”。[①] 凯恩斯则从证明论述一定程度分配差异的合理性,“人类的危险的癖好可以被疏导到比较无害的渠道之中，而癖好如果不以此种方式得以满足，那末，它们会被用之于残暴、肆无忌惮地对个人权力和权威的追求以及其他方式的自我高大化……人们对他们自己的银行存款实施暴政比他们对他们的同胞们实施暴政要好一些”。[②]

法学和政治学有关分配议题的研究，背景皆是市民社会与国家分野的产生，以及在此语境下个人对财产的稳定占有。故财产权是分配论题得以发蒙的源头，唯有确立了个人的财产权，才能够在社会划分你与我、你的东西与我的东西的区别。[③] 法学对分配问题的关注一方面较多聚集于抽象的法哲学论题；[④] 另一方面则落实到对诸种经济关系的复合调整属性，其中包括对于所有权关系的调整属性、对交易关系的调整属性、对分配和消费关系的调整属性，并将分配作为法律的一项机能来看待。[⑤] 中国法语境下，分配议题被自由、竞争、秩序与调控四项基本范畴与机能消解了。[⑥] 但分配问题并非“不入寻常百姓家”，为防范和化解居民收入差距较大引发社会不稳定，收入分配改革已是如火如荼，经济发展成果怎样才能惠及全体国民，成为上下求索的命题。[⑦] 政治学家对此也有较为激烈的争论，近几

---

① 参见［德］柯武刚、史漫飞:《制度经济学：社会秩序与公共政策》，韩朝华译，商务印书馆 2000 年版，第 90 ~ 95 页。

②［英］约翰·梅纳德·凯恩斯:《就业、利息和货币通论》(重译本)，高鸿业译，商务印书馆 2011 年版，第 388 页。

③ 高全喜:《休谟的政治哲学》，北京大学出版社 2004 年版，第 112 页。

④ 对分配正义的法哲学探讨，是古希腊以降的重要传统，无论是原始的研究文献，还是“后世继之”的拓掘式研究，都可谓汗牛充栋。其中不同时期比较有代表性的思想家有亚里士多德、霍布斯、洛克、休谟、马克思等。

⑤ 刘瑞复:《经济法学原理》，北京大学出版社 2013 年版，第 56 ~ 60 页。

⑥ 邱本:《经济法总论》，法律出版社 2007 年版，第 33 页。

⑦ Ramakrishnan, Dr., “Financial Literacy—The Demand Side of Financial Inclusion”, Accessed on June 2, 2011. Available at http://ssrn.com/abstract=1958417 or http://dx.doi.org/10.2139/ssrn.1958417.

十年最主要的议题是：分配正当性的根据是什么？若说基于不同立场的论者都承认“权利”是分配正当性的根据，那么，“权利”又该如何分配，才能满足正义标准？就此而言，罗尔斯和诺奇克之间存在争论。罗尔斯着眼于“平等的权利”，提炼公平正义的两个原则以替代功利主义的衡量标准，认为平等具有先验性，若无正当、充足理由支撑“不平等”，便应该平等；[①]罗尔斯分配正义观的背景是国家的再分配功能，诺奇克则更信赖市场机制的自发作用，认为市场机制不仅维持生产的效率，同时也维护了分配正义，据此，其提出“资格理论”，从持有的原初获取、持有的转让之角度论证“持有正义”的观点，从而建构出了与罗尔斯有所区别的分配正义理论。[②]值得注意的是，近年来有不少财政政治学者从分配正义的角度对各税种制度进行了系统批判，显见其认为分配是一个十分重要的问题。奥康纳对于将收入作为衡量税负能力核心指标的做法提出商榷意见，认为“把收入而不是财富使用作为支付能力的一个测量指标明显不利于工人，而是有利于

---

① 罗尔斯提炼出的两个正义原则是：第一，每个人对与其他人所拥有的最广泛的平等基本自由体系相容的类似自由体系都应有一种平等的权利；第二，社会和经济的不平等应被妥善安排以使其被合理地期望适合于每一个人的利益，并且地位和职务向所有人开放。罗尔斯指出其中第二个原则大致适用于收入和财富的分配，虽然前述分配无须平等，但必须合乎每个人的利益。参见［美］约翰·罗尔斯：《正义论》（修订版），何怀宏、何包钢、廖申白译，中国社会科学出版社 2009 年版，第 47 ~ 48 页。

② 诺奇克的“持有正义”理论的基本界定是：第一，如果一个人根据获取的正义原则获取了某个持有物，则其对该持有物是有资格的；第二，如果一个人根据转让的正义原则从另一个有资格拥有该持有物的人那里获取了持有物，则这个人对该持有物是有资格的；第三，除非通过前两个条件的应用，否则任何人对持有物是没有资格的。诺奇克的分配正义观概言之即为：“如果每一个人对该分配中所拥有的持有都是有资格的，那么一种分配就是正义的。”参见［美］罗伯特·诺奇克：《无政府、国家与乌托邦》，姚大志译，中国社会科学出版社 2008 年版，第 180 ~ 184 页。诺奇克的理论影响也十分之广，比较有意思的是，有学者从天主教的观点论证了其观点的正当性，其基本的论证思路是：天主教教义确立其观点与信念的前提是“社会正义”，在这方面，无论是富人还是穷人，仅有权拥有仅能维持生存的最低限度的财富；所以任何多于这个最低限度的财富，都是由全人类共同拥有的，而实际上并不是对这些财富享有私有财产权的人拥有的。Kilchrist，Erica，Block，Walter，“Distributive justice”，*International Journal of Social Economics*，33.1，2006，pp.102-110.

资本”。在此基础上，其进而从分配正义的视角对若干税种进行了批判，如认为企业所得税会受到商界领袖的欢迎，因为“垄断部门的企业控制了价格，因而能够把公司所得税转嫁给消费者”，而个人所得税仅具有形式上的累进性，在实质上则是累退的，这是由于“因漏洞巨大而使富有家庭能够逃避高边际税率”。① 彼得斯卓有成效的税收政治学研究中，也就财政幻觉、税收优惠的分配效果等议题作了阐发。②

（二）其他学科的研究进路

经济学对分配问题的研究常见三种进路。

一是研究收入分配与经济增长的关系。此种进路较多运用回归模型，且多以“消费需求”作为中介因素，基本范式是收入分配影响消费需求，最终影响经济增长，③ 亦有部分学者重申收入分配不平等与经济增长间存在的库兹涅茨倒 U 形关系。④Martin Bronfenbrenner 作为新古典主义收入分配的代表人物，重新阐释了收入分配的重要性，认为应当进行适当分配以避免经济总量失衡，并需要以更务实的态度对待分配理论和分配政策。⑤

---

① [美] 詹姆斯·奥康纳:《国家的财政危机》，沈国华译，上海财经大学出版社 2017 年版，第 194 ~ 199 页。

② 参见 [美] B. 盖伊·彼得斯:《税收政治学》，郭为桂、黄宁莺译，凤凰出版传媒集团、江苏人民出版社 2008 年版，第 153、191 ~ 208 页。

③ 这方面的代表性成果包括但不限于：参见杨灿明等:《论经济发展方式与收入分配秩序》，载《财贸研究》2010 年第 5 期；贾康:《调整收入分配惠顾低收阶层》，载《中国政党干部论坛》2010 年第 6 期；刘东皇、沈坤荣:《收入分配、居民消费与经济发展方式转变》，载《华东经济管理》2010 年第 11 期；臧旭恒、张继海:《收入分配对中国城镇居民消费需求影响的实证分析》，载《经济理论与经济管理》2005 年第 6 期；张东辉、司志宾:《收入分配、消费需求与经济增长——来自中国农村的证据》，载《福建论坛》（人文社会科学版）2006 年第 9 期；罗小憨:《收入分配差距对消费需求和经济增长的制约作用》，载《现代财经》（天津财经学院学报）2004 年第 11 期；等等。

④ 参见尹恒等:《收入分配不平等与经济增长——回到库兹涅茨假说》，载《经济研究》2005 年第 4 期。

⑤ See Martin Bronfenbrenner, “Income Distribution Theory”, *American Journal of Agricultural Economics*, Vol. 55, No. 4, 1973.

二是研究分配机制与收入分配的关系。该种研究进路的基本逻辑前提是认为收入分配差距只是收入分配不公的外在表现，根源在于收入分配机制的不规范，因此，打造一个以公开透明、公正合理为特点的规范性的收入分配秩序是至为重要的。[①] 由此出发，不同学者对现行分配机制的主要缺陷以及相应的完善方向之认识有一定差异，高培勇强调国有企业收入分配机制、政府部门收入分配机制、调节过高收入的再分配机制，[②] 龙玉其将二元结构与非均衡发展战略、收入分配秩序的混乱、劳动者收入保障机制的缺失和再分配的调节作用缺失作为完善对象，[③] 刘尚希则更为关注城乡分治、公共产权和垄断造成的财富不当转移。[④] 比较有代表性的观点认为，税收和社会保障制度是完善分配机制的重要着力点。[⑤] 域外研究中，Lazare Teper 以社会工资薪金增长速度、家庭数量、116 种不同职业、年龄、婚姻状况、肤色、居住区域、教育背景以及女性外出工作比例作为变量，建立其与收入分配总体状况之间的多元回归关系，一定程度上是从微观层面检视分配格局的机制性成因。[⑥]S. R. Hashim 则通过分析印度贫困状况、经济增长、民主传统、收入分配、社会保障等因素，指出印度收入分配相对公平源于以下原因：重视农业与粮食安全，支持微型农业、小微企业与小额出口。但他同时指出，重视权利保障和民主是收入分配公平的价值取向，而这点印度做得还不够，这是由相对宏观的维度审视收入分配状况的机制

---

① Boukouras, Aristotelis and Koufopoulos, Kostas, Separation of Powers, “Political Competition and Efficient Provision of Public Goods”, Accessed on April 13, 2009. Available at http://ssrn.com/abstract=1394942 or http://dx.doi.org/10.2139/ssrn.1394942.

② 高培勇:《着力打好规范收入分配秩序的硬仗》，载《经济日报》2013 年 2 月 7 日，第 3 版。

③ 龙玉其:《中国收入分配制度的演变、收入差距与改革思考》，载《东南学术》2011 年第 1 期。

④ 刘尚希:《分配存量制度方面存在问题才是造成贫富差距的关键》，载《农村工作通讯》2013 年第 1 期。

⑤ 李雪筠:《建立正常的国民收入分配机制缩小居民收入差距》，载《财政研究》2003 年第 6 期。

⑥ Herman P. Miller, “Income Distribution in the United States by Review”, *Journal of Marketing Research*, Vol. 4, No. 4, 1967.

成因所决定的。[①]

三是研究财税制度与收入分配的关系。此种研究进路的讨论重心是财税制度如何改善收入分配，另有部分研究成果质疑财税制度改善收入分配的效用。皮凯蒂的观点相对激进，其认为富人在分配链条中居于优越地位的关键不在于辛勤工作，而是来自其已然拥有的财富，其将分配不公分解为劳动收入不平等、资本所有权及其收益的不平等两方面，[②]这一思想贯穿于他对累进税制等议题的分析之中。在我国，现行财税制度“逆调节”的观点相当有市场，[③]较温和者也强调“现行税制无助公平收入分配”，[④]这意味着制度完善有较大空间。贾康建议通过结构性减税、降低间接税比重、加大国有资本收益的收缴力度三大举措来改善收入分配，[⑤]高培勇从提高居民收入在分配中的比重、建立工资协商制和增长机制、放开对垄断行业的准入限制和运用财税手段促进再分配四个角度去提出政策建议，其同样强调提高直接税比重、降低间接税比重以强化税收的分配调节作用。[⑥]特别需要注意的是，针对某些具体的财税制度能否调节分配，学者们歧见纷

① S. R. Hashim, “Economic Growth and Income Distribution: The Indian Experience of Development”, *Economic and Political Weekly*, Vol. 33, No. 12, 1998.

② 参见［法］托马斯·皮凯蒂：《21世纪资本论》，巴曙松等译，中信出版社2014年版，第242页。

③ 参见彭腾：《收入逆向分配与财税制度完善》，载《现代经济探讨》2008年第7期。

④ 具言之，我国税制整体具有比较明显的累退性，加剧了收入分配的不平等。间接税的累退性在我国没有改变，而且在城乡二元结构下还引起了城乡收入不平等的加剧；个人所得税等直接税亦未能充分发挥调节收入分配的功能，主要原因在于平均有效税率过低。参见郭庆旺、吕冰洋、岳希明：《税收对国民收入分配调控作用研究》，经济科学出版社2014年版，第357页。

⑤ 参见贾康：《财政体制改革与收入分配结构调整》，载《上海国资》2010年第12期；贾康、刘微：《提高国民收入分配“两个比重”遏制收入差距扩大的财税思考与建议》，载《财政研究》2010年第12期。

⑥ 参见高培勇：《怎样让我国收入分配更合理》，载《人民日报·海外版》2010年11月22日，第5版。

呈，这在房产税等领域表现得尤为突出。[①]值得注意的是，经济学家意识到运用财税手段调节分配时要关注公平与效率间的张力，如 Earl R. Rolph 认为，对税收规则的评估将最终决定对分配公平与效率的偏好，因此应当通过使用累进税率和更多的财政手段改变富人阶层的行为方式，同时关注最贫困群体的生存状况，以达到超越公平与效率的社会性目标。[②]

社会学就分配问题的研究多循两条路径展开。一是社会保障与收入分配的关系，强调社会保障之于收入分配的积极作用；[③]二是人力资本与收入分配的关系。[④]此外，也有一些非常微观的研究值得关注，比如工会活动与收入分配正义间的关联度，[⑤]这类研究较鲜明地体现了社会学研究的基本

---

① 夏商末认为房产税能够调节收入分配不公属于“过时的理论”，其不仅无法调节分配，还将造成福利损失，参见夏商末:《房产税：能够调节收入分配不公和抑制房价上涨吗？》，载《税务研究》2011 年第 4 期；李娇、向为民的态度相对柔和，其从“结构和整体的视角”，运用实证分析方法，对房产税的分配效应进行检视，认为其分配效应整体上为正，但受到很多外在因素的制约，得出结论“收入分配并非房产税功能定位之首选，而应作为辅助手段”，参见李娇、向为民:《房产税收入分配效应的实证检验——基于结构和整体的视角》，载《当代财经》2013 年第 12 期；而更多的学者认同房产税的再分配效应，在此基础上研究其“对完善收入结构的推动作用”，参见沈萌:《房产税改革对财产性收入分配影响的实证分析》，载《经济研究导刊》2013 年第 9 期。

② Earl R. Rolph, “Equity Versus Efficiency in Federal Tax Policy”, *The American Economic Review*, Vol. 40, No. 2, Papers and Proceedings of the Sixty-second Annual Meeting of the American Economic Asociation (May, 1950), pp. 391-404.

③ 这方面的代表性成果包括但不限于：高文书:《社会保障对收入分配差距的调节效应——基于陕西省宝鸡市住户调查数据的实证研究》，载《社会保障研究》2012 年第 4 期；郑功成:《收入分配改革与中国社会保障发展战略》，载《中国社会保障》2010 年第 10 期；江治强:《我国社会救助发展方向与政策调整——基于分配正义视角》，载《社会保障研究》2011 年第 2 期；等等。

④ 这方面的代表性成果包括但不限于：龚刚、杨光:《从功能性收入看中国收入分配的不平等》，载《中国社会科学》2010 年第 2 期；王甫勤:《人力资本、劳动力市场分割与收入分配》，载《社会》2010 年第 1 期；等等。

⑤ See John W. Budd, “Union Wage Determination in Canadian and U.S. Manufacturing, 1964-1990: AComparativeAnalysis”, *Industrial and Labor Relations Review*, Vol. 49, No. 4, 1996. 该研究通过对比 26 年间美国和加拿大名义工资和实际工资之间的涨幅差别，指出美国的工会在促进收入分配公平方面所起到的作用远不如加拿大。

范式。

（三）法学研究的“重叠共识”

经济法、财税法学者对分配议题有所关注，并在某些方面初具共识。

1. 经济法总论层面的共识

首先，实质正义是经济法调节收入分配的价值起点。史际春、邓峰认为，经济法的实质正义观，在于实现社会范围内的实质性的、最大多数人的、社会性的正义和公平，针对不同情况和不同主体予以不同的法律调整，“它包含着公共领域的分配正义的内容，而不仅是基于私法的校正正义”。[①] 实质正义被不少学者认为“充分表达和阐释了经济法作为一个独立法域所特有的价值理念”，[②] 受其指引，在主体之间分配权利、义务和责任时要“根据主体在经济关系中的地位和身份进行分配，平等的社会关系平等分配，不平等的社会关系倾斜式分配”，[③] 这就为国家进行分配调节提供了正当性注解，[④] 并可作为对于具体制度的评判标准。[⑤]

其次，经济法手段调节收入分配主要集中在再分配维度上。漆多俊强调法律具有利益和权利的分配功能，一国宪法是该国利益、资源和权利的总分配书，部门法是各自领域的分配书，经济法在利益和权利的分配上意义重大；经济法在民商法等法律所作权利分配的基础上，对原有权利安排

---

① 史际春、邓峰：《经济法总论》（第 2 版），法律出版社 2008 年版，第 140 页。

② 李昌麒：《经济法理念研究》，法律出版社 2009 年版，第 138 页。

③ 薛克鹏：《经济法基本范畴研究》，北京大学出版社 2013 年版，第 169 页。

④ 经济法的“实质正义观”，被普遍认为是其得以调节收入分配的价值起点，持此种观点的研究成果如张东：《分配正义与收益公正分配》，载《法学论坛》2012 年第 1 期。

⑤ 如有学者便认为我国现行的《个人所得税法》过分强调个税的形式正义而忽略了对像家庭经济负担等体现税收实质正义的合理要素的考量。参见陈业宏、曹胜亮：《个人所得税法实质正义的缺失考量——以纳税人家庭经济负担为视角》，载《法学杂志》2010 年第 5 期。

做出适当调整和再分配。[①] 张守文亦指出宪法和不同的部门法从不同侧面调整分配结构，初次分配涉及各类产权以及相关的收益分配权，主要由宪法和民商法等传统法调整，经济法、财税法等"现代法"则在再分配层面作用更大。[②] 此种思路在经济法学界已成共识。[③]

最后，经济法调节分配的手段多元。薛江武建议加大财税杠杆调节收入分配的力度，同时完善工资、社保、教育等领域的制度设计，[④] 其还阐发了反垄断法、宏观调控法和国家投资经营法的再分配调节功能。[⑤] 总体上，工资、价格、金融、反垄断、税收、财政六个维度，被视作调节分配的重要方向。[⑥]

2. 财税法层面的共识

首先，分配规制是财税法的重要功能。陈清秀认为税法追求个别纳税义务人的利益、利害关系人利益、国家社会公共利益三者间的均衡，[⑦] 分配正义便是利益均衡的具体表现。刘隆亨将在国家、企业、个人三者间以及各自内部协调配置资源作为财税法的基本职能。[⑧] 徐孟洲等指出财税法具有筹集财政资金和利益配置的功能，法的工具性价值中的分配性价值在财税法中体现得尤为明显。[⑨] 刘剑文将收入分配正义界定为财税法的功能意

---

① 参见漆多俊:《经济法基础理论》(第5版)，法律出版社2017年版，第168～169页。

② 参见张守文:《分配危机与经济法规制》，北京大学出版社2015年版，第98～103页。

③ 参见张德峰:《经济法再分配功能之体现》，载《法学评论》2008年第2期；李胜利:《分配法与再分配法》，载《法学评论》2008年第2期；颜运秋、周晓明:《经济法的再分配功能及其发挥——以分配正义为视角》，载《山东警察学院学报》2009年第2期；等等。

④ 参见薛江武:《完善我国收入分配机制的经济法思考》，载《河北法学》2008年第8期。

⑤ 参见薛江武:《收入分配之经济法调节》，江西人民出版社2011年版，第95页。

⑥ 参见肖京:《公平分配及其经济法实现机制》，载张守文主编:《经济法研究》(第9卷)，北京大学出版社2011年版，第65～84页。

⑦ 参见陈清秀:《现代财税法原理》，元照出版有限公司2015年版，第89页。

⑧ 参见刘隆亨:《中国财税法学》(第2版)，法律出版社2010年版，第17页。

⑨ 参见徐孟洲等:《财税法律制度改革与完善》，法律出版社2009年版，第33页。

蕴，认为“财税法与收入分配改革具有制度上的相互契合和逻辑上的内在联系”。[①]张守文认为“税法是对各类主体的利益的平衡，是分割社会财富的利器”，[②]进而分别检视狭义财政法和税法的保障分配之功能。[③]张怡等建构“衡平税法”的理论体系，据此提出制度建议，特别强调税负衡平的目标是在非均衡经济的宏观背景下，“通过税制的设计，运用税负水平进行调节，以达到社会财富公平分享的效果”。[④]当然，税法的分配功能究竟系单一抑或多元、如何透过类型化把握，能否以狭义的“分配调节”涵盖，尚待廓清。

其次，税收公平是税法的基本原则，也是税法分配规制的目标。[⑤]税收公平作为税法的一项基本原则，[⑥]指引税制设计。林晓建构分税、定税、征税和用税四维公平的分析框架，[⑦]税法进行分配规制时应重视这些方面。刘少军、翟继光强调税收公平仅是税法公平的狭小部分，法的公平指社会公平，故还应关注社会公平的实现。[⑧]徐孟洲、徐阳光将税法的基本原则

---

① 刘剑文：《强国之道——财税法治的破与立》，社会科学文献出版社 2013 年版，第 53 页。

② 张守文：《财富分割利器——税法的困境与挑战》，广州出版社 2000 年版，第 338 页。

③ 参见张守文：《财税法学》（第 3 版），中国人民大学出版社 2011 年版，第 7 ~ 8、23、128 ~ 129 页。

④ 张怡等：《衡平税法研究》，中国人民大学出版社 2012 年版，第 84 页。

⑤ 域外学者认为，税收公平特别是其中的横向公平，不仅是调节分配的目标，也是组织收入功能实现时应遵循的原则。这是因为“它维持了当下的正义……可以通过福利收益，在税收增加的过程中，通过共享协议而达致分配正义”。Galle，Brian，“Tax Fairness”，*Washington and Lee Law Review 65.4*，2008，p.1323.

⑥ 参见［日］金子宏：《日本税法》，战宪斌、郑林根等译，法律出版社 2004 年版，第 64 ~ 71 页；陈清秀：《税法总论》，元照出版有限公司 2012 年版，第 51 ~ 57 页；等等。

⑦ 参见林晓：《税收公平的四种体现与重塑我国税收公平机制》，载《税务研究》2002 年第 4 期。对具体制度的研究也有运用该分析框架的情况，参见刘剑文：《论房产税改革正当性的五维建构》，载《法学研究》2014 年第 2 期。

⑧ 参见刘少军、翟继光：《税法学》，中国政法大学出版社 2008 年版，第 63 页。李刚也将税法的公平价值区分为三个层次：平等适用税法是第一层次的形式正义；征税公平是第二层次的实质公平；本质公平是第三层次的公平价值。参见李刚：《税法与私法关系总论——兼论中国现代税法学基本理论》，法律出版社 2014 年版，第 167 ~ 190 页。

划分为公德性原则和政策性原则，[①]税收公平属公德性原则，税法社会政策原则属政策性原则，但二者均与分配相关——前者要求之横向公平、纵向公平同分配正义直接相关，后者也强调通过财政收支实现再分配。可见，虽然税收公平对税法分配功能之发挥影响最深，但其并非唯一指标，本书区分两类税法分配功能的逻辑起点正在于此。

最后，不同的具体税法制度，各蕴含一定的分配功能，学界研究概述如下：

第一，个人所得税法之于收入分配的作用最值得强调。朱大旗较早提出将调节分配作为个人所得税法完善的方向。[②]施正文认为个人所得税法的完善可解决收入分配格局中劳动报酬和居民收入均占比过低的问题，个人所得税法应在逐步提高收入规模的基础上，强化调节收入分配的功能，建构综合与分类相结合的课税模式。具体制度方面，实体制度的改进方向是完善费用扣除制度、优化税率结构；程序制度改进的关键是建立源泉扣缴与自行申报相结合的征管模式，健全个人收入信息监控制度。[③]张守文等借鉴阿玛蒂亚·森提炼的能力概念，建构“分配能力”的分析框架，从市场—非市场、直接—间接、显性—隐性等不同维度探析影响分配能力的因素，进而分析如何完善个人所得税法以改善收入分配。[④]

第二，财产税法的分配调节功能也已引起部分学者的关注。陈少英将公平社会财富分配作为财产税制变革的目标，[⑤]强调对财产的存量征税，恰

---

① 参见徐孟洲、徐阳光:《税法》(第4版)，中国人民大学出版社2012年版，第27～32页。公德性原则又称公理性原则，同法律的基本属性相关，政策性原则同各国各时期实行的体制和基本政策相关。这种对法律原则的区分方法另见漆多俊:《经济法基础理论》(第5版)，法律出版社2017年版，第173～174页。

② 参见朱大旗:《关于完善个人所得税法若干重大问题的法律思考》，载《法学家》2001年第3期。

③ 参见施正文:《分配正义与个人所得税法改革》，载《中国法学》2011年第5期。

④ 参见张守文等:《公平分配的财税法促进与保障》，北京大学出版社2017年版，第186～200页。

⑤ 参见陈少英:《宪法框架下我国财产税法的变革》，载《交大法学》2014年第1期。

与所得税法侧重对增量财产征税互为补充，并由此检讨了学界长期以来将财产税法研究边缘化所造成的财产税分配调节功能弱化，甚至出现“逆调节”的后果。[①]

第三，过去普遍认为直接税对量能课税的体现比较充分，而间接税某种程度上具有“累退”特征，难以体现量能课税。[②]然亦有学者提出，间接税同样遵循量能课税，如翁武耀指出，“消费开支是一种除了所得之外的捐税能力的补充性体现。既不是用于最低生活保障也不是用于所得生产的必要花费，确实表现出消费者对于消费的自由处置能力，因此具有捐税能力”，从而间接税制设计亦应体现量能课税。[③]实际上，人们熟识的“收入和财产指标可以更好地衡量税负能力”之判断，严格来讲或仅停留在纸面上：一方面，收入本身未必能准确地衡量纳税人的“能力”，一个身患疾病的人为了防备疾病恶化可能会更努力工作，此时以收入衡量的纳税能力也许大于一个身体健康（因对未来的良好预期而选择在当期投入更少的工作时间）的人，这种情况下对前者征收更高的税收并不合理；另一方面，一生收入最能反映纳税人的纳税能力，但将“一生”作为纳税的时间跨度显为国家“不能承受之长”，常见之“年”、“月”或“次”的时间跨度则可能引发横向不公平（获取收入是否稳定影响税负高低，特别是在累进税制安排下这一点更加明显）。就此而论，流转税将消费作为衡量纳税能力的指标，在某些场合更能反映纳税能力，“在人们可以预测自己的一生收入以及在不存在信贷约束的条件下，人们的消费主要由一生收入（的预测值）决定”，不会因某一年收入的偶然下降而大幅减少消费，反之亦

---

① 参见陈少英:《税收债法制度专题研究》，北京大学出版社 2013 年版，第 248 ~ 262 页。

② 参见刘剑文、熊伟:《税法基础理论》，北京大学出版社 2004 年版，第 135 页。

③ 参见翁武耀:《量能课税原则的若干适用问题》，载《中国财税法学研究会 2014 年年会暨第 21 届海峡两岸财税法学术研讨会论文集》。

然，这更贴近真实的纳税能力。[①]

第四，税法变革涉及分配利益的调整，亦应注意公平问题。张富强审视“营改增”试点扩围，指出其中背离分配正义的部分，进而提出合理设计税负水平、完善优惠措施、完善纵向税收分配制度和制定《增值税法》四大对策。[②]

由上可见，目前有关税法分配规制的论述，多建立在经济学对税收分配调节功能的研究之基础上，侧重于“调节”面向。这固然很有意义，但局限于此则不免成为税收经济学的附庸，更具法学特质的研究进路毋宁是从制度规范着手，提炼税法承载之分配功能，在类型化基础上检视各类分配功能正当、高效发挥的核心要素，并在税制变迁及征管实践等动态视域下探求功能实现的路径问题。

（四）具体论题的智识基础

本书述及的若干具体议题，亦有相关研究文献，此处择要梳理之。

第一，关于税法规范和税法功能之类型化研究。葛克昌从外在形式上将税法划分为财政收入目的税法与管制诱导目的税法，认为二者均以税收作为工具，但前者以量能课税作为价值导向，后者系牺牲量能课税而达到管制诱导目的，故其并非税法规范，而应依管制诱导之政策目的，归入经济法、社会法范畴。[③]陈清秀将税法规范区分为三类：财政目的规范、社会目的规范和简化的规范，其中社会目的规范主要包括管制的规范与重分配规范。[④]我国大陆的财税法学者亦有认为税法规范并非全为宏观调控规

① 参见郭庆旺、吕冰洋、岳希明：《税收对国民收入分配调控作用研究》，经济科学出版社 2014 年版，第 216 页。

② 参见张富强：《论营改增试点扩围与国民收入分配正义价值的实现》，载《法学家》2013 年第 4 期。

③ 参见葛克昌：《行政程序与纳税人基本权》，北京大学出版社 2005 年版，第 79 页。

④ 参见陈清秀：《税法总论》，元照出版有限公司 2012 年版，第 22 ~ 24 页。

范，后者在税法中主要存在于税收特别措施，[①]这与前述我国台湾地区学者的观点相契合。以上是从税法内在规范体系的层面作出的划分，对本书第一章就税法分配规范作类型化颇有借鉴价值。此外，张守文指出财税法的规范包括稳定的“内核性规范”与易变的“边缘性规范”；[②]漆多俊也区分了国家管理体制、实施程序及有关计划和政策实体性内容的两类制度，认为前者相对稳定，而后者灵活性更明显。[③]该种区分思路对于笔者把握两类分配规范的特征及相互关系，大有裨益。不同的制度规范，蕴含不同的功能侧重，税法体系内含不同性质的规范，引致外部功能亦存异质性。财税制度具有分配收入、配置资源、保障稳定三项职能，是不同主张间的“重叠共识”。[④]具体到本书集中关注之分配功能，以瓦格纳为代表的德国社会政策学派较早提出财税工具在解决收入分配失衡方面的功能，后世学者继之，充分肯定税法的再分配功能。[⑤]需要指出，从“初次分配—再分配”的界分而言，税法的分配功能大抵由再分配维度展开，然其内部有无再予类型划分之空间与可能，相关研究尚较薄弱。

第二，关于税法的财政性分配功能的研究。本书提炼的“财政性分配功能”的概念，主要指税法蕴含的规范和保障国家汲取财政收入并在纳税人间妥为配置税负的功能。目前学术界对于如何将国家的财政需求在纳税人间妥适分配，基本达成共识，此即对量能课税的强调。在我国台湾地

① 参见熊伟：《走出宏观调控法误区的财税法学》，载刘剑文主编：《财税法论丛》（第13卷），法律出版社2013年版，第76页。

② 参见张守文：《财税法疏议》，北京大学出版社2005年版，第93页。

③ 参见漆多俊：《经济法基础理论》（第5版），法律出版社2017年版，第314页。

④ See R.A.Musgrave, *The Theory of Public Finance*, McGraw-Hill, 1959, pp.180-194.

⑤ 金子宏从论证累进税制下的合理差别待遇不违反日本国宪法的角度阐明税法的再分配功能，参见［日］金子宏：《日本税法原理》，刘多田等译，中国财政经济出版社1989年版，第57页。布鲁姆、卡尔文等亦持此见解，See Walter J.Blun, Harry Kalven, “The Uneasy Case for Progressive Taxation”, *The University of Chicago Law Review*19（3），1952。

区，税法学者对量能课税原则极为重视，视之为（财政目的）税法建制之核心原则；[①] 在大陆，早先倾向于将其作为一种“财税思想”，认为其乃税收公平原则之表现形式。[②] 近年来，渐有将之定性为税法基本原则的趋势，[③] 退一步讲，运用该原则来审视相关税制设计的正当性，特别是判别不同纳税人间税负分配合理与否，殆无疑问。[④] 与之相对，财政性分配另一个更为根本也居于基础地位的向度，即在国家与纳税人之间进行财富分割的功能，学术界尚关注较少。其中较有价值的研究成果主要包括：刘剑文通过提炼“公共财产权”的概念，[⑤] 意欲对财税制度进行整体检视，以实现财政控权和纳税人权利保护的目的，间接触及“国民分配”议题；张守文强调国家公共财政与纳税人私人财产的“两权分离”，[⑥] 指出应当从法学视角关注国家财政规模问题，比如，通过梳理 1978 年以来财政收入占 GDP 比重的“U 形曲线”，揭示国家经济职能、权利分配与国家国民间“取予关系”的内在联系。[⑦] 概言之，财政性分配环节，学界对纳税人之间分配税负这一层面的研究较充分，而对“国民分配”的挖掘尚不足够，尤其是打通理论范式与制度实践的研究，尚待开展。

第三，关于税法的调节性分配功能的研究。葛克昌概括了运用税法

---

① 参见陈清秀:《税法总论》，元照出版有限公司 2012 年版，第 28 ~ 38 页。

② 参见刘剑文、熊伟:《税法基础理论》，北京大学出版社 2004 年版，第 139 ~ 140 页。对于前引文献中相关主张的回应，参见葛克昌:《税法基本问题——财政宪法篇》，元照出版有限公司 2005 年版，第 326 ~ 334 页。

③ 参见曹明星:《量能课税原则新论》，载《税务研究》2012 年第 7 期。

④ 参见杨小强:《保有环节房地产税改革与量能课税原则》，载《政法论丛》2015 年第 2 期。

⑤ 刘剑文系以“私人财产的双重保护”为起点，得出“财税法也是财产法”，进而提炼出“公共财产权”与“公共财产法”的概念。参见刘剑文:《重塑半壁财产法：财税法的新思维》，法律出版社 2009 年版，第 37 ~ 48 页；刘剑文、王桦宇:《公共财产权的概念及其法治逻辑》，载《中国社会科学》2014 年第 8 期。

⑥ 参见张守文:《财税法疏议》，北京大学出版社 2005 年版，第 33 ~ 47 页。

⑦ 参见张守文:《分配危机与经济法规制》，北京大学出版社 2015 年版，第 122 ~ 127 页。

手段达成重分配目标的三种基本方式——财产税、遗产赠与税、累进所得税，[①]其特别重视从宪法视角对重分配加以限制，“宜考虑给付后，社会仍能维持继续之经济成长，出于理性的详细规划而为之”。[②]具体制度层面，目前学界对税收优惠[③]与税收重课[④]研究颇多，但主要着眼于其促进政策目标达致的功能，对其影响分配格局的部分关注不多，自然也就较少挖掘这两方面影响间的联系与张力。这由不同学者关注同一样本时的视角差异所引致，是正常现象。葛克昌从有助于公共利益、符合比例原则等角度，对税收特别措施的正当性基础作了阐发。[⑤]其实，税法基于社会、经济政策目的，就财政性分配格局再为调节时，系以税收为手段、将纳税人间分配格局的改变作为“经济诱因”，故从分配视角审视之、慎思之，尤为必要。特别是，税法发挥调节性分配功能时，与其发挥财政性分配功能依循不同的路径和原则，从而制度设计也应各有侧重，唯有在比较中才能完整把握税法调节性分配功能的特性，这也是既有著述相对欠缺的。

第四，关于税法改革与分配功能实现与保障的研究。税法是重要的分配法，其在动态层面（如税制变迁进程中）同样对不同主体的分配权益影响甚大，这要求从分配功能实现与分配权益保障的维度来观察税法改革，为之设定行为准则。目前，这方面的研究总体上较为匮乏。宏观层面如张守文概括了近三十年来四次大规模税制变迁，指出“保障收入分配和宏观调控的公平与效率”的价值取向在历次税改中皆有体现，防止重复征税、保障国民待遇和促进税负公平的相关税改举措均有促进分配正义的考虑；[⑥]

---

① 参见葛克昌:《租税国的危机》，厦门大学出版社 2016 年版，第 120 页。

② 同上书，第 55 页。

③ 参见王霞:《税收优惠法律制度研究：以法律的规范性及正当性为视角》，法律出版社 2012 年版；李旭鸿:《税式支出制度的法律分析》，法律出版社 2012 年版。

④ 参见杨颖:《税法的惩罚性规则研究》，法律出版社 2014 年版。

⑤ 参见葛克昌:《行政程序与纳税人基本权》，北京大学出版社 2005 年版，第 81 ~ 84 页。

⑥ 参见张守文:《税制变迁与税收法治现代化》，载《中国社会科学》2015 年第 2 期。

其对税改的进路亦有所观察，以增值税立法进程为例，提炼税收立法的“试点模式”。[①]林光彬梳理了1949年以来历次财税改革在政治、经济、财政和发展四个方面的制度逻辑，涉及多个层次的分配问题。[②]微观层面主要是针对具体的税法改革，如“营改增”、[③]房产税改革[④]等，从分配公平的视角进行反思。概言之，已有研究侧重分析税制变迁结果对分配功能的影响，而对税制变迁过程如何影响分配功能的实现，尚有拓掘空间。

第五，关于征管实践消释税法分配功能的研究。这方面的论述较为零散，学界对信息管税、[⑤]地下经济[⑥]和税收规避[⑦]等议题有所关注，但系统阐发尚不多见。

三、研究框架

在不同学者重叠共识的基础上，针对既有研究的不足，形成本书的主

① 参见张守文:《分配危机与经济法规制》，北京大学出版社2015年版，第185～200页。

② 参见林光彬:《中国财政改革的政治经济学逻辑》，载《中央财经大学学报》2016年第2期。

③ 参见张富强:《论营改增试点扩围与国民收入分配正义价值的实现》，载《法学家》2013年第4期。

④ 参见阳建勋:《税收调控房地产的正当性及其必要限度——房产税改革试点的税法原则反思》，载《税务与经济》2012年第3期。

⑤ 参见肖恺乐:《发达国家“信息管税”的特点及对我国的启示》，载《税务研究》2011年第6期；赵建华、汪树强:《关于“信息管税”的思考》，载《涉外税务》2011年第6期。

⑥ 隐性经济与收入分配的关系，参见杨灿明等:《规范收入分配秩序研究》，经济科学出版社2014年版，第234～258页。税法学较多关注灰色收入与非法收入的可税性议题，参见陈清秀:《税法各论·上》，元照出版有限公司2014年版，第58～61页；张守文:《财税法疏议》，北京大学出版社2005年版，第147～149页。

⑦ 参见陈清秀:《税法总论》，元照出版有限公司2012年版，第213～239页；刘剑文、熊伟:《税法基础理论》，北京大学出版社2004年版，第147～168页；张守文:《财税法疏议》，北京大学出版社2005年版，第225～238页；李刚:《税法与私法关系总论——兼论中国现代税法学基本理论》，法律出版社2014年版，第247～262页；等等。域外学者较多关注税收程序的公平性同纳税人税收规避行为的反向关联，指出“程序正义对顺从行为具有积极的影响，对违规行为具有消极的影响”。Hartner, Martina; Rechberger, Silvia; Kirchler, Erich, Schabmann, Alfred, “Procedural Fairness and Tax Compliance”, *Economic analysis and policy, 38.1*, 2008.

要内容。总体思路是：如欲证成税法的“分配法”属性，或者说全面地把握税法的分配功能，应遵循“规范—结构—功能”的认知脉络，首先从规范出发，通过对税法制度规范的类型化分析，梳理并提炼税法分配功能的内部结构与外部面向，并针对不同类型分配功能之间的分殊与融通加以阐发；在此基础上，归纳两类分配功能赖以实现的制度逻辑，特别是制度建构时应具备的正当性基础，通过对代表性、典型性的具体制度加以分析，明确制度设计如何充分体现前述制度逻辑、更好实现分配规制的税法功能；与此同时，税法的分配功能不是“静态”的，其在两个层面呈现出“动态”，一是税制变迁，二是税法分配功能作用于客观实践的过程，现实中这两个层面都存在若干问题，可能阻碍税法分配功能的实现，须分别加以检讨并从分配正义和分配权益保障的维度进行有针对性的回应。

具体来讲，各章的主要研究内容简述如下：

第一章尝试回答“税法在何种意义上是分配法”的问题，提炼税法中蕴含的两类分配规范、两种分配功能，并通过制度实例把握两类分配规范、两种分配功能之间的分野与融合。本章提炼税法分配功能的二元结构与三大向度，是全书最为基础的部分，相关结论贯穿后文分析之始终。

第二章集中讨论税法的财政性分配功能。鉴于目前学界对税负在纳税人之间根据能力原则进行分配，共识度较高，而对“国民分配”层面的探讨较为欠缺，故而本章以后者为视角切入，管窥税法的财政性分配功能之堂奥。梳理在国家与纳税人之间以税为媒进行分配的指导原则，并以财政收入增速为线索，研究财政收入在不同时期分别呈现超速增长和增速下行态势的税法动因，明晰相应的规制思路。本章建构财政性分配功能的“形式——实质”二元控制框架，即形式上的法定要求和实质上的能力原则。行文中虽侧重“国民分配”层面，但亦有所提炼和升华，使之能适用于整个财政性分配的场域。

第三章主要关注税法的调节性分配功能，揭示税法调节性分配的双层功能结构并阐明其内部逻辑。由此出发，提炼调节性分配功能之发挥，包括在形式层面需要满足的法定要求，以及在实质层面应当经受且必须通过的可税性分析与比例原则检验，讨论过程中时刻注意到调节性分配相对特殊的地方。[①] 进而通过对“公益性税收优惠”制度的分析，阐明如何在税制建构时满足上述要求并更好地发挥相关分配功能。为何选择“公益性税收优惠”制度作为观察对象，在本章亦有交代。

第四章侧重研究税法分配制度的变迁，关注税制变迁的过程对于不同主体分配权益所造成的影响。[②] 本章审视我国“结构性减税”进程中的一系列税制变迁进路，提炼各项税改的共性特征，从更好发挥分配功能、保障分配权益、实现利益均衡的视角，审思现行税制变迁模式的正当合理性及其界限，并探讨优化方向。本章在第二章、第三章提炼的两类分配功能的作用原则的基础上，概括出法定要求和分配利益均衡作为二者的共性原则，进而以此作为甄别税制变迁过程中不利于分配功能发挥的地方，并相应提出完善对策的基本依据。

第五章着力探寻制约税法分配功能发挥的现实因素，如果从一种“能力”的视角出发，那么税法的涵摄不周延、税务机关的能力局限、纳税人博弈行为的普遍性与差异性，都是诱发“分配失灵”的重要因素。可以通过研究“法外分配”、税收征管中的信息偏在和纳税人的节税、避税、逃税“能力”，来以小见大地把握前述“能力”因素对税法分配功能的现实干扰，进而探寻相应的税法规制之道。贯穿分析始终的，仍为法定要求、能力原则等诸项要求，体现研究思路的连贯性。法律规制本身的局限性、执法机关的能力不足和相对人的博弈行为，在不同部门法都有表现，但税

---

① 如由于其相对财政性分配而言，变易性更加突出，在税法体系中也居于相对边缘的地位，所以在法定程度的要求特别是法定要求的实现方式上，其具有一定的特殊性。详见本书第三章的相关论述。

② 目前更多的是对税制变迁结果的研究，对过程的关注较少，而变迁过程同样会影响多元主体的分配权益。

法分配功能的实现受制于这些方面的程度更深，这由税收征取须全面把握各种收益、税收债务在成立后的实现常需要税务机关的介入和纳税人的配合等因素所决定，这也是研究“税法的分配功能”时有必要设置本章的原因。

行文中强化章节间的逻辑联系，就结构安排相对特殊的局部区域，于相应位置进行特别说明。各章论述多择取切入点，以小见大地使理论分析得以深入：一方面，基于论证的严谨，文中对选取视角的适切性分别有作交代；另一方面，各章之后备有延伸探讨，意图补正以小见大进路在理论提炼上的缺憾。

四、研究方法

本书主要运用以下研究方法：

（一）规范分析方法

紧扣法律文本，从制度出发，把握税法分配功能之总体框架与现实样态，同时选取若干重要的、对分配格局和分配权益影响较大的税收规范性文件，进行研究。论述过程中，尽量将抽象的理论研究同对具体制度的阐发结合起来。

（二）价值分析方法

税法是附价值的法体系，无论相对微观、蕴含于制度规范的量能课税、两权分离等具体原则，还是相对宏观、可堪作为税法制度精神内核的分配正义，都能据以臧否现行制度之得失并指引完善方向，故价值分析贯穿本书始终。

（三）实证分析方法

通过调查研究，收集、探析税法分配机制运行实效的相关数据和案例，揭示中国当下税法分配功能的运行实效与客观制约，在此基础上提炼可能的规制对策。

（四）历史分析方法

以历史的、发展的眼光研究不同层面的收入分配，结合立法和行政实践，揭示中国当前分配领域存在问题的历史成因、现存体系与理想状况的差异；梳理相关法律、政策的历史原貌、形成背景与发展过程，研判其发展前景。

（五）比较分析方法

研究域外运用税法手段规制分配的理论与实践，立足我国现有法律体系和政策框架，在本土语境下进行制度比较和理论借鉴，兼顾需要与可能。

五、难点与创新点

本书研究过程中的难点与创新点兹分述如下：

（一）研究难点

研究中有以下难点需要克服：

第一，全面认识税法的“分配法”属性，特别是在分配法体系中体察和把握税法分配功能的独特性。

第二，合理界定税法蕴含的不同种类的分配功能，明晰其张力与联系。

第三，准确理解税法在发挥不同类别的分配功能时应满足的正当性基础，以及制度建构时（为满足正当性要件并充分发挥分配功能）应注意的重要环节，在此基础上，求同存异、统合两类分配功能的正当性基础。

第四，在动态中把握税法的分配功能，税制变迁和征管实践对分配功能的现实影响，以及兴利除弊的基本思路。

第五，写作技术层面的难题，包括但不限于：理论建构自洽与周延；妥适选择分析样本；强化章节间的内在逻辑联系，消释重复论证并推动论证层层深入。

（二）研究创新

本研究可能实现如下创新：

首先，是研究范式的更新，即提炼并运用法学的分析范式来研究分配问题。虽然分配不公、分配失衡等各类分配问题受到社会各界的广泛关注，而且解决前述问题需要从不同学科分别汲取智识养分，但当前更常见的还是从经济学、社会学等学科的视角来研究分配问题，人们所熟稔的“三次分配”理论框架便是这种研究范式的典型表现，既往的法学研究也多循此路径展开。实际上，分配问题不仅是经济问题和社会问题，也是法律问题；分配结构不仅体现为经济结构，同时也是法律结构尤其是权利（力）结构。在官方层面对十九大报告的解读中，有一点尤其要引起注意，即针对报告将我国社会主要矛盾确定为“人民日益增长的美好生活需要和不平衡不充分的发展之间的矛盾”，强调“这个新表述讲的是我国社会主要矛盾，而不是我国经济发展的主要矛盾”，[①] 这提醒我们必须由五位一体的高度来审视分配失衡（发展不平衡的重要表现形式）问题，而不能局限在经济领域，这也同十八届三中全会“改革决定”中将财政界定为“国家治理的基础”而非狭义经济问题的思路遥相呼应，故而本书由法学视角研究分配问题，可谓得其时也。有鉴于此，本书将“公共财政权—私人财产权”的二元结构作为研究各类分配问题时的逻辑起点，遵循“主体—行

---

① 本书编写组编著:《党的十九大报告辅导读本》，人民出版社 2017 年版，第 129 页。

为”和“规范—（制度）结构—（分配）功能”的逻辑进路，展开分析，直观且一以贯之于全文的体现即是始终从制度规范入手来分析税法的分配功能。

其次，是研究视角的转换，即从分配视角系统反思与重构税法的制度规范，梳理和提炼税法的功能，在此基础上阐明、证成税法的“分配法”属性。为达此目的，提炼出税法中蕴含的两类各有功能侧重的分配规范，检视二者之“异质性”与“融通性”，从而对税法所内含之分配功能有更为完整而层次分明的认知；进而分别探讨两类分配功能的制度体现各自应满足的正当性基础，以及通过哪些制度要素的妥善设计来实现分配规制的美好预期。当前较普遍存在的误区是混淆税法中性质各异的不同规范，笼统地提出建制原则、模糊地寄托功能预期，这既不利于税法理论的清晰化与体系化，也妨碍了税法分配功能的高效发挥。

再次，是研究范围的扩展，即拓展了有关税法分配功能的研究场域。传统上在研究税法的分配功能时，主要侧重于其中部分制度所具有的重分配功能，[①] 而且多局限在“民民分配”场域讨论此问题。本书认为这实际上是对税法分配功能的狭义理解，不利于准确、全面地认识和实现税法的各类分配功能，尤其可能导致这一小部分具有重分配功能的税法制度同其他大部分税法制度之间的张力被人为忽视。故此，本书通过检视税法分配功能的内部结构与外部面向，全面地加以梳理和提炼，“规范—结构—功能”的逻辑脉络和类型化的研究方法贯穿全文，其中对财政性分配中“国民分配”的探索、对税制变迁和税收征管实践中分配功能保障的研讨，相对而言是目前学界关注较少的。

复次，是研究进路的自觉，即紧扣“分配功能”这一主线，对代表性税法制度加以检视，提出相应的完善建议。比如针对个人所得税的费用扣

---

① 税法意义上的“重分配”与经济学所言之“再分配”，不可等量齐观，这在正文中将有详述。

除制度、“公益性税收优惠”制度等，均依循“承载何种分配功能—是否适于分配功能的发挥—如何改进以更好发挥分配功能”的逻辑脉络加以分析。如正文中将要述及的对于税法、税法学的属性等议题，实为言人人殊且各得其理，然而在分析某一具体问题时，应当注意自身所依循的研究进路，实现论述过程的逻辑一致。

又次，是研究内容的拓展补充，针对若干流行观点作批判性反思。比如，本书主张税法中设置过渡性条款并非保护信赖利益、“灰色收入”的可税性需要多维分析、税收法定的严格程度在不同场合应区别对待、公益捐赠税前扣除的性质属税收优惠之一种等，均是如此。除具体议题外，另就部分核心话语体系，亦提出个人见解，如在行文中对有关税法性质之“债务关系说”加以反思，由纳税义务成立—确定之二元结构审思税收优惠事项“法律保留”的合理性，就税收法定原则的内涵、外延、实用性及其与税收法定主义的区别，也进行了阐发。

最后，是研究结论的提炼，即针对税法分配功能做了若干理论提炼。其中相对重要的如税法分配功能的二元结构和三大向度、两类分配功能各自的作用原则（正当性基础）、税制变迁与分配功能的辩证关系、税法分配功能作用于客观实践时受到的窒碍，等等。

第一章　税法分配功能的二元结构

2013年，国务院批转的《关于深化收入分配制度改革若干意见》(以下简称《意见》)中指出，虽改革开放以来我国收入分配改革不断推进，"与基本国情、发展阶段总体相适应"，但仍然存在亟待解决的突出问题，该《意见》将其概括为分配差距较大、分配秩序不规范、分配格局有待优化。[①]为解决这些问题，要运用多种经济、法律和政治手段综合施治，在"全面推进依法治国"的当下，法律手段的选取和运用，地位凸显。分配结构不仅是经济结构，同时也是法律结构，尤其是权利结构，无论是市场主体之间的分配、公权力主体与市场主体之间的分配还是公权力主体之间的分配，本质上都是权利（力）配置问题。[②]权利的残缺、权力的失范，引致分配失序。法律由具体的规则组成，通过不同规则的组合，一部法律

---

① 《意见》中相关表述为："……城乡区域发展差距和居民收入分配差距依然较大，收入分配秩序不规范，隐性收入、非法收入问题比较突出，部分群众生活比较困难，宏观收入分配格局有待优化。"

② 参见张守文:《分配结构的财税法调整》，载《中国法学》2011年第5期。对此，罗尔斯亦有洞见，他认为分配无法脱离个人的权利（资格）独自作出判断，这些权利（资格）则是在"这些分配得以产生的公平合作体系内挣得的"，罗尔斯也承认，权利（资格）实际上是评判分配是否正义的核心指标。参见［美］约翰·罗尔斯:《作为公平的正义——正义新论》，姚大志译，上海三联书店2002年版，第81页。在此层面，其同诺奇克的主张有融通可能，不过罗尔斯在接下来的论述中强调前述权利（资格）是从"背景制度"内产生的，由此导向对制度本身合理与否的讨论，这就与诺奇克的资格理论分道扬镳。

内部以及不同法律之间，形成若干“规则束”。根据“结构—功能主义”，不同的制度结构，会产生不同的外在功用，因此，如欲把握相关法律的分配功能，必由研究该法律的相关分配规范出发，这种“规范中心”的功能研究进路是本研究意欲遵循者。

一、“分配法”体系中的税法分配功能

政治学对分配议题关注已久，从亚里士多德建立在“德性原则”的分配正义观，到霍布斯“公断人正义”理论对“什么合乎正义”的关注，再到罗尔斯、诺奇克“民主自由主义—市场自由主义”的分野，该论题始终是政治学者关注的焦点。经济学者对分配问题的研究也十分深入，甚至在“收入分配是否重要”“调节分配是否可欲”这样的基础问题上，都歧见纷呈。与之形成鲜明对比的是，在较长一段时间里，法学研究对分配问题的关注是不够的，更多的是对其他学科研究成果的复述或语词转换，原因至少有两方面：一是传统部门法学科，如民法、刑法，对具有突出现代性的分配、发展等问题，难予有力回应；二是新兴部门法学科，如经济法、社会法，本为解决此类现代性问题的主要场域，但相关学科在若干年内经历了一个从前科学阶段经过意见分歧达成一致而向“常规科学”演进的过程，[①] 更多研究资源被投放到基本范畴、研究范式等问题的廓清上，对诸如分配规制这样的现实问题，关注有限。随着前述学科作为“常规科学”渐无疑义，也由于分配问题成长为广受关注的重大议题，法学界对分配问题的研究渐次展开。从实在法的角度看，分配领域的法律规制呈现综合性特征。

---

① 科学发展的进程被归纳为：前科学—常规科学—反常与危机—科学革命—新的常规科学。常规科学的标志是范式形成。参见［美］托马斯·库恩:《科学革命的结构》，金吾伦、胡新和译，北京大学出版社2003年版，第28页。

（一）“分配法”的整章建制与税法地位之凸显

在传统的部门法标准之外，法学学科划分还可以有其他不同层面、不同类型的标准，比如将涉及发展问题较多的、以解决经济和社会发展过程中存在的问题为主要目标的经济法、社会法中的相关规范，归为“发展法学”范畴。[①]经济学上的发展经济学、区域经济学，政治学上的税收政治学，其实也是如此划分的结果。严格讲来，分配问题也属于经济发展过程中产生的问题，也可以归为“发展法学”的研究对象；[②]但是由于人们通常将狭义上的“发展”同“分配”视为两个相对独立的范畴，同时也基于分配问题的重要性、复杂性，将尝试解决分配问题因而具有突出分配规制功能的法律规范提炼为“分配法”，亦无不可。[③]法国空想社会主义者摩莱里、德萨米分别在《自然法典》《公有法典》中提出“经济法是分配法”的理论命题，摩莱里所谓的“经济法”与今义判然有别；[④]而且据学者考证，摩莱里所指称的“分配”同该语词概念的当前含义也不能等量齐观，摩氏之

① 参见张守文:《分配危机与经济法规制》，北京大学出版社 2015 年版，第 343 页。

② 实证研究表明，保护私人财产权有助于经济发展，反之则会导致发展缓慢和腐败丛生。See Asoni, Andrea, “Protection of Property rights and Growth as Political Equilibria”, *Journal of Economic Surveys*, 2008, pp.953-987. “保护私人财产权”可从“保障分配权益”角度把握，可见分配与发展的密切联系。

③ See Knight, Carl, *Responsibility and distributive justice*, Oxford University Press, 2011, pp.43-45.

④ 有学者据此将摩莱里的《自然法典》作为“经济法”概念的源头，此外也有观点将皮埃尔·约瑟夫·蒲鲁东的《论工人阶级的政治能力》作为“经济法”概念的源头，而蒲鲁东之后，资本主义社会向垄断和社会化方向发展，在德国 1906 年创刊的《世界经济年鉴》中，使用了“经济的法”一词，现代经济法的概念日渐清晰。相应地，这种观点认为摩莱里的“经济法”意指社会运动的法则，并非在法的概念的意义上使用。参见史际春、邓峰:《经济法总论》(第 2 版)，法律出版社 2008 年版，第 71 ~ 72 页。德萨米也是如此，其著作《公有法典》第三章题为“分配法和经济法”，但从其内容看，并未涉及宏观调控、市场规制等现代意义上经济法的内容。参见[法]泰奥多·德萨米:《公有法典》，黄建华、姜亚洲译，凤凰出版传媒集团、译林出版社 2011 年版，第 21 ~ 31 页。

意旨不仅涵摄现今所理解的分配，[①] 还包括资源配置，“这意味着摩莱里的分配从法律意义上看几乎囊括了整个经济运行”。[②] 因此在讨论“分配法”的整章建制时，应注意相同语词概念的不同意蕴。

1.“分配法”的体系构造

“任何人本质上都是利益主体。”[③] 法律的重要功能就是在不同主体之间分配利益和资源，在这个意义上，任何部门法都是“利益资源分配书”。如果从“初次分配——再分配”的二元结构观察，可以形成两个基本判断：第一，对社会经济利益的初次分配主要是民商法等传统法律部门的任务，[④] 现行《宪法》第 6 条规定了“坚持按劳分配为主体、多种分配方式并存的分配制度”，如果从法学的权利本位出发，其中的按劳分配涉及劳动权或劳动力权，[⑤] 作为初次分配重要补充的“按要素分配”，则涉及物权、债权、股权、知识产权等一系列私法性权利，多由民商法予以规整；第二，对原有法律秩序下社会经济利益资源和权利的再分配，则主要是经济法、社会法等现代性法律部门所蕴含的功能，[⑥] 以下从相关具体部门法的角度略作阐发。

① 摩莱里著述中对狭义“分配”的主张是平均的按需分配，由此其也被归为空想社会主义者。参见［法］摩莱里:《自然法典》，黄建华、姜亚洲译，商务印书馆 1982 年版，第 109 页。

② 刘水林:《经济法观念史解释——为什么是摩莱里》，载《华东政法大学学报》2008 年第 5 期。德萨米也是如此，其著作中将分配法置于“根本法”地位，对其内涵则概括为“公社的计划和组织，共同用膳和共同劳动”，显然同今日理解的“分配”存在差异。［法］泰奥多·德萨米:《公有法典》，黄建华、姜亚洲译，凤凰出版传媒集团、译林出版社 2011 年版，第 4 页。

③［德］汉斯·J. 沃尔夫、奥托·巴霍夫、罗尔夫·施托贝尔:《行政法》(第 1 卷)，高家伟译，商务印书馆 2002 年版，第 324 ~ 325 页。

④ 参见郑艳馨:《国家调节与经济法再分配功能》，载《法学评论》2008 年第 2 期；张守文:《分配结构的财税法调整》，载《中国法学》2011 年第 5 期。

⑤ 也有经济法学者提炼出与之形式相近然而实质上区隔甚大的“劳动能力权”概念，相关概念的内涵特别是与常见概念的差异分析，参见陈乃新:《劳动能力权导论：科学发展与和谐社会的经济法保障》，湘潭大学出版社 2010 年版，第 88 页以下。

⑥ 参见李胜利:《分配法与再分配法》，载《法学评论》2008 年第 2 期。

整体言之，社会分配系统包括四大部分：国家的财政分配、银行的信贷分配、企业的利润分配和居民个人的收入分配。银行的信贷分配公平是金融法要着力促成实现的，而信贷分配的公平与否，又涉及公民的发展权，甚至生存权，[①]影响收入分配格局；相应地，通过法律赋能，即创建相应的制度环境提升各类市场主体参与金融活动、实现金融权利的能力，有助于最终实现金融公平。[②]传统金融法研究将金融安全与金融效率作为立法者、监管者着力解决的二元矛盾，近来不断有学者尝试突破此框架之约束，[③]其中有论者尝试确立“金融公平”作为金融法制建设的立足点之一，从而提炼出金融法的新“三足定理”。[④]就金融法整体制度结构的角度而言，金融市场体系上，坚持微型金融和非微型金融、正规金融和非正规金融的二元结构，被认为可以减少和消除金融排斥，促进包容性增长，[⑤]同时有益于信贷分配和居民个人收入分配的改善。

竞争法上，反垄断法通过强行分割或解散垄断企业、禁止卡特尔协议、政府定价、罚款等手段，或是通过直接减少超额垄断利润或是通过间接改变超额垄断利润产生之市场结构的方式，对超额垄断利润进行调整。与此同时，反不正当竞争法通过对“不正当竞争行为”的设定以及相关法律责任的配属，达到规制竞争行为、减少不正当竞争行为实施者利益的制

---

① 罗斯福的“四大自由”，即言论自由、信仰自由、免于匮乏及免于恐惧的自由，其中免于匮乏的自由与金融资源的配置有密切关联。

② 参见冯果、袁康：《从法律赋能到金融公平——收入分配调整与市场深化下金融法的新进路》，载《法学评论》2012 年第 4 期。

③ 比较具有代表性的是金融消费者保护作为金融法的价值目标之一，从而建构金融法的“三足定理”，相关论述可参见邢会强：《金融危机治乱循环与金融法的改进路径——金融法中“三足定理”的提出》，载《法学评论》2010 年第 5 期。金融消费者保护也成为一段时间里部分学者研究的高频关键词，系统研究参见杨东：《金融消费者保护统合法论》，法律出版社 2013 年版。

④ 参见冯果：《金融法的“三足定理”及中国金融法制的变革》，载《法学》2011 年第 9 期。

⑤ 参见邢会强：《金融法的二元结构》，载《法商研究》2011 年第 3 期。

度目标。[①]前述《反垄断法》和《反不正当竞争法》规制对象的垄断地位（及利用垄断地位的垄断行为）、不正当竞争行为，某种意义上均为“市场失灵”所致，超额垄断利润和不正当竞争获益的产生，亦均为传统民商事法律对初次分配的保障所力有未逮的。

企业利润分配是公司法的重要规制对象。前述《关于深化收入分配制度改革若干意见》中提出，“落实上市公司分红制度，强化监管措施，保护投资者特别是中小投资者合法权益……支持有条件的企业实施员工持股计划”。此外，国有资本收益的分享，也属于广义上企业利润分配的范畴；而且国有资本收益上缴比例增加的部分如果能如《意见》所要求的，“用于社会保障等民生支出”，则对于个人收入分配格局的改善，也应该能发挥一定作用。[②]

社会保障法的再分配功能更为突出，当然这里有一个发展、演进的过程。以社会保险为例，其作为一种“保险”，本是公众通过“集腋成裘”的方式自助解决风险；然而现代国家通常不仅将之作为社会保障措施，而且常常发挥其再分配的功能，“以平衡不同群体收入差距以及完成国家的其他社会政策目标”。[③]如我国自2005年起连续11年以10%的标准上调企业退休人员基本养老金，就有再分配的考虑。与此同时，社会保障法对于初次分配的优化也有一定功用。如强制性的社会保险因劳资双方分担缴费义务、所缴费用计入生产经营成本得享税前扣除，而形成雇主让利、国家让税、劳动者得益的格局，直接调整初次分配。[④]如果将视野延伸至与

① 参见张德峰：《经济法再分配功能之体现》，载《法学评论》2008年第2期。

② See Beetsma, Roel M. W. J., *Monetary Policy, Fiscal Policies and Labour Markets: Macroeconomic Policymaking in the EMU*, Cambridge University Press, 2003, pp.121-126.

③ 熊伟、张荣芳：《财政补助社会保险的法学透析：以二元分立为视角》，载《法学研究》2016年第1期。

④ 参见郑功成：《社会保障：调节收入分配的基本制度保障》，载《中国党政干部论坛》2010年第6期。

之相邻的劳动法，那么有关最低工资标准、“限薪”[①]的制度安排，亦分别从两个向度影响初次分配格局。社会保障法的再分配功能是较明显的，但也需要注意，现行“二元社会保障体制”、社会保障转移支付、社会保障目标瞄准机制方面的偏差使社会保障实践在某些层面存在财富逆向转移之虞，需要通过制度完善实现兴利除弊。[②]

需要注意的是，社会实践十分复杂，某一问题对分配关系的负面影响往往涉及不同层面，辨证施治亦须不同法律规范协同并举。比如土地财政模式下，在征收、出让与开发等各环节皆有引致分配失衡之虞：在征收时，收入分配对失地农民较为不利；在出让时，由于地方政府倾向于通过优惠的土地价格吸引投资，同时不得不以提高非贸易用地价格的方式来“对冲”低价引资带来的收入减少，这就使贸易部门与非贸易部门的收入分配有利于前者、不利于后者；开发时，由于房地产交易环节税费负担重、保有环节税费负担轻，使城市原有居民与新居民之间的收入分配向前者倾斜。[③]这就涉及不同方面的问题，包括土地管理法、财税法在内的多个法律部门都有施力空间，根本性解决则还需要顶层设计进行统筹。又如与国有企业相关的也可能涉及许多层面（包括但不限于垄断性企业与竞争性企业、垄断性国企员工与普通民众、国企内部经营者与劳动者等）的分配失衡，[④]不难发现，要妥善解决前述问题，光靠公司法是不够的，同样需要顶层设计的统筹协调与不同法律规范的多措并举。当前，部分学者反思法学学科系统分工精细化与法律现象复杂化之间的矛盾，提出一种以问题

① 参见占红沣：《现阶段“限薪”问题的法社会学探讨》，载《法学》2010年第3期。

② 侯明喜：《防范社会保障体制对收入分配的逆向转移》，载《经济体制改革》2007年第4期。该学者开出的“药方”主要包括：一是健全农村社会保障，提高社会保障的覆盖面；二是加大社会保障的转移支付，确保社会福利服务的均等化；三是完善社会保障制度，避免逆向收入转移；四是改进目标瞄准机制，强化社会保障监督。

③ 参见范方志、汤玉刚：《土地财政与收入分配》，载《宁夏社会科学》2013年第5期。

④ 参见张守文等：《公平分配的财税法促进与保障》，北京大学出版社2017年版，第132～133页。

为中心的整合性、多维度和一体化的“领域法学”研究范式，[①] 前述从不同维度审视分配规制问题，进而在理论层面建构“分配法”体系的努力，便可以视为是对该种研究范式的自觉遵循。

2. 税法在“分配法”体系中的重要地位

在分配关系的法律规制体系中，税法处在基础性地位。前述“四大分配”中，税法内含突出的财政分配和居民个人收入分配之功能，此外，其对于银行的信贷分配、企业的利润分配也能分别从某个维度加以调整。

财政分配是整个财税法着意规整的对象，其对象是社会产品价值中的剩余产品价值部分，国家取得的部分国民收入构成财政收入，包含两个阶段：一是国家凭借主权地位或所有者地位占有一定量社会产品的收入阶段，[②] 二是国家按照一定的政经原则，将所占有之社会产品用于社会生产和生活，也即财政支出阶段。[③] 虽然说严格来讲仅有前一阶段涉及狭义税法，后一阶段主要是财政支出法的作用，但是有政治学者早就意识到，“税金并不是躺在保险柜里睡大觉，而是通过许多开支计划重新流回到经济中去。政府怎么征税，怎么花钱，将会在很大程度上决定社会中的每个具体

---

① 参见刘剑文:《论领域法学：一种立足新兴交叉领域的法学研究范式》，载《政法论丛》2016年第5期。

② 国家凭借主权地位获得的收入主要是税收收入，国家凭借所有者地位获得的收入主要是国有资本收益。在现代意义的“税收国家”，前者应当是主流。学界有观点认为“税收国家”概念系由熊彼特首倡，参见王绍光:《从税收国家到预算国家》，载《读书》2007 年第 10 期。其实不然，奥地利财政社会学家鲁道夫·葛德雪在其 1917 年形成的著作“国家资本主义或国家社会主义”一文中，最早提出此概念，参见［日］坂入长太郎:《欧美财政思想史》，张淳译，中国财政经济出版社 1987 年版，第 347 页。葛德雪对“税收国家”的界定可以看作是从本书所关注之分配视角阐发的，即“国家向人民的需求愈趋减少，而给予人民者，却愈益增加”。See Goldscheid，Rudolf，*A Sociological Approach to Problems of Public Finance*，ST Martin's Press，1958，pp.202-213.

③ See Fleischacker，Samuel，*A Short History of Distributive Justice*，Harvard University Press，2004，pp.2-23.

的个人的财富状况”。[①] 所以，域外财税法学者很早就主张“应从纳税者的立场立足于两方面统一的观念来把握租税概念的含义……不这样就不能真正地维护纳税者的人权”。[②] 所谓“贫困陷阱”的产生，[③] 便源于割裂收入与支出环节、未在制度设计时予以整体考虑。根据不同的功能和目的，将各类税种加以区分，并强化收入和支出的联系，也成为税制完善的方向之一。[④]

税法对居民个人收入分配的影响至为直接。一方面，税收负担需要在纳税人之间公平分配，[⑤] 量能原则逐渐取代受益原则成为衡量税收公平的标尺，横向公平要求相同经济情况、相同纳税能力者税收负担相同，纵向公

① [美] B.盖伊·彼得斯:《税收政治学：一种比较的视角》，凤凰出版传媒集团、江苏人民出版社 2008 年版，第 140 页。

② [日] 北野弘久:《日本税法学原论》(第 5 版)，郭美松、陈刚译，中国检察出版社 2008 年版，第 81 页。

③ “贫困陷阱”多见于税收政策研究，主要指向低收入群体，当他们开始通过个人努力赚钱时，因为相应社会保障待遇的减少、个人税收负担的增加，而使努力赚钱的边际效益为负，导致个人福利状况较之先前更差。更准确的描述是，公开的社会保障捐、个人所得税和隐蔽的税收（福利降低）的总税率超过 100%。从分配的视角，这显然是不公平的，税法上另一个与之类似的是全额累进税率带来的税负不公。新中国成立初期曾经征收的工商所得税即实行 21 级全额累进税率，在累进点附近易产生严重不公平，收入的小幅增加导致更多的税收负担，这种税负的增加甚至可能超过收入的增加幅度。

④ 参见朱为群:《对税收四个基本理论问题的认识》，载《税务研究》2016 年第 1 期。强化收支联系的主张不意味着放弃税收的无偿性、公共性特质。因为基于功能差异，税种可以划分为不同类型，其中部分税种具有特定政策目的，相对强调其收支对应性是可行的，而对居于税收之大部分的普通目的税种，公共性或者说公益性正是其收支对应的具体表现。

⑤ 税收公平由此成为税法建制时十分重要的原则，甚至其重要性被有些研究者认为还要超过传统上被认为是税法上“帝王原则”的税收法定；所以，通过政治管道对税法分配制度设计施加影响，进而影响税制的公平性，是需要格外关注的议题。See Thomas M. Porcano, “Distributive Justice and Tax Policy”, *The Accounting Review*, Vol. 59, No. 4, 1984. 需要注意的是，“税收公平”的意蕴十分丰富，既包括作为形式的“法治国”原则在税法之适用的、主要体现在税收征管过程中的“平等原则”，也包括作为实质的“法治国”原则之体现的“公平税负”之原则，此处正文所言即为这种情形。参见陈清秀:《现代财税法原理》，元照出版有限公司 2015 年版，第 26 ~ 62 页。

平要求不同经济情况、不同纳税能力者税收负担不同。就横向公平而言，原则上不致影响先在之分配格局；就纵向公平而言，情况相对复杂，既可以视为对初次分配格局的矫正，也可以从“边际牺牲相等”的角度证成其并未改变先定分配格局。[①]另一方面，税收负担在纳税人之间的分配，有些时候并非严格按照“量能负担”的原则行事，而恰恰是基于一定的社会、经济政策考虑，而对先定分配格局作出积极、主动的调整。这里有两种情况：一是基于社会政策考虑，直接通过税法规范调整分配格局，如小型微利企业相对于大中型企业而言，税收负担能力本就较弱，所以《企业所得税法》第28条规定对其实行20%的照顾税率，而在经济危机和收入分配改革的大背景之下，为更进一步地扶持小微企业，提高其在分配格局中的地位，财政部、国家税务总局《关于小型微利企业所得税优惠政策有关问题的通知》（财税〔2011〕117号）通过税基调整的方式（所得减按50%计入应纳税额），降低其税收负担；[②]二是基于经济政策考虑，将税负作为“经济诱因”，追求景气调节、结构调整、区域发展等经济效果，间接影响分配格局，[③]如空间分配是收入分配的重要形式，不同区域之间税收

① 税负在纳税人之间进行分配时兼顾横向公平与纵向公平的要求，是同正义观念在结构上的复杂性相适应的——它在通常情况下要求“等者等之”，也可能作为一种“游移不定的、变迁不居的判准”，用以决定哪些情形是相似或有差别的。参见［英］哈特：《法律的概念》（第2版），许家馨、李冠宜译，法律出版社2011年版，第146页。

② 针对小微企业的税收优惠是多元的，其他规范性文件如《关于暂免征收部分小微企业增值税和营业税的通知》（财税〔2013〕52号）规定“自2013年8月1日起，对增值税小规模纳税人中月销售额不超过2万元的企业或非企业性单位，暂免征收增值税；对营业税纳税人中月营业额不超过2万元的企业或非企业性单位，暂免征收营业税”。《关于进一步支持小微企业增值税和营业税政策的通知》（财税〔2014〕71号）将优惠标准扩及月销售额2万至3万元的增值税小规模纳税人、月营业额2万至3万元的营业税纳税人。财税〔2015〕96号、财税〔2017〕76号文则先后将优惠政策延长至2020年12月31日。

③ See Don Fullerton, Gilbert E. Metcalf, *The Distribution of Tax Burdens*, Cheltenham, UK; Northhampton, MA: Edward Elgar Pub., 2003, pp.18-20.

负担的差异有时便是税收制度设计时主动择取的结果，这在西部大开发、[①]东北振兴、[②]中部崛起[③]等战略的实施过程中表现突出。

---

① 国务院 2000 年发布《关于实施西部大开发若干政策措施的通知》(国发〔2000〕33 号)，其后，财政部、国家税务总局、海关总署联合发布了《关于西部大开发税收优惠政策问题的通知》(财税〔2001〕202 号)，规定了“设在西部地区国家鼓励类产业的内资企业和外商投资企业，在 2001 年至 2010 年期间，减按 15% 的税率征收企业所得税”“经省级人民政府批准，民族自治地方的内资企业可以定期减征或免征企业所得税，外商投资企业可以减征或免征地方所得税”等共计六项税收优惠措施；三部门又于 2011 年发布《关于深入实施西部大开发战略有关税收政策问题的通知》(财税〔2011〕58 号)，自 2011 年 1 月 1 日至 2020 年 12 月 31 日，对设在西部地区的以《西部地区鼓励类产业目录》中规定的产业项目为主营业务，且其主营业务收入占企业收入总额 70% 以上的企业减按 15% 的税率征收企业所得税，同时根据财税〔2001〕202 号文件规定可以享受企业所得税“两免三减半”优惠的相关企业，可以继续享受优惠到期满。国家税务总局于 2012 年发布《关于深入实施西部大开发战略有关企业所得税问题的公告》，针对实施前述财税〔2011〕58 号文的相关问题作出阐明。

② 相较于西部大开发的税收优惠，东北振兴的税收优惠是直接规定在高层文件之中的。中共中央、国务院《关于实施东北地区等老工业基地振兴战略的若干意见》(中发〔2003〕11 号)中明确提出“在财政税收政策方面对老工业基地予以适当支持”，具体内容涉及历史欠税的豁免、降低资源税税额标准、允许新购进机器设备所含增值税税金予以抵扣，以及提高固定资源折旧率和缩短无形资产摊销期限、扩大企业研发经费加计扣除优惠政策适用范围、提高计税工资税前扣除标准等减轻企业负担的政策。在国务院办公厅发布的《关于促进东北老工业基地进一步扩大对外开放的实施意见》(国办发〔2005〕36 号)中，税收优惠也被作为重要的诱导手段，频繁出现在扩大外商投资优势产业目录的执行范围、鼓励外商投资高新技术产业和研究开发中心、鼓励外国投资者投资合作建立职业教育培训机构等制度手段中。财政部、国家税务总局《关于落实振兴东北老工业基地企业所得税优惠政策的通知》(财税〔2004〕153 号)对前述中央文件中提高固定资产折旧率、缩短无形资产摊销年限、提高计税工资税前扣除标准等问题作出了细化规定。值得注意的是，增值税转型试点也是自 2004 年 7 月 1 日起首先在东北三省的装备制造业、石油化工业等八大行业开始推行，增值税转型旨在消除生产型增值税制产生的重复征税因素，在维持税率不变的前提下同样具备减税效果。

③ 中部崛起战略实施过程中，税收作为经济诱因加以运用的次数相对来讲并不频繁。中共中央、国务院《关于促进中部地区崛起的若干意见》(中发〔2006〕10 号)提到国家通过税收政策等加大对重点企业技术改造的支持力度。可能是意识到相较于西部大开发、东北振兴来讲，中部崛起过程中通过税收表现出的“力度”有限，在包括学者在内的多方呼吁下，新近出台的促进中部崛起的政策、制度中，税收手段的运用明显增多。国务院《关于大力实施促进中部地区崛起战略的若干意见》(国发〔2012〕43 号)中，专门强调“加大财税金融政策支持力度”，从加大转移支付力度、资源税改革、涉农贷款税收优惠等方面提出要求。

税法是公法，其分配制度以强制性规范居多，本应刚性十足；然而现实中，税收执法却恰显“柔性”过甚。这可由两个层次加以把握：第一，征税机关的征税能力和征税努力，从征税能力来讲，受限于队伍建设、信息偏在（导致税源遗漏）、目标冲突甚至管制俘获（导致选择性征税、不当减税等）等约束条件的存在，税款的征收率并不乐观，税法的分配功能有时在“应收未收”的过程中落空；从征税努力来讲，在缺乏有力约束的情况下，经济周期客观上易导致征税机关努力程度的周期波动，易言之，经济景气时，征税机关比较容易完成各类“税收计划”，[①]从而在征管力度上较为放松，客观上产生“藏富于民”的效果；反之，经济不景气时，征税机关税收任务难以完成，则更可能出现征“过头税”、摊派任务等“竭泽而渔”的情形。[②]前述种种因素都会影响到国家和纳税人以及纳税人之间的收入分配。第二，纳税人的节税（避税 / 逃税）能力不同，使不同纳税人实际承担的税收负担可能同制度设定差距较大。如《个人所得税法》希望通过累进税制安排，对高收入者施加（较之比例税率）更重税负；但现实中由于高收入者有充足的资力获得更好的纳税筹划服务，更兼在不同税目间转移、分摊收入乃至隐藏收入以降低税负，导致个税有沦为“工薪税”之虞。[③]所以，税法的运行过程同样具有“分配性”，也要引起关注（特别是其中对税法分配功能发挥起到窒碍作用的部分）。毕竟，我国当前社会分配领域里存在混乱现象，“相当大的程度上是由于税法的实施效果

① 税收计划在现实中广泛存在，其非科学、非规范性给税收法治带来了极大负面影响，消解税法的权威，使国家财政与公民财产之间的分配呈现随意性、单向度且易诱致税法调节的顺周期性。对于税收计划的更多讨论，参见陈育文、李国政：《税收计划与税收法治》，载《江西行政学院学报》2002年第S1期；郑文敏：《税收计划与依法治税的关系》，载《税务研究》2005年第5期。

② See Robert W. McGee, “Taxation and Public Finance: A Philosophical and Ethical Approach”, *Commentaries on the Law of Accounting & Finance*, Vol. 1, 1997, pp.157-240.

③ 参见李明岩：《个人所得税不应只是“工薪税”》，载《中华工商时报》2014年3月20日，第3版。

太差的缘故”。[①]

（二）作为“分配法”的税法：性质界定与功能面向

税法作为“分配法”的属性愈益凸显、理论共识渐趋达致。[②]税法既为“财富分割的利器”，深度介入分配关系的调整，“分配法”之称当之无愧。然而，从学术研究的角度，仍有必要澄清三个先后相继的前置性问题，始能接受前述论断：第一，称税法为“分配法”，是就何种意义而言？第二，作为“分配法”的税法，基本面向包括哪几方面？第三，税法分配功能的实现，有哪些现实约束条件？

1. 何种意义上的“分配法”？

当我们说“A 是 B”时，通常有两条逻辑脉络：一是从性质、属性的角度，即A的性质、属性可由B来概括、把握；二是从价值、功能的角度，即A的主要价值、功能表现为B。前者是本体论视角，后者属价值论范畴。当我们说“税法是分配法”时，或涉及对税法性质的判断，或指称税法的价值和功能。恰在这两个议题上，财税法学界聚讼不已，有两组观点之间的对立值得关注，第一组倾向于性质认定，第二组侧重于功能认知。

第一组观点涉及对作为税法核心的税收法律关系属性的认知，即将之定性为权力关系之一种，抑或公法上债务关系之一类。如采前种认知，则税收法律关系在形式上与警察关系无异，进而税法的基本性质就是以税务

① 张守文:《财富分割利器：税法的困境与挑战》，广州出版社 2000 年版，第 52 页。税务机关征税能力和纳税人博弈能力这两方面因素之于税法“分配失灵”的影响，将在本书第五章有较为详细的论述。

② 国内学者论述中，直接或间接将税法定性为“分配法”的包括但不限于：刘剑文:《强国之道——财税法治的破与立》，社会科学文献出版社 2013 年版，第 53 页；张守文:《分配结构的财税法调整》，载《中国法学》2011 年第 5 期；张富强:《论营改增试点扩围与国民收入分配正义价值的实现》，载《法学家》2013 年第 4 期；张怡:《论非均衡经济制度下税法的公平与效率》，载《法学家》2007 年第 4 期；叶金育:《收入分配改革中的财税政策工具及其立法配置》，载《中央财经大学学报》2013 年第 9 期；等等。

机关行政行为为中心所构成的权力服从关系的法律规范，因而被冠以“权力关系说”的名称，[①]税法则相应成为“特别行政法”的组成部分。申言之，征税、收费被认为是行政征收的典型形式，具体来讲属于无偿性行政征收。[②]如采后种观点，则税法具有相对独立于行政法的性质，进而在制度建构中可较多借鉴民法的制度。[③]

对此，本书拟作四点评述。首先，根据《宪法》第13条，“无补偿则无征收”作为一项原则得以确立，类似税收这种无补偿的单纯限制不应作为行政征收之一种，而应属于“财产权附有的社会义务”，是私人财产为了社会公共福祉所应承受的正常负担；[④]所以从行政征收的角度去理解税收、税法的性质，在逻辑上可能难以自洽。其次，通常被认作税收“权力关系说”创始人的德国行政法学家奥托·梅耶在其著作中将税收法律关系界定为权力关系，实在称得上是历史的进步。从其理论的整体谱系看，立足于由“警察国”向“法治国”的转变，其之所以要将税收法律关系定性为权力关系之一种，是由于彼时在“警察国”背景下，国家在法律意义上有两个不同的主体身份，“一个是旧的国库，把国家当作一个‘营业实体’

① 参见刘剑文、熊伟:《税法基础理论》，北京大学出版社2004年版，第63页。

② 参见姜明安:《行政法与行政诉讼法》(第5版)，北京大学出版社、高等教育出版社2011年版，第270页。

③ 2001年修改《税收征收管理法》时，在第50条明确规定了税收代位权、税收撤销权制度，而且在条文中直接载明“税务机关可以依照合同法第七十三条、第七十四条的规定行使”前述权利，这被普遍认为是税法引介民法制度的代表性事例。另外，当前正在进行的对《税收征收管理法》(以下简称《征管法》)的新一轮修改中，一个关注点是对现行《征管法》上“滞纳金”制度的合理定性与恰当修改。现行《征管法》第32条规定了滞纳金制度，但同2012年起施行的《行政强制法》上的“正港”滞纳金制度，在法律属性上并不一致，《行政强制法》上的滞纳金是一种行政强制执行方式，而《征管法》上的“滞纳金”则主要是损害赔偿的性质；因此这轮修改中有将《征管法》上的“滞纳金”直接规定为“税收利息”的动向，也有声音建议直接将该制度命名为“利息”。无论是前述哪种思路，都再次体现了税法对民法制度的借鉴，也展现了税收作为公法之债的属性。

④ 参见张翔:《财产权的社会义务》，载《中国社会科学》2012年第9期。

或私法人”，此种身份是私法人意义上的，而“另一个是实际的国家，即作为公法人的国家”，此种身份是不受民法约束的；在这种巧妙的二元格局下，国家像命令臣民一样命令国库、令其承受负担，而“国家不能受其自己的法院管辖，民法也不适用于国家”。[①] 梅耶将税收法律关系界定为权力关系，本质上是为了约束权力的行使。[②] 复次，考究债务关系说的出处，亨泽尔似乎并未详述何以从“纳税义务的成立须满足税法规定”推导出围绕纳税义务发生的税收法律关系便是一种“公法上的债务关系”。[③] 毕竟，不是满足法定要件始能成立的都可称为“法定之债”，比如满足刑法规定的构成要件而成立犯罪。如果只是移用“债务关系”的外壳和名头，[④] 意义是有限的，概念的外延越大、内涵就越小。最后，不能将权力关系说和与之对称的债务关系说完全对立起来。理论上讲，权力关系说也承认税收

① [德] 奥托·梅耶:《德国行政法》，刘飞译，商务印书馆 2013 年版，第 53 ~ 54 页。狄骥、耶利内克、米肖等人也对国家双重人格（主权性人格—财政性人格）及其带来的“在有的情况下国家以主权者的身份出现，这样它就可以发号施令；而在有的情况下它又以个体人格的身份出现，这样它就可以签订契约”之后果多有批判。参见 [法] 狄骥:《公法的变迁》，郑戈译，中国法制出版社 2010 年版，第 123 ~ 124 页。

② 对此，可以置于奥托·梅耶一以贯之的学术谱系中加以理解。其研究主要是为了将行政法学从行政学/行政政策学中独立出来，行政学/行政政策学追求行政的正确性和效率性，“讲求行政效率及行政方法以求行政目的的实现”，与之有别，奥托·梅耶开创的行政法学的基本学术脉络是关注行政权的运作，使之满足“合法性”的要求。今时今日的行政法学界看来，奥托·梅耶开创的这一学术传统，已成为行政法学的主流和传统理论。沈岿:《监控者与管理者可否合一：行政法学体系转型的基础问题》，载《中国法学》2016 年第 1 期。由此看来，其针对税收法律关系的见解，显然无法自外于“控权”的核心主张。

③ 有学者考证指出，亨泽尔及之后的税法学者使用“税收债务”的概念，或是因为 1919 年《帝国税收通则》明确使用这一提法后，“为了打破在法学界中长期为行政法所垄断的局面而勉强地对既定法律文件用语的一种附会”。王冬:《税法理念问题研究》，法律出版社 2015 年版，第 128 页。

④ 税法学理普遍认为，“确立税收债务关系并不意味着可以不受任何限制地直接移用私法上债的制度”，这里涉及税法与私法关系演进的问题。参见施正文:《税收债法论》，中国政法大学出版社 2008 年版，第 4 ~ 5 页。制度实践中，直接移用私法制度可能出现“水土不服”的现象，如第二章将述及的税收优先权。

实体法是债权债务关系，而债务关系说也无法否认税收程序法的权力关系属性。所以，日本学者金子宏建构“实体法—程序法”的二元结构，承认其分别具有债务关系、权力关系的性质；①北野弘久亦同样将之作实体—程序二分，提出从法认识论言之税法应侧重程序法，从法实践论讲则应该以实体法为构造中心。②实际上，当今德国税法学通说亦持二分处理的立场，将税收法律关系区分为税收债务关系和税收义务关系，前者以财产法性质的金钱给付义务为内容，后者则以非财产法性质的行为义务为内容。③

第二组观点可以概括为税法的“宏观调控论”与“公共财产论”之争。这组观点间的抵牾实质上是基于对税法功能的不同体认。实际上，“功能”首先是生物学概念，后来涂尔干将功能分析引入社会学，再往后始被引入法学的分析框架。“从生物学中借用‘功能’一词，而不借用数学或其他普遍用语，在这里使用该词是表达多方面考虑到的生命的或有机的过程，在这些过程中有机体得以维持……法律的社会功能意味着法律着力于维持社会秩序的趋向。”④马斯格雷夫将财政的职能界定为公共物品的供应、实现分配的正义以及实施宏观政策。⑤后世学者在此基础上虽有所演绎，⑥但基本未溢出此框架。与之相应，税法的功能被理解为保障税收职能的有

---

① 参见［日］金子宏:《日本税法》，战宪斌、郑林根等译，法律出版社 2004 年版，第 21 ~ 22 页。

② 参见［日］北野弘久:《税法学原论》，陈刚、杨建广等译，中国检察出版社 2011 年版，第 45 页。

③ 参见陈敏:《租税债务关系之成立》，载《政大法学评论》1989 年第 39 期。转引自李刚:《税法与私法关系总论——兼论中国现代税法学基本理论》，法律出版社 2014 年版，第 110 页。

④ Harold J. Berman, William R. Greiner and Sarmir N. Saliba, The Nature and Functions of Law, Fifth Edition, *The Fundation Press*, Inc., 1996, p.26.

⑤ See R. A. Musgrave, The Theory of Public Finance, *McGraw-Hill,* 1959, pp.180-194.

⑥ 有学者在此基础上略加改造，提出财政职能为“配置、稳定与再分配”，“提供公共服务、调节收入分配、实施宏观调控”，及“社会公共资源的配置职能、社会总供求的调控职能、效率与公平的协调职能、和谐社会环境的保障职能、促进经济长期增长的制度供给职能”，等等。总体上均是在马斯格雷夫提供的框架内具体阐发。参见刘剑文:《财税法功能的定位及其当代变迁》，载《中国法学》2015 年第 4 期。

效实现，即保障有效获取财政收入、有效实施宏观调控和保障经济社会稳定。[①] 现代市场经济国家，市场失灵与政府失灵并存，故须运用法律手段干预市场失灵并对干预本身加以规范，规制税收宏观调控行为的税收调控法也就成为宏观调控法的重要组成部分。[②] 相对的观点则认为，税法的调控功能不占主体地位，发挥调控功能的税法制度限于税收优惠等税收特别措施，"减免税并不是常态，量能课税才是基本原则"；[③] 更合理的解读是"财税法是公共财产法"，税法的核心功能是保障和规范公共财产之取得、管理和分配。[④]

本书认为，不宜将两种功能完全对立。从比较视角看，一方面，其他国家和地区的税法理论确实更强调其独立性，或者强调税法的公法和交易法属性，[⑤] 或者特别指出税法中的社会目的规范"不属于税法，而归属于经济法，社会法或其他领域"。[⑥] 在国外的经济法学体系中，税收手段亦确实

---

① 张守文:《税法原理》(第6版)，北京大学出版社2012年版，第35页。

② 有学者进而认为，财政法（包括税法在内的广义财政法）对经济的调控最具有刚性和力度，而且具有"经济宪法"的性质，因而应当被定位为经济法的"龙头法"。参见史际春、宋槿篱:《论财政法是经济法的"龙头法"》，载《中国法学》2010年第3期。

③ 熊伟:《走出宏观调控法误区的财税法学》，载刘剑文主编:《财税法论丛》(第13卷)，法律出版社2013年版，第76页。

④ 刘剑文、王桦宇:《公共财产权的概念及其法治逻辑》，载《中国社会科学》2014年第8期。德国行政法有"公产法"的概念，但其调整对象与此处以税收为核心的"公共财产"概念尚有出入，从最广义的"公产"概念出发，既包括第三人（行政相对人）使用的外部财产（狭义公产），也包括仅供行政主体使用的内部财产。参见［德］汉斯·J.沃尔夫、奥托·巴霍夫、罗尔夫·施托贝尔:《行政法》(第2卷)，高家伟译，商务印书馆2002年版，第459～463页。

⑤［日］中里实等:《日本税法概论》，西村朝日律师事务所西村高等法务研究所监译，法律出版社2014年版，第2页。

⑥ 陈清秀:《税法总论》，元照出版有限公司2012年版，第23页。

仅为调控手段中较不重要之一种。[①] 当然，德、日等国的经济法体系同我国并不完全一致，相应影响到对税法功能与定位的认知。[②] 另一方面，前述台湾地区学者区分形式税法中财政目的规范和非财政目的规范，并认为后者“不属于税法”的思路，有待商榷。根据规范意蕴对之作区别处理，这点笔者是赞同并将在下文予以借鉴的，但因之便将一大类非财政目的规范剔除出实质“税法”的范畴则有武断之嫌。其一，税法是典型的领域法，既然本非依循“调整对象—调整方法”的传统进路证立税法之地位，[③] 自然也不宜据此否认具有调控功能的制度规范仍居税法之行列；其二，必须明确此组观点的矛盾焦点实为对税法功能的不同认知，就此而论，税法的汲取财政收入功能同调控功能无法截然二分，税款征纳达到一定规模，自然产生调控经济的客观效用。有时可能误将税收调控同税收调控中“相机抉择”这一具体形式画等号，忽视了其还可发挥“自动稳定器”功能，这同样属于调控功能，而且作为常态调控的表现，分量更重。比如，所得税的累进税率制度即具有自动调节功能，经济过热时，纳

---

① 德国学者沃尔夫冈·费肯杰将总体调控和单独调控作为“特殊经济法”的组成，而其所提炼的总体调控的四种形式（规制经济法、发展经济法、社会成本经济法、经济监督）中，论述中并未具体提及税收调控。参见［德］沃尔夫冈·费肯杰:《经济法》(第 1 卷)，张世明等译，中国民主法制出版社 2010 年版，第 42 ~ 44 页。施利斯基则在“经济促进”中，将税收优惠作为“间接的补贴”之一种，但即便如此，他也提道，“有人认为……间接补贴（义务免除补贴）则完全属于税法范畴”。参见［德］乌茨·施利斯基:《经济公法》，喻文光译，法律出版社 2003 年版，第 122 页。日本学者金泽良雄为我国学界所熟识，其在经济活动法项下讨论了“资金和金融规制法”，其中讨论的国家资金主要就是以税收为内容，从其讨论的内容看，其着力于研究会计处理和国家资金的投放（财政支出）。参见［日］金泽良雄:《经济法概论》，满达人译，甘肃人民出版社 1985 年版，第 351 ~ 365 页。

② 如有权威民法学者即承认，“经济法的作用就是要利用国家权力的杠杆，来调整经济秩序里面的问题。……宏观调控、反不正当竞争法、反垄断、产品质量管理等，应该是属于国家权力来解决的问题”，同时也认为，“在我们国家，现在像税法等都是作为经济法……这种情况，应该说是属于中国特有的。”江平口述、陈夏红整理:《沉浮与枯荣：八十自述》，法律出版社 2010 年版，第 319 页。

③ 参见侯卓:《“领域法学”范式：理论拓补与路径探明》，载《政法论丛》2017 年第 1 期。

税人收入增加，税额增长速度大于征税对象数量的增长速度，从而抑制投资给经济降温；反之，经济不景气时，纳税人收入下降，税额下降幅度大于纳税人收入下降的幅度，达到“藏富于民”的客观效果。这一系列经济效果的实现，先决条件之一为税收的大量性，否则调节便无从谈起，在此意义上，两种功能之间并没有无法逾越的鸿沟，不过是观察问题的角度不同而已。

同理，当我们将税法界定为“分配法”时，并不拒斥税法其他功能的发挥，也不是说所有税法规范都仅具有分配规制的功能，我们强调的毋宁说是一种价值定位、一种分析视角。法哲学区分两种不同层面的价值——内在的客观功用价值和外在的主观评判价值。[①] 所谓“税法是分配法”，系从内在的客观功用价值层面而言，集中关注其分配规制的功能。另外，税法的分配功能，同税法的财政收入功能、宏观调控功能之间总体上是互相促进而非相互排斥的关系。国家通过税款征收汲取财政收入，就是在国家与纳税人之间进行财富分割，同时也是在纳税人之间配置税负；纳税人之间的税负分配是否允当，既影响分配正义的实现，也同经济增长等宏观调控目标关系甚大，而且广义上讲，调节分配与调控经济均体现税法的“国家调节”因素，二者存在共性。

2. 税法分配功能的基本面向

税法是重要的“分配法”，具有强烈的分配规制功能。作为一个整体，税法在三对主体之间持续地进行分配调整，产生税法分配功能的三大向度。

首先，调整国家与纳税人之间的分配关系，即通常所讲的“取予关系”。“富国裕民”是整体法秩序追求的目标，税法亦不能外。现代法治

① 参见张守文:《经济法理论的重构》，人民出版社 2004 年版，第 293 ~ 298 页。

国家须同时成为社会福利国家，主要是由税收国家[①]的形态来表彰其功能，也即“国家财政收入，非取之国有土地及国营企业，而来自私有财产收益中所收取之租税，作为国家支出及国家权力之基础”。[②]既如此，税收首先作为国家赖以介入国民财富分享的工具，税法分配功能的第一个面向便是确定、调整国家与纳税人之间的分配关系。“疑则有利于国库”和“疑则有利于纳税人”之争影响着税法解释、漏洞补充、税款征收和争议处理等各个环节，但实际上，片面强调“国库中心”或“纳税人中心”，皆不足取。税法问题的利益衡量不仅关涉个别纳税人与作为税收债权人的国家，而且是个别纳税人、利害关系人、社会公共利益三者间的调谐；[③]而且通过税款的征收和使用所表彰的社会公共利益，同纳税人私利益间亦并非对立关系，而是整体与局部、长期与短期等关系的呈现。[④]在人类社会演进、发展到一定阶段之前，国家必须随时履行的职能限于国家防御、维持国内安全与秩序、司法三项，“其余的一切活动都必须让个人自己来进行安排”。[⑤]萨孟武依据国家目的，将国家形态区分为警察国、法治国、文化国及经济国。[⑥]其中“警察国”即传统所谓“夜警国家”，前述国家必须随时履行的

---

① 税收国家与所有者国家的关键区别在于前者承认私有财产权，从而纳税人的经营基本权受到国家宪法、法律的保护。参见葛克昌：《国家学与国家法》，月旦出版社股份有限公司1996年版，第178页。若非如此，则国家与纳税人之间的“取予关系”便没有法律规制的空间。诚如莫尔在其名著《乌托邦》中借革拉苏之口说出的，“一个必须维持一支军队的国王，不管他的钱怎样多，总是不够的”，国王无论如何从老百姓处汲取收入都不为错，因为“连老百姓本身都是属于国王的，只是由于国王开恩而不曾取去的那一些才是每个人自己的财产”。[英]托马斯·莫尔：《乌托邦》，戴镏龄译，商务印书馆1982年版，第38页。

② 葛克昌：《行政程序与纳税人基本权》，北京大学出版社2005年版，第21页。

③ 参见陈清秀：《税法总论》，元照出版有限公司2010年版，第11页。

④ Robert W. McGee, “Taxation and Public Finance: A Philosophical and Ethical Approach”, *Commentaries on the Law of Accounting & Finance*, Vol. 1, 1997, pp.157-240.

⑤ [法]狄骥：《公法的变迁》，郑戈译，中国法制出版社2010年版，第43页。

⑥ 参见萨孟武：《政治学》，三民书局股份有限公司1988年版，第34～46页。

三项职能既限制了国家作用的空间范围，相应也意味着对财政收入需求的规模相对有限。萨氏所谓“法治国”指的是自由法治国或曰形式法治国，基本特征是行政受法律约束和行政范围最小化，此时对税收等财政收入仍然在总体上持审慎立场，以求尽量免于干涉私人财产权过甚。前述“文化国及经济国”则为社会法治国，一方面，自 19 世纪下半叶起，鉴于市场失灵日渐凸显，扩大政府职能范围的吁求日甚一日，[①]“政府干预便随着文明的发展而很正常地变得为经常了，这纯粹是由于政府能够一手将文明变成某种有价值的事物”；[②]另一方面，“社会国任务以促进社会正义为己任，全面提升居民之文化、精神及物质水准，须有巨大财源作为移转性支出”[③]，由此，德国经济学家瓦格纳提出著名的“瓦格纳定律”，即随着人均收入的增长，公共部门的相对规模也将增长，政府支出必然以比生产支出更快的速度增长。[④]税种的开征、停征，税目的设置与调整，税率的确定与变易，税收特别措施的采用与废止，首先影响国家——纳税人之间的取予关系。比如，生产型增值税向消费型增值税的转型，允许企

---

① 例如，以施泰因（Lorenz von Stein）、谢弗勒（Albert Schaffle）等为代表的德国财政学派，以维克赛尔（Johan Wicksell）为代表的瑞典学派及凯恩斯（John Keynes）主义等，都不同程度地主张扩张政府职能。参见［日］坂入长太郎：《欧美财政思想史》，张淳译，中国财政经济出版社 1987 年版，第 301 页以下。

②［法］狄骥：《公法的变迁》，郑戈译，中国法制出版社 2010 年版，第 43 页。

③ 葛克昌：《行政程序与纳税人基本权》，北京大学出版社 2005 年版，第 109 页。

④ 对于这一著名定律的经济解释，代表性的观点有四种：一是归因于经济发展早期需要大量公共资本的形成；二是公共消费品的需求收入弹性大于 1，从而使公共消费与私人消费的比率随人均收入的上升而上升；三是人口压力导致公共支出绝对规模的增加；四是战争等非常时期带来的公共支出扩张在承平时期不会下降。参见何帆：《为市场经济立宪——当代中国的财政问题》，今日中国出版社 1998 年版，第 42 ~ 43 页。

业将购进设备所含税金作进项抵扣，降低企业税负；[①]“营改增”（增值税扩围改革，下同）缓解了增值税、营业税并行带来的重复征税、税收抵扣链条不完整等一系列矛盾，总体上具有减税效果；国务院于 2008 年修订《增值税暂行条例》，将小规模纳税人的征收率由 6% 和 4% 一律调整为 3%，以及前文述及的针对小微企业的税收优惠，更是直接体现国家对市场主体的直接让利。凡此种种，皆为税法分配功能在“国民分配”层面的体现。

其次，调整纳税人之间的分配关系。税收负担根据一定标准在纳税人之间予以分担，而无论采用何种标准予以分配税负，[②]都不可能采用绝对平均主义的方法，这样纳税人之间的相对分配状况就必然会受到税收因素的影响，使分配格局发生变化。基尼系数是用来测度收入分配差异的重要指标，[③]有学者测算过 2005 ～ 2011 年税前、税后基尼系数的对比情况，测算

① 诸多学者研究增值税转型时，认为“直接影响最大的是政府财政收入，设法弥补财政收入缺口是转型中的关键问题”。这也说明，“减税”在降低纳税人税负的同时，亦直接意味着国家层面的“少取”，“放水养鱼”固然是好，但对国家税款利益仍然应给予相当程度的关注，否则可能窒碍社会公共利益的实现，最终不利于具体纳税人个人的发展。前述政府财政收入缺口的产生与弥补，参见汤贡亮：《中国财税改革与法治研究》（第 2 版），中国税务出版社 2014 年版，第 227 ～ 231 页。

② 基本的税负分配标准是受益原则和支付能力原则。参见刘剑文、熊伟：《财政税收法》（第 6 版），法律出版社 2015 年版，第 190 页。追根溯源，需要根据一定标准在纳税人之间分配税负实由“税收国家”的现代国家形态所致，税收国家既然表征一种国家与纳税人间的“契约”关系，那么国家在课征赋税时必须作出若干“承诺”，根据公共需要提供财政支出，在纳税人间“公平”分配税负，就是两个至为重要的方面。其中就后者而言，“横向公平，可以被视为税收立法者对过去的政策颁布和未来的政策选择所做的承诺，以保证他们的行为符合民主的要求。”Galle，Brian，“Tax Fairness”，*Washington and Lee Law Review 65.4*，2008，p.1323.

③ 基尼系数定量测定收入分配差异程度。其值在 0 和 1 之间。越接近 0 就表明收入分配越是趋向平等；反之，则收入分配越是趋向不平等。按照国际一般标准，0.4 以上的基尼系数表示收入差距较大，当基尼系数达到 0.6 以上时，则表示收入差距很大。

结果如表 4 所示。[①]

表 4　税收调整前后基尼系数对比情况

年份	2005	2006	2007	2008	2009	2010	2011
税前	0.4052	0.4103	0.4120	0.4197	0.4220	0.4111	0.4127
税后	0.3852	0.3900	0.3919	0.3999	0.3985	0.3866	0.3892

不难发现，税收对纳税人之间的分配状况有一定影响，而且总体上向更为“公平”的分配格局方向发展。“我们生活于其中的经济社会的显著弊端是……它以无原则的和不公正的方式来对财富和收入加以分配”，而通过直接税等税收手段，“消除财富和收入方面的非常巨大的差异的工作已经取得相当大的进展”。[②]将税收负担在纳税人之间进行合理配置，并借此对收入分配状况加以调整，是税法的一项重要功能。仍以“结构性减税”为例，须认识到其同时包括“结构性”与“减税”两个要素，是在“有增有减，结构性调整”下侧重减税的税制改革路径取向。[③]所以，在总体税负降低、体现国家“多予少取”精神的同时，适时推进“结构性增税”也应是改革的着力方向。就此而论，推进资源税改革、[④]房地产

① 参见黄凤羽、刘畅：《个人税收对城乡加权基尼系数的影响》，载《税务研究》2014 年第 3 期。该研究者同时发现：虽然力度非常微弱，但是税收对农村居民的再分配具有逆向调节作用，并推测原因可能是“农村居民所承担的税收，许多是以定额形式征收的，既非比例税率，更难以实现累进，因而最终表现为累退的性质”；而税收对城镇居民收入的再分配力度则相对较大。本书认为，出现这种“二元结构”，最主要的原因可能是城乡税制的二元结构所致，由于城乡纳税人在日常生活中主要承担的税收种类存在差异，而这些税种之间又存在不同的功能侧重，因而诱致税收调节“累退—累进”的分殊。

②［英］约翰·梅纳德·凯恩斯：《就业、利息和货币通论》（重译本），高鸿业译，商务印书馆 2011 年版，第 386 页。

③ 贾康、程瑜：《论“十二五”时期的税制改革——兼谈对结构性减税与结构性增税的认识》，载《税务研究》2011 年第 1 期。如果说“减税”表现出税法调整国家与纳税人之间分配关系的功能，那么“结构性”则相应地体现了税法调整纳税人之间分配格局的功能。

④ 基本方向如扩大资源税改革试点范围并尽快推向全国；扩大资源税征税范围，将煤炭等纳入征税范围；适当提高资源税税率。

税改革、[①]开征环境保护税,[②]都在加重部分纳税人负担的同时，有利于优化税制结构、改善纳税人之间的分配状况。若细分之，则税法对纳税人之间分配关系的调整，涉及两类不同性质的分配功能之发挥，此处暂且存而不论，留待下文讨论。

最后，税法也要调整不同政府间的分配关系。这方面的分配功能主要通过税权的合理配置得以实现，主要内容体现在税收体制法之中。国与国之间的税权配置属于税收管辖权的问题，核心是“谁有权征税”（获得一定范围内的税收利益），[③]这也是国家主权的组成部分。大量的国际税收协定就是希望能妥善解决国际双重征税，使各国在税款利益上“各得其所”。国内法意义上的税权主体既可以是国家，也可以是国民；内容既可以是税收权力，也可以是税收权利，但是狭义上人们通常将之理解为国家的征税权力。[④]具体来讲，税收体制法至为重要的任务即是在政府间横向、纵向划分税权。就纵向而言，根据“科斯第二定理”，由于交易成本的存在，不同的权利配置会带来不同效益的资源配置，所以界定“产权”的重要性

---

① 其主要表现在两个方面：一是对个人非营业用自住房征收房产税；二是归并相关房地产税费，并适时通过制定《房地产税法》的形式予以法律确认。结合这两个方面，房地产税改革本身也体现“结构性减税”的精神，而且由于其直接关系到纳税人间的分配关系调整，因而除法定原则的形式约束外，特别应当强调制度设计要体现量能课税的要求。参见侯卓、谷铮彦:《房产税改革的正义原则与法治路径》，载《湖南农业大学学报》（社会科学版）2015年第3期。

② 严格来讲，虽然论者多将环境保护税的开征作为“结构性增税”的举措之一，但该税种实际上是落实十八届三中全会“落实环境保护费改税”精神由排污费等转化而来，是否“增税”尚在未定之数。而且，环境税费皆为环境财政工具之形式，且在功能上各有侧重，是否确有必要将排污费改征环境保护税，并非没有检讨之余地。如环境保护税无法体现“量能课税”等税法基本精神，如何与税法体系中的其他制度以及环境法中其他的费用制度相协调，是可以深入探讨的课题。现阶段相关讨论，参见熊伟:《环境财政、法制创新与生态文明建设》，载《法学论坛》2014年第4期。

③ 这里的逻辑前提是国际税法上的“单次征税”原则，因而需要在主张权利的各国之间分配税基。Reuven S. Avi-Yonah, *International Tax as International Law, An Analysis of the International Tax Regime*, Cambridge University Press, 2007, pp.11-13.

④ 参见张守文:《税权的定位与分配》，载《法商研究》2000年第1期。

十分明显。推而广之，前述定理对于税权的配置与税收利益归属的关系同样适用：当前政府间转移支付的非规范性、低效率性，使得税权配置相对不利的基层政府比较难有效提供本区域的公共产品，这在经济发展相对滞后区域表现得更加明显，所谓“吃饭财政”乃至“讨饭财政”的言说，其来有自。正是在此意义上，“政策背后是权利安排”，[①] 所以“产生各类分配问题的法律原因，则主要体现为收益分配权配置的不合理。因此，分配结构调整的关键在于改变收益分配权的配置。”[②] 十九大报告中要求，建立权责清晰、财力协调、区域均衡的中央和地方财政关系，不难发现这里的逻辑起点是税“权”的合理配置，“共享税为主、专享税为辅，共享税分享合理、专享税划分科学”[③] 的央地收入划分体系之形成亦不能脱离这个起点；也是在此意义上，针对报告中同时提出的“健全地方税体系”，官方解读中勾勒的三大着力点中有一项便是扩大地方税权，“在中央统一立法和税种开征权的前提下，根据税种特点，通过立法授权，适当扩大地方税收管理权限”。[④] 这两处都充分体现税权配置——收益归属——政府间分配格局优化的基本脉络。横向税权配置除了通常人们关注较多的税收立法权、税收征管权、税收收益权在同级政府间的分配之外，尚有诸多具体的制度安排直接影响到横向政府间的收入分配，如地方政府间跨区域税收分配、企业汇总纳税等皆如是。[⑤]

通常认为，所得税法分配规制的功用至为突出，这里不妨以其中的个人所得税法为例稍作阐发，更直观地明晰分配功能的三维面向何以并存于同一税种法。

---

① 周其仁:《城乡中国·上》，中信出版社 2013 年版，第 74 页。

② 张守文:《分配危机与经济法规制》，北京大学出版社 2015 年版，第 96 页。

③ 本书编写组编著:《党的十九大报告辅导读本》，人民出版社 2017 年版，第 260 页。

④ 同上书，第 263 页。

⑤ 参见熊伟:《财政法基本问题》，北京大学出版社 2012 年版。

个人所得税法在国家与纳税人之间界定取予关系，核心在宏观税负的预先把握与微观所得的税法态度。就宏观层面而言，黄茂荣教授提倡运用体系的视角进行税制规划，“预定税收占国内生产毛额的比例，作为计划之税收规模”，继而划分各税种当有之财政贡献度，如所得税，再进一步规划工薪所得等各项税目应该汲取的收入，以此为据勾勒制度轮廓。[①]虽当下囿于对制度设计与收入规模关系精确测算之不易，前述思路于实践方面窒碍难行，但其见解在定性层面还是颇富启迪，很多时候，希望通过个税制度运行征取多少收入，会根本性影响个税法建制。许多域外国家将所得税作为主体税种，则多采用宽泛的税基界定，譬如，美国税法上对所得的法律定义外延最广，强调“无论来源于何处”，辅以非穷尽式列出经常发生的应税项目，并具体规定免税项目之种类；[②]反观我国，现行分项所得税制虽有兜底条款（偶然所得、其他所得）之设置，但作用于实践还是常见挂一漏万的情形，诚如本书第二章将要述及，我国曾构想所得税与流转税并重的双主体税制，唯个税制度设计实难支撑此种构想，辅以征管法制度偏重，个税收入效应不显便不难理解。就微观层面而言，一国之个税法对“所得”如何界定，以及就各所得项目分享比例之多寡，决定了在具体场景中国家与纳税人的分配关系，如工薪所得课税便意味着某人因其工作而取得一笔工资收入时，就该笔收入国家和该人分别实际获得多少。

个人所得税法对纳税人之间分配关系的调节易于理解。一方面，针对不同来源的收入皆施予一定税负，可让原先相对更大的收入差距有所缓释；另一方面，各国个税法多在不同程度上运用累进税率，强化分配调节。横向看，比例税率和累进税率其实体现税法进行分配规制时的两种思路，这在本章后面的部分会作阐述。此外，分项税制模式下，不同来源所得（如

① 参见黄茂荣:《法学方法与现代税法》，北京大学出版社 2011 年版，第 113 ~ 114 页。

② 参见［美］休·奥尔特、［加］布赖恩·阿诺德等:《比较所得税法——结构性分析》（第 3 版），丁一、崔威译，北京大学出版社 2013 年版，第 191 页。

劳动 / 资本所得）的税负差异，[①] 会引发收入结构中主体形式不同的纳税人在实际承担税负上的差别。

个人所得税的收入归属，影响不同政府之间的分配关系。这可由三个层次加以把握：一是不同国家或地区的政府之间的分配关系。税权固为主权之象征，国际性双重征税亦不可免，内国税法以及国际税法的要务之一即为在针对特定收入存在多重税收管辖权时的调谐，如各国个人所得税法上有关居民纳税人—非居民纳税人的区分，以及对此二者征税范围的不同界定，属于对不同国家或地区政府间分配关系的初次调整，继而通过双边或多边税收协定在各国分别运用免税法、抵免法或是扣除法，则是对政府间分配关系的进一步厘清。二是不同层级政府之间的分配关系。我国在 1994 年“分税制”改革时将个人所得税收入全额划归地方；后于 2002 年起实施所得税收入分享改革，[②] 将其调整为共享税。这就比较显著地改变了不同层级政府之间的收入格局，有鉴于此，为体现对地方政府既得利益的尊重，改革方案中明确中央保证 2001 年各地方实际的所得税收入基数并实施增量分成。三是一国境内不同区域政府之间的分配关系。前述 2002 年所得税收入分享改革，动因之一即是减缓地区间财力差距的扩大，故改革方案中强调中央因改革所增加的收入全部用于对地方，尤其是中西部地区的一般性转移支付，这体现收入归属问题虽直接影响的是纵向层面的政府间分配格局，但其对横向的政府间分配格局也有间接影响，特别在善于“集中力量办大事”的我国，这一层面的影响不容小觑。

---

① 旧的“两个比重”不足有较大改善的今天，新的“两个比重”不足日益凸显，其中之一即劳动报酬在初次分配中占比偏低（另一个比重不足是居民收入在国民收入分配中的比重偏低）。张守文:《论“发展导向型”的税收立法》，载《法学杂志》2016 年第 7 期。进言之，针对劳动报酬的个税负担如何设计尤其是较之其他类型收入在税收待遇上是更优或更劣，对前述格局将产生或改善、或固化的不同效果。

② 参见《国务院关于印发所得税收入分享改革方案的通知》（国发〔2001〕37 号）。

以上即以个人所得税法为视角，以小见大地揭示税法如何在三个不同维度调整分配关系。在这部分的最后需要指出，三维分配关系间存在联动关系，分析问题时须予整体把握并明辨相关问题存于哪一面向。比如，我国传统社会时期国家在经济层面，貌似在抑兼并与不抑兼并间游移不定。然究其实质，前者主张“抑”的是“阡陌闾巷之贱人与人主争黔首”（王安石语），实为国家与民争利之体现；后者倡言“不抑”的反倒是真正的“官品形势之家”对一般“齐民”的兼并，也即放任、纵容甚至固化（“天使汝穷，而汝强通之……必得天刑”）民众之间的分配失衡。[①] 由此观之，看似泾渭分明的主张之间并无不可逾越的鸿沟，奥妙便在其所涉分配场域的差异。

二、税法分配功能的体系架构：从规范出发的分析

如果说前一部分着重探讨税法分配功能的“外部环境”，譬如“分配法”体系中税法分配功能之定位，那么这部分内容则试图研究税法分配功能的“内部体系”，即提炼税法分配功能的主要类型。前文归纳了税法分配功能的三大作用场域，但这还只是一种外部性视角。从逻辑上讲，通过某一事物“能在哪些方面发挥作用”尚不足以产生对该事物本体的清晰认识；还必须从“内部体系”出发，直接说明它“由哪些方面组成”才能实现前述目的。而欲完成此项任务，须建立在对税法制度规范的梳理、剖分之基础上。故而本部分的研讨拟从税法规范出发，首先判明税法的哪些制度规范具有分配功能，成其为“分配规范”；继而于此基础上作类型化分析，尝试提炼税法分配功能的几组二元结构，由此形成对税法分配功能完整而周延的认识。

① 秦晖:《传统十论》，复旦大学出版社 2011 年版，第 56 ~ 58 页。

（一）税法规范的分配功能梳理

制度规范是组成税法的“元素”，由税法中各别规范的性质观之，相互间存在一定的异质性，这也决定了税法诚非“单核”驱动，而是如前文所述，是一个综合性的法体系。在统一的税法秩序之下，不同类型的规范系依据不同的基本法理、不同的法律原则而设，因而蕴含着不同的制度功能。运用类型化的方法，有助于在纷繁复杂的具体规范中理出脉络，[①]为下文进一步探究税法的分配功能以及税法分配功能的类别做好铺垫。大体上讲，税法规范的类型化有“二分法”和“三分法”两种基本思路。

1. 税法规范的类型化

“二分法”是将税法规范区分为财政目的规范和管制诱导性规范。原则上讲，税收是以满足国家财政需求为目的而向纳税人征收的一种财政收入，因而财政收入目的是税收概念的核心；但是随着国家形态的发展演进，基于特定社会、经济政策的考量，将税收作为一种“经济诱因”的情形也频繁出现。前者即为财政目的税收规范，后者则被称作管制诱导性税收规范。但是二者间亦有联系，通常认为即便是管制诱导性税收规范，也必须至少附带有财政收入目的，“至于寓禁于征之税捐，不论是否使用税捐名称，既不以收入为目的，利用税捐手段以达到禁止之目的，其手段与目的间可能不相干或相当”，被认为违反了比例原则，是“滥用租税之法律形式”。[②]其实，财政目的规范同管制诱导性规范之间的分殊，

---

① 类型化的思维方式由马克斯·韦伯引入社会学，耶利内克引入公法学。拉伦茨指出法学中至少有四种类型的应用形态，其中“税法的类型”忝列其中；另外三种是一般国家学、历史性及比较性法学中的类型，狭义的法的类型，刑法的类型。[德]卡尔·拉伦茨:《法学方法论》，陈爱娥译，商务印书馆2013年版，第337页。当然，拉伦茨这里指称的税法的类型，主要不是指税法规范的类型化；不过也在某种意义上说明，类型化的思维方式在税法领域确有很大的运用空间。

② 葛克昌:《行政程序与纳税人基本权》，北京大学出版社2005年版，第71页。

在现实中并非如理论言说那般清晰可辨，[①] 因为此处据以判断规范属性的基本依据是主观的“目的”因素，这决定了其往往不易把握。而且前已述及，管制诱导性规范也须“附带”收入目的，这意味着两类目的存在“兼容”于同一制度规范之上的可能性，增加了辨识的难度；尤其在税制变迁的场合，不同目的之间的相互纠葛、难分轩轾，甚至于孰轻孰重都不易作答。[②]

历史地看，对于管制诱导性税收规范的态度，在德国等税法发展较早的国家经历了一个发展演进的过程。早期观点认为，获得财政收入是税法的唯一目的，诸如税收优惠之类的管制诱导性规范干扰了财政收入目的之达致，德国联邦宪法法院因而主张这类“假税法之名、行干预之实”的规范为法规范形式之滥用而违宪。但是随着自由竞争资本主义向垄断资本主义的过渡，一方面市场失灵的现象表现得越来越明显，需要国家自觉通过运用包括税收在内的各种手段对国民经济加以调节；[③] 另一方面国家与社会生活的“经济性”特征日益凸显，“对任何一个共同体，经济和经济生活的正常进行都构成了一个居于核心地位的子系统”，国家在其中都承担相应的经济责任，“它既是一个居于核心地位国家任务，又是一个居于核心

① See Anton Korinek, Jonathan Kreamer, “The Redistributive Effects of Financial Deregulation”, *IMF Working Paper* No. 13/247, 2013.

② 如自 2011 年 1 月开始的上海、重庆对个人非营业自住房征收房产税的房产税改革试点，其制度目标究竟是为了汲取财政收入以至于探索房产税作为地方税主体税种的可能性，还是调控房地产市场特别是抑制房价过快增长，就成为一个见仁见智的问题。制度定位的模糊难辨，间接引致制度设计的左支右绌（例如，国际上房产税一般呈现宽税基、低税率的特征，但沪渝两地的试点方案都采用“窄税基”的模式，这就不易于汲取足额的地方财政收入，而从两地试点方案中相对偏低的税率设计看，也难以起到调控房价的作用），乃至成效不彰。参见夏商末:《房产税：能够调节收入分配不公和抑制房价上涨吗？》，载《税务研究》2011 年第 4 期；张守文:《关于房产税立法的三大基本问题》，载《税务研究》2012 年第 11 期。

③ See Reuven S. Avi-Yonah, “Globalization, Tax Competition and the Fiscal Crisis of the Welfare State”, A revised version of this working paper is in 113 *Harvard Law Review*, 2000, p.98.

地位法律任务"。[①] 因此，坐困"税法只能以汲取财政收入为目的"之愁城已属画地自限，德国联邦宪法法院也相应调整立场，允许税法中可以有为实现社会、经济政策而设立的制度规范，但坚持税法总体上仍应追求财政收入目的，政策性目的仅能居于"附带"地位。及至20世纪70年代以后，由于税收具有的"外部性内部化"等功能，以及生态环境破坏的日趋严重及其引发世人关注，所以对税收在矫正生态破坏之类社会政策实现方面所具有的作用，人们逐渐达成共识。德国联邦宪法法院遂肯认税收促进国家社会、经济政策积极实现的角色担当，强调财政收入即便为附带目的，亦无不可。[②] 相应地，德国于1977年修正了《租税通则》第3条，在对税收要件的描述中，在原先"以收入为目的"的表述中附加"亦得仅为附带目的"的修饰。[③]

前述"财政目的规范—管制诱导性规范"，也即在税法规范中，根据是否以获取收入为（主要）目的而存在两种类型，但是如果从划分的精确性来讲则犹有未足。最直观的一点便是，与"财政目的规范"相对称者当以"非财政目的规范"最为适格，那么用"管制诱导性规范"来"一言以

① [德] 罗尔夫·施托贝尔：《经济宪法与经济行政法》，谢立斌译，商务印书馆2008年版，第13页。

② 对相关历程更详细的介绍，参见葛克昌：《行政程序与纳税人基本权》，北京大学出版社2005年版，第72页。

③ 这也被认为是肯定税收作为社会政策、经济政策工具的典型立法例。仍然存在的问题是，有无必要作所谓"财政税法""税收经济法""税收社会法"之划分？笔者认为，现代税法建立在市场经济和财产权保护两大基础之上，因此税法在汲取财政收入的过程中，税种、税目、税率等课税要素的运行都会自然而然地影响到市场经济的各个层面。换言之，税法的经济功能、社会功能是蕴含在财政功能之中的，是随着后者的实现而实现的。参见廖益新、李刚、周刚志：《现代财税法学要论》，科学出版社2007年版，第166～167页。如果说财政目的规范是基础规范，则这些社会政策规范、经济政策规范则是高级规范。二者的关系是：财政目的规范是基础，但从调节对象而言社会政策规范、经济政策规范具有高级性。

蔽之”是否恰切，则不无疑问。[①] 而且，“管制诱导性规范”项下，还可以进一步细分，比如基于经济政策的税法规范和基于社会政策的税法规范，在逻辑起点、价值取向、规制路径等方面即存在差异，区分开来可能更为妥适。有学者建构出“三分法”的税法规范体系，即将税法规范划分为财政目的规范、社会目的规范和简化的规范。其中，社会目的规范系就“增进社会公共利益”而言，因而也就相应可再划分为管制的规范与重分配规范，前者指透过税负的增减来引导纳税人为特定的、符合社会公益导向的行为，后者以财富调整为目的，以维护、促进社会利益平衡。[②] 这实际上便囊括了以经济政策为目的和以社会政策为目的之两种情形。前述三分体系中的“简化的规范”，主要是基于稽征便利、提高税法可行性等考虑而做出的制度安排，其追求的是税法效率原则中“税收行政效率”的实现，诸如类型化、费用扣除标准等制度设计，就属于此类税法规范的范畴。这种划分方式更为合理，本书拟予借鉴，下面的分析亦在此基础上展开。

2. 不同税法规范的分配功能

针对上文就税法制度规范所为之类型化处理，这里可分别检视各类税法规范中是否蕴含一定的分配功能，为下文提炼税法分配功能的类别做足准备。前文归纳了税法分配功能的三大向度，本部分便以之作为检索的“雷达”。

财政目的规范以汲取财政收入为目的，通过税种、税目、税率等的

---

① 譬如说，税收程序法中的大量规范显然不属于将税收作为“经济诱因”的诱导性规范，但如果将其一概认定为财政目的规范，一来似有“国库中心主义”之嫌，二来税收程序法上若干具体规则纯粹是基于简化稽征程序之考量而设置，适用此类规则有时恰不能实现“财政收入最大化”之目标。如我国的税款征收方式包括查账征收、核定征收、定期定额征收等几种，以其中的核定征收为例，根据《税收征收管理法实施细则》，核定征收的方法包括参照类似纳税人的税负水平、按照营业收入或者成本加合理的费用和利润，按照耗用的原材料、燃料、动力等核定，这就主要是一种稽征便利的考虑。

② 陈清秀:《税法总论》，元照出版有限公司 2012 年版，第 20 ~ 22 页。

确定，实际上就是在国家公共财政权与纳税人私人财产权之间划出一条界线，财税法产生和发展的前提即是前述“两权分离”。[①] 如何兼顾保护国家财政利益和纳税人财产权利，是税法持续予以解决的根本性问题。“诺思悖论”描述国家与经济社会相互联系、相互矛盾的关系形态，即“国家的存在是经济增长的关键，然而国家又是人为经济衰退的根源”。[②] 现代国家无疑是“经济国家”，为促进经济的持续增长，国家不能实行放任政策，而应该努力减少市场上的交易费用从而使企业家的受益成为可能，这要求国家强大到足以监督产权和强制执行契约；但是如果国家真正拥有强制的力量，那么管理国家者的自利行为便难以控制。[③] 在财税场域，“诺思悖论”的适用空间十分宽广：一方面，从收入面来讲，以税收为主体的财政收入充盈国库，国家才有能力提供高质量的公共产品和公共服务，促进社会公共利益的发展，但国家征税权力的不受限制，又易导致“竭泽而渔”的行为，伤害私人财产权的同时也扼杀了市场的活力；另一方面，从支出面

---

① 如果公共财政权和私人财产权不作清晰界分，私人财产权不能独立，也就没有必要在财税法上对财政收入权加以规制和限定；同样地，如果公共财政权不独立，也无必要通过专门的财税法来予以保护。换言之，现代财税法和财税法学所强调的，无论是“财政控权”，还是“纳税人权利保护”，都建基于公共财政权同私人财产权的相对独立。对“两权分离”的界定、意义等更多的讨论，参见张守文:《财税法疏议》，北京大学出版社 2005 年版，第 33 ~ 47 页。

② [美] 道格拉斯·C.诺思:《经济史中的结构与变迁》，陈郁等译，上海三联书店、上海人民出版社 1994 年版，第 20 页。

③ “诺思悖论”强调国家在面临财政压力时所采取对策的不同，在长期里决定了国家经济的兴衰。诺思考察了西欧国家在 16 ~ 18 世纪的发展历程，注意到虽然从长期看，合理的产权规则能够确保市场经济的发展，从而在即便没有技术革新的条件下也能促进经济的发展和居民人均收入的增长；但是由于现实的财政压力，许多国家选择走一条放弃产权保护而实施垄断并从垄断者处课税或向其转让特权，因为短期看后者的成本相对较低而收益相对较高。诺思指出，面临现实财政压力和长期产权保护之间的矛盾，西欧国家选择了两条道路，一条是以英国、荷兰为代表的选择产权保护的道路；另一条是以法国、西班牙为代表的向现实财政压力屈服的道路。前者实现了经济的长期繁荣，而后者则限于经济停滞不前或增长相对缓慢。参见何帆:《为市场经济立宪——当代中国的财政问题》，今日中国出版社 1998 年版，第 37 页。

来讲，虽然政府从本质上看是追求长治久安的，但不同时空条件下经常出现（短期性的）财政目标偏离（长期性的）社会目标的现象，这就给财政支出的膨胀和财政风险的增大埋下了隐患。[①] 所以，就国家与纳税人之间的分配而言，税法中财政目的规范的主要功能有两方面：一是通过财税手段介入国民收入分配过程，实现组织国家财政收入的职能；二是保障分配秩序，即通过法定的形式来确保国民收入分配程序的公正和分配结果的稳定。[②] 此外，税法中的财政目的规范有两大作用向度，划定国家财政权与纳税人财产权之间的界线是一个方面，在纳税人之间合理配置税收负担则是另一个方面，而后者会影响到纳税人之间的分配状况。因此，可以说财政目的规范的分配功能是多维度的。

社会目的规范分为管制的规范与重分配规范。管制的规范[③] 中，税收多作为"经济诱因"而存在，此类规范一般属于诱致性规范。制度规范的类型有多种划分方式，其中，按照制度规范发挥作用的方式，可以划分为自发性制度、诱致性制度和强制性制度。[④] 自发性制度主要是非正式的随经验演化而成的内在规则，最典型的如道德、习俗[⑤]；强制性制度是传统法律规范的主要形式，以"命令—服从""行为模式—法律后果"为基本表现；而诱致性规范则强调通过利益的设定与驱动，来引导行为主体自觉做出符合立法者期待的行为。在此过程中，作为"经济诱因"的税收手段，

---

① 参见林江、于文艳:《从"诺斯悖论"看我国财政风险的形成机理》，载《广东社会科学》2006 年第 5 期。

② 参见刘剑文:《强国之道——财税法治的破与立》，社会科学文献出版社 2013 年版，第 66 页。

③ 严格说来，从概念内涵看，称此类规范为"管制的规范"似乎并不恰切，作为"管制手段"的税收工具多为税收优惠和税收重课等方式，而这符合"积极的鼓励促进和消极的限制禁止相结合"的规制特征。由于这并非本书讨论主旨所在，所以行文中仍然借鉴并运用"管制的规范"之称谓。

④ 参见辛本禄、蒲新微:《在自发性、诱致性与强制性之间——多支柱养老保障模式的制度分析及建构》，载《学习与探索》2005 年第 5 期。

⑤ See Richard W. Wright,"The Principles of Justice", *Notre Dame Law Review*, Vol. 75, 2000,p.1859.

主要表现为税收优惠或税收重课，其之所以能发挥诱致性作用原因至少有二：首先，针对具体纳税人的税收优惠或重课，引导、形塑该具体纳税人今后的行为模式；其次，通过改变不同行为之间的“相对价格”，引导社会资源配置的优化。将税收作为“经济诱因”会附带产生两方面的分配效果：一是改变国家和具体纳税人之间的“取予关系”，税收优惠形式上是国家针对纳税人的“少取”，如果从税式支出的角度理解则又涉及“多予”，税收重课则反其道而行；二是改变纳税人之间的分配格局，通过享受（或承受）优惠（或重课），既直接改变相互间的收入对比，又通过税负的差异化配置，进而影响纳税人的分配能力。重分配规范系直接以分配调整为目的，其同样具有上述两方面的分配效果，而与管制的规范所不同处在于，其对纳税人间分配关系的调整并非附带性，而是有意识地、积极主动为之。

由上述讨论可知，税法中大量存在的财政目的规范和社会目的规范均蕴含有十分浓郁的分配功能，只不过各自发生作用的场域和方向不尽一致。而在简化的规范，由于其主要是技术性规范，系为稽征便利和提高税收行政效率而设，所以分配规制非为主要目标，通常表现在两个层面：一是税法进行再分配并非驻足于静态的制度文本，而须仰赖税收征管的动态实践，征管过程中耗费的成本将削弱再分配的客观实效；二是部分简化的规范也会影响不同主体间的分配关系，比如“视同销售”①和“从高适用”②的规则束，其虽主要基于稽征便宜的考量，然而皆在一定程度上影响到国家与纳税人间、③纳税人相互之间的分配状况。

---

① 参见《增值税暂行条例实施细则》第 4 条、《企业所得税法实施条例》第 25 条，近似者还如原《营业税暂行条例实施细则》第 5 条、《消费税暂行条例》第 4 条。

② 参见《资源税暂行条例》第 4 条、《消费税暂行条例》第 3 条，近似者还如原《营业税暂行条例》第 9 条。

③ “视同销售”的规定被认为属拟制性规范，“扩大税基、增加财政收入”是其重要的工具性价值之一，此类制度的适用，使国家与纳税人之间的财富分割向有利于国家的一方倾斜。参见叶金育：《回归法律之治：税法拟制性规范研究》，载《法商研究》2016 年第 1 期。

（二）税法分配功能的类别提炼

根据以上讨论，税法中的财政目的规范一方面设定国家财政权与纳税人财产权之间的界限，另一方面在纳税人之间分配税收负担；社会目的规范中，管制的规范在将税收作为“经济诱因”，追求社会、经济政策目标实现的过程中，不可避免地会影响不同主体间的分配格局，而重分配规范则直接以分配调节作为基本旨趣；简化的规范主要基于稽征便宜的考量，通常不具有分配方面的因素，但不排除于“简化”过程中附随影响到分配格局。由此可见，不同税法规范类型之间并非存在不可逾越的鸿沟，若就分配而论，多类税法规范都具有这方面的功能；而且不同种类税法规范之间，从分配规制的视角观察，存在分化、整合与重构的空间。因此，本书由分配维度出发，尝试提炼“分配规范”的概念，指称税法中内含分配因素（或曰“分配导向”）的制度规范；进而基于所涉分配因素的性质歧异，将各类税法规范加以重组，归入不同类别的分配规范项下，并在不同层次上形成若干组二元结构。至此，即可较为便利地由各类分配规范中萃取相应的分配功能，同时亦完成税法分配功能的类型化任务。之所以定要开展此项工作，原因之一是不同类型的分配功能需要遵循不同的制度逻辑，进而在评价标准[①]和作用方式等层面，在相当程度上存在差异。

在第一个层次，可以将税法的分配规范区分为财政性分配规范与调节性分配规范。财政性分配规范是国家汲取财政收入，同时根据分配正义在纳税人之间合理分配税收负担的制度规范。粗略地看，税法中的财政目的规范大体上对应此处的财政性分配规范，只是后者系从分配视角所作提炼，更加强调相关制度规范的分配面向。与之相应，由此类制度规范所承

① 德国学说认为，国家行使税权应受财产权保障原则拘束，将税收区分为国库目的和非国库目的税收便是因为该原则对前一种税收之征取的拘束程度偏低，而对后一种税收之征取的拘束程度更高。参见陈新民:《德国公法学基础理论》（增订新版・上卷），法律出版社 2010 年版，第 456 ~ 457 页。

载的规范和保障国家汲取财政收入并在纳税人之间合理分配税负，即为税法所具有的财政性分配功能。从体系的周延性出发，税法的财政性分配功能还应包括在政府间分配税权，这主要是税收体制法的任务。调节性分配规范是与财政性分配规范相对的，是对后者所形成之分配格局进行再调整的制度规范，对此，容稍后再述。

税法的财政性分配功能中，居于基础、核心地位的是在国家与纳税人之间进行财富分割。上文对财政性分配功能的界定，在这个层面表述为“规范和保障国家汲取财政收入”，这里包括两层含义：“规范”强调对汲取财政收入的额度与过程要加以控制；“保障”则侧重于对国家分配利益的确认与维护。就“规范”功能而言，国家通过税收手段介入国民财富分配需要“取之有度”，这个“度”就是国家的公共财政权与纳税人的私人财产权之间的界线；而对这个“度”的把握、确认和保障，正是税法财政性分配功能的重要表现形式。这反映出前文述及的“两权分离”，需要能够经受法定原则和适度原则的检验。法定原则主要从形式层面约束国家的“征税冲动”和“增税冲动”，适度原则主要从实质层面对国家汲取财政收入的“度”提出适切性要求。适度原则的内容包括但不限于：第一，对收益征税，不得及于财产本体，以免损害税基、侵蚀税本；第二，“半数原则”，施加财产之整体税负，包括财产税、所得税等各税种在内，不得超过“收入减除成本、费用余额”之半数，这是由于税收的本质在于“财产权附有社会义务”，[①] 所谓“附有”就意味着私有财产应以私用为主，税收负担不能反客为主；[②]第三，生存权保障所需要的财产，须予特别保护，一般免予税收干预。无论是法定原则还是适度原则，实际上皆为对财政性分配功能之实现所施加的约束和限制。就“保障”功能而言，作为保障对象的“国

---

① 参见张翔：《财产权的社会义务》，载《中国社会科学》2012 年第 9 期。

② 参见葛克昌：《行政程序与纳税人基本权》，北京大学出版社 2005 年版，第 99 页。

家分配利益”主要表现为“税收权利”，[①]根据所处阶段的不同，其分别具有“公法上的债权”和“公法上的物权”两种性质，因之产生了不同的保障方式；对“应征尽征”的强调、对“公款私用”的防杜，就分别体现了“公法上的债权保护”和“公法上的物权保护”之思路。

税法进行财政性分配时，于前述国家与纳税人之间财富分配的基础上，在此二元主体内部，分别涉及税收利益和税收负担的分配问题。在前者，就是税权配置；在后者，就是税负配置。相应地，对税权和税负进行合理配置，成为税法之财政性分配功能的两个重要面向。在中国，税权配置的核心是税收收益权的配属，严格来讲这不仅是税收体制法，更是整体意义上财政体制法所要解决的问题，特别是要将收入划分同事权划分等相关因素统筹起来考虑，系统地推进政府间财政关系的优化与完善。[②]税负在纳税人间的合理配置，是税法主要的正当性来源，也是税法分配功能得到高效发挥的重要体现。纳税人负担税收，影响及于纳税人的财产权，最直观的感受即为部分财产的“剥夺”，因此除形式合法性（主要体现为税收法定）外，还需要实质正当性的支撑。税收交换说（或称为对价说、利益说）曾经是流行于十七八世纪的赋予税收实质正当性的理论基础，“以为国家之行动，在保卫人民，租税者即人民对于国家之行动所支付之交换代价也”。[③]这种观点主要同彼时盛行的个人主义、社会契约等观念相融通，进而要求税负在纳税人之间的分配应当秉持“谁受益，谁负担”的原

① 通常更受关注的“税收权力”与此处所谓“税收权利”是两个范畴，若对国家税收权利的法律保障存在罅隙，即使掌握税收权力也于事无补。参见张守文:《财税法疏议》，北京大学出版社 2005 年版，第 182 页。故而对国家税收权利（也即分配利益）提供有效的制度保护，是税法之财政性分配功能的重要内容。

② 较具共识的思路是：定事权（外部性、信息复杂性和激励相容三原则）——定收入（按税种经济属性）——完善转移支付（保障民生政策的落实并推进基本公共服务均等化）。参见楼继伟:《中国政府间财政关系再思考》，中国财政经济出版社 2013 年版，第 37 页。

③ 何廉、李锐:《财政学》，商务印书馆 2011 年版，第 144 页。

则进行。但是这种分配原则在现代国家不具适配性：低收入者需要享受国家更多的社会救助等公共服务，但是他们往往无力缴纳更高额的税收来“购买”此种服务；“财产权保障不因纳税才受保障，亦不因欠税而不受保障”。[①] 因此，在某种意义上“熔断”税收缴纳与财政支出之间的联系，保留二者间适当的距离，不仅不致损害税法的正当性基础，反倒有助于彰显现代社会国家之理念诉求，是税法分配功能在现代意义上的彰显。这就使根据纳税能力分配税收负担的量能原则成为基于财政目的在纳税人之间分配税收负担的核心原则，也成为税法进行财政性分配时重要的实体标准。[②] 值得一提的是，大陆地区学者曾主张量能课税 [③] 不足以成为税法的基本原则，主要理由在于量能课税可能难以及于增值税、消费税等间接税，并主张其可作为一种财税理想而非税法原则。[④] 但是，虽然增值税在再分配功能上要比所得税弱，但增值税和所得税的目的基本上不存在差异，仅仅是捐税能力体现形式有别，前者是实际消费，后者是收益取得。[⑤] 当然，即便是前述曾主张量能课税仅为财税理想的学者，在后来也肯认，“如果将特定目的税和税收特别措施撇开，仅就以财政收入为目的的税收而言，量能课税的确是一项比较理想的原则。”[⑥] 由此可见，通过量能课税来引导和

---

① 葛克昌：《所得税与宪法》，北京大学出版社 2004 年版，第 25 页。

② 财政需求、课征便利、长期征税之事实，都不足构成税收的正当性理据。在财政性分配层面，只有贯彻宪法上的平等原则，具体到税法即“依照人民负担租税能力，平等分担公共支出”，才能使征税行为既有助于公益促进，亦不致妨碍市场竞争秩序且无害于纳税人基本权利保障。如此税法所为之财政性分配始具有正当性基础。更详细的讨论参见葛克昌：《所得税与宪法》，北京大学出版社 2004 年版，第 89 ~ 92 页。

③ 本书中，“量能课税”与“能力原则”内涵基本一致，在相同意义上使用，特此说明，此说明适用于全文。

④ 参见刘剑文、熊伟：《税法基础理论》，北京大学出版社 2004 年版，第 133 页。

⑤ 参见翁武耀：《量能课税原则的若干适用问题》，载《中国财税法学研究会 2014 年年会暨第 21 届海峡两岸财税法学术研讨会论文集》（上卷）。

⑥ 刘剑文、熊伟：《财政税收法》（第 6 版），法律出版社 2014 年版，第 192 页。

制约税法在纳税人之间进行的财政性分配，是较具共识的。其实，前述在国家与纳税人之间以“适度”为实质标准分割财富，这里的“适度”也是“能力”的表现，只不过是在纵向意义上展开，由此出发，财政性分配功能在两个面向的作用发挥，在逻辑上是有共性可循的。

调节性分配规范均为根据一定政策目的而对经由财政性分配导出的分配格局进行调节。此类规范承载的税法功能包括两个层次：第一层是调节分配的功能，无论基于何种政策目标，相关的税法制度均调整了由财政性分配作用得出的分配格局，因而都具有调节分配的功能，但是在不同的具体情形中，对分配关系的调节既可能是终极目标，也不无可能是作为一种媒介或手段；第二层是实现所追求之政策目的的功能，此处的政策目的既可能就是“调节分配”，也可能是分配调节之外的其他社会、经济政策目的，如引导资源配置和资金流向，在前种情形下，两个层次的税法功能实现“合流”。基于以上分析，可大略将第一层功能称为“直接功能”，第二层功能则称为“高阶功能”。基于政策目标的不同，调节性分配规范大体上可区分为经济性调节规范和社会性调节规范，[①] 二者所蕴含的分配功能也存在一定差异。这种功能差异首先表现为高阶功能不同，同时对直接功能的作用形式和作用方向也提出不同的要求。

经济性调节规范为实现经济的良性运行和协调发展，通过将税收作为“经济诱因”来引导市场中“理性经济人”的行为。此类制度规范蕴含的两层税法功能通常是分离的，对税负分配的调节虽是直接功能，总体上却是作为实现特定经济政策目标（高阶功能）的手段而存在。一般说来，这

① 如此划分的逻辑基础在于，财税法、经济法相关立法的调整目标中，普遍存在“经济目标——社会目标”的二元结构，因此类法律的规制目标既包括对具体领域（如财税、金融）基本职能的保障、对在此基础上实现的宏观调控等经济职能的保障，也包括对社会稳定和社会发展的保障。这同现代国家兼具经济职能和社会职能的事实紧密相关。参见张守文：《经济法总论》，中国人民大学出版社2009年版，第21页。

里的经济政策目标包括经济增长、充分就业、物价稳定和国际收支平衡，也就是宏观调控的四大目标。[①] 近年来，随着生态环境的恶化，特别是其同经济发展之间矛盾的凸显，不少有识之士亦认识到生态保护或曰可持续发展同样应当是宏观调控的目标之一，国外也有学者提出并论证“具有可持续性的经济行政法”之命题。[②] 这意味着，经济性调节的高阶功能促进实现的也可能是“生态经济”“可持续发展”之类的政策目标。一般来讲，经济性调节的高阶功能同税法整体上蕴含的宏观调控功能之间高度重合。[③] 十九大报告提出要“健全财政、货币、产业、区域等经济政策协调机制”，妥善发挥税法的调节性分配功能，通过将产业、区域等经济政策纳入调节性分配的高阶功能项下实现财税制度与产业政策、区域政策之间的协调和融通。我国《企业所得税法》便较多运用税收优惠的手段来实现宏观调控的政策目标，如第25条明确规定，国家对重点扶持和鼓励发展的产业和项目给予企业所得税优惠；第27条有关酌定减免税的列举事项中包括国家重点扶持的公共基础设施项目投资、环保和节能节水项目所得等；第28条针对高新技术企业规定了15%的低税率；第30条针对“三新”（新技术、

---

① 上述宏观调控四大目标的形成过程，参见欧阳进:《我国宏观调控目标体系之演变》，载《宏观经济管理》2003年第4期。

② 从实际来看，经济和生态、经济行政和环境保护是密不可分的，两方面的原因（经济活动消耗资源、只有在环境未受污染的情况下经济活动才能得以进行）决定了，“长期保障生产的基础条件，构成了一项重大经济利益。由于经济活动依赖不受污染的环境，这就要求经济活动的方式具有可持续性”。简言之，经济法（或该学者语境中的“经济行政法”）也具有生态的一面。参见［德］罗尔夫·施托贝尔:《经济宪法与经济行政法》，谢立斌译，商务印书馆2008年版，第29页。我国学者薛克鹏，亦有类似观点，参见薛克鹏:《经济法基本范畴研究》，北京大学出版社2013年版，第43～44页。

③ 金子宏教授就指出，税本以筹集公共服务资金为目的，后来出现将税作为经济政策的手段加以利用的倾向，这些诱因措施“作为经济政策的一环使其在素材上成为经济法的对象”，就此而论，“税法同经济法不是没缘的”。［日］金子宏:《日本税法》，战宪斌、郑林根等译，法律出版社2004年版，第28页。

新产品、新工艺）的研发费用规定加计扣除以间接缩小税基，这一系列的优惠安排[①]都体现了国家的经济和产业政策引导。虽说有经济学家认为财税手段这一早期被认为最有力、最综合的需求管理手段在近几十年来“失去了大多数政策制定者和宏观经济学家的青睐”，[②]但这主要是指随着财税事项民主控制程度的深化，使政府相机抉择的空间有所限制，而运用税收手段作为“经济诱因”以调控经济在一定范围内存在的合理性并未丧失。更细致地区分，则经济性调节规范还可分为促进性规范和压制性规范两类，二者的功能差异主要体现于高阶功能层面，具体表现为作用方向的不同；但从共性层面言之，无论“促进”抑或“压制”，通常皆非直接干预，俱呈现出引导、调节的色彩，是以作用“方向”虽有歧异，然其作用“方式”并无本质区别。税收优惠多能发挥促进性功能，前述《企业所得税法》上的产业导向之税收优惠即如是；税收重课则主要发挥压制性功能，如为实现“可持续发展”之目标，对过度消费会造成生态环境严重破坏的特殊消费品，如一次性筷子、汽车、摩托车以及不可再生的石油类消费品征收消费税，就是寄望于压制此类特殊消费品的消费以实现“可持续发展”的政策目标。[③]无论促进性功能还是压制性功能，最终目标常常是着眼于经济的良性发展，而非单纯地调节税负分配格局本身，这证明了上述分析中有关经济性调节两层功能间的分离特质；但在这类功能的作用过程中，作为媒介的税收手段之运用，确实在相当程度上改变了既定的分配格局，这其中涉及平等权、[④]财产

① 其他税收优惠还包括减计收入（《企业所得税法》第 33 条和《企业所得税法实施条例》第 99 条）等。

② ［美］保罗·萨缪尔森、威廉·诺德豪斯:《宏观经济学》(第 16 版)，萧琛等译，华夏出版社 1999 年版，第 260 页。

③ 有学者提炼“惩罚性规则”的概念，消费税制被纳入其中。参见杨颖:《税法的惩罚性规则研究》，法律出版社 2014 年版，第 124 页。相关论述对于理解本章所述“压制性功能”有一定助益。

④ 如税收优惠场合，享受和未享受优惠的纳税人之间的差别待遇是否违背平等原则?

权、[①]自由权[②]等纳税人基本权利，故而此类功能的发挥需要从分配视角检视之，尤应接受政策目标的正当性检测，以及个人私益的妨害与社会公益的促进，即手段与目的之间的比例原则检测。

社会性调节规范基于社会政策目标特别是为实现社会正义，而对原初分配格局进行直接调整，具有突出的促进实现社会公平、分配正义的功能。就分配调节的层面而言，其与经济性调节的差异在于：经济性调节的双层功能结构中，作为直接功能的调整税负分配格局仅为一种手段，高阶功能是促进发展等经济政策目标的达致，通常和“分配调节”并不直接相关；社会性调节的双层功能结构中，直接功能是以税负为枢纽调节分配关系，高阶功能或多或少也与分配优化有所关联，从而使两层功能于此间“合为一股”。二者的共性则在于，均非以汲取财政收入作为目标且都是对财政性分配格局的主动扬弃，这也是两类功能皆冠以“调节”之名的逻辑前提。通常认为，税法中的税收特别措施是至为典型的经济性调节规范，高阶功能仅限于经济政策目标的达致，其实此说未必妥当。以税收优惠为例，确实有相当一部分的税收优惠是作为“经济诱因”而存在，一如前述《企业所得税法》上的诸多税收优惠规定；但与此同时，亦有不在少数的税收优惠，直接和高阶功能都是对分配格局的调整，从而更趋近于社会性调节的范畴。如《个人所得税法》第 5 条规定的减税项目，即包括残疾、孤老人员和烈属，以及因自然灾害受灾严重人员等。财政部、国家税务总局还制定有大量的规范性文件，规定了诸多“暂免征收个人所得税”的情形。此类税法规范通过降低纳税人的税负，起到改善他们分配能力的功用，我们可称为补助性规范，其高阶功能在于“扶弱”。而在社会性调节规范中，另有一种情形，系针对过高收入而赋予超出比例的税负，典型者

---

① 如压制性规范运用的场合，税收重课措施的采用有无“伤及税本”，或者是否产生“寓禁于征”的“绞杀性”后果？

② 如对特殊消费品征收消费税，是否妨害纳税人消费自由的行使？

如2018年修改前的《个人所得税法》及《个人所得税法实施条例》所规定的对劳务报酬所得一次收入畸高实行加成征收。[①]这类税法规范可以被称为重课性规范，如下文将述及，累进税率就是一种典型的重课性规范，其高阶功能在于“抑强”。可以看到，无论“补助”还是“重课”，虽然在作用方向上区别明显，但两类税法规范之间的共性实则更为根本：二者既直接以税负为媒介调节分配关系，也希望借此进一步改善分配格局，故而它们所蕴含的直接功能和高阶功能具有目的和方向上的一致性。基于此，可以径直将补助性规范的制度功能概称为“补助性功能”，将重课性规范的制度功能概称为“重课性功能”。[②]对于补助性功能的发挥，需要从社会弱势群体的客观需要以及国家的扶助义务出发，进行正当性测试；至于重课性功能的发挥，由于其系税收负担的加重，所以须更加审慎些，[③]既要检测所追求之目标的正当性（如社会国家原则），又要确保调节方向的无偏误，还要妥适选定调节手段和力度，不可损及纳税人的基本权利（如避免“绞杀性”后果侵害财产权、自由权），与此同时，经济方面的因素也是不能不考虑的。[④]唯其如此，相关制度的双层功能始得有效发挥。

① 根据《个人所得税法》第3条及《个人所得税法实施条例》第11条，劳务报酬所得实际上适用20%、30%和40%三档的超额累进税率。

② 社会性调节中“补助性功能——重课性功能”的二分同经济性调节中“促进性功能——压制性功能”的二分相对应；二者也具有特征上的相似性。

③ 税收重课外观上表现为对财产权的限制，公法理论上有“公益视为限制基本权利之依据……唯在论究对基本权利之限制，务须遵照比例原则”的共识。这就为此处对重课性规范的正当性标准之确立提供了分析框架。参见陈新民：《德国公法学基础理论》（增订新版・上卷），法律出版社2010年版，第245页。

④ 避免过重的税负扼杀经济的活力。根据“拉弗曲线”，当整体税率超过一个临界点进入所谓“课税禁区”，无论生产、投资还是政府的财政收入都会出现下降。这也是供给学派关于税率、宏观税负与经济增长关系的研究中一个十分重要的结论。当税法体系中重课性规范所占比重过高时，即会提高总体税负而有进入“课税禁区”之虞，这并非遥不可及的危险，毕竟，累进税率制度即为一种典型的重课性规范。

如上所述，税法蕴含不同种类的分配规范，根据性质、目标的差异，这些不同类型的分配规范形成多层次的“二元结构”。与之相适应，税法所具有的分配功能也呈现多层、多元的特质。大略言之，税法的分配功能可抽象为两个方面：一是规范和保障国家汲取财政收入，并在纳税人间合理分配税负的功能，即财政性分配功能；二是根据特定的社会、经济政策目的，对财政性分配格局进行调节的功能，即调节性分配功能，其包括直接调节分配格局和以此促进社会、经济政策目的达致这两个层次的内容。财政性分配功能凸显税法组织收入的本来功用，调节性分配功能彰显税法作为推行社会、经济政策之有力工具的角色担当，正因为调节性分配的高阶功能皆以政策目标为依归，亦可视为“政策性功能”，这同整个经济法层面的政策性特质相适应。[①] 由于本书侧重从分配维度审视，故仍以“调节性分配功能”称呼之。

三、税法分配功能的有机调谐

税法的二元分配功能之间，在具体内容、制度基础、作用方式、规制思路等方面，存在若干差异，这同税法规制的综合性、复杂性一脉相承；与此同时，二元分配功能间亦非绝对割裂，同一税法制度同时承载多种功能的情形绝非鲜见。申言之，不同的分配功能间也隐有内在之逻辑勾连。正如前文多次言及，研究制度的功能，绝不能脱离制度规范而自为展开，所以下文拟通过对具体制度规范的剖析，试图揭示税法分配功能间的内在联系。根据通常的认知逻辑，这里首先分析两类分配功能的异质性，复于此基础上尝试提炼二者间的内在联系。

---

① 参见史际春、邓峰:《经济法总论》(第 2 版)，法律出版社 2008 年版，第 62 ~ 63 页。

（一）两类分配功能的分殊：以费用扣除与税收优惠为例

税法的一项基本原则是仅得就收益课税，[①]而不得及于财产本体，因而所得税法上作为税收客体的“所得”之概念，就涉及独立持续流出泉源、纯资产增加和市场交易所得三种学理认识，并影响相应的制度建构。[②]但无论采哪种理解方式，所得税仅得就纳税人的净额所得予以课征，则是势所必然。“租税，非国家对私有财产所有权之分享……而系针对财产所有权人经济利用行为（使用收益）之分享”，[③]税法学上就此亦有所谓“树果原则”的存在。费用扣除就是由此导出的具体制度，税法学理上尚区分为客观的净额所得与主观的净额所得。[④]税收优惠则可以从不同的角度予以界定，但无论如何通过四方面法律特征可对其加以把握：一是作为税收要素的组成；二是基于经济或社会目的；三是作为一种隐性的财政支出（所谓“税式支出”）；四是形式表现为纳税义务的减免。[⑤]之所以在此选取这两项制度加以对比说明，一个原因是由于容易将二者的性质搞混淆，如我国台湾地区“司法院”大法官释字第415号解释明示，“‘所得税法’有关个人综合所得税‘免税额’之规定，其目的在以税捐之优惠使纳税义务人对特定亲属或家属尽其法定扶养义务”。[⑥]也即将费用扣除作为税收优惠之一种形式。

---

① 对“收益”的客观表征则从所得、财产、消费三个方面予以把握。

② 参见陈清秀：《税法各论·上》，元照出版有限公司2014年版，第51～57页。

③ 葛克昌：《行政程序与纳税人基本权》，北京大学出版社2005年版，第102页。

④ “客观的净额所得”原则是为表彰客观的给付能力，也即各项收入减除为获得收入所支出的成本、费用、损失的余额，为净所得额得予课税；“主观的净额所得”也即个人及家庭生活费所需所得不课税。参见陈清秀：《税法各论·上》，元照出版有限公司2014年版，第104～116、177～188页。

⑤ 参见王霞：《税收优惠法律制度研究：以法律的规范性及正当性为视角》，法律出版社2012年版，第7～8页。

⑥ 葛克昌：《税捐实质正当性与违宪审查》，载刘剑文主编：《财税法学前沿问题研究：依宪治国、收入分配与财税法治》，法律出版社2015年版，第197页。

但实质上，这部分被扣除的费用“为不可支配或无消费可能者”，[①] 从而不具有负担税收的能力，故而得予扣除原为量能课税、公平分配税收负担的体现，将其归入税收优惠不甚妥当。

通常认为，所得税法上的费用扣除制度，是税法之财政性分配功能的重要制度载体。该项制度的直接功能即为透过“做减法”的方式力求准确地把握纳税人的纳税能力，从而就该项收入合理划定国家公共财政与纳税人私人财产的边界。不同的纳税人反复大量地适用此项制度，也就使支应国家财政需要的税收负担在纳税人之间基于能力原则而得以妥适分配。税收优惠的情形相对复杂，如前所述，有些时候人们可能会在广义上使用此概念，若对之予以严谨界定，大致可认为附着于其上的主要是社会、经济政策目的，税收优惠本身则是对基于能力原则所导出之财政性分配格局的主动背离，因此，税收优惠总体上是调节性分配功能的制度载体。在明晰这层关系之后，从逻辑上讲，便可透过比较费用扣除和税收优惠这两类分配制度在调整方式、体系定位、评价标准等方面的各自侧重，而对税法蕴含之两类分配功能间的差异，有初步的认知和把握。

首先，直接调整的分配关系不在同一层面。财政性分配直接因应的是国家汲取财政收入的需要，因此其首先调整的是国家与纳税人之间的“取予关系”。税种的择取如此、税率的设定如此、对费用扣除标准的规定同样不外如是——费用的扣除是为了确定税基，确定税基则当然是基于适用税率而得出纳税人应当承担的税负。也许从另一种视角把握，可能会认为费用扣除特别是诸如《个人所得税法》中有关生计费用扣除的规定体现了对经济上弱势群体的倾斜保护；但如果详加思索，不难发现费用扣除即便影响到纳税人之间的分配格局，其恰恰是更有利于高收入群体——累进税率的存在若取消生计费用扣除额，则高收入纳税人要多承担的税负增加幅

① 葛克昌:《行政程序与纳税人基本权》，北京大学出版社 2005 年版，第 80 ~ 81 页。

度将远大于低收入纳税人。正是在此意义上，有政治学者认为存在一种所谓“倒置津贴”的效应，“纳税人缴纳的边际税率越高，税式支出给他们带来的价值就越大”。[①] 这里讨论的费用扣除，虽不属于税式支出，但其中蕴含的逻辑同样可以适用。另外，财政性分配也涉及纳税人之间、不同层级政府之间的分配关系，但这是由“国家与纳税人之间的分配”自然延伸而来，既然国家需要汲取财政收入，自然要发生税收收益在政府之间、税收负担在纳税人之间的分配问题。就税负分担来讲，无论怎样通过“财产权附有社会义务”等对税收予以正当化，外观上皆表现为纳税人财产的“牺牲”，既如此，唯有以更加公平的“牺牲”分配，缓释纳税人私人财产与国家公共财政间可能的张力。易言之，此时在纳税人之间分配税负的过程不具备过多的“能动性”，仅得依据客观之正义标准为之。如何实现“正义”，要基于能力标准抑或利益标准，则是前揭问题项下的“执行性标准”。

而调节性分配直接的作用场域是纳税人之间的分配关系。其中，经济性调节通过税收工具的运用，改变市场上的相对价格，从而发挥引导资源配置、资金流向等调控功能，如《企业所得税法》上对重点扶持和鼓励发展的产业和项目给予税收优惠，直接降低成本，间接表达国家的政策导向，自然有助于吸引资本进入；[②]社会性调节则将根据社会正义原则而对纳税人之间分配状况的调整视为直接和最终目的，如《个人所得税法》上对残疾、孤老人员和烈属规定经批准可以减税，目的即为改善这部分人群的分配能力，优化分配格局。在调节纳税人之间分配状况的同时，当然也不可避免地会影响国家与纳税人之间的分配关系：在税收优惠场合，主要体

① [美] B. 盖伊·彼得斯：《税收政治学：一种比较的视角》，凤凰出版传媒集团、江苏人民出版社 2008 年版，第 195 页。

② 过去企业所得税法上较多的地区优惠也起到吸引资本进入沿海而非内地、经济开发区而非老城区的客观作用。

现为国家的“多予少取”；在税收重课场合，直接影响是国家的“多取少予”，随着税收作为“经济诱因”的作用发挥，中长期亦可能产生“少取”的效果。但这层因素是附带性的，并不是实施税收优惠者主要考虑的因素。也是在此意义上，学界有时将具有调节性分配功能的制度作为“非财政目的税法”的组成部分。

其次，在税法体系中的定位不同。财政性分配规范是税法的主体性规范，调节性分配规范相对属于边缘性规范；与之相应，就分配功能而言，财政性分配功能居于主体地位，调节性分配功能则属于“有益的补充”。财政性分配根据国家汲取财政收入的需要，在国家与纳税人之间妥为划定公共财政与私人财产的边界，同时在政府之间、纳税人之间分别配置税收利益和税收负担。这是整个税法都在着力解决的根本性问题，也是税法分配功能的核心，但现实中人们在关注税法分配功能的时候，却时常忽视了这一点。福山将政治过程的核心要素归纳为强大的政府、法治和负责制三维，[①]其中财政汲取能力是判断政府是否强大的基本标准，财政汲取能力的持续下降被认为可能导致“国家能力的丧失”，[②]而“熊彼特-希克斯-诺斯命题”则揭示出，财政压力决定制度改革的起因和路径。[③]所以，税法最原初、最基本的功能便是为国家汲取财政收入提供制度依据。在法治国家，国家的财政需要本身不足以成为税收征纳的实质正当性来源，而仅能透过税负的合理、正当分配，以完成此项任务，同时须对国家的财税权力予以规训，以免于恣意，这些也是税法承载的重要功能。具体到费用扣除，基本着眼点是避免国家征税权力侵入纳税人私生活、危及财产权等基本权利之保障，本质上讲此项制度所调整的仍为国家财政权与纳税人财产

---

① 参见侯卓：《“法治财税”的理念阐发与制度实践》，载《学术探索》2015年第5期。

② 20世纪90年代，对“两个比重”下降的担忧，相当程度上为1994年“分税制”改革提供了理论支撑。

③ 参见何帆：《为市场经济立宪——当代中国的财政问题》，今日中国出版社1998年版，第39页。

权的“两权分离”这一税法上的根本性问题。[①] 调节性分配根据一定的社会、经济政策目的对财政性分配格局作出调整，这里的经济政策、社会政策相对税法本体而言，具有“他者”的属性；在其两层次功能体系中，更为关键的是促进特定社会、经济政策目的达致高阶功能，除直接功能与高阶功能“合流”的部分情形外，其他情形下的“高阶功能”相对于税法的分配功能之“本体”，同样作为“他者”而存在。职是之故，无论是在税法的制度体系中观察调节性分配规范，还是在税法的功能体系中审视调节性分配功能，皆居于边缘性地位，切不可喧宾夺主。至于有的税法学者主张“管制诱导性租税规范非税法”，[②] 如前已述，本书认为仅具社会、经济政策功能而完全无汲取财政收入功能的税法制度几乎不存在，且将如下文所述，同一具体制度之上承载多类分配功能的情形亦不鲜见，所以比较恰当的理解是经济目的、社会目的税法与财政目的税法相比，“其地位较低，仅是税法的一部分而非税法的全部”。[③] 税收优惠作为一类典型的调节性分配规范，即便有实现特定社会、经济政策目的之功能，也不得被滥用，否则即可能冲淡乃至破坏居于主体地位的财政性分配功能之实现。十八届三中全会的“改革决定”中，即明确指出：“按照统一税制、公平税负、促进公平竞争的原则，加强对税收优惠特别是区域税收优惠政策的规范管理。税收优惠政策统一由专门税收法律法规规定，清理规范税收优惠政策。”概括地讲，应基于量能课税、合比例性、税收法定等法治原则对税收优惠进行清理。[④]

---

① 应从广义上把握“量能课税”，既应包括横向的量能课税，即衡量纳税人之间的相对纳税能力从而妥为配置税负；也应包括纵向的量能课税，也即衡量绝对意义上的纳税人纳税能力问题，这提出生存财产不课税等基本要求，《个人所得税法》上的生计费用扣除便可从这个角度加以把握。

② 葛克昌：《行政程序与纳税人基本权》，北京大学出版社 2005 年版，第 79 页。

③ 廖益新、李刚、周刚志：《现代财税法学要论》，科学出版社 2007 年版，第 167 页。

④ 参见熊伟：《法治视野下清理规范税收优惠政策研究》，载《中国法学》2014 年第 6 期。

再次，功能的作用方式不同。至少可通过如下三个角度对之加以把握。一是普适性与差异性：财政性分配功能的发挥强调“一视同仁”，根据一定标准设定的税负适用于各类纳税人，通常来讲，“主体”的资质和条件对税负配置的影响不大，这是建立在“均质性”假设的基础之上；调节性分配功能的发挥侧重“区别对待”，税负的倾斜配置体现出政策性考量，税负作为“经济诱因”，需要通过“人”的行为才能实现特定政策目的，故而因人设“税”是其题中之义，这是建立在“异质性”假设的基础之上。二是整体性与局部性：就财政性分配而言，“一视同仁”决定了其“一体适用”，故而在适用层面较少受到限制，体现出“整体均衡”；调节性分配则不然，其往往仅适用于一小部分纳税人（主体限制）、一小块区域（地域限制），或是一小段时间（时间限制），体现出“局部均衡”。三是基础性与高级性：调节性分配的作用方式就是对财政性分配格局的主动“调节”，故而两类分配功能在逻辑上应当是先后相继的，即便现实中二者看似同时存在，然则对其作用逻辑还是须予清晰把握。作用方式的上述区别，引致规制重心、变易频率的差异，接下来将要述及。

复次，对功能发挥进行评价与规制的重心不同。这也导致就承载不同分配功能的税法制度，提出了不同的建制要求。针对财政性分配，应当从形式层面的法定性、实质层面的适度性来约束国家的“征税冲动”，同时遵循绝对、纵向意义上的量能原则（也有学者以“垂直量能原则”称呼之，[①] 相对、横向意义上的量能原则即为“水平量能原则”）以确立国家公共财政权与纳税人私人财产权的合理边界。前述原则乃是衡量财政性分配功能之发挥是否妥适的重要标准，具体可从两个层面加以审查：一是对特定税收客体之负担是否该当；二是对整体财产之税负是否合理正当。[②] 就

① 参见葛克昌：《税捐行政法——纳税人基本权视野下之税捐稽征法》，厦门大学出版社 2016 年版，第 15 页。

② 参见葛克昌：《租税国的危机》，厦门大学出版社 2016 年版，第 62 页。

前者而言，如《个人所得税法》确定的生计费用扣除标准，是在国家与纳税人之间划定“两权”界限的体现，因而判断其是否合理的至为关键的指标即为该标准有无涵盖纳税人的基本生活支出以及必要的抚养费用支出，这直接决定所得课税有无侵及纳税人的财产之本体；就后者而言，前文述及的“半数原则”即为由其导出的要求，由此可见，在税法上光讲求横向维度的量能课税并不足够，“在税法重平等，亦可能过当，而侵及财产权”。[①] 实际上，财政性分配是否遵循前述原则，也会深刻影响制度运行的实效，毕竟，“一旦纳税人的政治和社会抵制严重到政府无法强制增加税负的程度，税收就会实际达到极限”。[②] 这体现适度原则，或曰绝对、纵向意义上量能课税对财政性分配的反向制约。纳税人之间对税收负担的分配，则应将相对、横向意义上的量能负担确定为作用原则和评判标准，而且特别要强调此处所把握的税负能力“非指给付能力（可能性），而系其支付能力，现实可支付能力”。[③] 各国分配税负的指导思想经历了由量益原则向量能原则转变的历史进程，这在美国的房地产税制上看得透彻——“几十年前，房地产税的功能就是为改善惠及业主的公共设施筹款”，而现在，其与财政支出“几乎或者根本没有这层关系”，[④] 这充分显现量益原则的式微。

针对调节性分配：一者，需要判断作为高阶功能（促进特定社会、经济政策目标的实现）之对象的经济政策目标、社会政策目标本身是否具有合理正当性；二者，应该关注基于社会、经济政策目的而对分配关系进行调节，是否造成一定的法益妨害，如有无侵犯平等权、财产权，若有，则需要经受比例原则的检验，具体来说包括适合原则、必要原则和狭义比例

① 葛克昌:《租税国的危机》，厦门大学出版社 2016 年版，第 62 页。

② [美] 詹姆斯·奥康纳:《国家的财政危机》，沈国华译，上海财经大学出版社 2017 年版，第 221 页。

③ 葛克昌:《租税国的危机》，厦门大学出版社 2016 年版，第 60 页。

④ [美] 詹姆斯·奥康纳:《国家的财政危机》，沈国华译，上海财经大学出版社 2017 年版，第 218 页。

原则三方面的内容；三者，不能忽视调节功能之作用结果在社会、经济层面的“合法性”，这取决于社会、经济上的合理性，也可称为合规律性，简言之就是相关调节是否确实/确能缓释分配危机、改善分配状况，或平抑经济波动、增进经济效率，毕竟，“是否符合现实的经济社会生活的要求，则是衡量法律的生命力和有效性的至为重要的标准”。[①]针对税收优惠，政策目标的正当性检验是首先需要进行的，而且这种正当性可能随时间的演进而发生变化。如在我国曾经大行其道的区域性税收优惠，一段时间内体现“让一部分地区先富起来”的政策导向，也确实发挥了促进相关区域经济快速发展的功能，在当时，这种类型的税收优惠就有其正当合理性；然而在当下，区域间发展失衡愈益突出，此种区域性税收优惠也就失去其原有的正当性基础。同样的道理，对于外资的税收优惠，也经历了一个正当性“衰变”的过程。比例原则在判断税收优惠合法正当性的过程中，发挥至为重要的作用。如在地方政府无法改变资源、环境这些客观投资环境，同时又无法改变既定的政府间收入分享规则的约束之下，政策环境的改善特别是通过“低税竞争”方式来吸引资金的进入，[②]从目的上讲似乎并非全无道理；但如果由比例原则对之予以评断，则其在必要原则和狭义比例原则这两项上，难言合理。[③]从经济社会合理性的角度，则是要求对税收优惠的实施效果持续性地进行评估，不断进行“去伪存真”的工作，不合经济规律、不具良好社会效果的税收优惠要适时剔除。有些时候，不合

---

① 张守文:《分配危机与经济法规制》，北京大学出版社 2015 年版，第 307 页。

② 参见王霞:《税收优惠法律制度研究：以法律的规范性及正当性为视角》，法律出版社 2012 年版，第 41 页。

③ 必要原则要求“舍此别无其他可达成目标之手段”，地方政府的“低税竞争”看似确实是在现实约束条件下作出的决策，但其实通过本地区投资环境的改善等其他手段可以更好达致“筑巢引凤”的目标；狭义比例原则要求所追求之公益分量超过所牺牲之法益，“低税竞争”既造成国家税款利益的流失，又劣质化区域间竞争格局，还扰动市场在资源配置中的决定性地位，所牺牲之法益诚不可谓不大。

经济规律、不具良好社会效果，可能是因为只顾及某一方面效果、忽视其他方面效果所引致。[①]这就要求对税收优惠乃至所有的调节性分配之客观效果应当置于整体语境下加以评估。

又次，形式上的变易频率不同。财政性分配相对较稳定，调节性分配相对更富灵活性。这一点也是由前述几方面差异引申而来：正是由于财政性分配在税法分配体系中居于核心地位，所以保持其适度的稳定性就很有必要，否则纳税人对“两权分离”的边界以及自己的基本税负，始终不能形成合理预期，就会扰乱其决策和行为。与之相应，调节性分配总体上“政策性”突出，“没有差异就没有政策”，没有调试同样也没有政策，社会政策特别是经济政策的一个重要特征即是根据客观的社会、经济状况，相机抉择作出调整。如经济政策的一项重要内容是实施宏观调控，近年来我国政府不断创新和完善宏观调控方式，采用区间调控、定向调控、相机调控、精准调控、适时预调微调等做法，不难发现，这些调控手段的共性要求是保持一定的决策调整空间。究其本质，调节性分配功能的发挥变易较频，是由于政策因素嵌入其中，这也与其在税法分配体系中相对“边缘性”的定位相吻合。《个人所得税法》上工薪所得扣除标准近十年来经历了由800元到1600元、到2000元、到3500元、再到现在的5000元的上调过程；但某种意义上，“变”的背后是“不变”——扣除费用的购买力评价基本不变，也即上调扣除标准，主要是为回应通货膨胀，纳税人同国家之间就工薪所得部分的财富分割之“实质”界线，大体保持稳定。[②]而

① 如根据《企业所得税法实施条例》第86条的规定，从事海水养殖的企业减半征收企业所得税，这项优惠政策意在鼓励与支持渔业发展，但养殖废水未经处理即排放极易导致海水富营养化、赤潮和大规模病害频繁发生，水质污染越来越严重。这就属于不具良好社会效果的税收优惠。参见熊伟:《法治视野下清理规范税收优惠政策研究》，载《中国法学》2014年第6期。

② 其他国家或地区建立动态、指数化调整的机制，也是为保持财富分割实质界线的稳定。参见梁德明、王峥嵘:《建立动态调整工薪税目费用扣除标准机制新议》，载《深圳大学学报》(人文社会科学版)2014年第1期。

税收优惠的变易性则相对较为突出，如前所述，根据客观社会、经济情势的变化，对税收优惠合理与否的判断也有所不同，所以才有适时出台税收优惠以及“清理税收优惠”的必要性。从实践中的情形看，经济形势变化时，甚至连清理工作应否继续推进都存疑义。十八届三中全会作出清理税收优惠的顶层设计，行政部门随即开展清理工作，然而很可能是考虑到经济下行的客观情势（此时强力清理税收优惠可能对各地招商引资不利），国务院于2015年发文暂停或延缓《关于清理或规范税收等优惠政策的通知》中所要求的清理地方税收优惠政策的工作。此外，作为调节性分配功能重要载体的税收优惠，体现“政策法律化”的过程，由于政策所具有的变易性与法律所具有的稳定性之间内含张力，则如何实现体系兼容，便值得探究。概言之，有实体性方法和程序性方法两条路径：前者是将政策的实体内容直接赋予法律效力，在法律中直接体现政策的目标和技术性规范；后者是以立法形式设置一套推行政策的程序规则，着力解决政策制定主体、制定规则等问题，而不直接将政策赋予法律效力。[①] 两相权衡，以程序性方法为主、辅之必要的实体性方法，或许能更好调谐政策与法律之间在稳定性层面的张力。十八届三中全会“改革决定”中提出“税收优惠政策统一由专门税收法律法规规定”，相关工作或可依循前述路径。

最后，两类分配功能的作用目标不同。本质上讲，这也是价值取向的不同。财政性分配功能的作用结果或目标主要是“收入”，这是同汲取财政收入作为整个税法最原初、最基本的功能一脉相承的。根据绝对、纵向意义上的量能负担来确定国家与纳税人之间合理的财富分割界线，基于相对、横向意义上的量能负担在纳税人之间分配税负，都是为了满足国家汲取财政收入的需要，同时规范国家汲取财政收入的过程和限度。调节性分

① 参见王霞：《税收优惠法律制度研究：以法律的规范性及正当性为视角》，法律出版社2012年版，第48～49页。

配功能的作用结果或目标则更偏重于“发展”，无论是蕴含于经济政策中的宏观调控四大目标抑或内生于社会政策中的社会公平、分配正义，皆属“发展”之范畴；与此相对，调节性分配主要不是基于汲取财政收入的考量，事实上，税收之增、减，在调节性分配场域仅为工具、手段，其高阶目标是“发展”导向的。①

表 5　税法之二元分配功能的差异

	财政性分配	调节性分配
直接作用对象	国家与纳税人之间的“取予关系”	纳税人内部的分配关系
功能体系定位	主体性规范	边缘性规范
功能作用方式	普适性、整体性、基础性	差异性、局部性、高级性
评价与规制重心	形式上的法定性、实质上的适度性（能力原则）	政策目标的合理正当性、比例原则、合规律性
变易频率	相对稳定	相对灵活
作用目标	收入导向	发展导向

根据前文的分析，表 5 就税法蕴含之两类分配功能的差异略作提炼，其中“评价与规制重心”部分，还将在本书第二章和第三章分别作进一步的阐发。本书认为，诸多区别中，在收入与发展二元目标间各有侧重，是最为根本的，其导致两类分配功能在作用方向等维度上产生差异，进而使两类分配功能之间可能存在一定张力。如体现调节性分配功能的税收优惠，无论是基于经济政策目的抑或社会政策目的，均意味着国家的“少取”，这便同财政性分配根据能力原则划定的“两权分离”边界有所偏

① 即便在社会性调节场域，直接功能和高阶功能合为一股，皆以分配为目标，但两层功能间仍存差异。直接功能对分配关系的调整是手段，调整的主要方式是税负增减；高阶功能对分配格局的优化则是目的，不仅要求税负的增减，还希望实现分配能力的调整。本书第三章讨论的“公益性税收优惠”，在这点上表现得尤为明显，容后再述。

移；同样具有浓郁调节性分配功能的税收重课，虽然在形式上于短期内或生财政“增收”之效，但这并不意味着其系以汲取财政收入为目标，如前所述，税收重课在中长期内很可能带来相关财政收入的减少。申言之，两类分配功能的前述诸项差异，多少可由此点导出。如财税法首先要解决“财”（财政收入）的问题，与此同时以及在此基础上方才有“发展”的问题，所以财政性分配功能相对调节性分配功能来讲应当处于主体地位；又如，就变易频率而言，既然调节性分配功能以“发展”为旨趣，而“发展”本就需要因势利导、因“时”利导，故而其变易频便不难理解；等等。究其根本，两类分配功能在作用目标上各执收入、发展之一端，同现代税法的范式迁移遥相呼应：早期税法受国库主义思维立场的指引，制度设计和运行的重心是增加财政收入，税法要素安排自然也就以获取收入为要，具体到我国，曾长期存在“两个比重”不足的问题，使相当一段时期内，税收立法中植入较多收入导向的因素；然而随着理论和实务界对于税收调节分配、调控经济之功能的认识日益深化，也由于我国财政收入状况得以改善，发展导向日益成为税收立法的逻辑起点，[①] 这种由收入型税法向发展型税法的转变，带动税法体系由汲取性制度渐次过渡为包容性制度，同当前强调创新、协调、绿色、开放、共享的新发展理念高度契合。当然，强调发展导向的范式转型、重视税法分配功能中调节的一面，并不意味着对收入目标的放弃，二者间存有紧密的内在联系，这可由下文有关功能融通的分析看出。

（二）两类分配功能的融通：以累进税率为例

税率是最基本的课税要素，其表彰税基与税额之间的函数关系。2015年修改《立法法》时，税收基本事项法律保留应如何立法表述特别是税率

---

① 参见张守文:《论“发展导向型”的税收立法》，载《法学杂志》2016年第7期。

法定要不要写入法律的问题，备受关注。[①]税率确系税法要素中至为重要的一环，其对国家与纳税人，[②]以及纳税人相互之间的分配关系，影响甚大。税率形式多元，包括固定税率、比例税率和累进税率等形式。通常认为，不同的税率形式承载着制度设计者不同的功能预期，如比例税率更多被视作量能课税的体现，意图发挥财政性分配功能；而累进税率则侧重于对分配状况的调节，属于调节性分配功能的制度载体，如葛克昌教授便将社会法治国家经由税法手段实施的重分配概括为依量能原则负担租税、累进税与社会政策目的租税三种，[③]显然不认为累进税体现量能课税。本部分即以累进税率为观察对象，阐发两类分配功能以及分别承载两类功能的税法制度之间的关联。

1. 财政性分配是调节性分配的基础

就分配功能言之，一般认为比例税率较符合量能原则，以所得税法上的比例税率来讲，应税所得增加时，应纳税额以相同比例增加，从而有助于实现税收公平中的纵向公平；与之相对应，通常认为累进税率主要的功能是对分配状况进行调节，“于累进所得制下，租税即具重分配之意义，且亦产生相当良好之预期效果”[④]是十分普遍的认识。易言之，比例税率遵循量能课税的原则，主要功能是将国家的财政需求以税收负担形式根据纳税人的纳税能力予以公平分配；而累进税率是调节性分配功能的制度载体，相关制度的“高阶功能”通常是促进社会公平、分配正义的实现。在税制设计时，有关所得税、土地增值税等直接税，“为达成

① 参见刘剑文、耿颖:《税率法定：真实的治理体验》，载《中国税务报》2015年5月6日，第B1版。

② 税率法定体现出法律对政府的制约、人民对政府的制约、人民民主权利的行使以及人民民主权利的保障等法治价值。其通过国家与纳税人间分配关系的调整，更彰显出现代法治国家的基本精神。参见许多奇:《税收法定原则中“税率法定”的法治价值》，载《社会科学辑刊》2015年第4期。

③ 参见葛克昌:《租税国的危机》，厦门大学出版社2016年版，第56页。

④ 颜庆章:《租税法》，月旦出版社股份有限公司1996年版，第24页。

财富重分配之目的，通常系采累进税率”。[①] 与这种定位相适应，对累进税率的批评也多是从经济层面展开的，即认为其可能“增加了相对于闲暇代价的工作代价，从而会导致一种用闲暇代替工作的低效率状况”。[②] 累进税率包括超额累进税率和超率累进税率两种形式。中国现行税法上，《个人所得税法》针对工资薪金、劳务报酬等综合所得，以及个体工商户的生产、经营所得和对企事业单位的承包承租经营所得，分别规定了超额累进税率。《土地增值税暂行条例》根据增值额与扣除项目金额的比率，规定了四级超率累进税率。总而言之，这些制度均蕴含较强的调节性分配功能。

在累进税率发挥分配调节功能的过程中，有一条“暗线”也发挥着作用，那就是比例税率。累进税率之所以具有调节功能乃至其调节功能之大小，相当程度上取决于其“偏离”比例税率的程度。经济学上，衡量个人所得税再分配功能的两大基础性指标是税收累进性和平均税率，其中平均税率[③] 的高低既取决于税制设计（比如对各档税率、费用扣除标准的设定），同时也受到纳税人税收遵从度、税收规避能力等实际因素的影响。比率税率这条若隐若现的“暗线”对这两项指标的作用表现在：第一，累进程度直接表征为偏离比例税率的幅度，立法者通过对该“幅度”的控制以实现调节分配等政策目标；第二，虽然一般来讲更高收入的纳税人掌握的税收规避能力相对更强，比如他们有充足的资力获取更高水平的纳税筹划服务、对制度设计有更强的影响力、[④] 有更多元的管道“分散”税收来源以在分类所得税制下获益，但是其税收规避的“动机”在相当程度上取决

① 陈清秀：《税法总论》，元照出版有限公司 2012 年版，第 332 页。

② [美] 理查德·波斯纳：《法律的经济分析》(第 7 版)，蒋兆康译，法律出版社 2012 年版，第 734 页。

③ 基本的计量方法为：城镇居民年度人均缴纳的个人所得税 ÷ 人均总收入 = 年度个人所得税的平均税率。

④ 税收政治学者认为，收入再分配由组织松散的群体向组织良好的群体流动。这就是从利益团体对分配制度的影响这个角度所下的论断。参见 [美] B. 盖伊·彼得斯：《税收政治学：一种比较的视角》，凤凰出版传媒集团、江苏人民出版社 2008 年版，第 149 页。

于累进税率偏离比例税率的幅度。就这后面一点来说，制度设计时如果不周密考量，有可能产生“南辕北辙”的效果。如累进税率中的最高档边际税率设定过高，本来蕴含有强烈的再分配诉求和分配正义气质，但“高企的边际税率，会造成纳税人的重税心理从而促使纳税人为了降低边际税率想方设法分解、隐瞒所得”，也即强化了纳税人的逃税意识。①从“理性经济人”的角度来讲，只要纳税人规避税负的收益大于避税成本加上可能的风险成本，实施避税行为便有利可图。我国的《个人所得税法》对工资薪金所得适用七级超额累进税率，最高边际税率为45%，这就使避税的获益甚为明显，而税收征管中漏洞较多的现实以及全社会对逃漏税款并不强烈的“道德挞伐”，使避税风险相对较低，两相结合便可能导致高收入纳税人的实际税负不似税法上规定得那般之高。有针对我国个人所得税对收入分配影响的实证研究得出的几点结论值得关注：②第一，我国个人所得税的法定累进水平和实际累进水平均较高，其中“税率表的初始阶段累进速度偏快”；第二，虽然在过去十余年里呈现上升趋势，但是实际平均税率水平仍远低于世界平均水平；第三，经个人所得税调节后，收入差距状况有所改善，且调节功能日益增强，但我国个人所得税的总体再分配调节力度仍然较小。③这当中，“初始阶段累进速度偏快”说明中低收入者承受的税负上升较快，实际平均税率水平偏低且较大幅度低于名义税率，表明避税现象较大范围内存在；至于个人所得税调节分配的功能总体不彰，既是前述两方面因素综合作用的结果，但也不能忽视个人所得税在我国

① 参见丛中笑:《我国个人所得税法工薪累进税率的优化——扩大级距、减并级次和降低税率》，载《当代法学》2010年第2期。

② 参见万莹:《个人所得税对收入分配的影响：由税收累进性和平均税率观察》，载《改革》2011年第3期。

③ 数据显示，一方面，各年度个税调整后的基尼系数均较税前有所下降且降幅不断提高；另一方面，税后基尼系数的下降幅度均在1%以内，降幅最高的2008年也仅为0.77%，远低于国际上5%～10%的平均水平。

现行税制体系中地位不显的结构性因素。后者给我们带来的启发是显而易见的：如果针对某项收益，“隐而不现”之比例税率本身较低，则将限制累进税率可能的“偏离”幅度，实际上也便框限了累进税率调节功能的作用空间，而这也是财政性分配乃至调节性分配之基础和前提的一种表现形式。

综上所述，累进税率虽然具有强烈的调节分配之“企图心”，但其功能之实现，无法脱离作为财政性分配功能之集中体现的比例税率而“独自上场”，比例税率本身的高低制约着调节功能的作用空间，而对比例税率的偏离则是调节功能现实的作用途径。进言之，当税法以偏离基准税制的方式，期许调节功能之实现时，必须满足目的正当、方向无误、手段正确、力度合适等条件；否则，既可能因“绞杀性”效果之出现而侵害纳税人相关基本权利，亦可能使调节分配之目标于现实生活中落空，当间接导致平均税率落入“拉弗曲线”上所揭示之“课税禁区”时，还将引致税源枯竭之恶果。这其中的“方向”“手段”“力度”等条件，基本的评判标准系建立在比例税率基础上，由此可见：调节性分配建立在财政性分配的基础之上，且对前者的每一偏离都应有合理性理由使之正当化。其实，根据两类分配功能各自的“收入”与“发展”之目标导向，易于理解二者间的上述联系。税法进行调节性分配的作用目标是促进“发展”，这建立在通过税法筹集一定“收入”的基础上，“收入”的规模会影响“发展”的空间；与此同时，通过放弃“收入”来促“发展”，固然有其可行性与合理性，但必有其度，否则，当“收入”本身不复存在，“发展”也就无从谈起。①

① 易位思考，“收入”最终也是为“发展”服务的，诚如域外学者所认识到的，政府通过税收政策的选择（如所得税税率的确定），来实现经济增长的最大化。George Economides, “Optimal Protection of Property Rights in a General Equilibrium Model of Growth”, *The Scandinavian Journal of Economics*, 2007, p.153.

2. 财政性分配与调节性分配的“双向运动”

两类分配功能之间相互趋近的“双向运动”亦不可忽视。如前所述，分配功能的发挥建立在特定制度规范的基础上，因而当我们观察和理解两类分配功能的“双向运动”时，也应透过对具体制度的把握来展开。概括地讲，有两类现象值得关注：一方面，根据通常的理解，某些制度主要承载着财政性分配功能，然而通过配套制度的协同作用，税制设计者也会有意识地使其发挥一定的调节性分配功能；另一方面，部分传统上被认为是调节性分配功能合适的作用场域，近年来缓慢却深刻地发生了观念变迁，越发强调要限制“调节性”，并主张向能力原则回归。“双向运动”的一种典型形态，便是同一税法制度可能兼具两类分配功能，甚至以何者为主，在有些场合都难免陷入“两小儿辩日”的境地。这里不妨仍以累进税率为例稍作分析：

首先需要廓清一个观念误区，即仅累进税率具有累进性，比例税率不具有累进性，由此出发，累进税率可以发挥重分配功能而比例税率不可以。其实，比例税率结合确定的免税额，也能产生类似的累进效果，在某种程度上同样能调节收入分配。如果设定两类税制，A 为多档累进税率，B 为有免税额的比例税率，从税制设计的角度看：第一，多档累进税率下，由于要补偿其较低的初始税率使收入减少的部分，因此往往规定较低的免税额，这使 A 税制下低收入群体的税负重于 B 税制下的低收入群体；第二，在收入分布的前半部分，B 的累进速度大于 A，在收入分布的后半部分，情况相反，[①] 这导致 A 对中高收入的调节力度大于 B，而 B 对中低收入的调节力度大于 A。[②] 可见，通过制度协同，体现能力原则并以财政性分配功能为主的比例税率，同样可以产生调节分

① 参见陈玉琢、吴兵：《论个人所得税税率的累进性》，载《现代经济探讨》2002 年第 12 期。

② 为何现代国家在个人所得税建制时更多采用累进税率？其原因由正文所述可见一斑，现代国家多将收入调节的着力点置于中高收入阶层、以期实现公平正义。

配的功能。

当前的税法实践中，更为常见的是调节性分配的“自我规训”乃至向财政性分配“复归”的趋势。前已述及，累进税率赖以发挥调节功能的逻辑“暗线”是比例税率所体现的财政性分配，累进税率透过偏离比例税率来实现调节分配的功能；[①]但此“偏离”之过程，恰为侵犯基本权、税源萎缩、避税盛行等负面现象容易滋生的“重灾区”，也可能因避税收益的增加而诱发更多的税收规避行为，从而使调节分配的目标落空。有鉴于此，“少级次、宽级距、低税率”成为不少国家或地区个人所得税制改革的共同方向。俄罗斯的税制改革引发较大程度的关注，这主要源于其看似反常规地推行税率为 13% 的单一比例个人所得税制。[②] 俄罗斯相应还有取消大量税收优惠等配套税改，本质上也是在限制调节性分配功能的作用空间。对此，我国学者认为“在税收秩序混乱、灰色经济活跃、税收遵从度低等问题普遍存在的情况下”，比例税率可能更有利于实现分配公平。[③] 与此同时，作为特殊形式“所得税”的遗产税，[④] 近年来也出现类似的税改趋势。

---

① 至于此种“企图心”能否实现，可谓聚讼不已。如哈耶克就十分反对用累进税制来调节分配，他通过对相关数据的收集、分析，得出两点结论：一是累进税制是低效的，其带来的收益低于其所造成的实际收入减少；二是累进税制本身即不公平，其背离比例税制，但未必是“最贫困的人”更可能是“选举力量最强的阶层”受益。参见［英］哈耶克：《自由宪章》，杨玉生等译，中国社会科学出版社 1999 年版，第 479 ~ 484 页。

② 自 2001 年 1 月 1 日起，俄罗斯取消原有的个税三级超额累进税率，将一般税率确定为单一比例的 13%，对特定收入和非居民纳税人设置 30% 和 35% 两档税率。俄罗斯税制改革的影响及于独联体及其他国家，如乌克兰、哈萨克斯坦、格鲁吉亚等国亦采用单一税率的个人所得税制。

③ 持这种观点的学者亦注意到本书前面已述及的累进税率下高收入群体避税能力更高的事实，从而使累进税率调节分配的作用丧失，并且同样强调比例税率辅以多项扣除措施的实施，同样能具备一定的累进性，且简化税制能降低税务咨询成本，利于中低收入者。此类观点一般都十分关注整体税制和税收征管环境的实际影响。参见童伟：《俄罗斯个人所得税改革评述》，载《税务研究》2011 年第 9 期。

④ 对于遗产税的性质，有财产税说、所得税说、转移税说三种。参见陈清秀：《税法各论·上》，元照出版有限公司 2014 年版，第 21 ~ 23 页。

我国台湾地区 2009 年修改“遗产与赠与税法”，由以往最高边际税率为 50% 的累进税率修改为 10% 的单一税率，其原因正是“最高级距之税率高达 50%，容易产生租税规避。纳税义务人为规避租税，未必能将资产作最适配置……遗产及赠与税之税制改革，在借由效率面之改进，降低租税规避诱因，提升资本运用效率，以及纳税依从度，以促进租税公平”。[①] 财政性分配同样可产生调节功能，这就为相关税改提供了正当性理据，这在东欧诸国的个人所得税制改革中体现得较为明显。

税法中两类分配功能之间的“双向运动”，最典型的表现形式就是同一税法制度兼具多层类的分配功能，之所以如此，也是缘于不同功能间并无不可逾越的“鸿沟”。无论哪种分配功能的发挥，基本的作用对象都是“税收”、核心的功能载体均为“税法制度”，这就为不同功能之间的相互融通提供了前提条件。制度规范本身是价值无涉的客观实在，它能够发挥某方面的功能甚至其存在本身，某种意义上皆取决于制度设计者的预期，如此看来，同一制度在不同的理论语境或现实情景中，得以被体认到或发挥出不同的功能，便可能是由于主观立场或客观需要的差异所致。如这里讨论的累进税率制度，通常认为其具有突出的重分配功能，但这是建立在“比例税率最符合能力原则”的理论假设之上，如果这个前提被推翻或置换，结论自然也不一样了。实际上，晚近以来的域外税法理论已经就此展开反思，对前述理论假设形成了冲击。美国税法学在较长一段时期普遍反对将量能负担作为累进税率的理论基础，认为累进税率是政府针对贫富不均进行再分配的手段；然而，自 1987 年以来，风行一时的“最优税率法则”推断“税制体系的最终目的为使得个人效用的同等偏好最大化”，就此而论，随着纳税人所得的增加，边际效益递减，从而使得对更高水平的收入而言，每增加一美元实质上的边际税率是累退

① 陈清秀:《税法各论·上》，元照出版有限公司 2014 年版，第 20 ~ 21 页。

的，换言之每位纳税人的边际牺牲效用仍然相等。①从这个角度出发，将累进税率的理论基础界定为能力原则也似无不可，基于这种理论谱系，累进税率所承载者便不再是重分配功能，而是财政性分配功能“在另一个方向生长”。北野弘久也认为，量能课税中的“能”应当区分为“量的税负能力”和“质的税负能力”，如对资本所得和劳动所得课予不同税率水平的税收，便是鉴于二者在“质的税负能力”层面上不可等量齐观。②若依此说，则累进税率在形式上有悖于税收纵向公平的设计，便可透过“质的税负能力”之说获致正当性理据。这种解释虽然尚不足以成为税法学上的主流认识，但对我们把握税法中两类分配功能之间的内在逻辑联系，仍然是大有裨益的。由此可见，税法学研究中确实常见“移步换景”的情形，无论是宏观上把握税法的功能、中观上提炼分配功能的类别，抑或微观上体察具体制度承载着何种功能，莫不如此。这也再次说明对相关问题的思索不宜画地自限、以偏概全，而应予打通研究、整体把握，坚持这种立场，有助于对税法的分配功能形成更为清晰、全面和立体的认识。

四、延伸探讨

限于本章的论述主旨以及行文脉络，尚有以下诸项问题与本章所论之内容有一定关联度，但在正文中未及展开，特于此处择要述及，以作正文之补充。

首先，理解税法的分配功能，可以有多维视角，比如经济学上常见的“初次分配——再分配”分析框架下，税法的分配功能主要在“再分

---

① 有关“最优税率法则”、量能课税在美国税法上的理论演进，以及其对累进税率可能的正当性证成，参见许多奇:《论税法量能平等负担原则》，载《中国法学》2013年第5期。

② 参见［日］北野弘久:《日本税法学原论》(第5版)，郭美松、陈刚译，中国检察出版社2008年版，第117页。

配”层面展开。金子宏在论述累进税制时提及税法的再分配功能，“财富的再分配是必不可少的，而且由于累进税制是财富再分配最适当有效的手段之一，因此不能认为累进税率结构的合理差别违反了《宪法》第 14 条第 1 项的规定。”① 北野弘久在对“税收”概念的界定中，对税收仅限于财政目的税的观点从法实践论的角度进行批评，认为“这种概念是完全站在国家财政权力的立场上构造出来的租税概念，它无法向纳税人提供富有实践性、建设性的法理”，② 也即其通过对税收概念的扩张性解释，间接肯认税收应当具有再分配等社会政策功能。布鲁姆和卡尔文则指出任何关于累进性的考虑都必须直面分配公平的问题，认为累进税制的一大功能即为实现和平再分配。③ 在这方面，学术界基本已达成共识，仅就税法的再分配功能得否切实发挥，有不同见解，故于此处不赘。

其次，本章之所以从“二元结构”和“三大向度”这两个角度去把握税法的分配功能，从方法论看是基于对“价值”的认知进路。通常认为，价值是“客体对于主体的意义，包括客体对于主体的需要的满足和主体关于客体的绝对超越的指向两个方面”，④ 一般将之视为某种起保护作用的、珍贵的基本含义。进言之，某一法律的价值包括两个层面的内容：一是内在的客观功用价值，即相关法律规范所内含的、客观上具有的功用；二是外在的主观评判价值，即外部主体对相关法律规范之功用的预期、认识、反馈和交流中所形成的主观评判。⑤ 而法的功能，是由法规范产生的规范结构所决定

---

① [日] 金子宏:《日本税法原理》，刘多田等译，中国财政经济出版社 1989 年版，第 57 页。

② [日] 北野弘久:《税法学原论》(第 5 版)，郭美松、陈刚译，中国检察出版社 2008 年版，第 18 页。

③ See Walter J. Blun and Harry Kalven, “The Uneasy Case for Progressive Taxation”, *The University of Chicago Law Review*, 19 (3), 1952, pp.417-520.

④ 卓泽渊:《法的价值论》(第 2 版)，法律出版社 2006 年版，第 11 页。如卓氏所论，这里所谓“绝对超越的指向”，系指价值在主体处理主客体关系时对于主体始终具有的不可替代的指导意义。

⑤ 参见张守文:《经济法理论的重构》，人民出版社 2004 年版，第 293 ~ 298 页。

的。[①]由是以观，当我们说税法具有分配规制的功能时，必须从“内在”和“外在”两个层面分别予以检讨，始为已足。本书便是基于以上考虑，在论证税法的分配功能时着重从内部结构与外部面向两个层面进行研究。

再次，有必要指出，税法的制度规范与其所蕴含的分配功能之间，准确地讲只存在“大致”对应的关系，不可将之绝对化。把握分配制度与分配功能的对应关系，大略可行的办法是将税法的制度规范区分为一般税收要素和特别税收要素，前者集中承载财政性分配功能，后者主要体现调节性分配功能。但这也只是相对而言的，存在两种相对特殊的情形。其一，某项税法制度可能兼具两方面的分配功能，或是透过相关制度的“综合施治”，可以使偏重某一类分配功能的税法制度同时发挥出另一类分配功能，前文对累进税率和比例税率的分析说明了此点。其二，调节性分配功能的制度表现有两种形式：一是直接在静态的税法制度中体现出来，如税收优惠、税收重课的设定，这在本章相关部分有较多阐述；二是通过动态的税制变迁来发挥相应的功能，如由不征税到征税、由低税率到高税率，或者反之，此时若仅由静态视角审视，则未必能体察隐藏于税基、税率等税收要素之后的“调节”因素，本书第四章对此还将有所阐发。实际上，前述两种情形之间存在共性，二者均要求经由“整体主义”的视角来把握调节性分配功能：在前者，是从空间维度感知蕴藏在税收特别措施之中的“特别”之所在；在后者，是从时间维度体认“今是而昨非”的缘由。这也再次说明，唯有通过“结构”的媒介作用，始能更好地理解“规范”与“功能”之间的对应关系。

最后，本章在论述中针对有关税法功能的不同认识，表达出笔者就不同见解的调和之意。实际上，学术研究中的许多问题都是见仁见智的，不同观点间并不是“非此即彼”的“零和博弈”关系，基于不同的观察视

---

① “法的现象的功能所说明的是由法的结构所决定的，法产生作用的方向和能力。”公丕祥主编:《法理学》(第2版)，复旦大学出版社2008年版，第48页。社会学上“结构—功能主义”的分析范式，在此有另种意义上的呈现。

角，往往会导向不同的分析结论，对税法功能的认知亦莫能外。但无论是何种见解都应当能满足“理论自洽”与“现实回应”这两个条件，其外观表征即是对理论问题的阐发有一套话语体系、对制度建构有一以贯之的分析范式。当我们从“分配法”的视角去定位和认知税法时，也要能借此对税法的规范——结构——功能加以解释和阐发，进而能基于分配正义、税收公平等法价值对相应税法制度的完善提出思路。

根据本章讨论，税法的两类分配功能在性质、目标、体系定位、作用方式、评价与规制的重心乃至变易频率等方面存在一定差异，这也是需要在理论层面区分两类分配功能的主要原因。从制度实践的角度看，分配功能必须通过分配制度才能实现，前述差异的存在意味着税法中承载不同分配功能的制度之间，往往须遵循不同的制度逻辑。此处之“不同”，既表现于功能的作用方式（主要是制度设计），也体现为相关制度的正当性基础，在为实现特定分配功能而需要特别关注的问题方面，二者间亦存在不小的出入。实际上，即便有些制度要求在两类分配功能的实现过程中都应当遵守，最典型者如法定、适度等项原则，其在具体的向度、力度、广度等方面也未尽一致。职是之故，从前已述及或未曾述及的角度分别检视两类分配功能作用于实践时的制度逻辑，就很有必要。这项工作留待接下来的第二章和第三章来完成。

第二章　财政性分配的制度逻辑

财政性分配功能在税法的分配体系中居于基础性地位，其具有“双层三面”的功能结构，即在国家与纳税人间通过税收进行财富分割，以及在国家与纳税人分配的基础上，在这二元主体内部，各自分配税收利益和税收负担。在纳税人内部分配税收负担时，总体遵循量能负担原则；[①]在各级政府间配置税收利益时，要在体制法层面进行整体把握，依循“定事权—定收入—完善转移支付”的“三步走”思路展开。关于以上两方面的讨论相对丰富，而对在财政性分配中居于基础、核心地位的国家与纳税人之间的分配问题，虽也有相关研究，但理论层面的铺陈较多，将理论话语与制度实践结合起来的分析稍嫌不足。税法作为“财富分割的利器”，通过税种的设置及纳税主体、税目、税率等税收要素的确定，在国家与纳税人之间确立公共财政与私人财产的边界。“纳税人”概念有其特定内涵，外延小于“国民”范畴；[②]但若从广义上把握，将“负税人”纳入其中，则大致

---

① 我国台湾地区学者柯格钟教授提炼了量能负担的十项子原则：普遍原则、全部原则、实现原则、实价原则、客观净值原则、主观净值原则、个人课税原则、综合所得税原则、终生所得课税原则、比例税原则。参见柯格钟：《从税捐概念到税法体系——建立统一税法典》，载《中国财税法学研究会2015年年会暨第23届海峡两岸财税法学术研讨会论文集》（上卷）。

② “税收债务”之主体可作“法律—经济”的二元区分，“法律上之主体，即依法律而完纳次强制税负之人，经济上之主体，则为经济上及事实上之租税负担人”。一般将前者称为“纳税人”，后者称为“负税人”。何廉、李锐：《财政学》，商务印书馆2011年版，第153页。

可与“国民”等同。[①] 就此而论，国家与纳税人之间的分配关系大抵可称作“国民分配”。税法的两类分配功能在“国民分配”层面，俱有体现。如本书第一章所述，由于财政性分配系以调整“国民分配”为直接作用场域，而调节性分配功能的发挥对“国民分配”的影响是间接、附带的，故本章以“国民分配”的税法规制为中心考察财政性分配功能的制度逻辑，既有必要性，也具合理性。

现代税收国家，财政收入的主要来源是税收，通过衡量税收负担能直观揭示税法财政性分配功能在“国民分配”场域的作用实况。测度税收负担水平有微观、宏观两条途径。就微观途径言之，有三种具体办法：一是纯收入直接税负担率，即（单位时间内实际缴纳的所得税＋单位时间内实际缴纳的财产税）/ 单位时间内的纯收入，由于间接税便于转嫁不易测算，故此法单考虑直接税的负担；二是企业净产值直接税负担率，即单位时间内实际缴纳的直接税 / 单位时间内净产值，该指标主要适用于工业企业，体现资金积累的可能程度和扩大再生产能力；三是全部税负率，即实际缴纳的各项税收 / 企业总产值或个人毛收入，其纳入间接税的因素，通常被用于衡量政府和市场主体间的分配状况，若比率上升，便“意味着政府与企业、个人分配关系中政府占有份额提高”。[②] 微观税负水平的衡量可侧面揭示财政性分配的状况，但由于局限在具体市场主体的层面，税负转嫁、税收规避等因素会扰动相关指标测算，从而难以恰当、切实地表征“国民分配”整体状况。相较而言，循宏观途径衡量税负水平更可取，核心评价指标是国民生产总值税负率或国内生产总值税负率，即税收收入总额占国民生产总值或国内生产总值的比率。事实上，决策层甚为关注的“两个比重”中，“财政收入占国内生产总值的比重”即体现国家在“国民分配”

① 北野弘久的理论体系就建立在对“纳税人”概念作广义把握的基础上。参见［日］北野弘久:《日本税法学原论》（第 5 版），中国检察出版社 2008 年版，第 19 页。

② 参见杨斌:《财政学》（第 2 版），东北财经大学出版社 2010 年版，第 252 ~ 253 页。

层面取走多少，其表征国家汲取能力以及国家调控能力的强弱。进言之，比较税收收入/财政收入与国民生产总值/国内生产总值的增长速率，展现增量价值在国家与市场主体之间的大致分配，能反映“国民分配”格局的演进趋势，本章便以此作为理论研讨的现实样本。本章首先提炼税法进行财政性分配时应遵循的作用原则，在此基础上，揭示税法蕴含的财政性分配功能如何作用于“国民分配”并引致前述现实样本所展现的格局，进而探讨如何更好发挥财政性分配功能、规制现实中的分配失衡。本章和下一章分别聚焦财政性分配功能和调节性分配功能，研究视角分别侧重于“国民分配”与“民民分配”，这是希望兼顾税法分配功能内部结构和外部面向的不同方面。

一、财政性分配的作用原则：由“国民分配”切入的提炼

公共财政与私人财产的最优界限何在？对该问题的作答，实际上在阐明税法在国家与纳税人之间进行财政性分配时应遵循怎样的作用原则。经济学家就此议题众说纷纭，但有脉络可循；[①]法学家的立场则大同小异。本部分通过对各理论主张的梳理、归并，提炼税法在“国民分配”层面进行财政性分配时应遵守的作用原则，本章后续分析在此基础上展开。

（一）经济学范式：两条理论脉络的张力与融合

早期经济学家视国家为“必要的恶”，强调“国民分配”尽量向“民”这一方倾斜，作用于税收场域即主张“最轻税收”。重商学派的詹姆斯·斯图亚特主张税收的最低限度原则，重农学派的弗朗斯瓦·魁奈倡导税负应与国民收入数额保持均衡，都遵循该思路。这种“最轻税收”同“最低限

① See Hyman, David N, *Public Finance: A Contemporary Application of Theory to Policy*, The Dryden Press Series in Finance, 6th ed., 2014, p.110.

度国家”的主张一脉相承，“按照自然自由的制度，君主只有三个应尽的义务……第一，保护社会，使不受其他独立社会的侵犯。第二，尽可能保护社会上各个人……第三，建设并维持某些公共事业及某些公共设施”。[①]这种思路在启蒙时期思想家的论述中亦有体现。[②]由此，古典经济学的集大成者大卫·李嘉图持消极的赋税观，认为“凡属赋税都有减少积累能力的趋势”，进而得出旗帜鲜明的结论：税收不过是流弊与流弊之间的选择，它若不影响利润或其他收入来源，就一定影响支出。[③]上述论调可概括为“最轻税收”的理论脉络，基本观点认为无论对经济发展还是对个人自由，税收仅具消极影响，若说国家是“必要的恶”，税收亦不外如是。“最好的财政计划是尽量少花钱，最好的赋税是最轻的赋税”[④]是对前述观点的精辟概括。

伴随对税收职能等核心问题的认知演进，后世学者不再坚持绝对的“最轻税收”，[⑤]但仍强调税收适度。瓦格纳提炼了“四端九项”的税收原

---

① [英] 亚当·斯密:《国富论》(下卷)，郭大力、王亚南译，商务印书馆 1974 年版，第 252 ~ 253 页。实际上，这种“最低限度国家”通常也被称为“守夜人国家”，在 20 世纪初之前，国家都较少介入社会、经济事务，而扮演着守夜人的角色。A.J.P.Taylor., *English History1914-1945*, Oxford University Press, 1965, p.1.

② 如约翰·洛克写道:“诚然，政府没有巨大的经费就不能维持，凡享受保护的人都应该从他的产业中支出他的一份来维持政府。但是这仍须得到他自己的同意……主张有权向人民征课赋税而无须取得人民的那种同意，他就侵犯了有关财产权的基本规定，破坏了政府的目的。”[英] 约翰·洛克:《政府论——论政府的真正起源、范围和目的》(下篇)，叶启芳、瞿菊农译，商务印书馆 2011 年版，第 89 页。既然人民的“同意”是政府的权源，而基于财产权以私用为主的特征，人民能接受的让渡必然有限，这自然导向有限政府。

③ 参见甘行琼、赵兴罗:《西方财税思想》，高等教育出版社 2014 年版，第 49 页。

④ [法] 萨伊:《政治经济学概论》，陈福生、陈振骅译，商务印书馆 1997 年版，第 504 页。

⑤ 对国家目的之理解差异，改变了对公共财政的理解。See SecurityDennis Hale, “The Evolution of the Property Tax: A Study of the Relation between Public Finance and Political Theory”, *The Journal of Politics*, Vol. 47, No. 2, 1985, p.382.

则，[①] 既主张税收收入要因应财政需要的增加而适当增加，又强调税收要便利国民，不能减少财产、侵蚀经济基础。[②] 笔者认为，瓦格纳的观点建立在对税收本质及其功能的二元认知基础上：一方面，其承认税收有获得收入的纯粹财政目的；另一方面，其也关注税收的社会政策目的。正是后者使“最轻税收”的逻辑基础不复存在。[③]

“凯恩斯革命”给“国民分配”的理想模式带来颠覆性冲击。凯恩斯为经济危机开出的“药方”是实施扩张性财政政策干预经济、刺激有效需求以维持经济稳定，[④] 增支、以税收手段缓和分配不均、促进消费倾向是关键举措。“如果财政政策有意地被作为取得比较平均的收入分配的手段，那么，它对增加消费倾向的影响当然还要更大。”[⑤] 凯恩斯批驳了“最轻税收”论者所持“资本的增长取决于个人储蓄动机的强弱”，而征税将妨碍资本积累的观点，认为“财富的增长远不取决于富人的节欲”，过度“节欲”（储蓄）会降低消费倾向进而窒碍财富增长。[⑥] 这样，凯恩斯为国家通过征税更多介入私域，提供了效率层面的正当性理据。作为新古典经济学派和凯恩斯学派的综合，萨缪尔森的学说常被视为西方经济学的正统，其

---

① 瓦格纳的“四端九项”税收原则是：财政政策原则，即收入充分、收入弹性；国民经济原则，即税源选择、税种选择；公正原则，即普遍、平等；税务行政原则，即确定、便民、最少征收费用。

② 参见甘行琼、赵兴罗：《西方财税思想》，高等教育出版社 2014 年版，第 82 ~ 84 页。

③ See Kantorowicz, Jaroslaw Danube, Judges as Fiscal Activists: Can Constitutional Review Shape Public Finance? *Law and Economics Review*, Vol. 5, No. 2, 2014.

④ See Avgouleas, Emilios, Financial Regulation, “Behavioural Finance, and the Global Credit Crisis: In Search of a New Regulatory Model”, Accessed on September 3, 2008. Available at SSRN:*http://ssrn.com/abstract=1132665* or *http://dx.doi.org/10.2139/ssrn.1132665.*

⑤［英］约翰·梅纳德·凯恩斯：《就业、利息和货币通论》（重译本），高鸿业译，商务印书馆 2011 年版，第 100 页。

⑥ 同上书，第 387 页。

将政府影响私人经济的政策工具归纳为税收、财政支出和管制措施，[①]并更重视前二者。萨缪尔森的论述作为混合经济的理论支撑，强调兼顾市场调节和国家干预，其警告人们，“市场经济的成功可能会让我们忽略集体行动的一系列成就”，[②]故在其看来，最小政府—最轻税收既不可得也不可取。

以凯恩斯为代表的这一条理论脉络，在现实中指引西欧各国的经济实践三十余年，延宕至今影响仍远及远东诸邦。但是，始于20世纪70年代的“滞胀”危机，不可避免地冲击了凯恩斯主义的走势和前景，经济增长停滞和通货膨胀并存的经济情势使得以扩张财政为本旨的凯恩斯主义陷入左右为难的境地[③]。如前所述，凯恩斯将有效需求不足作为理论言说的预设起点和制度建设的着力方向，但供给学派则认为“供给不足”才是现代经济的根本矛盾。具体到“国民分配”场域，供给学派将减税作为其主张的核心和基本环节，认为减税才能够促进储蓄和投资的增加，促进个人将更多的精力投入到劳动而非休闲，也才能最终促进政府收入的增加和降低通货膨胀。供给学派的代表性人物阿瑟·拉弗以其著名的“拉弗曲线”理论，生动地揭示了“国民分配”中若干应当遵循的基本规律：第一，随着税率的提高，税收收入呈现“先增加、后减少”的趋势，其中税收总额增加与减少的临界点即为最优税率；[④]第二，总是存在获得同样数额税收收入的两个税率，其中一个位于最优税率之下，另一个位于最优税率之上；第三，政府税收应尽量确定在最优税率这一点上，避免进入“课税禁区”。从

---

① 参见［美］保罗·萨缪尔森、威廉·诺德豪斯：《经济学》（第19版），萧琛等译，商务印书馆2012年版，第506～507页。

② 同上书，第69页。

③ See Beramendi, Pablo, Wibbels, Erik, *Globalization*, Public Finance, and Poverty, *International Studies Review*, Vol.17, No.4, 2015.

④ Peter A. Diamond and Emmanuel Saez, The Case for a Progressive Tax: From Basic Research to Policy Recommendations, *CESifo Working Paper Series No. 3548, 2011*.

“国民分配”的角度而言，“拉弗曲线”的启发包括但不限于以下：一方面，“提高宏观税负，即税收占国内生产总值的比重，不应成为政府追求的目标，而寻求税收的总量增长才是最佳选择”；[①] 另一方面，“一勺蜜要比一桶醋能抓住更多苍蝇”，增加政府的财政收入可以通过减税的方法实现，而提高税率可能适得其反。具体的税种法层面，免征额、税率深刻影响“国民分配”的格局，“拉弗曲线”对相关具体制度当中“度”的把握，提出较高要求。[②] 此外，货币学派强调货币数量在国民经济中的作用，相应主张减少国家通过税收等政策手段对经济生活的干预。比如，弗里德曼虽然认为税收在稳定经济方面有一定作用，起码比财政支出的作用大，但他还是更推崇货币政策的使用，其最鲜明的态度是：“我们的知识还不足以使我们能运用随意变动的税收或开支，把它们当作为灵敏的稳定机制。在试图这样做的过程中，我们几乎肯定会使事情变得更坏。”[③] 举例来讲，一般认为累进税率具有重分配作用，但弗里德曼却认为累进税率既干涉私人的经济自由，亦未必能收到良好成效，反而可能诱发新的不公。总体上，无论是供给学派还是货币学派的观点，虽然对凯恩斯主义下的税收扩张进行“反制”，某种意义上可以视为向传统的、渊源久远的“轻税”言说的回归；但必须承认，“风景不殊，举目有江河之异”，[④] 此时论者所青睐的“轻税”同亚当·斯密等人的“最轻税收”，本质上已判然有别，这首先是基于对国家、税收的本质、功能等前置性问题的认知时移世易。如果说，凯恩斯对“最轻税收”论的批判是“否定”，那么弗里德曼等人的观点则是“否定之否定”，两条逻辑线索纠缠在一起，呈现“螺旋状上升”之态势。

---

① 郝硕博：《拉弗曲线探析》，载《财经问题研究》2000 年第 6 期。

② 如“拉弗曲线”指导个人所得税法上免征额、税率的制度设计，参见周伟、武康平：《个税免征额、税率与拉弗曲线》，载《经济学家》2011 年第 10 期。

③［美］弗里德曼：《资本主义与自由》，张瑞玉译，商务印书馆 2004 年版，第 75 页。

④ 语见《晋书·王导传》。

统合观之，经济学有关“国民分配”的论述集中于税收的必要性及其限度等基本问题，虽两条逻辑主线间内含张力，但共识仍存。“履行国家职能需要财政资源，财政资源提供的方式决定了个人和国家的关系”。① 一方面，税收是国家财政收入的主要来源，征税的权力是国家成其为国家的重要表征，② 而国家职能的扩张早已突破“守夜人国家”的格局，意味着“最轻税收”不具可行性，其不利于国民（纳税人）全体的利益实现；③ 另一方面，税收是“大量行政”之一种，现代国家的民主、法治、权利保障等理念诉求，皆须充分贯彻于税收领域，“租税的征收及其支出——财政过程基本上规定了国家及地方自治体应有的状态，并对国民的生活及人权有决定性意义”，④ 其最终指向对税收权力的规训。公共选择学派的布坎南就此讲得透彻，“任何运行状况良好的社会秩序中，财政权力必须受到遏制”，这种控制和遏制表现在程序约束和数量约束两个维度：前者包括税收和支出立法的特别多数、税收和支出的普遍性、支出和税收的同时考察、指定用途的税收、预算平衡、税基或税源和政府职能在各级政府间分离六个方面；后者包括支出或收入作为国民生产总值（Gross National Product，GNP）的

---

①［美］詹姆斯·M.布坎南、理查德·A.马斯格雷夫：《公共财政与公共选择：两种截然不同的国家观》，类承曜译，中国财政经济出版社 2000 年版，第 23 页。

② 如诺思在对国家进行定义时，就强调“国家可视为在暴力方面具有比较优势的组织，在扩大地理范围时，国家的界限要受其对选民征税权力的限制”。［美］道格拉斯·C.诺思：《经济史中的结构与变迁》，陈郁等译，上海三联书店、上海人民出版社 1994 年版，第 21 页。

③ 域外学者提炼出，保护私人财产权和提供公共服务是政府的两项重要职能，这也是经济长期增长的重要前提，有助于“福国利民”目标的达致。See George Economides, “Optimal Protection of Property Rights in a General Equilibrium Model of Growth”, *The Scandinavian Journal of Economics*, 2007, pp.153-175.“最轻税收”则会同时妨害这两项任务的高效完成。税收规模太低则无法充分供给公共服务易于理解，而在国家的财政需求相对恒定之时，税收“最轻”往往意味着其他形式的收入膨胀，这容易构成对公民私人财产的侵害。

④［日］北野弘久：《日本税法学原论》（第 5 版），中国检察出版社 2008 年版，第 394 ~ 395 页。

指定份额、税基约束和对指定税率的直接宪法约束三个方面。[①] 综上，经济学在“国民分配”场域的“重叠共识”不妨概括为：肯定国家征税的必要性，并认为伴随国家职能的延展，税收规模的扩张有其正当性，但须从程序约束、数量约束等维度对“征税冲动”加以遏制，以免“国民分配”失衡。这便为税法之财政性分配功能的发挥，从正、反两个向度提出要求。

（二）法学范式：“控权”语境的税法呈现

现代“法治国”在形式意义上要求最大限度维护人民基本权利，同时基于对国家权力滥用的恐惧而对后者施加约束，[②] 对行政法有“管理法”和“控权法”两种定位。将行政法视为“管理法”，则法目标为提升管理效率和完成管理任务，制度重心是强调集中管理，体现为法律赋予行政主体的权力多、配置给行政相对人的义务多，并强化“命令—服从”关系。[③] 作为“控权法”的行政法，则建基于“权力都是可以被滥用或误用”的逻辑起点，[④] 包含四项要求：一是将保障个人的自由和权利作为宗旨和目标；二是强调独立的司法权对行政权的司法审查；三是限制行政权力范围，原则上排斥自由裁量权；四是法无明文授权则行政行为无效。[⑤] 行政法在欧洲产生之始便具控权色彩，上章述及奥托·梅耶将税收法律关系视为行政权力关系，也是基于控权考量。戴雪对法国行政法的批判，即“法国行政法

---

① 参见［美］布坎南：《公共财政》，赵锡军等译，中国财政经济出版社 1991 年版，第 165 ~ 172 页。

② “法治国”在实质面的要求是追求整体实质正义，将国家行为用法而非单纯法律予以束缚。参见陈新民：《德国公法学基础理论》（增订新版·上卷），法律出版社 2010 年版，第 110 页。

③ See Persson, Torsten, Roland, Gérard, Tabellini, Guido, “Comparative Politics and Public Finance”, *Journal of Political Economy*, Vol.108, No.6, 2000.

④ 参见［英］丹宁勋爵：《法律的训诫》，杨百揆、刘庸安、丁健译，法律出版社 2011 年版，第 76 页。

⑤ 参见沈岿：《平衡论：一种行政法认知模式》，北京大学出版社 1999 年版，第 68 ~ 78 页；沈岿、王锡锌、李娟：《传统行政法控权理念及其现代意义》，载《中外法学》1999 年第 1 期。

发轫于对政府特权的肯认，将政府特权认作全民利益的恰当保障”，[1]被证明实为误读。

当然，近世以来，学者对“控权论”也作了多维度反思：第一，将行政视作单一的、有支配力的主体失之过简，行政机关内部也“存在许多不同的利益与关系，这能够导致竞争与破裂，从而不可避免地削弱它的权力”；[2]第二，基于行政法调整对象的扩展、调整方法的创新，有论者提炼“新行政法”概念，将对经济进行宏观调控以解决“市场失灵”、对政府的调控和规制行为进行“规制的规制”以解决“政府失灵”作为新行政法的调整范围，进而将“政府对行政相对人的管理从微观干预到宏观调控”作为新行政法调整方式的创新，[3]如此则现代公法已不再局限于过去的“管理—控权”之截然二分，融入合作治理等现代性因素；[4]第三，从范式转换的视角，提炼行政法的“平衡论”以扬弃传统的“管理法”“控权法”二论。[5]然而无论如何，控权始终是行政法的重要使命，

---

① Dicey, *Introduction to the Study of the Law of the Constitution*, 10th ed. Macmillan, 1959, p.350.

② [英] L. 赖维乐・布朗、约翰・S. 贝尔:《法国行政法》(第5版)，高秦伟、王锴译，中国人民大学出版社2006年版，第24页。

③ 参见姜明安:《法治思维与新行政法》，北京大学出版社2013年版，第120、123页。

④ 也有研究美国法律史的学者发现，美国早期行政法的发轫，其实就是中国体认为经济法特别是其中竞争法之发端的那段历史，简言之，即管制机构的诞生。“庞大的聚合体——例如，企业——本身行使着越来越多的权力……这些控制机构越来越行政化，即公务员机构承担着一项持续的、稳定的合理性监控商业及生活的某些部分的工作”，而“传统的政府机构对于管理商业和驾驭国家基础设施感到无能为力……当各州不能再处理这一工作时（当然，相当晚），联邦政府便介入了”。参见[美]劳伦斯・M. 弗里德曼:《美国法律史》，苏彦新等译，中国社会科学出版社2007年版，第481～482页。

⑤ 参见罗豪才、甘雯:《行政法的“平衡”及“平衡论”范畴》，载《中国法学》1996年第4期；罗豪才、沈岿:《平衡论：对现代行政法的一种本质思考——再谈现代行政法的理论基础》，载《中外法学》1996年第4期；皮纯协、冯军:《关于“平衡论”疏漏问题的几点思考——兼议“平衡论”的完善方向》，载《中国法学》1997年第2期；等等。客观地讲，国际上更多的还是控权—管理的二分思路，“平衡论”一定意义上是具有中国特色的学术创造。

特别在我国，管理论的思维惯性强大，控权言说的实践价值更突出。税法和行政法有千丝万缕的联系，“控权”范式同样适用于税法层面。特别就“国民分配”而言，国家作为公权力的掌握和行使者，较之纳税人天然地处在优势地位，财政性分配易向国家一方倾斜，从实质正义视野下倾斜保护的思路出发，强化财政控权势所必然。概言之，有三项具体要求。

首先是“两权分离”。公共财政权和私人财产权是“国民分配”的重要权源，[①]宪法和税法等“分配法”的首要功能是规定国家与国民如何各自依法取得分配权益，以及如何依据相关的权利（力）确认与保护其财产权。[②]“两权分离”要求公共财政和私人财产彼此独立，其法律含义有二：一是积极的权源意蕴，即国家或国民依各自权力（利）得享分配权益；[③]二是消极的防御意蕴，即未经法律规定，国家或国民的分配权益不受侵害、侵害发生后有恢复原状请求权。“财产是自由的保证”，[④]这对国家和国民同样适用。“两权分离”是税法产生和发展的基础，对“两权”的保障既是税法进行财政性分配的目标，也为其功能发挥设定界限。“国民分配”时偏重国家财政利益和国民财产利益的任何一方皆不足取。现实中，国家

① 传统上将“财产权”等同于私人财产权，将国家的财政权也理解为“财产权”是一种概念延展。参见刘剑文、王桦宇：《公共财产权的概念及其法治逻辑》，载《中国社会科学》2014 年第 8 期。针对“公共财产权”，仍有一系列问题有待廓清，包括但不限于：为何要提炼这一概念，其与“财政权”概念有何区隔、为何要对之进行扬弃？公共财产权系一种权力，与之相关的尚有“公法财产权”等概念，概念间的关系如何区别、体系化如何可能？另外，是否确能超越传统私法意义上的“财产权”概念，以及与私人财产权的权利内涵有无以及有何区别？与之相关者尚有“公民财政权”概念，参见胡伟：《财政民主之权利构造三题》，载《现代法学》2014 年第 4 期。

② 参见张守文：《财税法疏议》，北京大学出版社 2005 年版，第 38 页。

③ See Vezure Oana Sabina, Public Finance Functions, *Analele University Constantin Brâncuşi din Târgu Jiu : Seria Economie*, Vol.3, No.1, 2011.

④［美］詹姆斯·M. 布坎南：《财产是自由的保证》，载［美］查尔斯·K. 罗利编：《财产权与民主的限度》，刘晓峰译，商务印书馆 2007 年版，第 27 页。

“多予少取”相对常见，国家职能扩张虽有其必然性，这也当然引发财政规模膨胀，但避免取之无度，仍殊为必要。

其次是“税权谦抑”。谦抑原则最早被日本刑法学者提出，作为刑事定罪的基本原则之一，指“立法者力求以最小的支出——不用刑罚（而用其他刑罚替代措施），获得最大的社会效益——预防和控制犯罪”。[①] 刑事制裁主要指向人身权（也涉及财产权），税收则是对私人财产权的合法剥夺，且税法和刑法都具有一定强制性；故谦抑原则在税法层面同样有适用空间，即国家征税时要自我约束与克制、使用税款时须审慎与节俭。[②] 税的谦抑原则，根源在于处理政府与市场关系时应遵循“剩余原则”，即除依据法定原则应由政府配置资源的领域外，其余皆应交给市场。[③] 国家汲取财政收入的目的是提供市场不能或无法有效提供的公共产品和公共服务、解决“市场失灵”，市场在资源配置中的决定性地位要求税收的汲取和使用都应秉持谦抑性，不能“主客易位”。

最后是税收适度。前已述及，各学派的经济学家多将适度作为税收原则之一，税法学研讨较多的税收效率原则[④] 和基本权利保障便是在税收适度基础上展开的。

学界对税法基本原则的提炼不尽一致，但税收效率原则位列其中较具

---

① 陈兴良：《刑法的价值构造》，中国政法大学出版社 1998 年版，第 353 页。

② 王惠：《论税的谦抑性》，中国财政经济出版社 2013 年版，第 31 页。

③ 张守文：《政府与市场关系的法律调整》，载《中国法学》2014 年第 5 期。近年来“政府与市场的关系”议题讨论甚热，此议题是由资源配置方式的角度切入；若基于主体维度，则“政府与市场主体的关系”（从主体的角度讲，与作为法律主体的“政府”相对应的，应当是“市场主体”）之提法更加准确。

④ See Vezure Oana Sabina, Public Finance Functions, *Analele University Constantin Brâncuşi din Târgu Jiu : Seria Economie*, Vol.3, No.1, 2011.

共识，[①] 其包括行政效率和经济效率二维。[②] 税收经济效率与税收适度关联甚密，要求税款征纳不能妨害社会资源配置和经济运行机制，税收规模过于庞大会扭曲纳税人的行为和决策——价格机制在市场配置资源时扮演重要角色，相对价格的变动影响资源配置，课税过度将使纳税人作“成本—效益”分析时，更多考虑税收而非价格因素，干扰市场配置资源的决定性作用，诱发资源错配，[③] 终致引发“漏桶实验”揭示的低效率情形。[④] 在此意义上，“税收规模效率”也是税收效率的重要组成，其两项指标须予以关注：一是以税收方式筹集的收入占国民经济的比重，此比重过高则窒碍市场的活力和自由，“能够完成最伟大功绩的并不是重税的王国，而是适度税收的王国”，[⑤] 即便经由财政支出“用之于民”，也会因挤出效应压缩市

① 如有将税法的基本原则归纳为税收法定原则、税收公平原则、税收效率原则和税收社会政策原则四项，参见刘剑文：《财税法——原理、案例与材料》（第 2 版），北京大学出版社 2015 年版，第 171 ~ 178 页；有将税法的基本原则总结为税收法定主义、税收公平原则和税收效率原则，参见廖益新、李刚、周刚志：《现代财税法学要论》，科学出版社 2007 年版，第 167 ~ 177 页。另外，也有学者注意到我国税法学界对税法基本原则的讨论似与税收原则有所混淆，并从经济自由、政治民主、崇尚法治的层面提炼出法定原则、量能课税、实质课税三项基本原则。参见朱大旗：《论税法的基本原则》，载《湖南财经高等专科学校学报》1999 年第 4 期。在日本，田中二郎的“两论六原则说”中，将税法基本原则分为形式原则和实质原则，其中确保税收与效率被作为实质原则之一项。

② 税收的行政效率主要从征税费用和纳税费用来考察，解决的是如何以最少的征管成本征收到最多税收的问题；税收的经济效率通常被认为即税收中性，指称税收对社会资源配置和经济运行机制的影响状况，检验标准是税收额外负担的最小化和额外收益的最大化。参见廖益新、李刚、周刚志：《现代财税法学要论》，科学出版社 2007 年版，第 175 页。

③ 民国时期财政学家即注意到，税收会“影响各业间之财源分配”，“在各地间亦然”。这其实就是在说税收对资源配置的影响。何廉、李锐：《财政学》，商务印书馆 2011 年版，第 188 ~ 189 页。

④ 奥肯的实验中，从富人处获取的每 100 美元税收实际上只使穷人的收入增加了 50 美元，剩余部分因勤奋程度的下降和管理成本的上升而消耗了，如同再分配这个“桶”上出现了“漏洞”。参见［美］保罗·萨缪尔森、威廉·诺德豪斯：《经济学》（第 19 版），萧琛等译，商务印书馆 2012 年版，第 563 页。

⑤ ［美］查尔斯·亚当斯：《善与恶——税收在文明进程中的影响》（第 2 版），翟继光译，中国政法大学出版社 2013 年版，第 490 页。

场的空间，市场占比过低亦会导致公共物品供给不足，可见比重过高或过低都是低效率的；二是实然税收收入占应然的税收收入规模限量的比重，[①]要寻得“拉弗曲线”上的最优点，税收规模并非无限增大，超过该点则提高税率反会引致收入下降。

“基本权保障为租税干预界限”，[②]其同样与税收适度互为表里。这里的“基本权”包括财产权、生存权等。[③]生存权保障对财政性分配的限制容易理解：税收规模过于扩张将伤及“税本”、危害纳税人的生存权，故有“最低生活所得不课税”之要求。[④]财产权的内涵与外延则有一个发展的过程，古罗马时期的“财产”指以实体存在的有体物和没有实体存在的无体物，前者是动产、不动产，后者包括债权、用益权和地役权等；商品经济的发展使财产权标的迎来第一次“飞跃”，有价证券和知识产权被纳入其中。[⑤]财产权成为“基本权”，意味着其进入宪法、受宪法保护。在德国，1919年《魏玛宪法》将作为基本权的财产权限定为所有权，后帝国法院审理一起退休金案件时，将其范围扩至所有具有财产价值的私权利；1949年《德国基本法》颁布后，联邦普通法院审案时进一步将范围扩至所有具有财产价值的权利，承认了“公法权利”的基本权属性。[⑥]综上所述，财产权客体由具体的有体物扩至无体物，再扩至有价证券和知识产权，最终将财产的集合（这就同税收联系起来）亦考虑纳入其中，是整体演进趋势。

① 郑榕:《论我国税收效率原则的理论和实践》，载《税务与经济》1998年第4期。

② 葛克昌:《所得税与宪法》，北京大学出版社2004年版，第17页。

③ Kilchrist, Erica, Block, Walter, “Distributive Justice”, *International journal of social economics*, 33.1, 2006, pp. 102-110.

④ See Bamji, Andrew N, “Public Finance Indiscretion”, *British Medical Journal* Vol. 341, No.7768.

⑤ 汪进元:《基本权利的保护范围：构成、限制及其合宪性》，法律出版社2013年版，第224页。

⑥ 陈新民:《德国公法学基础理论》（增订新版·上卷），法律出版社2010年版，第446～451页。当然，该思路受到质疑，联邦宪法法院的做法也不一致，其有时也会运用“区别解决”理论，将公法权利具有“财产价值”者局限于国民因自己的劳务给付或资本投入而产生请求权的情形，才准许其获得宪法上的保障。

伴随财产权绝对到财产权附有社会义务的观念转变,[①] 税收作为对财产权的适当限制，获得宪法层面的正当性；但“附有”的表述明白昭示税收规模不得过巨。第一章曾述及，税法学理有“半数原则”，虽因其抽象性而较难直接指导实践，但所彰显的基本权保障之精神气质还是应当引起学界和实务界的足够关注，且从域外学者的实证研究看，强调基本权利保障对财政性分配的限制，不仅不会制约，反有助于经济长期增长,[②] 可谓兼顾私人利益和社会公共利益的典范。

（三）简要提炼与相关说明

行文至此，不妨予以简要概括。前述三点“控权”语境下的具体要求看似繁杂，实则内含共性：税法财政性分配功能的发挥，形式层面要贯彻法定原则、实质层面须凸显能力原则。其中，能力原则更加基础，无论是“两权分离”、税权谦抑，还是税收适度，都要求探寻最适之“度”，也即准确测度、把握税负能力。法定原则既是能力原则得以实现的保障，亦具有独特价值；其本身即为“两权分离”的要求，缺乏明确性、稳定性的税制无法使国家财政与纳税人财产真正“分离”，并可能因权力的自我复制倾向而让谦抑要求和适度要求最终落空，进而又导致对能力原则的背离。所以，将形式层面的法定要求和实质层面的能力原则概括为财政性分配的二元作用原则，相得益彰。申言之，前文述及经济学有关财政性分配的“重叠共识”中，强调经由程序、数量等维度对税收加以控制，这里所谓之程序约束、数量约束，大体上可分别归入法定要求、能力原则之范畴。由此观之，前述经济学、法学的相关智识成果是内在贯通的。

---

① 这意味着从“基于私人所有权的个人生存”到“基于社会关联性的个人生存”的转变。参见张翔：《财产权的社会义务》，载《中国社会科学》2012 年第 9 期。

② See Asoni, Andrea, “Protection of Property Rights and Growth as Political Equilibria”, *Journal of Economic Surveys*, 2008, pp.953-987.

确立法定要求和能力原则作为财政性分配的作用原则，意味着对曾经流行、时至今日仍有一定影响的主体标准的扬弃，即纳税主体是否处于某一行业、抑或具有某种性质，原则上不成为国家征税的主要衡量因素。此间主体因素的“残存”影响，主要体现于国际税法层面各国税收管辖权的确定。国籍原则和领土原则是划分税收管辖权的传统原则，[①]其中国籍原则导向居民税收管辖权，[②]可理解为“主体标准”的适用。各国确定税收管辖权时，一般会结合这两项原则，常见做法是基于国籍原则（主体标准）作本国居民和外国居民、居民企业和非居民企业的划分，再针对不同类型的主体、根据收入的来源赋予不同的税法待遇。如我国《个人所得税法》规定中国居民就境内外全部所得、外国居民就中国境内所得缴纳个人所得税，《企业所得税法》规定居民企业就境内外全部所得、非居民企业就中国境内所得缴纳企业所得税。除此种涉及国际税法的情形外，国家据以汲取财政收入，从而在国家与纳税人之间进行财富分割时，通常无须过多虑及纳税人的主体因素，这体现税法适用的普适性。由此出发，若某项税制安排基于主体因素差异化配置税负，不外乎三种情形：一是主体性质只是因为同税负能力直接关联而看上去成为分配税负的标准，通过现象看本质，真正起决定性作用的还是能力原则；二是相关制度存在正当性瑕疵，如沪、渝两地从2011年开始对个人自住房试点征收房产税，具体方案中皆区别对待本市户籍和非本市户籍者，便有违平等原则；三是相关制度有意择定部分主体施予优惠或重课待遇，此时是税法在发挥调节性分配功

---

① Reuven S.Avi-Yonah, *International Tax as International Law, An Analysis of the International Tax Regime*, Cambridge University Press, 2007, p.22.

② 刘剑文:《国际税法学》(第3版)，北京大学出版社2013年版，第56页。严格来讲，国际税法上的“居民税收管辖权”所要求的“居民”条件要比“国籍原则”指向的“公民”身份外延更宽泛，它通常只需要在一个国家“物理存在达到最低时限”。至于为何须作此扩张，See Reuven S. Avi-Yonah, *International Tax as International Law, An Analysis of the International Tax Regime*, Cambridge University Press, 2007, p.23。

能，如本书第三章将述及，调节性分配功能的高效发挥要求“精确规制”，主体因素是为至要，其体现税法进行调节性分配时的局部性，与财政性分配的普适性特质相映成趣。

以上主要检视财政性分配在“国民分配”层面的作用原则，虽对“民民分配”有所触及（如论及能力原则对主体标准的扬弃和超越这部分内容），但未及展开。实际上，若延展视域范围，则前述提炼可适用于整个财政性分配功能的作用场域。由于接下来仍主要在“国民分配”层面展开论述，虑及文脉之顺畅，故提炼工作留待章末延伸探讨处进行。下文拟梳理前述“现实样本”所反映出的我国财政收入“变速”的税法动因，并基于上面提炼的财政性分配之作用原则，发现其中不合理的部分，并探求兴利除弊之道。

二、财政性分配的作用原理：功能发挥与收入“变速”

我国财政收入与国内生产总值（Gross Domestic Product，GDP）的增速对比如表 6 所示，以 2011 年为界，差异明显。

表 6　2005 年以来我国实现 GDP、财政收入、税收收入及增速情况

年份	财政收入（亿元）	财政收入增速（%）	税收收入（亿元）	税收收入增速（%）	GDP（亿元）	GDP 增速（%）
2005	31649	19.9	28779	20.0	185896	11.4
2006	38760	22.5	34804	21.9	217657	12.7
2007	51322	32.4	45622	31.4	268019	14.2
2008	61330	19.5	54224	17.0	316752	9.6
2009	68518	11.7	59522	9.8	345629	9.2
2010	83102	21.3	73211	23.0	408903	10.6
2011	103874	25.0	89738	22.6	484124	9.5
2012	117254	12.9	100614	12.1	534123	7.8

续表

年份	财政收入（亿元）	财政收入增速（%）	税收收入（亿元）	税收收入增速（%）	GDP（亿元）	GDP 增速（%）
2013	129210	10.2	110531	9.8	588019	7.7
2014	140350	8.6	119175	7.8	636139	7.3
2015	152269	5.8	124922	4.8	689052	6.9
2016	159605	4.8	130361	4.4	744127	6.7

资料来源：中华人民共和国国家统计局官方网站（最后访问时间：2018 年 1 月 16 日）。[①]

不妨区分为两个阶段：第一阶段是 2011 年以前，GDP 持续高速增长，财政收入和税收收入增速更要高于同期 GDP 增速；第二阶段是 2011 年至今，GDP 由高速增长转入中高速增长，同期财政收入亦由先前动辄高达二十几个百分点的增速降至个位数，且增速下滑显著超过同期 GDP 增速的回落幅度。

我国财政收入在过去二十年间先后经历“高速增长”和“增速下行”两个阶段，根本原因当然在于经济发展的速度和水平。经济决定税收，经济增长的数量、结构与质量，是决定税收收入以及以税收为主体的财政收入增长的核心动力。[②] 阶段一财政收入高速增长的背后，是 GDP 持续的两位数（或接近两位数）的增长；阶段二财政收入增速下行的背景则是 GDP 由高速增长转为中高速增长。诚然，“税收的增加取决于经济中可税部门的发展——尤其是劳动阶级自身的绝对规模和工资收入水平”，[③] 经济发展是税收收入的决定因素（广义上的税基），尽管如此，若将经济发展水平假设为一个常数，管理、制度等就成为影响税收的重要变量。当经济发展

① 小数点后已四舍五入。GDP 增速系国家统计局公布的“按不变价格计算”的后果。

② 参见樊丽明、张斌：《经济增长与税收收入的关联分析》，载《税务研究》2000 年第 2 期。

③［美］詹姆斯·奥康纳：《国家的财政危机》，沈国华译，上海财经大学出版社 2017 年版，第 221 页。

保持在一个相对稳定水平上的时候，财政收入的增长也应是稳定的，超速增长或增速迅速下行的税收收入背后必然隐藏着经济因素以外的其他原因。质言之，税法的制度设计以及蕴含其中的财政性分配功能，对于税收规模及其增量、增速的影响不可小视。在我国，情况更为复杂，除税法制度蕴含之财政性分配功能的“正常”作用外，由于现阶段税收法治尚不健全，无论是形式层面的制度缺位，还是实质层面的制度失范，皆可能使税法分配功能的发挥产生“异化”，加剧问题的复杂程度。下文分别检视税法制度设计对财政收入增速在两阶段呈现“前高后低”态势的影响，由此从“国民分配”角度揭示税法之财政性分配功能的作用原理。需要指出的是，此部分的分析视角是前文提炼的法定要求和能力原则；易言之，通过考察我国税法对法定要求和能力原则的遵守、背离或复归，分别给“现实样本”带来怎样的影响，展开论述，同时为第三部分的研讨做好铺垫。

（一）阶段一：“超速”增长的税法动因

财政收入以超过 GDP 增速的态势高速增长，说明税法在国家与纳税人之间进行财政性分配时较有利于前者。税法在国家、纳税人之间进行财政性分配，应依绝对、纵向意义上的税负能力为之，财政收入“超速”增长的实质是过度把握税负能力。制度层面，一系列直接或间接的原因对此种格局的形成产生影响，考虑到直接原因更重要，下文拟分三点阐述，而就间接原因仅用一点概要述及。

1. 税制结构与税法安排

首先是税制结构的影响。如前文所述，瓦格纳强调要通过合理的税制设计使财政收入在有需要时能充分汲取并随着经济的发展而能够增加收入。易言之，税收结构要能保证充分而有弹性的税收收入，这涉及“税收弹性”的概念，其包括经济弹性和法律弹性两方面，前者是在假定税法不变条件下，税收收入的变动百分比与国民所得[①]变动百分比的比值；后者是在税法变动时的税收收入变动。[②]可以认为，“税收弹性”是税法财政性分配功能的重要体现，[③]“弹性”之大小则是衡量财政性分配功能之良莠的判断标准之一。[④]在第一阶段，我国的财政收入、税收收入增速长期高于GDP增速，粗略地看，可以认为我国的税制是富有弹性的。这里引出的问题是，何以我国的税制富有弹性？

根据“结构—功能主义”，税制富有弹性，关键要从税制结构角度找原因。表7反映了不同年份税收收入总额与“国内两税”（增值税与消费税）收入的情况。

表7 1994~2013年税收收入总额及“国内两税”收入[⑤]

单位：亿元

年份	税收收入	“国内两税”收入
1994	5070.79	2840.91
1995	5973.75	3208.02

① 国民所得是经济成长的指标，计算方法是从国民生产总值中减去资本折旧和间接税得出。

② 就经济弹性而言，比值大于1被称为“富有弹性的税制”，比值小于1则被称为“缺乏弹性的税制”，参见刘心一：《论税收结构与税制改革》，载《财政研究》1996年第8期。

③ Graham, John R., “Taxes and Corporate Finance”, Accessed May 29, 2003, *http://ssrn.com/abstract=264516 or http://dx.doi.org/10.2139/ssrn.264516.*

④ 如此表述（而没有直接将税收弹性是否超过一定比值作为评判标准），笔者隐含的观点是，“税收弹性”过大抑或过小都不可取。某种意义上，这两种极端情形都是财政性分配功能的发挥过于倾向“光谱”一端的反映，从而均可能引致分配失衡，也同能力原则所蕴含的“适度”要求背道而驰。

⑤《中国税务年鉴·2014》，中国税务出版社2014年版，第353页。由于统计口径不一致，表中数据可能同前文涉及的国家统计局公布的数据存在一定出入，下同。之所以要选择《中国税务年鉴·2014》的数据而“容忍”此种不一致：一是因为该年鉴中有关“国内两税”收入的数据情况为本书所需要，如果使用国家统计局的相关数据则须加总，容易产生纰漏；二是考虑到此种细微差别不影响相关结论的得出。

续表

年份	税收收入	“国内两税”收入
1996	7050.61	3658.10
1997	8225.51	4047.84
1998	9092.99	4557.49
1999	10314.97	4846.18
2000	12665.80	5531.44
2001	15165.47	6383.76
2002	16996.56	7321.96
2003	20466.14	8524.58
2004	25723.48	10433.33
2005	30867.03	12332.77
2006	37637.04	14780.48
2007	49451.80	17816.86
2008	57861.80	20707.60
2009	63103.60	23580.98
2010	77394.44	27680.12
2011	95729.46	31540.16
2012	110764.04	49324.41
2013	119959.91	51270.17

近二十年来，增值税和消费税占我国税收收入的比重居高不下，基本稳定在45%左右，若加上营业税收入（“营改增”后则为对应的增值税收入），流转税的主体地位彰显无遗。表8以2013年为样本，能更清晰地反映该点。

表 8　2013 年各税种收入情况[①]

税种	总收入	增值税	消费税	营业税	企业所得税	个人所得税	资源税	固定资产投资方向调节税	城市维护建设税
收入（亿元）	119960	42175	9095	17239	23880	6532	1006	0.02	3419
税种	房产税	印花税	城镇土地使用税	土地增值税	车船税	车辆购置税	烟叶税	耕地占用税	契税
收入（亿元）	1582	1245	1719	3294	474	2596	150	1740	3815

以流转税作为主体的税制结构弹性较大，这是由于其和商品及服务的价格绑在一起，受价格涨跌的影响大：经济高速增长时，税收收入的增速可能高于经济增速；经济增速放缓或低于过去，税收收入的增速相应低于经济增速。[②] 北野弘久对间接税诟病甚多，认为直接税法律关系中纳税人和负税人相统一，而间接税的负税人大多不具税收法律关系当事人的地位，从而无法享受税法设定的保护纳税人权利的一系列制度安排。[③] 由此不难理解，间接税与直接税相比，在组织收入方面成效更显著——因其引起的纳税人抵触情绪较小、对征管水平的要求也更低。[④] 因此，间接税为主体的税制结构，进行财政性分配时的突出特征是“国民分配”向国家一方倾斜。从比较的视野看，国外有学者运用群集分析统计法测算出部分主

① 参见《中国税务年鉴 · 2014》，中国税务出版社 2014 年版，第 354 页。小数点后已四舍五入。

② 参见高培勇：《如何面对财政收入增速下滑》，载《中国党政干部论坛》2013 年第 8 期。

③ 参见［日］北野弘久：《日本税法学原论》（第 5 版），中国检察出版社 2008 年版，第 25 页。

④ George A.（Sandy）Mackenzie , Estimating the Base of the Value-Added Tax（VAT）in Developing Countries:The Problem of Exemptions, *IMF Working Paper* No. 91/21, 15 Feb 2006.

要国家税制结构的基本特征，概括为四种类型：第一类是英美及其盟国，其更依赖财产税、所得税，流转税比重较低；第二类是斯堪的纳维亚国家，个人所得税在税制结构中占比甚高而企业所得税相对较低，同时也征收比较高的流转税；第三类被称为“宽税基国家”，包括德国、西班牙、荷兰、比利时、卢森堡，这些国家倾向于使用所有能运用的税收工具，因而没有某一税种特别突出；第四类是拉丁语系国家，如法国、希腊、意大利和葡萄牙，税制结构的突出特征是高度依赖间接税。[①]可见，直接税与间接税在税制结构中的比重同人均收入水平之间并无有的研究所指向的强相关性，[②]而更多取决于政府汲取收入的难易程度、纳税人的遵从度等因素。如法国以间接税为主的税制结构，可能就是由于“大革命”以降法国社会对征税的抵触程度较高，这种税收文化导致政府直接向公民征税颇难，故采用间接税为主体的税制结构，“政府监管成千上万的企业主和商业企业，要比监督更多的个人来得容易些”，所以这种税制虽然有累退性，却在相当程度上可能是“唯一有效的收入方式”。[③]这也说明，税收立法者更为青睐税法的何种功能，以及对此种功能作用于实践的结果有怎样的期许，会影响税制结构的设计。

根据税收法定的要求，各税种收入的征取皆须依税法规定为之，即便我国相当一段时间内狭义法律层面的税收立法甚为粗疏，征管实践也存在不尽规范之处，但税款征纳大体上仍在相关暂行条例、实施细则等行政法

---

① 参见［美］B. 盖伊·彼得斯：《税收政治学：一种比较的视角》，郭为贵、黄宁莺译，凤凰出版传媒集团、江苏人民出版社 2008 年版，第 61 ~ 64 页。

② 有课题组研究报告指出：“高税负国家人均收入水平比较高，其税负和税收收入中直接税所占的比重较大；中等税负国家税收结构表现出以直接税为主或者直接税与间接税并重的特点；低税负国家税收结构表现出直接税与间接税并重或者以间接税为主的特点。”参见国家税务总局“直接税与间接税的关系”课题组：《直接税和间接税税负水平和税收结构的国际比较》，载《涉外税务》2004 年第 4 期。

③ 参见［美］B. 盖伊·彼得斯：《税收政治学：一种比较的视角》，郭为贵、黄宁莺译，凤凰出版传媒集团、江苏人民出版社 2008 年版，第 64 页。

规、规章的框架下进行。[①]那么，当前以流转税（特别是增值税）为主体税种的税制结构，就应有制度层面的原因，由此自然设问，怎样的税法建制决定了流转税为主体的税制结构？

本书第一章曾述及黄茂荣教授提倡的“税制的规划”之工作，若能遵行此种程式，详细擘画国家、国民之间的取予关系，通过不同税种的比例搭配、主体税种的择取，实现或以汲取收入为主旨，或以调节分配为要务的制度功能，是为至善。但这种体系化精算，过于理想主义，难以实现。一如前述，“拉弗曲线”的存在就可能导致税率的提高不必然增加税收总额，而通货膨胀或紧缩等客观情势作为外在变量存在，亦使税制格局常有调整之必要。中国的税制演进就耐人寻味。与流转税是主体税种的现状不同，20世纪80年代，所得税在税收收入中占比颇高，1985年曾达到36.28%的历史高点，但随后就逐渐下跌，[②]导致彼时设想的“直接税、间接税并重”的税制结构演化为现在的流转税为主体的税制结构。此进程中，虽直接税和间接税的制度都有一定调整，但很难说现在的税制结构是立法者主观选择的结果，毕竟，就更高效、便利地汲取财政收入角度而言，21世纪以来这方面因素给政府带来的动力（或压力）不比改革开放之初更大。因此，纵使立法者可能有这方面的考虑，更为主要、根本的原因还是要从他处觅得。

即便如此，现行税法中确有不少制度在设计时或多或少基于“收入导

① 评估中国立法层面税收法定实施状况时，应澄清一些基本观点。如国务院发布的条例和暂行条例是不同的，国务院根据全国人大及其常委会的授权决定制定的行政法规才被称为“暂行条例”或“暂行规定”，不能仅根据名称认为“条例”和“暂行条例”是一回事，也不能由于后者名称中带有“暂行”二字而认为其效力位阶更低。另外，有些税收法律也可能采用“条例”的名号，如已经废止的《农业税条例》。参见刘佐:《关于税收法定若干问题的进一步探讨》，载《税务研究》2015年第6期。

② 参见刘心一:《论税收结构与税制改革》，载《财政研究》1996年第8期。根据该文的研究，所得税占比下降的重要原因是“94税改”前，“国有企业所得和集体企业所得税在税收增长中没有贡献”，导致1994年时所得税占比就已经下降到18.81%。本书认为，不能忽视税法制度的影响，如相当长时期内企业所得税法“内内有别”“内外有别”，以及个人所得税法“内外有别”的制度差异，对于所得税收入占比的下降，也有较大影响。

向”的功能预设，增值税等间接税收入的膨胀正是其外在表现形式。如我国在较长一段时期内实行“生产型增值税法”，[①] 此种税制下对企业购进固定资产的进项税额不予抵扣，在产品销售时，该产品的销项税额就包括了所购固定资产的进项税额，因而造成重复征税。事实上，在三种增值税类型中，生产型增值税本就具有增值额大于理论上的增值额而税基最大的特征，此时经由增值税所把握之税负能力超出真实税负能力；换言之，生产型增值税内含之财政性分配功能，本就有利于国家一方。[②] 随着经济的发展，生产型增值税建制之初的一系列制度动因，如保障财政收入、抑制经济过热等，在新的历史形势下逐渐显得无甚必要甚至不甚合理（抑制和扭曲投资），于是将增值税转型作为“结构性减税”之一环，以此刺激经济增长、优化产业结构，被提上议事日程。2003 年中共中央、国务院《关于实施东北地区等老工业基地振兴战略的若干意见》中明确相关地区“八大行业”允许“新购进机器设备所含增值税税金予以抵扣”；2004 年 9 月，财政部、国家税务总局《东北地区扩大增值税抵扣范围若干问题的规定》中明确了具体的操作规程；2007 年 7 月起，增值税转型试点推广至中部六省的 26 个城市，翌年 7 月，进一步扩至内蒙古自治区东部五个盟市和四川汶川地震受灾严重地区；2008 年 11 月，《增值税暂行条例》修订，同年

① 增值税税基的选择方式，形成了三种类型的增值税制度：生产型增值税，是在计算增值额时，产品销售收入中只允许扣除购买的原材料等劳动对象的消耗部分，不允许扣除购进固定资产的价款或折旧，所以从整个社会的角度看，形成的增值额大体相当于国内生产总值；收入型增值税，是在计算增值额时，销售收入既要扣除劳动对象的消耗部分，也要扣除固定资产投资价值的折旧，所以作为计税依据的增值额相当于国民收入；消费型增值税，是在计算增值额时，销售收入既要扣除劳动对象消耗部分，也要扣除本期购进的全部固定资产，所以相当于以国民收入中的消费资料价值为计税依据。参见全国人大常委会预算工作委员会编：《增值税法律制度比较研究》，中国民主法制出版社 2010 年版，第 8 ~ 9 页。

② 虽然生产型增值税制因其具有重复征税因素而在“国民分配”中利于“国”这一方，但历史地看，我国 1979 年引进增值税时恰恰首先在重复征税严重的机器机械、农机和日用机械产品等行业试点，可见彼时蕴含改善“民”这一方分配能力的意味。这同 20 世纪 80 年代一系列“放权让利”的改革一脉相承。

12月，《增值税暂行条例实施细则》相应修订，我国的增值税转型全面推开。[①] 即便如此，"全面"转型后仍属不完全消费型增值税，如对固定资产的界定几与往昔无异，[②] 小规模纳税人也仍被排除在抵扣主体之外。另外，彼时"营改增"改革尚未开启，两税之间抵扣衔接不畅，导致相关税法把握之税负能力仍超出真实水平。

税收征管制度的设计对此种税制结构的产生也起到推波助澜的作用。现行《税收征收管理法》（以下简称《征管法》）更适应对流转税的征收，[③] 而对所得税等直接税的管控力度有限；特别是针对高收入人群的个人所得税征管不力，甚至使个人所得税有沦为"工薪税"之趋向，并致其在税收收入总额中占比甚低。所得、财产和消费是表征税负能力的三大指标，由于现行税制，如前述税收征管制度的设计，使透过"消费"得以表征的税负能力更易获得征管者的青睐，而以"所得"形式反映的税负能力则在征管实践中常常未获有效把握，这就从"能力"的角度为间接税成为主体税种给出了一个解释。目前正在进行的《征管法》修改工作中，一个重要任务就是强化自然人征管，如覆盖广泛和统一的纳税人识别号、以第三方提供信息为核心的涉税信息管理制度等，都是本次修法意图实现的重要突

---

① 参见陈少英：《税收债法制度专题研究》，北京大学出版社2013年版，第57～58页。

② 按照《增值税暂行条例》和《增值税暂行条例实施细则》的规定，房屋、建筑物等不动产不能抵扣。《增值税暂行条例》第10条规定："下列项目的进项税额不得从销项税额中抵扣：（一）用于简易计税方法计税项目、免征增值税项目、集体福利或者个人消费的购进货物、劳务、服务、无形资产和不动产……"《增值税暂行条例实施细则》第23条规定："条例第十条第（一）项和本细则所称非增值税应税项目，是指提供非增值税应税劳务、转让无形资产、销售不动产和不动产在建工程。前款所称不动产是指不能移动或者移动后会引起性质、形状改变的财产，包括建筑物、构筑物和其他土地附着物。纳税人新建、改建、扩建、修缮、装饰不动产，均属于不动产在建工程。"

③ 有评论认为，"从征管对象来看，我国是间接税与所得税并存，但管理制度和管理水平还不适应征管所得税和增值税的要求"。参见齐守印、杨敏主编：《中外财政法律制度比较研究》，法律出版社2006年版，第205页。笔者认为，这近乎全盘否定现行税收征管体制的客观实效，有过苛之嫌。

破。[①] 如果相关制度更新能够妥为实现，一则可提高直接税在整体税制中的比重，二则亦可借此发挥个人所得税等调节收入分配的功能，无论是对本章研讨的“国民分配”格局之改善抑或对纳税人内部分配格局之优化，都大有裨益。当然，总体收入水平的高低，对于以所得税为主的直接税占比，影响力不容小觑，一国整体收入水平偏低，其所得税收入必定十分有限，这也是中低收入国家多以间接税为主体税种的重要原因。无论如何，流转税在税制结构中居于主体确使税法之财政性分配功能的发挥朝有利于“国”的一方倾斜，这是较为确定的。

除税制结构的因素外，实体税法的若干制度安排，也有推动财政收入超速增长的功用。第一章论及以视同销售为代表的拟制性规范便扩张了纳税人范围和税基，使税法把握之税负能力超出真实水平；此外，还可以个人所得税法上的费用扣除制度为例略作阐发。根据本书第一章的研究，费用扣除制度具有突出的财政性分配功能，划定国家公共财政与纳税人私人财产的边界。从比较法视野看，我国个人所得税的费用扣除范围过于狭窄，且较长时间内扣除额度偏低。以我国台湾地区“所得税法”有关个人综合所得税的规定作参照，其为体现“主观的净额所得”原则，通过免征和费用扣除制度，力求实现“个人及家庭生活费所需不课税”。一者，其免征范围包括纳税义务人及其配偶的基本生活需要，以及纳税义务人扶养子女及其他亲属的基本生活需要。2014 年的免税额度为每人 85000 新台币，如纳税义务人及其配偶或受其扶养者年满 70 岁，则免税额度增加 50%。二者，费用扣除包括通常会增加生活需要的扣除和异常生活负担的扣除，前者采列举扣除，包括医药及生育费、保险费、灾害损失、购物借款利息、房屋租金支出和捐赠，当纳税人不能举证证明相关列举支出时，仅能按标准扣除额扣除，2014 年是每人 79000 新台币；后者也称特别扣除额，包括身心障碍、

① 参见施正文:《〈税收征管法〉修订中的法律难题解析》，载《税务研究》2015 年第 8 期。

教育学费、幼儿学前、财产交易损失、薪资所得、储蓄投资及其他异常负担支出，当然，从其内容看部分项目并不“异常”，如薪资所得特别扣除每人每年以 108000 新台币为限，实质上是针对其“所得税法”中未承认个人取得薪资所得时得依据“客观的净额所得原则”扣除相应费用，而予以“概算费用”性质的扣除，又如储蓄投资特别扣除实则蕴含鼓励储蓄之经济政策目的。上述免税额和扣除额均根据物价指数，每年调整之。①此外，美国在确定应纳税额时，采用多步扣除法（如表 9 所示），②其意图同样是力求准确地衡量纳税人的税负能力，以免课征过度。

表 9　美国个人所得税的“扣除项目”

步骤	内　容	“扣除”内容
第一步	总所得－不予计列项目 ＝总收入	扣除不应对之征税的项目，如社会保险金、失业救济金、奖学金等
第二步	总收入－允许扣除的费用 ＝调整后的总收入	扣除为获取所得而在从事交易或经营过程中产生的费用
第三步	调整后的总收入－列举扣除额 ＝纯所得	扣除医疗费用、意外损失等；也可选择扣除标准扣除额
第四步	纯所得－个人免税额 ＝应税所得	根据通货膨胀每年调整；如有需要扶养的人，可以获得额外的免税额
第五步	应税所得 × 税率＝暂定税额	该步骤无“扣除”
第六步	暂定税额－税收抵免 ＝应纳税额	作为例外存在，主要是儿童看护和勤劳所得税收抵免

反观我国大陆 2018 年以前的个人所得税法，定额扣除与定率扣除相结合，对不同性质的所得分别扣除，但制度设计不够精细，未充分考虑

① 参见陈清秀：《税法各论·上》，元照出版有限公司 2014 年版，第 177 ~ 188 页。

② 参见［美］休·奥尔特、［加］布赖恩·阿诺德等：《比较所得税法——结构性分析》（第 3 版），丁一、崔威译，北京大学出版社 2013 年版，第 171 ~ 174 页。

纳税人的个体差异。如赡养老人、子女教育、婚姻状况、年龄大小、健康状况等，个人所得税法都未作相应安排；[①]分项目规定相对固定的扣除额，扣除标准相对偏低且不因应通货膨胀情况进行调整，导致个人所得税的税基大于理论上的主、客观净额所得，税法把握之税负能力超出真实水平。[②]这使透过个人所得税的征纳所完成的财政性分配，在国家与纳税人二者间向有利于前者的一方倾斜，从而一定程度上助推财政收入的快速增长。虽然我国当前个人所得税收入在税收总额中占比不高，但工薪所得在个人所得税收入中比重较大，折算下来，费用扣除标准偏低的影响不容小觑。

片面强调国际财政收入的实体税法制度安排，极言之可由“课税禁区”的视角对之作整体把握。如在个人所得税法上，以个人为纳税单位，概算推定且相对滞后的费用扣除标准，级数过多、级距过小、边际税率偏高的工资薪金税率设计，都涉嫌征税权不当进入“课税禁区”，故在短期内会推高财政收入；又如在企业所得税法层面，不尽合理的不征税收入与税前扣除规则，产生类似效果。[③]

2. 重复征税

学理上将重复征税界定为对同一税源经由不同税法的税收客体多次把握，或经由一个税法的税收客体加以重复把握。[④]国际双重征税最受关注，国际双重征税即同一所得被多个国家作为征税对象（一般是所得征税对

---

① 2018年10月20日，财政部、国家税务总局发布《个人所得税专项附加扣除暂行办法（征求意见稿）》，向社会公开征求意见，拟于个税税基确定时专项扣除子女教育、继续教育、大病医疗、房贷利息或房租、赡养老人的相关费用。这能更真实、更准确地把握纳税人的税负能力。

② 通货膨胀导致过度把握税负能力的逻辑脉络是：若某纳税人的收入保持稳定，以购买力评价体现的真实税负能力受通胀影响降低，但其名义税负能力不变，扣除标准未相应调整时即产生对税负能力的过度把握。

③ 参见王婷婷：《课税禁区法律问题研究》，法律出版社2017年版，第280～291页。

④ 参见陈清秀：《税法总论》，元照出版有限公司2012年版，第324页。

象），[①]“对跨国所得仅征一次税”是国际税法目标中的一项。[②]国内税法层面，税收是国家借以参与“国民分配”的主要工具，而其得以参与分配的基本载体即为税源（德国税法上亦有“税捐财”之谓）。理想状态下，同一税源国家参与分配一次似为最优。既如此，当国内税法对同一税源多次“把握”，也即重复征税情事发生之时，自然较之理想状况而从纳税人处“取”走更多，本质还是对税负能力的（因为多次而）“过度”把握，[③]相当于就“国民分配”关系做出较有利于“国家”一方的自动“调校”。当经济成长、税源扩张时，重复征税下的税收收入，有更大幅度的增益，因而在讨论阶段一财政收入高速增长的税法动因时，重复征税一项不应被忽视。

纯从避免重复征税而论，单一税制当为至善；[④]但由于其具有“易呈畸形之弊”，且“逃税之弊，在单一税之下，轻易滋生”，[⑤]所以现世诸国莫不采用复合税制。此时，重复征税在多种情形下出现：[⑥]

第一种是不同课税主体之间的重复征税。这里的“不同课税主体”既

---

① 参见［日］中里实等编：《日本税法概论》，西村朝日律师事务所西村高等法务研究所监译，法律出版社2014年版，第287页。

② Reuven S. Avi-Yonah, *International Tax as International Law, An Analysis of the International Tax Regime*, Cambridge University Press, 2007, p.11.

③ 无论国际双重征税，还是国内双重征税，本质上都是过度把握税负能力。不过国际税法学研究中，对避免国际双重征税的原因更多地从鼓励跨国贸易或投资的角度论述。Reuven S. Avi-Yonah, *International Tax as International Law, An Analysis of the International Tax Regime*, Cambridge University Press, 2007, pp.11-12.

④ 如发生在美国的一场有关税收制度的辩论就是相关方建议用一个统一的税种取代美国联邦所得税和消费税或州所得税以及州际“现金流”等税种，并且相关讨论多是从公平、效率和可操作性等维度展开。John K. McNulty, “Flat Tax, Consumption Tax, Consumption-Type Income Tax Proposals in the United States: A Tax Policy Discussion of Fundamental Tax Reform”, *California Law Review*, Vol. 88, No. 6, Symposium of the Law in the Twentieth Century, 2000, pp.2095-2185.

⑤ 何廉、李锐：《财政学》，商务印书馆2011年版，第159页。

⑥ 参见陈清秀：《税法总论》，元照出版有限公司2012年版，第325页。

可能是国家之间，也可能是一国内部拥有税收管辖权的不同单位之间。

第二种是相同税类、不同税种之间的重复征税。这可能是立法者有意选择的结果，也可能是税制模式不合理所致，前者如增值税和消费税均属于流转税，基于调节产品结构、引导消费方向、保障财政收入等财政或调控目的，在对货物普遍征收增值税的基础上，选择少数特定消费品再征收一道消费税；后者如过去增值税与营业税并立时，增值税的计税依据中包含了已被课征营业税的营业额。

第三种是不同税类间的重复征税。比如，就财产税与所得税而言，纳税人在取得“所得”时缴纳所得税，而在所得积累而形成财产（如房产、车船等）时，还要缴纳一道财产税；又如，销售不动产时，要缴纳营业税（现为增值税）、土地增值税、个人所得税、契税，存在财产税与所得税之间的重复征税。所得税与流转税的重复征税也很明显，所得税对接受者储蓄而非用于消费的收入征税，而当储蓄及收益最终用于消费时又要被征税，所以同样的收入被征了多道税。①

第四种是同一税种内部的重复征税。如营业税的全额征收与差额征收，在差额征收情形下，虽不似增值税那般有严格的抵扣链条，用销项税额减去进项税额，但通过减去规定可扣除的支付款项，也就在减小税基的同时避免了就被扣除部分款项重复征税的可能性，随着“营改增”的完成，前述问题不复存在。

第五种是税收与非税收入的重复征收，这是一种广义上的“重复征税”。值得探究的是土地出让金、土地税收同房产税之间有无重复征税。在法律层面，土地出让金是国家行使所有者权益，将对国有土地享有的使

① 可见所得税容易同其他税类产生重复征税，也是基于避免双重征税的考虑才产生对消费征税来取代所得税的论调，如完全、彻底的增值税，或对现金流征税，但会扣除用于投资而非消费的部分。反对意见多从“分配正义”的角度展开，如“富人在收入上节省了更高的份额”。参见［美］理查德·波斯纳:《法律的经济分析》(第7版)，蒋兆康译，法律出版社2012年版，第721～722页。

用权有偿出让给土地使用者、土地使用者支付的相应对价；[①] 土地税收则主要是以政权所有者，社会管理者的身份，要求纳税人就其所享有的公共服务承担合理的代价，这在城镇土地使用税中表现得最明显，而在土地增值税，亦可理解为是由于公共服务的供给而使土地增值，因而国家得参与此一具体层面的“国民分配”。房产税也是如此，其也属于国家以社会管理者身份收取的税收，其与作为“租”的土地出让金之间，可并行不悖。[②] 所以在法律层面上，泛泛而论“重复征收”并无足够理据。就房产税与土地税的关系而言，国家赖以参与“国民分配”的“税源”是否同一可议，如土地增值税和对个人销售非营业自住房征收的房产税，税源都是转让房产时实现的增值额，这时就可能涉及重复征税的问题。由此不难理解，何以围绕“房产税改革”之议题，官方口径数易其辞，由早先的开征“物业税”到后来的“房产税改革”，再到十八届三中全会“改革决定”中的“加快房地产税立法并适时推进改革”，口径变化的背后，其实意味着制度建构方向的调整。

对于上述重复征税的情形，需要审慎地予以把握。可将前述诸多具体的重复征税情事，依其性质不同，区分为税制性重复征税、法律性重复征税和经济性重复征税三大类。其中，税制性重复征税是由于实行复合税制所导致，法律性重复征税是由于对同一纳税人行使不同层面的税法管辖权所导致，经济性重复征税是由于对不同纳税人经济上同一税源征税所导致。[③] 本书认为，目前对法律性重复征税的界定外延稍显狭窄，仅从国家之间或同一国家不同税收管辖区域之间 [④] 的角度来把握（核心是从“税收

---

① 秦勇：《“土地财政”法律规制改革研究》，中国政法大学出版社 2013 年版，第 41 页。

② 世界上不少国家和地区即同时征收土地出让金和房产税，如我国香港特别行政区政府在让渡土地使用权时，既收取批租的租金，也征收房产税性质的“差饷”。参见陆杰、曹刘蕾：《对我国个人住房房产税的几点认识》，载《税务研究》2014 年第 1 期。

③ 参见张守文：《税法原理》（第 6 版），北京大学出版社 2012 年版，第 114 ~ 115 页。

④ 如美国的联邦、州分别行使税收管辖权带来的重复征税，又如中国内地和中国香港、中国澳门分别行使各自的税收管辖权带来的重复征税。

管辖权”出发）并不能完整涵盖“法律性”的准确意蕴；具言之，在“税收法定”渐成共识且不断深化的当下，税制的外在表征即为税法，因而可以也应当将税制性重复征税纳入“法律性重复征税”项下。

就各类重复征税情形，须辩证把握。一方面，有些重复征税属复合税制下所必然存在者，其不仅必然而且必要，“税制性的重复征税就不可避免，它在某些情形下恰恰是在发挥着重要的积极作用”。[①] 如所得税与财产税二者间存在对同一税源的征税问题，但是从税法功能的角度，这种“重复”甚为必要，财产税法相对所得税法而言，在调节收入分配上即具有重要的补充作用，[②] 前者较多从存量、后者侧重从增量角度通过税收调控来实现分配优化。另一方面，国内重复征税总体上讲较不利于纳税人，“重复”本质上意味着对税负能力的多次把握，如果大量存在，反映出税收立法者在设计制度时，更多寄寓“收入导向”的功能预期，有意使“国民分配”格局向前者倾斜；相应地，从纳税人权利保护的角度出发，有必要对此种倾斜配置区分情形加以分析，特别要“择其不善者”而改之，于“积累莫返”之前予以有效规制，而无论是法律性还是经济性重复征税，税法自身的优化都是引导相关分配功能趋利避害的重要途径。

3. 税收征管法的“相对完善”

“相对完善”的意义有二：第一，纵向看，有“阶段性完善”的意蕴，即较之过去的税收征管制度有所优化；第二，横向看，有“部分完善”的内涵，即某些层面的征管制度已经比较完善，而另外有些层面的征管制度尚较落后，总体上，针对企业的税收征管制度渐趋完善，如对重点税源企业的监控制度日益健全，这对税收收入的增长有明显助力，而针对个人的税收征管制度尚有较大的进步空间。税收征管制度的相对完善，使征管实

---

① 张守文:《税法原理》(第6版)，北京大学出版社2012年版，第118页。

② 参见陈少英:《税收债法制度专题研究》，北京大学出版社2013年版，第253～254页。

践所把握的税负能力更加贴近真实水平，促使实体税法蕴含之财政性分配功能发挥得更充分。

现行《征管法》于1992年通过，翌年施行，后于1995年、2001年、2013年和2015年分别进行修改。①该法是程序性法律，起到保障实体税法蕴含之财政性分配功能实现的作用。“94税改”确定了现行税制框架，鉴于当时征管能力相对不足②并为因应20世纪90年代“第二次财政压力”的客观情势，③其制度设计被打上“宽打窄用”的烙印，④倾向于在法律文本中作更有利于国家汲取财政收入的安排（如采生产型增值税模式）。彼时，实体税法的“宽打”遇到征管现实的“窄用”，产生“中和”效果。但随着征管制度日益完善、征管水平不断提升，⑤“宽打窄用”变为“宽打宽用”，实体税法在“国民分配”层面本就向前者倾斜，征管实践进一步放大这种效应，推动财政收入“超速”增长。

比较2001年修改前后的《征管法》，以下几方面制度革新能保障税法之财政性分配功能更好发挥。首先，1992年《征管法》在税务登记、纳税申报等基础管理环节上存在疏漏，部分纳税人可通过不办理税务登记、在银行多头开户等方法逃避监管；而2001年《征管法》明确了工商行政管理机关、⑥银行及其他金融机构的配合义务，⑦堵塞前述漏洞。其次，1992年《征管法》对延期纳税缺乏明确、严格的规定，部分纳税人可利用延期纳税获利、妨

① 2001年修改幅度较大，其他三次修改幅度较小。

② 就人员素质论，1992年全国税务人员共有578955人，其中本科毕业生仅有1.4万人；就征管手段论，1992年全国税务系统共计拥有计算机11861台，只有1300个基层分局拥有计算机，基本上采用的是手工操作的征收方法。参见陈少英：《税收债法制度专题研究》，北京大学出版社2013年版，第55页。

③ 参见何帆：《为市场经济立宪——当代中国的财政问题》，今日中国出版社1998年版，第114页。

④ 赵大全：《财政收入增速为何高于GDP增速》，载《中国财经报》2012年3月31日，第6版。

⑤ 税务系统“百万大军”的人才队伍素质大幅提升、“金税工程”的实施，都提高了征管水平。

⑥ 参见2001年《税收征收管理法》第15条第2款、第60条第2款。

⑦ 参见2001年《税收征收管理法》第17条。

碍国家税款及时入库；2001 年修法时明确了延期纳税的条件和程序，① 从而避免其被滥用。复次，2001 年修法时引入税收优先权（第 45 条）、税收代位权和税收撤销权（第 50 条）等意在保障国家税款利益的制度；当然，发轫于 1986 年《企业破产法（试行）》的税收优先权制度，由于表述模糊、税务机关不愿向法院申请参与执行等因素，实践中运用甚少（见表 10），存在的价值也受到质疑。② 最后，1992 年《征管法》对于税收违法行为仅规定处罚上限，导致税务机关的自由裁量权过大，亦可能诱发“管制俘获”情形，造成国家税款流失；③ 而 2001 年修改后的《征管法》则设置了处罚下限，④ 既能直接避免税款流失，也可更好发挥对税收违法行为的震慑作用，提高税法分配功能实现的可能性。

表 10　司法实践中涉及税收优先权的案例

案名	案号	与“税收优先权”相关论点	司法处理
上海纺织集体资产经营公司与上海云都置业有限公司土地使用权转让纠纷执行案	（2008）徐执字第106号;（2010）徐执恢复字第369号	申请执行人（上海纺织集体资产经营公司）申请强制执行，要求被执行人（上海云都置业有限公司）支付补偿款、违约金及利息；在申请财产保全而查封相关房产后，普陀地税局因被执行人拖欠营业税及滞纳金，也对上述房产进行查封，同时查封了其余房产及多处车位；普陀地税局以税收优先权为由不同意解除对上述房产的查封，导致申请执行人的房产过户手续无法完成	本案的申请执行人对普陀地税局提起了行政诉讼，要求该局撤销对拍卖房产的查封。行政诉讼审理过程中，普陀地税局撤销了对拍卖房产的查封。【本身有瑕疵，法院未支持】

① 参见 2001 年《税收征收管理法》第 27 条。

② 参见熊伟、王宗涛:《中国税收优先权制度的存废之辩》，载《法学评论》2013 年第 2 期；王菁华:《税收优先权质疑》，载《税务与经济》2006 年第 4 期。

③ Gilsinan，James F，Islam，Muhammed，Seitz，Neil，Fisher，James，“Discretionary justice”，*Journal of Financial Crime*，22.1，2015，pp.5-15.

④ 参见 2001 年《税收征收管理法》第 63 条第 1 款、第 66 条第 1 款。

续表

案名	案号	与“税收优先权”相关论点	司法处理
吴某游诉陆某凑等民间借贷纠纷案	（2014）浙温执复字第56号	申请执行人申请法院执行被执行人（亚泰公司）相关房产，执行异议人（湖南省衡阳市石鼓区地方税务局）以税收优先权为由提出执行异议：亚泰公司为逃避国家税收的所谓执行担保行为，并未就担保物依法办理抵押登记，其所谓的执行担保行为不能对抗国家税收的优先征收	执行法院认为，执行异议人湖南省衡阳市石鼓区地方税务局与本案无直接关联，主体不适格。温州中院认为，税收优先权与执行法院拍卖担保财产系不同法律关系，申请复议人主张税收优先权应通过参与分配程序进行，且欠税责任应该在税务机关自身，因此驳回复议申请
北京市西城区国家税务局诉中国华阳金融租赁有限责任公司破产债权确认纠纷案	（2012）一中民初字第1112号	原告（西城区国税局）起诉被告（中国华阳金融租赁有限责任公司），诉称税款滞纳金与税款不可分割，所以税收优先权及于税款及滞纳金，应优先受偿	法院在判决中明确指出“滞纳金的清偿顺序应当以企业破产法的相关规定为依据”，根据《企业破产法》第113条，以及最高人民法院相关司法解释，未明文规定滞纳金属于优先清偿的债权。所以滞纳金债权为劣后债权，于普通债权清偿顺序之后受偿

客观地说，2001年修改《征管法》，确实堵住了旧法中的不少漏洞，

有助于避免税款流失和保障国家税款利益，促进税法财政性分配功能的高效发挥，为阶段一我国税收收入、财政收入的“超速”增长，起到“保驾护航”的作用。当然，该次修法的积极意义远不止此一项（其他如加大对纳税人权利的保护力度），但遗留问题也很多（如对个人征收机制的不健全），新一轮的修法工作亦在如火如荼地进行中。[①]其中若干问题，还将于本书第五章有所涉及。

4. 间接诱因

除前述三方面因素的影响较为直接外，税法中尚有若干制度安排虽不直接规制分配关系，亦具一定程度的分配功能，其中相当部分客观上诱致国家与纳税人之间的财政性分配向前者倾斜，间接推动财政收入“超速增长”。针对此种情形，合理的解读是：设计制度时可能主要寄寓的是其他维度的功能预期，但基于税法整体上突出的分配性以及不同功能之间的融通性，[②]使其同时具备分配功能。对此，制度设计者既可能“虽非主动追求，却不排斥甚至欣然接受”，也可能是非其所“预”且更非其所“欲”，针对后种情形要考虑优化制度以纠偏。

间接诱因一，纳税人与税务机关就税款缴纳发生争议时，《征管法》上的若干制度安排向国库利益倾斜。制度本意或并非如此，却产生此种客观效果。不妨考察两项具体制度，一是滞纳金规则，梳理我国及域外实

---

① 2008年，《税收征收管理法》的修改被列入十一届全国人大常委会立法规划，国家税务总局启动了修法工作，并于2013年5月将送审稿报送国务院。为落实十八届三中全会“改革决定”有关税制改革的新要求，2014年1月28日，国家税务总局将《关于报送税收征管法补充修订内容的函》（税总函〔2014〕50号）报送国务院法制办，建议在送审稿的基础上增加相关修订内容。之后，国家税务总局在广泛听取意见和多番调研基础上，形成了《税收征收管理法修订草案（征求意见稿）》。2015年1月，国务院法制办公室将征求意见稿及其说明全文公布，征求社会各界意见。参见刘剑文：《〈税收征收管理法〉修改的几个基本问题——以纳税人权利保护为中心》，载《法学》2015年第6期。

② 马斯格雷夫总结的税收三职能之间就存在交叉、重叠的情形。See R. A. Musgrave, *The Theory of Public Finance*, McGraw-Hill, 1959, pp.180-194.

践，[①]参酌学者论述，[②]形成表 11。

表 11 中国与域外国家或地区税法中滞纳金构成要件比较

构成要件 国家或地区	名称[③]	年化利率	是否另加征利息	课征滞纳金是否需要可归责于纳税人的事由
中国大陆	滞纳金	18.25%[④]	否	否
美国	滞纳金	美国联邦短期利率 +3%	是	是
德国	滞纳金	12%	否	是
日本	加算税	14.6%[⑤]	否[⑥]	否
韩国	加算金	16.2%[⑦]	否	否
中国台湾地区	滞纳金	180%[⑧]	否	否

① 德国《税收通则》第 240 条第 1 款规定："税捐至清偿期届满时，仍未经缴纳者，则其滞纳每开始一个月，就未缴纳之税款，舍弃不满五十欧元之尾数后，加征百分之一的滞纳金。对应缴还之退税金额，亦同。税捐经核定或申报前，不发生第一句所称之滞纳。税捐或退税之核定经废弃或变更者，已征收之滞纳金不受影响。"韩国《国税基本法》第 2 条第 5 号规定："'加算金'是（纳税人）不在缴纳期间内缴纳国税的时候按照《国税征收法》在告知税额上加以征收的金额以及超过缴纳期间后在一定期限内不缴纳时在该金额上另外加算而征收的金额。"《地方税基本法》第 2 条第 24 号规定："'加算金'是（纳税人）不在缴纳期间内缴纳地方税的时候按照本法或者《地方税关系法》在告知税额上加以征收的金额以及超过缴纳期间后在一定期限内不缴纳时在该金额上另外加算而征收的金额。"我国台湾地区"税捐稽征法"第 20 条规定："依税法规定逾期缴纳税捐应加征滞纳金者，每逾二日按滞纳数额加征百分之一滞纳金；逾三十日仍未缴纳者，移送法院强制执行。"美国的有关规定在《国内税收法典》第 68 章"附加税、附加额与可征收的罚款"下"A 分章 附加税与附加额""第 I 部分 一般规定"的第 6651 节，即"未提交纳税申报或缴纳税款"。日本的有关规定在《国税通则法》第 60 条。

② 美国税法中滞纳金制度的规定与评析，参见熊伟：《美国联邦税收程序》，北京大学出版社 2006 年版，第 298 ~ 299 页；日本税法中滞纳金制度的规定与评析，参见［日］金子宏：《日本税法》，战宪斌、郑林根等译，法律出版社 2004 年版，第 392 ~ 393 页。

③ 各立法例对滞纳金名称的表述大同小异。使用汉字的国家或地区，有以"滞纳金"称之者（我国台湾地区），有以"加算税"称之者（日本），亦有以"加算金"称之者（韩国），后两者强调了附带给付之意。

④ 现行《征管法》上规定的是按每日万分之五计算，表中折算成年利率。

⑤ 如果该期间在纳税期限之内或者仅超过纳税期限翌日起 2 个月内的，适用 7.3%。

⑥ 日本有专门的利息税，指在允许缓纳以及允许延长纳税申报书提出期限的情况下，具有该允许期间内约定利息性质的附带税。

⑦ 以第一个月的加算金 3% 加上下面十一个月的重加算金 13.2%（重加算金征收到第 60 个月为止）计算，第一年为 16.2%。

⑧ 每逾二日按滞纳数额加征 1%，逾三十日仍未缴纳者，移送法院强制执行。对于台湾地区的规定，学者颇多微词甚或直斥之为"绞杀性"规定，可以引以对比的是台湾地区"民法"第 205 条（最高利率之限制）约定利率，超过周年 20% 者，债权人对于超过部分之利息，无请求权。

我国《征管法》上有关滞纳金的规定见于第32条，[①] 另在第40条、44条等条文中也有涉及。可以看到，《征管法》规定的滞纳金比率高过表中除台湾地区外的其他立法例，而且其开始计征无须可归责于纳税人的事由，有过于倾向国库利益之嫌。

对比《征管法》上的滞纳金和我国《行政强制法》上的滞纳金，[②] 不难发现差异：第一，启动方式上，《征管法》是自滞纳税款之日自动计征滞纳金，《行政强制法》须当事人逾期不履行行政决定；第二，程序要求上，《征管法》自动计算滞纳金，税务机关不用履行特定程序，《行政强制法》设置了告知标准的程序性要求；第三，数额限制上，《征管法》无上限限制，《行政强制法》规定滞纳金数额不得超过本金。[③] 显然，《征管法》针对滞纳金的规定，在“国民分配”层面，对“民”这一方实为不利，容易产生“天价滞纳金”。实际上，差异源于两部法律对“滞纳金”的理解和定位不同。《征管法》中的“滞纳金”是对占用国家税款的补偿，属于利息，[④] 非本来意义上的滞纳金；而《行政强制法》中的“滞纳金”属于强制执行罚之一种，[⑤] 是“正港”的滞纳金。进言之，《征管法》上的滞纳金，既然是利息性质，其合理的功能定位就应是补偿性、矫正性的，不宜以“寓罚于征”的方式震慑纳税人及早缴纳税款，滞纳税款时也不应要求给付较

---

① 该条规定：“纳税人未按照规定期限缴纳税款的，扣缴义务人未按照规定期限解缴税款的，税务机关除责令限期缴纳外，从滞纳税款之日起，按日加收滞纳税款万分之五的滞纳金。”

② 参见《行政强制法》第45条。

③ 参见刘剑文、侯卓：《论〈行政强制法〉在税收征管中的适用》，载《税务研究》2012年第4期。

④ 对现行《征管法》上滞纳金的性质，理论上有不同的见解，本书持“利息说”之立场。对其他几种观点的介绍参见刘剑文、熊伟：《税法基础理论》，北京大学出版社2004年版，第291～293页。

⑤ 参见姜明安：《行政法与行政诉讼法》(第5版)，北京大学出版社、高等教育出版社2011年版，第292页。

高数额的款项，由此得见现行制度的完善方向。[①] 综上所述，现行《征管法》上规定的“滞纳金”本质上是税收利息，具有补偿性，应当在国家与纳税人之间允执厥中，以实现或恢复基于能力原则确定的“国民分配”格局为限；然由于其滞纳金比率设定过高，偏离了中立之定位，为国家税款利益提供的保护力度过强，对税收收入的高速增长“与有功焉”。

二是发生纳税争议时“双重前置”的制度设计。第一重是完税前置，纳税人只有在足额缴纳税款、滞纳金后才能提起行政复议；第二重是复议前置，税务行政诉讼须以复议程序经过为前提。两个前置条件均有保障国家税款利益的考量，客观上产生阻却税收争议发生时纳税人寻求救济的效果，对国家税收收入的“超速增长”有间接助益。虽二者饱受诟病，但细究之下，尚不能等量齐观。复议前置可有效利用税务机关的专业知识和经验快速解决纠纷，减轻法院的负担，其对纳税人救济权、平等权的侵害相对不大，符合比例原则；[②]完税前置则妨害纳税人救济权、平等权，[③]还存在“有错推定”情形，[④] 应尽快修改。[⑤]

间接诱因二，税收体制法维度，税权配置的不合理同样诱发财政收

---

① 目前的修法思路是还原税法“滞纳金”的利息本质。在《征管法》的征求意见稿中，拟将相关条文修改为：“纳税人未按照规定期限缴纳税款的，扣缴义务人未按照规定期限解缴税款的，按日加计税收利息。税收利息的利率由国务院结合人民币贷款基准利率和市场借贷利率的合理水平综合确定。纳税人补缴税款时，应当连同税收利息一并缴纳。”这可认为是对“国民分配”关系的一种优化调整。

② 参见侯卓：《税务复议前置：规则、系统与实证分析》，载刘剑文主编：《财税法论丛》（第15卷），法律出版社2015年版，第292～301页。

③ Malcolm Gammie, Jeremy de Souza, *Land Taxation,* Sweet &Maxwell, 2006, p.331.

④ Charles W Wolfram, *Modern Legal Ethics*, Thomson Sweet & Maxwell, 2006, p.43.

⑤ 总体上，存在“大改”“中改”“小改”三种思路，其中笔者比较倾向于废除完税前置规定，通过制度协同特别是加算或退还利息等诱致性制度的运用，来“引导”纳税人在趋利避害的过程中，巧妙地实现国家税款利益和纳税人权利的兼顾保护。参见刘剑文、侯卓：《纳税前置制度的反思与超越》，载《江汉论坛》2015年第6期。

入“超速”增长。纵向看，“分税制”明确了各级政府财政收支的范围并保持相对稳定，提高了各级政府发展经济、财政增收的积极性。[①]但“分税制”框架下的税权配置向中央层级倾斜：其一，税收立法权集中在中央层面；其二，地方税虽种类较多，但堪当主体税种的长期以来不过营业税而已；[②]其三，许多税源充沛的税种被确定为共享税，中央分享收入更高，这是我国“共享型分税制”的一大特征。[③]与此同时，鉴于中央政府提供公共物品具有不确定性，各国皆偏好由地方政府承担更多的公共支出，[④]我国也不例外。唯“收支倒挂”会激励地方政府积极从非税收入、预算外收入寻找财源，终致诱发“中央政府对预算内财政愈加规范，地方政府对预算外财政就愈加重视”的“二元财政”。[⑤]横向看，我国实行分享模式，立法机关和行政机关实际上都享有税收立法权，国务院制定的税收行政法规数量远超狭义立法，财政部、国家税务总局等制定的行政规章为数更多。此外，税法中的授权条款也占比颇高，以《征管法》等三部税法为例，如表12所示。

表12 税收立法中的授权条文

法律名称	授权条文数	法条总数	授权条文占比
《税收征收管理法》	29	94	30.85%
《个人所得税法》	7	15	46.67%
《企业所得税法》	23	60	38.33%

---

① 有关财政分权与经济增长之间关系的深入研讨，参见张晏、龚六堂:《分税制改革、财政分权与中国经济增长》，载《经济学》(季刊)2005年第4期。另，有关财政分权通过税收竞争影响地方政府的收入行为进而促进经济增长的过程，参见贾俊雪:《中国财政分权、地方政府行为与经济增长》，中国人民大学出版社2015年版，第192～235页。

② 因此，“营改增”完成后，重构地方主体税种十分重要，十九大报告就此已作部署。

③ 参见张守文:《论“共享型分税制”及其法律改进》，载《税务研究》2014年第1期。

④ 世界范围内，由于中央政府提供公共物品的不确定性，偏好由地方政府提供公共物品有一定普遍性。See Richard W. Tresch, *Public Finance:A Nomative Theory*, Boston Academic Press, 2002, p.116.

⑤ 参见周飞舟:《分税制十年：制度及其影响》，载《中国社会科学》2006年第6期。

狭义税法中过多的授权条款，引致政策增长、法律空洞，[①] 加剧税收领域的政策主治、行政主导。税法的粗疏使税收行政解释膨胀，解释文件泛滥、越权解释大行其是。[②] 由于行政机关特别是财税主管机关代表“国民分配”中的一方主体，当其有权自行制定依据并依此征税时，便有“既当运动员又当裁判”之嫌，导致税法财政性分配功能的发挥向国家财政利益倾斜。

上述税收体制法的两方面因素，共性在于税权配置不尽周延，引发突破法定原则的实践。无论因“收支倒挂”诱发的“二元财政”，抑或税务机关等行政机关掌握大量实质意义上的税收“立法权”并由此得以确定税法财政性分配功能发挥的向度和力度，最终都表现为以背离法定原则的形式扩张收入规模。前文述及的滞纳金和“两个前置”制度其实也分享相同的逻辑：高比率的滞纳金、纳税人行使救济权的障碍都诱致理性纳税人面对税收争议时，完全或部分地放弃正当的权利诉求，放任征管实践背离税法、现实把握的税负能力超出真实水平。因此，本部分讨论的各项间接诱因，皆是通过背离能力原则、推动财政收入“超速”增长，对法定要求的违反，则发挥着“桥梁”作用。

行文至此，不妨就上述四个方面因素进行梳理和提炼：第一，税法之财政性分配功能，须受两方面限制——形式上的法定要求和实质上的能力原则，当其在“国民分配”场域发挥作用时，能力原则表现为绝对、纵向意义上的量能课税，法定要求则是国家公共财政与纳税人私人财产“两权分离”，进而约束国家征税权力恣意扩张的法律体现；第二，严守法定要求和能力原则，将导向大致稳定、合理的“国民分配”格局，具体表现为税收收入、财政收入增速与GDP增速大致协调；第三，相当一段时间内，

① 参见邢会强：《走向规则的经济法原理》，法律出版社2015年版，第103页。

② 参见孙健波：《税法解释研究：以利益平衡为中心》，法律出版社2007年版，第251～253页。

我国财政收入呈现"超速"增长态势，经济因素诚为根本动力，但税法之财政性分配功能发挥时对于法定要求和能力原则的违背，实为不容忽视的重要因素；第四，法定要求和能力原则是理解税法财政性分配功能的两大枢纽，对二者的违背是分配失衡的重要诱因，同时，由于过去税收征管水平低、税收潜力大，故伴随《征管法》的完善，征管实践更契合法定要求和能力原则，从而使相应财政性分配的功能充分发挥，由此可见，就引致财政收入"超速"增长的税法动因而言，不可一概而论，要区分情形论其功过。需要说明的是，影响财政性分配功能发挥的税法动因尚有不少，显难一一述及，本段进行上述提炼，希望起到"纲举目张"的作用，接下来的研讨也可视为对前述四点结论的验证。

（二）阶段二：增速下行的税法动因

与阶段一同理，经济增速放缓自然是阶段二财政收入增速急剧下行的根本原因，但也应关注税法的影响。将两部分研讨结合起来，既能使我们完整把握现象背后的多维动力机制，亦有助于相机择取制度对策、引导分配功能合理发挥。①

1. 多重因素的综合作用

财政收入增速放缓包括基本性因素、结构性因素和临时性因素三个层面的原因。② 基本性因素即"经济决定税收"，宏观经济运行状况及其他经济因素共同形成的经济总量和总量增长，是决定税收收入、财政收入规模和增速的基本指标，经济下行是阶段二增速放缓的根本原因。结构性因素指结构变化引致财政收入增速放缓，结构变化包括但不限于税收结构、财政体制结构、财政支出结构和固定资产结构的变化。临时性因素指偶发事

① 由于在税法层面的动因中，阶段二与阶段一有相似之处，所以这一部分的相关论述会有所简化，侧重二者不同之处的讨论。

② 参见贾康、赵福昌、张鹏：《财政收入增速放缓的分析及对策建议》，载《全球化》2013 年第 11 期。

项的影响，其既可能是客观发生，也可能是决策者有意为之：前者如大宗商品价格下降、农牧产品价格快速上涨，分别导致进出口环节税收收入的下降以及“替代效应”下应税商品的生产减少；后者最典型者即为税法改革，如纾解重复征税、提高起征点、出台税收优惠等。

在财政部网站检索“全国税收增长结构性分析”，不难发现官方层面将税收收入增速放缓主要归因于经济增长放缓、价格水平走低、房地产市场调整、税法改革、行业效益下滑、人民币升值、土地购置面积减少等。经济增速放缓等属于基本性因素，税法改革中的“营改增”、不同行业间效益的相对变化等属于结构性因素，税法改革中的相关优惠举措等属于临时性因素。其中，最受重视的是经济增速放缓、价格水平走低和相关税法变革这三点因素，这从楼继伟的相关讲话中可得到印证。[①]下文拟就前述多重因素中的税法因素，略作探讨。

2. 税法层面的多维视角

这里从两个角度进行分析：一是静态的税制本身，二是动态的税法变革。其中，后者分量更重。需要指出的是，这部分内容在研究对象上与本书第三章、第四章有所重叠，但在研究视角和意图阐明的问题等方面存在差异。本章主要关注税法制度如何发挥其蕴含之财政性分配功能，具言之便是如何规制“国民分配”，其中涉及“动态的税法变革”的内容是就变革结果而言，而第四章则是重点探讨税法制度变迁的程式如何影响分配格局，以及怎样通过对变迁方式、过程的规制，更好地实现税法分配功能。此外，接下来的研讨也涉及调节性分配功能的内容，对此作两点说明：第一，本章择取的具体观察对象是税法分配功能作用三大面向中的“国民分

---

① 其认为财政收入增速放缓有四项原因：一是经济下行压力较大；二是工业生产者出厂价格指数持续下降，消费者价格指数低位徘徊；三是房地产市场调整影响扩大；四是结构性减税向纵深推进。参见楼继伟：《在中国财政学会 2015 年年会暨第 20 次全国财政理论研讨会上的讲话》，载《财政研究》2015 年第 5 期。

配”，而本书第三章对调节性分配功能的阐发则更侧重“民民分配”，故当虑及讨论的完整、文脉的畅通（阶段二财政收入增速下行的重要诱因之一确为国家有意识地运用税收优惠等具有浓郁调节性分配功能的制度手段），而不得不在这部分的研讨中涉及部分调节性分配功能的内容时，在具体研究角度上还是有所区隔；第二，正如本书第一章多所阐发，税法两类分配功能之间原无不可逾越之鸿沟，所以在讨论一类功能时触及另一功能在所难免。

就税制而言，前文已述，我国当下以流转税为主体的税制结构，在经济高速增长时，使税收收入增速加剧膨胀；反之，经济增速放缓时，税收收入的增速会相对更快地紧缩。[①]“经济决定税收”的个中奥妙，在于经济形势的变化会改变全社会整体意义上的税负能力，进而对透过税法之财政性分配功能得以汲取的财政收入产生影响。消费、所得和财产是表征税负能力的三项指标，对财产课税受经济形势影响较小，对消费课税和所得课税受经济形势影响更大。经济不景气时，纳税人消费意愿降低、商品和服务价格水平下跌等因素导致流转税收入减少，进而深刻影响财政收入的整体状况。表 13 反映了 2010 年以来我国税收收入与增值税收入的增速对比情况，[②]其中 2016 年涉及“营改增”全面推开，故该年度“增值税收入增速”一栏的数据已考虑收入在税种间转移因素，将改征增值税与营业税合

① 参见高培勇：《如何面对财政收入增速下滑》，载《中国党政干部论坛》2013 年第 8 期。

② 数据来源：中华人民共和国财政部官方网站。之所以在本表中选用财政部的数据而未与前文表格一同采用国家统计局的数据，是因为财政部官网上可以查询到税收收入、增值税收入和个人所得税收入的增速情况，而如果根据其他数据来源，则须人工计算，容易产生误差。由于财政部官方网站只能检索到“2013 年前三季度税收收入情况分析”，而无法检索到完整版本的“2013 年财政收支情况”；且虑及本表中其他年度的数据皆是“某某年财政收支情况”（数据同“某某年税收收入情况分析”），故而为保持数据来源的一致性，表中未使用来自其他渠道的 2013 年年度数据，径自使用该年度前三季度的相关数据。特此说明。

并计算，另将个人所得税收入增速情况也作为一栏，以供比较。[①]

表 13 2010 年以来税收收入、增值税收入、个人所得税收入增速比较

单位：%

年份	税收收入增速	增值税收入增速	个人所得税收入增速
2010	23	14.1	22.5
2011	22.6	15.0	25.2
2012	12.1	8.9	−3.9
2013（前三季度）	9	8.2	10.8
2014	7.8	7.1	12.9
2015	4.8	0.8	16.8
2016	4.3	5.4	17.1

其他税种法的若干制度安排也对财政收入增速下行起到推动作用。有学者测算发现，所得税收入增速与 GDP 之间呈放大效果。[②] 虽然所得税在现行税制结构中收入占比有限，但企业所得税的比重并不低；[③]个人所得税的收入也仅低于流转税类和企业所得税。前述放大效果的产生机制，需要区分来看。第一，企业所得税收入很大程度上由企业经营状况决定，这与宏观经济状况密不可分，企业在生产、经营过程中需要基于市场传导的信息进行决策，信息偏在、信息滞后和信息失真等“信息问题”常导致“市场失灵”。[④]

① 从表 13 中可见，个人所得税收入与整体税收收入的增速变化方向并不一致。如 2012 年，由于提高个人所得税的工薪所得费用扣除标准，以及调整工薪所得和个体工商户经营所得的税率结构，个人所得税收入出现负增长，但同期税收收入仍保持两位数增速；而 2013 年前三季度和 2014 年前三季度，个人所得税都贡献两位数的增长，而同期税收收入增速趋缓。

② 参见贾康、赵福昌、张鹏:《财政收入增速放缓的分析及对策建议》，载《全球化》2013 年第 11 期。

③ 参见上文中有关 2013 年各税种收入的表格。该表显示，2013 年度各税种收入中，企业所得税收入位列第二，仅次于增值税收入。

④ 现代法律的一个重要任务是规制信息问题，手段包括非信息工具和信息工具，前者如冷静期制度，后者如注册制度、评级制度、信息披露制度、审计制度等，又可归纳为信息收集工具、信息识别工具、信息流动工具和信息补强工具。参见邢会强:《走向规则的经济法原理》，法律出版社 2015年版，第 57 ~ 62 页。

受宏观经济形势不景气的影响，市场可能释放“需求减少”“价格下跌”等信号，理想状态下，市场最好能释放“需求减少 30%”“需求减少 50%”之类明确的信号，但这几无可能（不懈追求这种状态可能重蹈计划经济将国家作为一个“超级公司”统一安排生产的老路）；价格机制说到底也是一种信息，同样有失真、滞后之虞，即便其内含纠正机制，但“就长期看，我们都死了”。[①] 所以，企业对市场传递的前述信号难免产生恐慌，当市场上充斥着此类情绪时，恐慌便成了比价格更强烈的信号，市场“过度调节”就此产生。[②] 易言之，市场主体对经济形势的敏感，使作为企业所得税之广义税基的经营收入，在经济下行时加速萎缩，带来企业所得税规模的缩小。第二，个人所得税法针对工资薪金所得、个体工商户的生产经营所得、企业事业单位的承包承租经营所得，均规定了累进税率。如第一章所述，累进税率兼具财政性分配功能与调节性分配功能，其中的财政性分配功能在“国民分配”层面表现为随应税所得的增减变化自动调整国家与纳税人的分配比例。经济形势向好时，应税所得增加，可能适用更高档边际税率，财政收入就会加速增长；经济形势不景气时，累进税制反向作用，就会导致财政收入增速“超比”下降。

就税法变革而言，有两种情形：一是调整旧税制不甚合理之处；二是因应经济形势，将税收制度作为调控手段。在前者，本质上是对财政性分配功能发挥时应遵循之能力原则的迫近，是对税法过度把握税负能力的矫正。其对“国民分配”的影响表现为国家多予少取，典型者如对重复征税的纾解，短期内会给财政收入带来负面影响；譬如“营改增”便有减税效应。另外，近年来从官方到民间，对税收法定的重视程度与日俱增，税收征纳过程中的不规范现象，如长期存在的“过头税”“寅吃卯粮”等逐

---

① 约翰·梅纳德·凯恩斯语。

② 作为 20 世纪 30 年代“大萧条”爆发标志的“黑色星期四”，2015 年夏秋之交中国的“股灾”，信心问题造成的相互“踩踏”都是不可忽视的因素。

渐减少。税收领域法治化水平的提高，是建设中国特色社会主义法治体系在税收领域的要求，可视作广义上的“税法变革”，其同样带来短期减收。由此可见，造成财政收入增速下行的原因中，对偏离法定要求和能力原则情形的纠偏，是重要的方面，这提醒我们，就当前财政收入增速下行应有冷静、清醒的认知，应对重点或许并非如何“振衰起弊”，而是在财政收入“新常态”下怎样更好实现税法的财政性分配功能。在后者，主要是税法蕴含之调节性分配功能的发挥，阶段二财政收入增速下行，也受密集出台的税收优惠的影响。前文述及财政部对税收收入增速放缓的原因分析中，多次提及减免税优惠的减收效应。某种意义上，法律制度都属于激励机制，“通过责任的配置和赔偿（惩罚）规则的实施，内部化个人行为的外部成本，诱导个人选择社会最优的行为”，而由于激励机制的设计和实施也面临信息不对称，所以“法律只能诱导，而不可能强制人们选择社会所希望的行为”。[①] 税收减免便遵循上述逻辑，其通过降低行为成本，诱致纳税人做出制度设计者期许的行为；同时，减免本身也可视为国家在传递信号，即鼓励、促进相关行业发展，此时理性市场主体可合理预期国家还会跟进一系列促进计划，从而部分矫正前文述及的“信息失灵”问题。如第一章所述，调节性分配的功能实现建立在财政性分配的基础之上，二者分别体现发展与收入这两大目标；收入是发展的前提和基础，要发挥税收优惠的调节功能，国家税款利益的让渡必不可少。

概言之，近年来我国实施结构性减税，对阶段二财政收入增速放缓有相当程度的影响。许多税改就是在回归能力原则这一财政性分配应遵循的逻辑起点，如“营改增”缓释了流通领域的重复征税、提高个人所得税工薪所得费用扣除标准矫正了过去部分生存必要财产也被课税的状况，这

① 张维迎:《信息、信任与法律》，生活·读书·新知三联书店 2006 年版，第 77 页。

些举措在“国民分配”层面产生一定减税效应。[①]落实税收法定进程中对相关税费的归并、清理，也具有减税效应。此外，经济形势不景气的背景下，通过减税刺激经济增长，运用的也甚为频繁。可见，财政收入增速下行，虽主要是财政性分配功能的作用结果，但不乏发挥调节性分配功能所带来的影响。其实，有时将一项具体制度精确地归为某类税法分配功能的载体甚为困难。如对小微企业的减税安排，既可视作是在更合理地把握小微企业绝对、纵向意义上的税负能力，也难谓没有推动“全民创业、万众创新”以促进经济增长的调控考量；又如前文述及的对公司和股东的经济性双重征税，多国税法采用归集抵免法或分劈税率制等方法，诚如金子宏教授所言，其“真正目的并非在于排除双重课税本身，而是在于通过排除双重征税这一手段来达到促进投资、搞活股票市场这一目的的。”[②]由此再次揭示税法两类分配功能之间存在千丝万缕的联系，并佐证这部分讨论不可避免，也确有必要同第三章有所交叉。

三、财政性分配的功能优化：“变速”之法律风险与规制思路

理想状态下，税法在国家与纳税人间进行财政性分配，要使税收收入与经济发展内在协调。[③]此种“内在协调”要求充分、合理地把握税负能力，核心要求包括法定要求和能力原则二者；而“内在协调”的外观表征则为财政收入相对稳定、平滑的增长。由是观之，财政收入无论“超速”增长，还是“急速”下行，皆意味着财政性分配功能的发挥较之理想状态

① 根据财政部相关数据，受 2011 年 9 月 1 日起实施个人所得税法改革的影响，当年第四季度工资薪金所得税和个体工商户生产经营所得税出现负增长，同比下降幅度较大，其中，四季度工资薪金所得税收入同比下降 11.1%，个体工商户生产经营所得税收入同比下降 10.7%；2012 年，个人所得税收入更是出现全年同比负增长，同比下降 3.9%。

② [日] 金子宏：《日本税法》，战宪斌、郑林根等译，法律出版社 2004 年版，第 196 页。

③ 参见汤贡亮：《中国财税改革与法治研究》（第 2 版），中国税务出版社 2014 年版，第 63 页。

的某种偏差，也均可能产生一定的法律风险，“纠偏”或是“避险”，都离不开对法定要求和能力原则的落实。

（一）增长“超速”的税法调校

由上文分析可知，财政收入“超速”增长的背后，实质上是税法在国家与纳税人之间进行的财政性分配向国家公共财政一方倾斜。以前述能力原则和法定要求作为标尺，这种分配格局的“倾斜”，既可能是（一定程度上）税收过“度”侵及国民私人财产的结果，也可能是由于对法定要求的违背而导致税收的恣意性。同时，税法在进行财政性分配时的倾斜配置本身亦有诱发一系列新的“侵权”风险之虞——强大的公共财政本身，即应予以有效规训，方能“兴利除弊”，布坎南的“税收立宪”即在此维度上展开；若不如此，便可能会产生新的背弃法定要求和能力原则的情形。

财政收入在阶段一持续高速增长，决定性因素在于经济的高速增长，进而培育和壮大了全社会整体的税负能力；与此同时，税法之财政性分配功能的发挥也起到“推波助澜”的作用。这通过税法制度作为载体集中呈现。对此，我们不妨区别三种具体情况分别检视之。

第一类情形，有些税法制度，虽对税负能力多次把握，但恰是立法者有意为之，且符合法理，必要且正当。如上文对重复征税的分类讨论中，多种类型的重复征税是立法者主动择取而且国际通行的做法。最典型者如增值税与消费税、所得税与增值税、所得税与财产税之间均存在多次把握同一税源的情形，但皆具正当、必要之理由，分别寄托了立法者调节消费结构、矫正间接税可能存在的“累退性”并调节分配、发挥财产税与所得税分别调节存量与增量财富的功能这些美好的愿景；且一国税制结构中，所得税、增值税、财产税从三个不同维度把握税负能力，此种“重复”既为理之所允，也是于法有据的。即便如此，能力原则作为财政性分配的实质标准仍有适用空间，税法进行“国民分配”时必须适度，对同一税源多次把握所形成之税负，不应“超过应有及实有收益之半数”，此“半数原则”[①]虽通过类型化等方法始可明确操作规程，但在税基、税率等税收要素的设定层面，立法者秉持“谦抑”态度，自有其必要性。

第二类情形，有些税法制度，看似同理想模式尚有距离，但因其并未违反财政性分配的法定要求和能力原则，故改弦易辙的需求尚不迫切。如许多人批评我国将增值税作为主体税种，认为不合理，税负的隐蔽性使纳税人意识难得萌芽，且其具有累退性[②]而窒碍分配公平的实现。然如前所述，增值税“主体税种”地位之确立并非制度设计初衷，而由多维因素共同导致。泛泛而论将直接税特别是个人所得税作为主体税种，其实很难实现——初次分配中个人占比过低，制约个税成长为主体税种；“拉弗曲线”也告诉我们，提高税率、扩大税基，未必就能增收。实际上，流转税为主体的税制结构，契合我国以工业作为实体经济基本形态的经济结构，[③]与税收征管水平相适应，能保证财政收入的及时、稳定、可靠。其实，即便在财政收入高歌猛进的时期，财政压力犹存，[④]这意味着“财政收入的及时、稳定、可靠”始终不应被忽视。更关键者，消费本就是表征税负能力的三大指标之一，“消费平滑”的特质更使其能相对客观地衡量“一生收

① 葛克昌:《行政程序与纳税人基本权》，北京大学出版社2005年版，第99页。

② 也有观点对流转税的“累退性”提出商榷意见，认为主张流转税“累退”的论者多着眼于低收入者的税负对所得的比例相对较重，由是质疑，“对于从‘消费’而不是从所得发现其税负能力的消费征税，将‘所得’作为类进性的判断标准的做法（税基和累进性判断标准产生背离）到底是否合理?”其提出，以对“征税标准”（在所得税时为所得、在流转税时为消费）的平均税率为标准更加可取，由此固定税率的流转税对于消费而言就是比例性税收。参见［日］中里实等:《日本税法概论》，西村朝日律师事务所西村高等法务研究所监译，法律出版社2014年版，第259～261页。

③ 参见赵大全:《财政收入增速为何高于GDP增速》，载《中国财经报》2012年3月31日，第6版。

④ 我国“分税制”的财税体制存在非对称性，使财政收入主要集中在中央政权，地方政权虽然承担大量职能，但财力支撑相对不足，从而使地方层面的财政压力即便在财政收入“超速”增长时期也仍然存在。另外，“土地财政”的不可持续性，导致即便某些地方现在处于财政盈余的状态，财政压力仍然是存在的。参见张守文:《分配危机与经济法规制》，北京大学出版社2015年版，第18页。

入”，故由量能课税视角观之，增值税作为主体税种并无过多可指摘之处；再者，增值税的税收要素在《增值税暂行条例》中有细致规定，就此固可从授权立法、效力位阶、制度完备等维度进行诟病甚至挞伐，但不得不说在现阶段，增值税的法制化水平较之其他许多税种已不为低。实际上，提高直接税比重，适当降低间接税比重，是一项系统工程，仰赖财产税种完善、所得税法改革、增值税制调整等多措并举；局部更易可能适得其反，比如打着“提高直接税比重”的旗号提高个人所得税税率，或迟滞调高费用扣除标准，便可能引发公众反弹。当然，对现行增值税制中同能力原则相悖之处，确有改弦更张之可能与必要，这是另一层面的问题，属于接下来讨论的第三类情形。

第三类情形，对明显背离法定要求和能力原则的税法设计和税制运行，因其已妨害税法之财政性分配功能的正常发挥，故应尽速修改、导正之。如生产型增值税制存在重复征税、税基过大、对税负能力的把握超出真实水平等问题。其在推行之初或有抑制经济过热的考虑，但时至今日其弊端彰显无遗，经济过热的背景条件也不再具备，因而在东北、中部等地相继试点后，伴随2008年对《增值税暂行条例》的修改，基本实现向消费型增值税的转型，唯就抵扣范围与抵扣主体而言，转型尚不完全，仍有继续完善之空间和必要。复如前文述及，增值税、营业税“两税分立”格局，亦致妨害增值税抵扣链条的之完整，生出重复征税之患，因而自2012年起开启“营改增”试点并逐步推开，至2016年全面推行。另外，前文提到的《征管法》中不合时宜的制度安排，如税收滞纳金、“两个前置”等，虽不直接涉及税负能力，但能维持甚至强化背离税负能力的课税行为，均宜于本次修法之际着手解决。

承续上述，关于税收体制法诱发的“二元财政”“行政主导”等财政收入“超速”增长的间接动力，在认识到相关制度具有阶段性、过渡性以及“不得不然”苦衷之同时，对其中不合理之处，确有改进必要。这些情形主要是对法定要求的违背，因此直接对策是强化税收收入、非税收入的法定性，确认并坐实立法机关在税收立法权配置中的主导地位。这些举措当然有助于国家与纳税人之间的财政性分配向理性回归，但严格来讲税法的规制在这些场域作用有限，尚需要其他层面的规范协同。如都说“分税制”导致地方财力紧张，不得不从非税收入等渠道挖掘财源，但必须搞清楚，问题主要出在“收”还是“支”的层面？解决问题的立足点究竟是从“收”还是“支”的角度做文章？十八届三中全会形成的“改革决定”提出，“保持现有中央和地方财力格局总体稳定，结合税制改革，考虑税种属性，进一步理顺中央和地方收入划分。”从其表述看，其在“收入划分”层面的着墨空间有限，这实际上也是因为税收收益划分主要根据税种的经济属性，目前在这一块其实真正要改进的不多，可以考虑在共享税的分成比例上，适当向地方倾斜；真正亟待改进者可能在于划分各级政府间的事权和支出责任，目前在这一块最大的问题是“地方承担了一些不适合承担的事务”，[①] 一者使地方政府加剧“财政焦虑”和“敛财冲动”，二者又容易造成中央部门（为弥补资金缺口而提供转移支付时）通过资金安排不当干预地方事权，妨害地方的自主性、积极性。对此，十八届四中全会形成的“法治决定”中又明确提出，“推进各级政府事权规范化、法律化，完善不同层级政府特别是中央和地方政府事权法律制度。”而这显然已超出狭义税法范畴，涉及宪法和行政法、经济法等部门法层面的制度建设。[②] 此外，税收领域体现较明显的“政策主治”“行政主导”之现象其实也溢出该单

① 楼继伟:《建立现代财政制度》，载《中国财政》2014 年第 1 期。

② 如在楼继伟所撰文章中，在“完善政府事权划分的法律制度”一项就提出三点意见：一是在宪法中明确事权划分原则，二是明确事权划分必须以法律为载体，三是完善相关单行法律制度。笔者理解其中第一点涉及宪法层面，第三点所指的“单行法律”涵盖面则很广，既包括在财税法、行政法等层面上的相对统合规定，也包括在社会保障法、教育法等具体领域立法中的相对分散规定。详细介绍参见楼继伟:《推进各级政府事权规范化法律化》，载《中国财政》2014 年第 24 期。

一领域，而相当程度上普遍存在于不同部门法中，[①]仅就税收领域而言，这种现象的改变不能仅靠“税收法定”的宣讲，更现实地依赖于立法体制的完善，甚至是立法机关的组成人员和机构设置等方面的优化。[②]

在财政收入“超速”增长时，容易形成“超收收入”，这属于财政性分配功能的作用结果。由于其涉及与法定要求的关系当如何理解之议题，故而可稍作阐发。笔者在财政部网站检索近年来全国财政收入的预算数和决算数，如表 14 所示。

表 14　2008 年以来全国财政收入的预算数和决算数比较[③]

年份	2008	2009	2010	2011	2012
预算数（亿元）	58486.00	66230.00	73930.00	89720.00	113600.00
决算数（亿元）	61330.35	68518.30	83101.51	103874.43	117253.52
决—预算比（%）	104.9	103.5	112.4	115.8	103.2

① 如有学者梳理发现，《义务教育法》《教育法》《未成年人保护法》《护照法》等行政法类的法律当中，授权条文占比也接近或超过 10%。参见邢会强：《走向规则的经济法原理》，法律出版社 2015 年版，第 105 页。

② 笔者在这里并未强调为人称道不已的在 2015 年修改《立法法》时于法律保留事项中将“税种的设立、税率的确定和税收征收管理等税收基本制度”单列一项，这是由于笔者认为，虽然此诚为“落实税收法定”进程中的里程碑事项，但《立法法》仍然将税收作为“相对保留”事项，这意味着授权立法的空间仍然存在（虽然新《立法法》对授权立法也设定更严格的条件和程序要求），对相对保留与绝对保留的区分，参见应松年：《〈立法法〉关于法律保留原则的规定》，载《行政法学研究》2000 年第 3 期。往深层次讲，税收事项的专业性、技术性，以及人大机关在这两方面的知识欠缺，很可能导致在相当一个时期内，即便各税种法上升为狭义法律，其也可能规定得较为原则、粗疏，而由税收行政法规等下位法承担实质性的规则制定任务。而要根本性地改变这种状况，立法机关、立法体制等是更为重要的。如在有的学术研讨会上，就有学者提出过，人大常委会预算工作委员会如果增加若干人员编制，可能（相对于人员经费支出）会给国家节省下更多的财政资金；虽然这里说的是另外层面的问题，但其道理是相通的。

③ 这里作三点说明：第一，由于财政部官网公布的各年度“全国财政收支决算情况”权威性较国家统计局、相关年鉴统计数据更强，所以本表以其作为数据来源；第二，由于财政部官网仅能检索到 2008 年以来的相关数据，所以表格中仅列了 2008 年以来的情况，其他数据来源能检索到 2007 年之前（含）的数据情况，但基于第一点理由，未予采纳；第三，由于统计主体和口径不一致，再次声明不同表中数据或有细微差异，由于其无关宏旨，故未予调整。

续表

年份	2013	2014	2015	2016
预算数（亿元）	126630.00	139530.00	128270.00	128750.00
决算数（亿元）	129209.64	140370.03	124922.20	130360.73
决—预算比（%）	102.0	100.6	97.4	101.3

由表14可见，无论是在财政收入增速较快的2011年之前，还是财政收入增速下行的2011年之后，除2015年外，各年度决算收入均大于预算收入。当然，在财政收入增速较快时期，超收比更高，这在2010年、2011年表现得尤为明显。对超收收入，应基于法定要求加以检视，具体可从两个角度予以把握。在收入面，超收收入意味着税收等财政收入的汲取似乎没有严格依据预算执行，似乎意味着对预算“民主统制”功能的弱化；然而，税收等财政收入因其具有的强制性特征和“侵益行政”的品格，应当受严格的实定法律拘束，而“收入预算并不能取代法律，单独赋予国家强制性收入的权限”，所以预算的内容虽然涵盖政府的全部收支活动，但其效力主要集中在支出层面。[①]在此意义上，收入预算的主要作用是基于现行财税法律、结合国民经济状况，对未来一年的财政收入进行预估，进而为安排财政支出提供参考，其即便经过立法机关的审批，也无实质约束力。[②]在支出面，如果法律规制缺位，则意味着对超收收入的使用游离于预算和法律控制之外，这本身就同预算法的“民主统制”功能相悖，且使用过程中还可能违反《政府采购法》等具体的法律；而且，支出面的规制缺位，反过来又可能引发取得收入过程中的违法风险，如诱使某些行政机关更有动力去在平衡预算之外设法获取更多的“超收收入”，这就存在违背法定要求而侵及国民私人财产权益的可能。就法律规制而言，这主要是

---

① 参见蔡茂寅：《预算法之原理》，元照出版有限公司2008年版，第9～10页。

② 参见熊伟、王宗涛：《收入还是支出：预算法的规制重心解析》，载《安徽大学法律评论》2010年第2期。

预算法而非税法所能完成的任务。2014 年修改后的新《预算法》在第 66 条规定超收收入只能用于冲减赤字或者补充预算稳定调节基金，第 79 条要求审查决算时重点审查超收收入的安排情况，第 92 条对违法、违规使用超收收入的情况设置了法律责任。① 同时也应将超收收入的产生机制回溯至预算编制环节，② 考虑提高预算编制的精确度，至少指导思想要明确，不宜过于担心因客观经济环境造成的“短收”，出现“短收”影响支出安排时，可通过预算调整进行处理，③ 这才是“全面依法治国”的真正体现。

总体上讲，我国税法制度设计在国家—国民的二元结构中较为偏重前者，这导致税法财政性分配功能的作用结果向国家财政利益倾斜，形成财政收入持续“超速”增长的局面。从法定要求和能力原则出发，应对现行税法制度中与之相违背之处适时更易，使财政性分配功能发挥得更为合理。其中部分工作当前正在开展，而这在短期内自然会引致一定的财政减收；由于经济形势下行的影响，前述财政减收更加明显，导致财政收入增速下行。“多期叠加”的效应可能酿成新的分配风险与分配危机，亟待税法分配功能的妥适发挥以为因应。

---

① 上述修改也反映出，本次预算修法确如其宗旨条款所言，旨在“规范政府收支行为”“强化预算约束”。相关评述参见朱大旗:《新〈预算法〉的进步》，载《国际税收》2014 年第 10 期。

② 预算编制环节历来本着“留有余地”的原则确定财政收入指标。习惯做法是在 GDP 的计划增幅基础上外加 2 ~ 5 个百分点。自 2000 年以来，我国 GDP 增长率的计划目标一直稳定在 7% ~ 8%，财政预算收入增速平均为 12.3%；但由于 2012 年之前 GDP 实际增长率平均达到 9.9%，较大幅度超出计划目标，导致财政收入实际增速不断攀升，平均为 19.4%，个别年份高达 30% 以上。“留有余地”的编制原则在预算编制环节已经预留了很大的超收空间。参见王蕴:《财政超收条件下的预算政策研究》，载《宏观经济研究》2009 年第 8 期。而行政机关在编制预算时，由于各级部门对“短收”现象的出现比较忌惮，故在编制财政收入时，往往“留一手”，将收入指标人为压低；这样，就更容易就出现大规模超收收入的现象。

③ 参见刘剑文、侯卓:《论预算的拘束力与执行力——对超收预算收入与突击支出的审思》，载《中国青年政治学院学报》2012 年第 4 期。

（二）增长“失速”的税法因应

与财政收入“超速”增长时相比，在财政收入增速下行甚至一度予人以增长“失速”之观感时，“国计”与“民生”两方面的分配压力尤其是二者间内含的紧张关系，表现得更为突出。一方面是国家的“公共经济压力”或曰“财政压力”，另一方面是危及国民生存权、财产权与发展权的“民生压力”，哪方面的问题没解决好，都会引发严重后果。在前者，是引起债务危机等各类财政危机，进而诱发经济危机乃至政治危机；[①]在后者，是个人生计困顿、企业成长步伐蹒跚，一来危及国家的义理性，二来当民生压力累积到一定程度时也会窒息经济发展活力。财政压力与民生压力相伴而生、相互转化，缓释财政压力可能加剧民生压力，[②]解决民生压力亦可能增大财政压力，可谓“蜡烛两头烧”。历史地看，“双重分配压力”在我国呈螺旋式上升态势：改革开放之初，财政压力和民生压力都比较突出，随着“放权让利”等改革的实施，民生压力有所缓和，财政压力则趋于严峻，“两个比重不足”彰显该点；“分税制”及相关税制改革推动财政收入“超速”增长，财政压力有所缓和（在局部、基层仍较严重），民生压力又凸显出来；“十七大”以来强调改善民生并实施“民生财政”，[③]民生问题有

① 如“欧债四国”（希腊、西班牙、葡萄牙、意大利，另外爱尔兰情况也较类似）即饱受债务危机的冲击，财政压力巨大，希腊等陷入“破产”困境，进而也引起国家政治的相对动荡，希腊就在近六年来举办了五次大选，2015 年 9 月，齐普拉斯领导的激进左翼联盟赢得大选，但大选投票率仅有 56.6%，投票率过低也反映出希腊国民对本国政治的失望，这也是一种态度的表达。对欧债危机更详细的讨论，参见张晓晶、李成:《欧债危机的成因、演进路径及对中国经济的影响》，载《开放导报》2010 年第 4 期。

② 如在前述 2015 年希腊大选中，获胜的齐普拉斯提出了增加税收、检讨退休金制度、紧缩财政支出等政见，这些举措对缓释希腊的财政压力是否有效暂且不提（如“拉弗曲线”对增税的约束），其短期内会加大民生压力是显而易见的。

③ 参见刘尚希:《论民生财政》，载《财政研究》2008 年第 8 期；陈治:《论我国构建民生财政的法制保障》，载《当代法学》2011 年第 4 期。

缓和趋势的同时，先前较为隐性的财政压力又呈“探头”之势。[①]财政增速下行期，财政压力是需要直接面对并有效解决的，由于解决该问题时又牵涉民生压力问题，所以后者是需要间接面对但亦应有效规制的。贯穿分析始终的，仍为法定要求和能力原则。

1. 增速下行的直接风险与税法对策

财政收入增速下行，与此同时（甚至更准确地说，恰在此时）民生支出压力的居高不下，导致债务危及的风险有所加大。

表 15　2001 ~ 2016 年财政收支及增速比较

年份	财政收入（亿元）	财政支出（亿元）	财政收入增速（%）	财政支出增速（%）
2001	16386	18903	22.3	19.0
2002	18904	22053	15.4	16.7
2003	21715	24650	14.9	11.8
2004	26396	28486	21.6	15.6
2005	31649	33930	19.9	19.1
2006	38760	40423	22.5	19.1
2007	51322	49781	32.4	23.2
2008	61330	62593	19.5	25.7
2009	68518	76300	11.7	21.9
2010	83102	89874	21.3	17.8
2011	103874	109248	25.0	21.6
2012	117254	125953	12.9	15.3
2013	129210	140212	10.2	11.3
2014	140350	151786	8.6	8.3
2015	152269	175878	8.5	15.9
2016	159605	187755	4.8	6.8

资料来源：中华人民共和国国家统计局官方网站（最后访问日期：2018 年 1 月 16 日）。[②]

---

① 参见张守文:《分配危机与经济法规制》，北京大学出版社 2015 年版，第 19 ~ 21 页。

② 小数点后已四舍五入。

由表 15 可见，财政支出增速大于财政收入增速，并非近年来的新状况，但经济不景气时的支出增速往往更引人注目，如全球金融危机爆发的 2008 年、全球经济“二次探底”的 2011 年、针对经济“L”形走势是否触底议论最热的 2015 年。这是由于作为宏观调控工具的财政政策中，“汲水”政策是重要一环，经济下行时增加支出是逆周期调节的题中之义；同时，经济不景气时，社会补助之类的项目自动增加，引致财政支出规模扩张，这是财政政策“自动稳定”效应的体现。财政支出（尤其是重点领域投资和民生支出）在经济下行期的扩张有其必要，唯其易导致财政赤字增加，诱发财政危机乃至经济危机，就此需有清晰认识。

“财政风险的大小，在很大程度上取决于政府负债的多少和偿债能力的强弱。”[①] 经济学和法学研究都涉及政府债务问题，经济学上区分显性和隐性债务，国债余额是显性债务主要的衡量指标，对隐性债务的估算则言人人殊。[②] 法学学者区分“现实的法律之债”与“可能转化为‘法律之债’的财政支出”，其中后者范围较广，包括“可能发生的显性债务”（如对金融风险的救助）与“可能发生的隐性负债”（如防治灾害与经济风险）。[③] 二者间基本能达成共识的是将政府负债划分为显性负债、隐性负债、直接负债与或然负债四类，这些情形均意味着政府的财政支出责任直接或间接地带来财政压力。收支倒挂会产生较大的财政压力，是财政收入增速下行时最直接的风险，需要多措并举、综合施治。

税法的着力点在于更好发挥财政性分配功能，两大支柱分别是对法定要求和能力原则的贯彻。因税收征管制度的“相对完善”，我国税收征纳朝“应收尽收”的目标前进了不少，但现实的税收潜力仍不小。税收征纳过程中税务机关的能力限制、纳税人的（脱法 / 违法）博弈行为皆会导致

---

① 张守文:《分配危机与经济法规制》，北京大学出版社 2015 年版，第 29 页。

② 参见杨斌:《财政学》（第 2 版），东北财经大学出版社 2010 年版，第 8 ~ 9 页。

③ 参见廖益新、李刚、周刚志:《现代财税法学要论》，科学出版社 2007 年版，第 22 ~ 26 页。

国家税款利益流失。这些现实因素对于税法分配功能的制约，将于第五章详述。这里特别指出一类现象，即税务机关在征税过程中主动、有意不按税法规定执行，如某些地方搞“低税引资”“藏富于民”，又如税务机关违法与纳税人签订“税收协议”。针对此类情形，既要强调依法稽征，也要完善实体和程序税法、实现“硬约束”。可以预期，在财政收入增速下行时期，通过强调税收征纳的法定性、发掘税收潜力，能使税法的财政性分配功能更好实现、缓释财政压力。

在能力原则的贯彻方面，“增税—减税”并举甚为必要。在“增税”层面，关键是完善和优化税制。特别是在“分税制”框架下，地方财力不足使其即便在财政收入“超速”增长时都隐有财政压力之患，后营业税时代，地方主体税种缺位，十九大报告明确要求“健全地方税体系”，这实际上也是当前和今后一个时期税制改革的主线之一；已立法开征的环境保护税、正推进的资源税改革和作为税改重头戏的房地产税改革，皆寄寓了充实地方财力的预期。值得注意的是，这些税法举措在缓释财政压力的同时，也能促进调节分配、保护环境等政策目标达致，这再次体现税法两类分配功能的内在联系。从能力原则的角度言之，这一系列具有“增税”效应的举措，本质上都是在发现并更充分把握税负能力，将潜在的税负能力转换为现实的税收收入，让税法的财政性分配功能更好地得以实现。

在“减税”层面，供给学派特别是“拉弗曲线”揭示了“经由减税达致增收”的途径，自20世纪80年代以来几乎席卷全球的“减税革命”，部分验证了这条路径的可行性。在我国，针对“纳税人的税负到底重不重”的问题，歧见纷呈、众说不一；但通常来讲，对我国流转税税负偏重的认识相对统一。[①] 从“减税”视角来看，增值税制度上的运作空间不小。

---

① 与之相关，有关我国企业税税负偏重的认识也比较一致，而且这同流转税税负偏重的判断是相关联的，也即流转税的“纳税人”（而非“负税人”）在许多时候表现为企业。

如“营改增”后，增值税包括17%、11%、6%、0四挡税率和小规模纳税人的征收率（3%），其中零税率主要针对出口货物，低税率则针对粮食、暖气、图书等货物。横向对比，美国有33个州不对食物、48个州不对药品征收流转税，显见我国目前的增值税税率特别是针对生活必需品的增值税税率存在下调空间。对生活必需品征增值税，可能因其消费“刚性”而确实能带来稳定的财政收入，但这时的“机会成本”不应被忽视——其降低了相应部分财产用于投资、消费的可能性，核算下来未必真能增收。况且，对生活必需品降低税率，较之降低所得税更具累进效果——“所有的公民都以同样的税率缴纳销售税，而较不富裕人群花费在食物和其他必需品上的开支，占其收入的比例，比富裕人群更大。”[①] 这意味着前项举措兼具调节分配的功能，一举两得。概言之，“减税”促“增收”的逻辑脉络有两条：一是从税负能力出发，通过降低税负以涵养税源、培育税负能力，此时减税本质上是对能力原则的贯彻，[②] 如体现在生活必需品消费中的税负能力即不应过度把握，适当降低这部分商品增值税率减少的税收收入，最终可通过经济成长、交易活跃得到加倍补偿；二是“减税”有时也蕴含社会、经济政策目的，如对小微企业的税收优惠，一定程度上寄托了“以减税促增长”的调控考量。通常来说，这些改革短期内会导致财政“减收”，当前财政收入增速下行即有这些因素的影响，但长期看终能产生“增收”效果。长远看，这种“税改”进路有助于实现“国民分配”的均衡，全面地对两类分配压力予以缓释；但短期内财政压力的增加也不能忽视，故应同前述“增税”举措协同推进，由此始见有增有减的“结构性减税”之真章。

狭义税法的任务主要是“开源”，“节流”则主要由财政支出法、预算

---

① ［美］B. 盖伊·彼得斯：《税收政治学：一种比较的视角》，郭为贵、黄宁莺译，凤凰出版传媒集团、江苏人民出版社2008年版，第206页。

② 其内在逻辑是，若违背能力原则课以重税可能伤及税本，“竭泽而渔”最终会造成财政减收。

法等其他法律完成。比如适当压缩行政经费同“保民生”相辅相成，这需要明确界定“民生支出”的范围，构建民生支出优先的民主决策、绩效评价与监督机制。[①] 预算法“民主统制”功能之发挥在此亦十分重要，[②]2014年修改《预算法》时在这方面就有制度突破，[③] 这里主要从狭义税法角度探讨规制对策，故前述研讨不再展开。此外，适时清理税收优惠也是“节流”的表现。“在税制结构正常部分之外，凡不以取得收入为目的而放弃一些收入的各种减免税优惠的特殊条款即税式支出”。[④] 税收优惠多被视为税制漏洞，其“整体上是恶的，但在个别情形中却被认为是有益的、可以接受的”。[⑤] 在我国，税收优惠在形式和实质层面都呈现若干非理性特征，[⑥] 集中体现在背离法定要求和能力原则。十八届三中全会“改革决定”提出“加强对税收优惠特别是区域税收优惠政策的规范管理”，强调“税收优惠政策统一由专门税收法律法规规定”，分别从实质和形式层面指明了清理税收优惠的方向。形式上，强调起码的法定要求，可以在堵塞不少“漏洞”，“节约”不少税式支出的基础上，使税法在国家与纳税人之间进行财富配置时更为得力；实质上，税收优惠作为调节性分配功能的主要制度载

---

① 参见华国庆:《试论民生支出优先的财政法保障》，载《法学论坛》2013年第5期。

② 域外学者指出，预算的核心是有关资源利用的基本社会决定。See James W. Fesler, Donald F. Kettl, *The Politics of the Administrative Process*, CQ Press., 2009, p.250. 据此，“民主统制”本身不是目的，而是为了正当、合理地决定资源利用的方式。文中所述“民主统制”与保民生支出、压行政经费之间的关系便体现此点。

③ 其第14条第2款规定:“经本级政府财政部门批复的部门预算、决算及报表，应当在批复后二十日内由各部门向社会公开，并对部门预算、决算中机关运行经费的安排、使用情况等重要事项作出说明。”通过预算公开的方式，对行政经费的压缩有一定作用。

④ 张学博:《减免税法律制度研究》，中国政法大学出版社2012年版，第67页。

⑤ [美] B.盖伊·彼得斯:《税收政治学：一种比较的视角》，郭为贵、黄宁莺译，凤凰出版传媒集团、江苏人民出版社2008年版，第176页。

⑥ 参见王霞:《税收优惠法律制度研究：以法律的规范性及正当性为视角》，法律出版社2012年版，第27～42页。

体，其功能的发挥通过对能力原则的有意偏离始得实现，但这种“偏离”需要有“度”，诚如第一章所述，调节性分配必须建立在财政性分配的基础上，如此看来，现行许多税收优惠不是“有意”偏离能力基准，而是根本对之不以为意、不管不顾，这是很不合适的。这里涉及调节性分配功能的制度逻辑问题，重点在本书第三章进行讨论。

2. 增速下行的间接风险与税法对策

财政收入增速下行时，因财政压力加大，税收征纳可能出现不规范现象，侵害纳税人权益。表现情形至少有两类。一曰“保”增长，如为保证收入、弥补收支缺口，“过头税”现象可能反弹，滥征非税收入的情形也可能增加；越是经济不景气，层层下压的“税收计划”越可能有市场，这从消极面“鼓励促进”前述不规范情事的发生。二曰“促”增长，如部分地方政府搞“低税竞争”“筑巢引凤”，通过违法降低税率、提供法外优惠吸引投资。这在形式上比较类似前述“以减税促增收”的思路，不过其属于在税法框架外自行其是，是违法行为。

针对这些问题，政策层面的“加强监管”等措施主要是“治标”，根本对策还是“落实税收法定”。事实上，笔者认为目前对税收法定的概念解读虽然包括课税要件法定、课税要素明确和依法稽征，横跨税收立法和行政等不同维度，但人们更多的还是从“加强税收立法”的层面去把握该原则，这当然是同我国现行税收立法较为粗疏的现实状况密不可分的。相比税收立法关涉立法、行政等国家权力之间的分工与制衡以及“以人为本”保护纳税人权利这样的“宏大叙事”，税收执法虽然看上去仅为细节性问题，但其对国家税款利益和纳税人权利的影响却直接而深刻，既可能因税务机关为征得更多税款而让纳税人承担税法之外的纳税义务，也可能因“管制俘获”而为纳税人违法逃漏税款提供便利以致国家税款利益受损。[①] 而无

① 参见熊伟:《重申税收法定主义》，载《法学杂志》2014 年第 2 期。

论哪种情形，都意味着对税法之财政性分配功能的破坏。所以，对税法执行层面的法定要求，应予特别重视。不仅如此，法定要求的触角还有必要伸及非税收入场域。[1]“黄宗羲定律”[2]揭示出，历来“轻税”改革，虽在改革之初能使“向来丛弊为之一清”，但中长期看却无例外地税负加重，终至“积累莫返”。按照秦晖先生的分析，“并税除费”在较长时间内反而给新增“杂派”提供了空间。[3]我国近年来其实也出现过类似情形，比如2006年废止《农业税条例》，本是重要的“惠农”举措，但农业税取消后，各种名目的“费”又相继出现，农民负担不轻反重，导致该项改革事实上“未竟全功”。从原因上看，农业税的废除给部分原本以农业税为主要财源的农业地区基层政府带来巨大的财力缺口，以及法定要求在这些地区的落实不力，为各种“乱收费”的膨胀提供了内部动力和外部环境。[4]所以，要破除“黄宗羲定律”中所揭示的“怪圈”，一要靠配套制度的跟进，如税收收入减少后相应的收支缺口如何弥补，制度上要有统筹考虑；二要靠法定要求在执行层面的落实特别是向非税收入的延伸，尽量避免“税收收窄、非税

---

① 通常认为，税收领域的法定要求十分严格，而非税收入层面有一定的灵活处理之空间，相应地，仅有“税收法定”而无“非税收入法定”等类似称谓。其实，之所以出现这种情况，笔者认为并不是因为只有税收才涉及“两权分离”，才影响纳税人权利，很大程度上可能是由于自“大宪章”以降的“税收法定”传统，形成了“路径依赖”，而且现代国家中税收在财政收入中占主导地位的现实也导致人们更多关注税收层面的法定程度。正如有学者尝试论证的，有必要“突破现有的就事论事的内容法定范式，从范围法定上构建起‘财政宪定——财政体制法定——财政收入法定、财政支出法定、财政监管法定’的三层次体系”，在统一建构的“财政法定主义”之“财政收入法定”项下，对非税收入的基本事项也有必要提出起码的法定性要求。当然，在程度上同税收法定之间可以有一定区隔。对“财政法定”的讨论，参见刘剑文:《论财政法定原则——一种权力法治化的现代探索》，载《法学家》2014年第4期。

② 明末清初著名思想家黄宗羲曾经深刻揭示出历代税制演变中的“三大害”:“斯民之苦暴税久矣，有积累莫返之害，有所税非所出之害，有田土无等第之害。”这对今天的税法建设，也很有启发意义。

③ 参见秦晖:《并税式改革与“黄宗羲定律”》，载《农村合作经济经营管理》2002年第3期。

④ 参见侯卓、佘倩影:《由“美国银行案”看中国农业税改革之未竟全功——兼论征税权的民主控制》，载《黑龙江八一农垦大学学报》2014年第2期。

收入膨胀”的情况出现。强调此点，在当前财政收入增速下行的背景下，格外有现实意义。在财政部网站检索2008~2016年的全国财政收支决算情况，[①]可计算出各年度税收收入与非税收入的增速，如表16所示。

表16　2008 ~ 2016年税收收入增速与非税收入增速比较

单位：%

年份	2008	2009	2010	2011	2012	2013	2014	2015[②]	2016
税收增速	18.9	9.8	23.0	22.6	12.1	9.9	7.8	4.8	4.3
非税增速	24.7	26.6	9.9	42.9	17.7	12.3	13.5	10.6	5

可见，非税收入增速较高且高于同期税收收入增速的现象，近年来成为常态（2010年例外）；国际、国内经济形势不景气时，如2008年、2009年全球经济危机爆发，以及2011年全球经济“二次探底”时，其增速格外“亮眼”。有研究指出，当前我国宏观税负的不合理之处“主要体现在政府收入结构的不均衡”，其重要表现即为“非税收入的大幅度增长”。[③]非税收入的规范性、法定性要求不如税收严格：一是狭义法律上缺乏有力关照；[④]

① 该表之所以选取财政部官方网站而非国家统计局网站作为数据来源，有三方面原因：第一，财政部相关数据载明非税收入的增速，便于此处比较；第二，财政部相关数据可以检索到2015年的情况，该年度税收收入增速下降迅猛而非税收入则保持两位数增长，贴近此处所讨论的主题，也有很强的现实意义；第三，虽然因为数据来源不同，导致部分数据可能同本章前面的表格有所出入，但不影响所要阐明的问题。

② 2015年度的数据均为“同口径”数据，因为根据完善政府预算体系的要求，该年度对相关统计口径作了调整，故同口径数据更能反映客观增速情况。

③ 张守文等：《公平分配的财税法促进与保障》，北京大学出版社2017年版，第127页。

④ 我国在2004年7月23日发布《财政部关于加强政府非税收入管理的通知》，此后，部分省、市、自治区出台了本辖区相应的地方法规或地方政府规章。但是，在狭义法律层面，统一的、专门的政府非税收入管理法规仍然缺位，有待立法完善；另外，具体的分类管理法规，如《政府性基金管理办法》《彩票法》《国有资源和国有资产有偿使用收入管理办法》等也有待制定，以形成完整的法律体系。参见许多奇：《非税收入的合法性探讨》，载《法学》2013年第4期。笔者于2014年年底参加财政部相关立法项目规划的起草时，曾经就非税收入制度体系的“立法规划”提出设想：尽量在法律或行政法规层面制定统一的非税收入管理制度，并根据非税收入的分类，就政府性基金等分项制定行政法规或规章，从现实需要出发，后者可以优先进行。

二是实践中的征收秩序也相对混乱。[①] 由此导致各级政府征取非税收入时，偏离能力原则的做法难受有效控制，“需要原则”（各级政府的财政需要）成为现实指挥棒。在经济下行、税收收入欲振乏力时，将“另辟财源”的“主战场”设定在非税收入上，甚至可算是“理性”选择，唯其对纳税人权益和“国民分配”格局造成损害，故法律规制不仅不该缺位，更应格外加强之。

总之，当前的财政收入增速下行，主要还是受经济形势影响，而且财政收入毕竟还保持着七个百分点左右的增速；但是，“随着国家治理体系的逐渐健全，随着税收法定原则的落实，今后财政部门永远都要在严格的收入约束下运行。”[②] 特别是在中高速增长成为经济“新常态”、民生支出压力居高不下的情况下，前述财政收入增速放缓引发的一系列直接或间接的法律风险，可能会表现得越发频繁和突出。各类问题的有效解决，需要妥适发挥税法的财政性分配功能，特别是在贯彻法定要求和能力原则这两方面付出努力。前述问题解决得如何，关系到分配失衡是会发展为分配危机进而诱发经济危机乃至政治危机，还是会化分配压力为增长动力，推动国家治理逐步臻于“至善”之境。由此观之，税法分配功能的发挥确有“牵一发而动全身”的效果，诚不可不慎之又慎也！

四、延伸探讨

限于本章的论述主旨以及行文脉络，尚有以下诸项问题与本章所论之内容有一定关联度，但在正文中未及展开，特于此处择要述及，以作正文

---

① 执行层面的规范性、正当性应该引起重视，这方面的研究成果并不鲜见，如针对政府性基金，如何解决其在征收和管理环节的诸多问题，就有学者提出完善预算制度、财政监督制度、信息披露制度及法律责任追究与法律救济制度的思路。参见陈融：《我国政府性基金法律问题探讨》，载《政治与法律》2013 年第 1 期。

② 冯俏彬：《如何应对财政收入增速下行》，载《中国党政干部论坛》2015 年第 7 期。

之补充。

首先，税法所为之财政性分配，既包括发生在国家与纳税人之间的“国民分配”，也包括纳税人之间的税收负担分配、不同层级政府之间的税收利益分配。如第一章所述，政府间的“税利”分配主要是体制法层面的问题，相对特殊，本书不过多涉及；“国民分配”是本章选取的研究视角，未及展开的纳税人之间基于国家财政需要所发生的税负分配问题，学界讨论相对较多，本书于此概要述及。通说将量能课税作为纳税人之间税负分配的指导思想，但就其适用范围仍有稍加阐述之必要。传统上认为量能课税仅作为税法基本原则之税收公平原则之一种表现形式，对于何为“公平”，究依“能力”“利益”抑或其他衡量标准，不可一概而论；且量能课税仅适用于所得税法，难及于间接税和针对潜在收益征收的财产税。[①] 然而，此种见解有待商榷。要言之，税收正义是对课税权力的宪法性限制，[②] 而量能课税乃是税法上特殊的正义原则，斟酌纳税人的税负能力课予相应的税负，是税法之财政性分配功能发挥作用的基本脉络，所得、财产、消费皆系表彰纳税人给付能力的指标。如针对消费课征的间接税，过去认为较难体现量能课税，[③] 但实则不然。其一，消费具有的“平滑性”特质使之或能更真实地彰显纳税人的负担能力，而免于所得税存在的因纳税人年度间收入变化较大导致不同纳税年度税负畸轻畸重的弊端；其二，各间接税制在进行可税性判断时，核心思想是只有在经济上负担能力确实呈现时方得征税；[④] 其三，具体制度也要体现量能课税，如“营改增”前，娱乐业的

---

① 参见刘剑文、熊伟:《税法基础理论》，北京大学出版社 2004 年版，第 135 页。

② 参见黄俊杰:《税捐正义》，北京大学出版社 2004 年版，第 6 页。

③ William M. Gentry, R. Glenn Hubbard, “Distributional Implications of Introducing a Broad-Based Consumption Tax”, *Tax Policy and the Economy,* Vol. 11, 1997, p.1.

④ 如原《营业税暂行条例》第 5 条有关一般和各种特殊情形下“营业额”之确定的规定，就是对“税负能力”之把握；又如，其第 10 条有关起征点的规定，也是如此。

税负落在 5% ～ 20%，根据相关部颁财税规则，长期对夜总会、歌厅、舞厅、射击、跑马、高尔夫等按 20% 的税率征收，这并非制度设计者存在偏见，认为吃喝玩乐是不务正业，而可能是对纳税能力的一种“推定”，也即就“吃喝玩乐”而言，应是“吃喝”无忧者始有暇余“玩乐”，故对之课予相对重些的税负，也是“能力”原则的一种“主观”体现。[①] 此外，量能课税在税法适用和解释时的作用亦很显著，如所得税法层面，有关合伙执行业务、借用他人名义从事经济活动等情形中的所得归属问题，若无现成规定便应依量能课税确定。[②] 综上所述，能力原则对财政性分配功能的引导和约束贯穿始终，本章将之作为财政性分配功能的逻辑起点之一是合适的。

其次，能力原则是税法进行财政性分配时的实体标准，这是对主体标准的扬弃和超越。如我国企业所得税制曾长期呈现“内内有别、内外有别”的格局，企业性质是确定税负的关键因素。1994 年施行《企业所得税暂行条例》，基本消除“内内有别”的状况；2008 年起施行的《企业所得税法》则告别了“内外有别”的旧格局，这是能力原则取代主体标准的典型表现。现实中仍可见到主体标准影响税负配置的场景，但此时实际上是因为蕴藏在“主体”背后的能力因素而导致税负差异配置。2018 年修法前，《个人所得税法》第 6 条第 3 款规定了“附加减除费用”，其貌似将税负的差别配置建立在主体差异的基础上，但客观地讲，该款涉及的纳税

---

① 此处对“能力”原则的遵守和体现既然是“推定”的，便可能滞后于形势的发展。新一代青年人生长和生活环境较之过往差异甚大，他们可能并不遵循衣食足而知“玩乐”的逻辑，而本于“娱乐至死”的精神，可能在总体生活水平尚不及于“小康”甚至“温饱”的时候就花费更多的资财在娱乐领域，此时仍然坚守既往之税收制度，便可能因与真实的“能力”之间存在偏差而造成“误伤”。或许是意识到这一点，“营改增”前便有多省市调低了娱乐业的营业税税率，“营改增”后也未赋予娱乐业更高之税负，而是同大多数现代服务业一样适用 6% 的增值税税负且一般纳税人可抵扣进项税额，这便显著降低行业税负。

② 参见陈清秀:《现代税法原理与国际税法》，元照出版有限公司 2010 年版，第 81 页。

人，许多时候可能生活于境外，故“汇率变化情况”等因素对其税负能力有相当程度之影响，以之作为指标酌情确定并适时调整附加减除费用，有一定的合理性。与此同时，该款规定作为衡量指标的尚包括平均收入水平、生活水平这两项，理论上这两项因素当然会影响纳税人的税负能力；但问题在于修法前实行分类所得税制，既然针对其他纳税人未特别考量此二项因素，那么此处的规定就与相对、横向意义上的能力原则不尽一致。《个人所得税法实施条例》第28条阐明了附加费用减除的适用对象，并在第29条将标准确定为1300元。前已述及，汇率变化应当是确定附加费用减除标准时要考虑的核心因素，这是能力原则的题中之义。时间上看，汇率处在不断变动之中；空间上看，不同国家的货币与人民币的汇率也不一致，既然如此，“一刀切”式地规定相对固定的数额是否合适，值得商榷。理想做法是在《个人所得税法实施条例》中载明测算办法，然后由财税主管机关根据不同的“来源地国”确定附加费用减除标准并因应情势进行调整。当然，这会增加相关部门的工作量，故而真要推行并非轻而易举。2018年修法统一了国内外人员的基本扣除标准，未保留外籍个人的附加扣除规则，基于上述分析，这种做法的合理性并非毫无疑问。

再次，需要澄清的是，税法财政性分配功能的发挥，在国家与纳税人之间、纳税人之间分别有税负分配的过程，二者虽然在理论上被抽象为两个不同的层面，但在现实中是同时进行、“一步到位”的。税法制度适用于某一具体纳税人，是具体、确定的税收债务关系；但税法建制系针对不特定纳税人，在适用时具有大量性、反复性，由此便产生了整体意义上的国家与国民间的财富分割，以及不同纳税人之间的税负分配。所以，经由不同纳税人个别情形下的税法要素之满足而成立税收之债，既在纵向上实现“两权分离”和“国民分配”，亦于横向上产生税负的“非均衡配置”，从而对税法作用之前的收入分配格局予以调整。

复次，就税法的财政性分配功能而言，无论是选取作为本章研究视角的“国民分配”，抑或是适才补充发微的“民民分配”，只是其所调整的不同向度而已。正如前揭所述，两个分配过程实为“一体两面”的关系，那么，自然也应分享相同的逻辑起点、遵循共通的作用原则。为此，有必要于“统合”意义上加以提炼。一般来讲，可以从“财产权的社会义务”出发，论证国家征税的正当性；当然，基于征税目的之区别，征税行为受到的基于“基本权保障”方面的限制是不同的。在基于国家财政需要设定税负时，“是为了国家任务所需要，因而，此类税，人民即较少受到宪法财产权的保障”。[①] 但即便如此，此时财政性分配功能的实现过程还是要满足两个基本条件。一者，形式上须满足以“同意”为中心的法定要求，就“国民分配”言之，法定原则的落实集中体现本章前述之“控权”意旨；就“民民分配”言之，要求税收立法过程的开放性，不同纳税人的利益诉求经由制度框架下的“博弈”，使最终制定之税负分配方案更具可接受性。二者，实质上须满足以“能力”为中心的公平原则，本章多次述及处理“国民分配”时当以谦抑、适度为原则，务求通过对纳税人税负能力的准确把握以衡量其绝对、纵向意义上的“能力”，这实际上也是在国家与纳税人之间进行公平分配；在“民民分配”层面，能力原则的指导性价值越发凸显，评价横向公平、纵向公平的基本标准俱为税负能力。由此可见，财政性分配功能遵循的制度逻辑是一以贯之的，即便对其不同侧面的观察可能生出“横看成岭侧成峰”之感，但其内核是相通的；这也在某种意义上为本章选择从“国民分配”视角展开论述而未全面铺开，提供了“正当性”注解。

最后，在前文分析基础上，可于此处由财政性分配视角简要审视我国现行收入分配问题的成因。“国民分配”层面，一般认为有“少予多取”之嫌，其实从衡量国家与纳税人之间“取予关系”的重要指标——财政收入

---

① 陈新民:《德国公法学基础理论》(增订新版·上卷)，法律出版社2010年版，第457页。

占 GDP 的比重而言，“现在的局面差不多是恰当的”，[①] 大致也是同现代国家所应当承担的财政支出责任相适应的。[②] 既如此，何以当前“国民分配”予人以较强烈之“不正义”观感？形式面上，划定“两权”边界时法定程度不高，大量的财政性分配根据位阶低、变易频繁的规范性文件进行，国家不时会根据需求单方面调整既定规则，[③] 易使纳税人产生“相对剥夺感”；实质面上，若干与纳税人切身利益紧密相关的税法制度未能充分体现“净收益课税”，在一定程度上使国家征税有妨及“税本”之虞，同时亦与能力原则相去甚远。“民民分配”层面，学界通常在“再分配”场域讨论收入分配恶化的税法诱因，却隐然有将经济学意义上的“再分配”直接落位在税法中的“重分配”规范之势，从而较多地在累进税制、税收优惠等问题上做文章。实际上，税法分配功能的主体是财政性分配功能，也即其对收入分配格局的影响应当是基础性的，故首先应于此维度检视。形式维度，税法建制时开放性、参与性的欠缺，使制度设计易受少数利益团体的影响，导致分配制度在“胎动”之时便有“异化”之嫌。房产税改革遇到的阻力即为一例，长期以来对租房征税、对个人自住房免征房产税的制度规定不甚合理，租房时征收的房产税通常通过房租转嫁至租客承担，而租客多为中低收入者，在一定免税面积基础上对自住房征收房产税，本来更贴近量能课税之意旨，却因多方因素的制约而难以“通行上下”。实质维度，有违量能课税的情形并不鲜见：直接税层面如《个人所得税法》上资本所得税率同第三档工薪所得适用税率相当，导致其税负低于相当部分中等收入者工薪收入的税负，这是一种典型的“横向不公平”；间接税层面

① 王绍光、欧树军、徐斌：《从避免“最坏政体”到探寻“最佳政道”》，载强世功主编：《政治与法律评论》（第 4 辑），法律出版社 2014 年版，第 13 页。

② 一个可资佐证的例子是：近年来经济形势等造成财政收入增速下行之后，恰是因为财政支出责任“刚性”存在，带来了较大的财政压力。

③ 如 2014 年年底、2015 年年初连续三次上调成品油消费税税率。

如《增值税暂行条例》第 15 条规定“农业生产者销售的自产农产品”免税，而其第 2 条规定提供加工劳务的税率为 17%，这就造成一种吊诡的现象，菜场卖的蔬菜零税率，超市里的蔬菜加上包装袋就成了“深加工”产品适用高档税率，而在菜场与超市购买蔬菜的人群实际上并没有纳税能力上的显著差异。凡此种种，容易使得税法制度不仅无益于分配改善，反倒有可能诱发新的不公平。

税法分配功能的主体是财政性分配功能，这是由财政收入目的作为税收之原初和基本特征所决定的。然其虽为大部，犹未及全体，正如本书第一章与本章前文所述，随着国家职能的扩张，对税收职能与税法功能也赋予了财政收入目的之外的、新的时代内涵。从分配视角言之，基于社会、经济政策目的之调节性分配功能应运而生。此类分配功能是否共享本章所述财政性分配功能的制度逻辑？特别是形式上相近的那部分规制原则在向度、广度、力度等维度有何歧异？为了更好地实现该类分配功能，在进行相应的制度建构时又有何侧重？这些问题将于接下来的第三章加以阐述。

第三章　调节性分配的制度逻辑

调节性分配是税法分配功能的重要组成部分，是对居于税法分配功能之主体的财政性分配功能的有益补充。其核心是税法依据特定的社会、经济政策目的，对财政性分配所导出的分配格局再予调整；其功能发挥的基本脉络是将税收作为“经济诱因”，通过对以税负为媒介的分配关系进行调整，引导纳税人的行为，进而达致优化资源配置、促进产业发展、实施宏观调控和改善收入分配等目标。此处税收作为“经济诱因”，基本表现是对能力原则的有意偏离，总体上可将之纳入诱致性规范①的范畴。就此有必要廓清如下议题：税法在发挥调节性分配功能时，应遵循哪些原则？这些基本原则或曰正当性基础，如何通过制度设计得以体现？具体建制过程中，又应把握哪些核心要素以使相关功能更好实现？鉴于税收优惠蕴含浓郁的调节性分配功能，故而通过对其进行研析，可窥税法调节性分配功能之堂奥；又因为税收优惠本身亦为“复杂性概念”，体系内部存在较大的“异质性”，统一把握殊为不易，因而本章拟以税收优惠中的“公益性税收优惠”为中心展开研讨，择取公益性税收优惠作观察视角的缘由，下文将有阐发。

---

① 即通过偏离基准税制的规范结构以导向不同的课税结构，通过对此种结果的预期改变纳税人的行为选择。参见叶姗:《社会财富第三次分配的法律促进——基于公益性捐赠税前扣除限额的分析》，载《当代法学》2012 年第 6 期。

一、调节性分配的观察视角

这里从理论和制度两个维度交代相关前置性问题，以为后续论述之基础。

（一）理论前提：概念廓清与视角选定

作为本章的论述起点，首先需要对相关概念特别是相互间的关系，进行阐述，并就为何选取“公益性税收优惠”作为研究视角略作说明。

1. 三组概念关系之厘定

本书第一章已选取税收优惠作为发挥调节性分配功能的典型制度，讨论了其与承载财政性分配功能的费用扣除制度之重心差异，此处进一步厘清税收优惠、减免税和调节性分配功能这三大本章所涉核心范畴之间的关系。公益性税收优惠是税收优惠之一种，只有探明税收优惠与其他范畴的差异，对公益性税收优惠的认识才能更清晰；同时，减免税被普遍认为是税收优惠的主要形式，此二者是否确为包含与被包含的关系也需明确，唯其如此，对相关税收优惠的表现形式以及调节性分配的作用逻辑，方能准确把握。

第一，税收优惠一般具有调节性分配功能，但调节性分配功能的制度载体不全为税收优惠。税收要素是税法的核心，无论财政性分配还是调节性分配的功能展开都有赖于此。通常将税收客体、税收客体的归属、纳税人、税基与税率作为税收要素的一般构成，税收优惠则属于税收特别措施，[①] 降低税率、亏损结转、税收抵免等优惠措施以减轻税负方式调节财政性分配格局，进而实现特定政策目标。大体上，一般税收要素和税收特别措施分别是财政性分配和调节性分配的制度载体。然而，并不能由此认为调节性分配功能唯有通过税收优惠始能实现，“以加大税负承担力为内容”

---

① 日本税法学理上赋予税收特别措施更多内涵，有时将具有利益保留性质的大企业专用金、所得税中的分配扣除、接受分配利益不算入和减轻分配率等通常不作为税收优惠理解的项目也纳入其中。参见［日］北野弘久:《日本税法学原论》（第 5 版），中国检察出版社 2008 年版，第 121 页。

的税收重课（如针对劳务报酬所得一次收入畸高加成征收）也具调节功能，[①] 其与税收优惠殊途同归，同样有助于达致政策目标。[②]

第二，税收优惠与减免税二者是交叉而非包含与被包含的关系。[③] 通常认为，减免税可区分为法定减免税、特定减免税和临时减免税，是税收优惠最基本的方式。[④] 按照此种理解，税收优惠包含减免税，后者是税收优惠体系的一个“子项目”。其实，这种观点有待商榷，减免税外延甚广，除作为税收优惠之一种具体形式外，至少还存在两种减免税的情形：一是“基于量能课税原则或是简化课税原则”进行的减免税，[⑤] 如个人所得税法上的费用扣除；二是以税负减轻为导向的税法改革，如 2007 年企业所得税的“两法合并”，[⑥] 又如 2008 年修改的《增值税暂行条例》将小规模纳税人的征收率由 6%、4% 统一降至 3%。此处所述两类情形，皆具减税外观，但不属狭义税收优惠的范畴。事实上，税法学在我国发蒙未久，学者时常在不同意义上使用同一概念，故讨论问题时须先将范畴界定清楚。

---

① 参见［日］金子宏：《日本税法》，战宪斌、郑林根等译，法律出版社 2004 年版，第 68 页。

② 除通过税收要素层面的制度设计实现重课外，税种设置也能起到重课效果，最终促进政策目标的达致。例如，在普遍征收增值税的基础上，针对特定消费品再征收一道消费税便兼有保护环境资源、引导消费结构、调节分配等多方面的考虑。See Robinson, Leslie A, Sansing, Richard, “The Effect of ‘Invisible’ Tax Preferences on Investment and Tax Preference Measures”, *Journal of Accounting and Economics*, Vol.6, No.2, 2008.

③ Zoë M. Prebble and John Prebble, “The Morality of Tax Avoidance”, *Victoria University of Wellington Legal Research Paper No. 9 Creighton Law Review*, Vol. 43, No. 3, 2012, pp.693-745.

④ 参见张学博：《减免税法律制度研究》，中国政法大学出版社 2012 年版，第 64 页。

⑤ 参见陈清秀：《税法总论》，元照出版有限公司 2012 年版，第 318 页。

⑥ 我国过去实行内外有别的企业所得税制，内资企业适用《企业所得税暂行条例》，外资企业适用《企业所得税法》，名义税率均为 33%，同时对特殊区域的外资企业设置 24%、15% 的优惠税率，对内资微利企业实行 27%、18% 的照顾税率。“两法合并”后统一实行 25% 的税率，对符合条件的小微企业实行 20% 的优惠税率。两相比较，对内资企业有减税效应，而外资企业的税负小幅增加。“两法合并”对内资企业减税、对外资企业增税的经济效应分析，参见安体富：《企业所得税“两法合并”的经济效应分析》，载《地方财政研究》2007 年第 4 期。

第三，减免税不全具有调节性分配功能。这可由前述两点讨论推导得出。如前所述，减免税并非皆为税收优惠，还包括根据量能课税原则设定的减免税等情形，[①] 另外，法定基准纳税义务的降低也非税收优惠。[②] 此二者大体上出于财政性分配的考量：个人所得税法上的生计费用扣除，是绝对、纵向意义上量能负担之体现，是为更好实现“两权分离”目标，并迫近税收公平；[③] 旨在降低税负的税法改革，目的亦非通过“行为之诱导管制”实现政策目标，而是为优化“国民分配”格局。因此，减免税同调节性分配功能的制度载体之间，亦为交叉关系。

基于上述三方面的辨析可以知晓：以税收优惠作为理解调节性分配的窗口是合适的，但对于某项制度是否确为税收优惠，则不能仅由其有无减免税负之外观得出判断，而须基于建制原则、制度目标等作整体把握。

2. 分析对象及适配性阐明

从不同角度出发，税收优惠有不同的分类方法。[④] 整体上看，私益导向与公益导向是税收优惠建制基础与功能目标的两类情形。通常对私益性质的税收优惠关注较多，刺激、引导私人投资和矫正经济外部性（在税收优惠场合主要是让带来正外部性的主体获得一定补偿）是此类优惠的基本作用逻辑；同时，对市场主体的直接扶助也是私益性税收优惠的常见方式，比如针对稿酬所得在计算个人所得税时享受“七折”优惠。严格来讲，税法之所以针对特定情形配备优惠规则，归根结底都有一定的社会公共利益考量，如稿酬所得的税收优惠即有鼓励创作的意旨；但在税收优惠

---

① 减免税至少有五类情形：基于量能课税原则而免税、基于社会目的政策而免税、基于避免重复课税而免税、其他理由（如奖励性或员工福利性质之给予）。参见陈清秀：《税法各论·上》，元照出版有限公司 2014 年版，第 194 ~ 199 页。

② 参见李大庆：《财税法治整体化的理论与制度研究》，中国检察出版社 2017 年版，第 197 页。

③ 参见［美］维克多·瑟仁伊：《比较税法》，丁一译，北京大学出版社 2006 年版，第 245 页。

④ 参见王霞：《税收优惠法律制度研究：以法律的规范性及正当性为视角》，法律出版社 2012 年版，第 7 ~ 12 页；张学博：《减免税法律制度研究》，中国政法大学出版社 2012 年版，第 62 ~ 64 页。

制度体系中另有一类，格外突出地体现对公益事业的扶助，这便是本章所谓“公益性税收优惠”。概言之，其是税法上有关公益事业的一系列税收优惠制度之总称，与之相关尚有“非营利组织”“社会组织”等概念。社会可被分为政治、经济和社会三大领域，由此出发，“社会组织这一概念能够因此区别于政府和包括企业在内的营利组织”；以组织功能为准，社会组织又可分为公益型非营利组织和互益型非营利组织，前者希望促进社会公益，后者旨在为特定对象提供服务或物品，[①]税法给予优惠待遇的主要是前者，补贴理论、资本结构理论、利他主义理论、税基定义理论、捐赠理论等俱可成为其合理性基础。[②]此外，由于公益型非营利组织于其事业范围内发挥着对政府提供公共物品的替代作用，兼具矫正分配不公的功能，此时其具有类似“国家”的主体地位，而国家“不对自己征税”为一般法理，相关优惠的合理性由此亦可得见。

其实，由本书一以贯之的“能力”视角观之，前揭税收优惠皆为税法把握相关主体税负能力时的一种优渥待遇，是对能力原则的某种偏离。与其用财政性分配的范式去解读并不得不打上若干“补丁”，不如肯认其为调节性分配功能的制度载体，运用调节性分配的制度逻辑去作分析，明其是非、辨其周章。

申言之，本章选取“公益性税收优惠”作为分析视角，有三方面考虑。第一，税法进行调节性分配时内含直接功能与高阶功能的双层构造，其中，高阶功能是促进特定社会、经济政策目的实现。促进就业、矫正分配和鼓励公益是社会功能的三大重心，具体到公益性税收优惠，其追求的政策目的是促进公益事业发展，提高公益主体的分配能力、改善其在分配格局中的地位，贯通前述社会功能三大重心的后二者，且直接功能和高阶功能都具有

① 参见金锦萍:《社会组织财税制度》，中国社会出版社 2011 年版，第 2 ~ 3 页。

② 参见金锦萍:《中国非营利组织法前沿问题》，社会科学文献出版社 2014 年版，第 80 ~ 85 页。

一定的“分配规制”色彩，在分配意义上具有典型性。第二，与其他类型的税收优惠相比，公益性税收优惠推动实现的既包括促进行业发展、优化资源配置等经济政策目的，亦包括增进公益主体的分配能力、改善其在分配格局中的地位等社会政策目的，兼具社会性调节功能和经济性调节功能这税法之调节性分配功能的两大组成部分，较具代表性。第三，公益性税收优惠是否确为税收优惠、有无调节性分配功能，理论上歧见纷呈、亟待廓清，这体现研究的必要性。第四，将之作为样本，便于揭示调节性分配应当满足的正当性基础及其功能高效发挥的核心制度要素，此系研究的可行性。

（二）制度透视：税法中的“公益性税收优惠”体系

在我国，有关非营利性组织的税收优惠政策层出不穷，[①] 各税种法上均不鲜见。根据德国税法学者 Tipke/Lang 的见解，可以税收客体为准将税种分成两大类：一为针对所得及财产的课税，包括针对经济财产增加的课税与针对财产状态的课税，前者如个人所得税、企业所得税、土地增值税，后者如房产税、车船税、城镇土地使用税、遗产与赠与税；二为针对所得及财产之利用的课税，如增值税、营业税、消费税，均系把握消费或交易行为予以课税。[②] 就公益型非营利组织而言，其同样涉及这些方面的税收事项，我国税法亦分别有直接或间接的优惠安排。

针对经济财产增加的课税，在这里主要涉及企业所得税和个人所得税，此二税种与主体资格紧密相连，故相关优惠规定直接而明确，调节作用明显。概言之，所得税法上的公益性税收优惠包括两大类：一是非营利组织免征企业所得税；二是公益捐赠的税前扣除。在前者，《企业所得税法》第 26 条将“符合条件的非营利组织的收入”列为免税收入，《企业

① 参见王霞：《税收优惠法律制度研究：以法律的规范性及正当性为视角》，法律出版社 2012 年版，第 14 页。

② 参见陈清秀：《税法各论・上》，元照出版有限公司 2014 年版，第 6 页。

所得税法实施条例》第84条对“非营利组织”的条件、[①]第85条对“非营利组织的收入”[②]分作界定。在此基础上，财政部、国家税务总局相继颁布《关于非营利组织企业所得税免税收入问题的通知》(财税〔2009〕122号)[③]和《关于非营利组织免税资格认定管理有关问题的通知》(财税〔2009〕123号)[④]进一步细化免税所得的范围限定及非营利组织的主体资格认定。

---

① 该条规定:“企业所得税法第二十六条第(四)项所称符合条件的非营利组织，是指同时符合下列条件的组织:(一)依法履行非营利组织登记手续;(二)从事公益性或者非营利性活动;(三)取得的收入除用于与该组织有关的、合理的支出外，全部用于登记核定或者章程规定的公益性或者非营利性事业;(四)财产及其孳息不用于分配;(五)按照登记核定或者章程规定，该组织注销后的剩余财产用于公益性或者非营利性目的，或者由登记管理机关转赠给与该组织性质、宗旨相同的组织，并向社会公告;(六)投入人对投入该组织的财产不保留或者享有任何财产权利;(七)工作人员工资福利开支控制在规定的比例内，不变相分配该组织的财产。前款规定的非营利组织的认定管理办法由国务院财政、税务主管部门会同国务院有关部门制定。”

② 该条规定:“企业所得税法第二十六条第(四)项所称符合条件的非营利组织的收入，不包括非营利组织从事营利性活动取得的收入，但国务院财政、税务主管部门另有规定的除外。”

③ “122号文”将免税所得的范围限定为:“非营利组织的下列收入为免税收入:(一)接受其他单位或者个人捐赠的收入;(二)除《中华人民共和国企业所得税法》第七条规定的财政拨款以外的其他政府补助收入，但不包括因政府购买服务取得的收入;(三)按照省级以上民政、财政部门规定收取的会费;(四)不征税收入和免税收入孳生的银行存款利息收入;(五)财政部、国家税务总局规定的其他收入。”

④ “123号文”将非营利组织主体资格的条件规定为:“……必须同时满足以下条件:(一)依照国家有关法律法规设立或登记的事业单位、社会团体、基金会、民办非企业单位、宗教活动场所以及财政部、国家税务总局认定的其他组织;(二)从事公益性或者非营利性活动，且活动范围主要在中国境内;(三)取得的收入除用于与该组织有关的、合理的支出外，全部用于登记核定或者章程规定的公益性或者非营利性事业;(四)财产及其孳息不用于分配，但不包括合理的工资薪金支出;(五)按照登记核定或者章程规定，该组织注销后的剩余财产用于公益性或者非营利性目的，或者由登记管理机关转赠给与该组织性质、宗旨相同的组织，并向社会公告;(六)投入人对投入该组织的财产不保留或者享有任何财产权利，本款所称投入人是指除各级人民政府及其部门外的法人、自然人和其他组织;(七)工作人员工资福利开支控制在规定的比例内，不变相分配该组织的财产，其中：工作人员平均工资薪金水平不得超过上年度税务登记所在地人均工资水平的两倍，工作人员福利按照国家有关规定执行;(八)除当年新设立或登记的事业单位、社会团体、基金会及民办非企业单位外，事业单位、社会团体、基金会及民办非企业单位申请前年度的检查结论为‘合格’;(九)对取得的应纳税收入及其有关的成本、费用、损失应与免税收入及其有关的成本、费用、损失分别核算。”

2014 年，财政部、国家税务总局重新发布《关于非营利组织免税资格认定管理有关问题的通知》（财税〔2014〕13 号），同时废止“123 号文”的适用；比较这两个部颁税法规则，内容基本一致，不同之处在于 2014 年“13 号文”删除了符合条件的非营利组织“活动范围主要在中国境内”之规定。2016 年开始施行的《慈善法》在第九章“促进措施”中纳入了相关税收优惠事项，其第 79 条重申了慈善组织及其取得的收入依法享受税收优惠，该条属于准用性规范，意味着《企业所得税法》上有关非营利组织免征企业所得税的相关规定是可以适用的。在后者，如果对非营利组织取得的捐赠收入免税，却对提供捐赠的企业或个人不减免税，那么附着于公益事业的捐赠款之上还是存在不合理的税收负担；在此意义上，得否于税前扣除公益性捐赠支出，直接影响捐赠个人和企业的捐赠意愿，进而影响相关非营利组织的分配能力。[①]另外，通常还认为市场主体所为之公益捐赠已具有类似“纳税”的效果，这也给税前扣除提供了一种合理性解释。税法学理认为，“公益慈善之捐赠之扣除，主要系基于鼓励捐赠以促进公益活动之目的，具有浓厚之税捐优惠性质，似乎尚难认为属于通常会增加之生活必要”，[②]也即将之定性为税收优惠。在我国，原《企业所得税法》第 9 条对公益捐赠在计算企业所得税时的税前扣除、[③]《个人所得税法》第 6 条第 3 款及其实施条例第 24 条[④]对公益捐赠在计算个人所得税

① See Browning, Jacquelene M, “Estimating the Welfare Cost of Tax Preferences”, *Public Finance Quarterly*, Vol.7, No.2, 1979.

② 陈清秀:《税法各论·上》，元照出版有限公司 2014 年版，第 181 页。

③ 该条规定:“企业发生的公益性捐赠支出，在年度利润总额 12% 以内的部分，准予在计算应纳税所得额时扣除。”

④ 该条规定:“税法第六条第二款所说的个人将其所得对教育事业和其他公益事业的捐赠，是指个人将其所得通过中国境内的社会团体、国家机关向教育和其他社会公益事业以及遭受严重自然灾害地区、贫困地区的捐赠。捐赠额未超过纳税义务人申报的应纳税所得额 30% 的部分，可以从其应纳税所得额中扣除。”

时的税前扣除，分别作出规定。《慈善法》则在第80条再次明确各类主体进行慈善捐赠时享受税收优惠，并特别规定企业所为之慈善捐赠支出超过当年得予扣除部分的，允许结转以后三年作税前扣除，这项规定为原《企业所得税法》所无；故为保持法体系内部的调谐,《企业所得税法》也于2017年2月作定向修改，于第9条增加了向后结转扣除的内容。此外，部颁税法规则中,《关于公益性捐赠税前扣除有关问题的通知》(财税〔2008〕160号)、《关于通过公益性群众团体的公益性捐赠税前扣除有关问题的通知》(财税〔2009〕124号）等对公益捐赠税前扣除问题有相应的细化规定，如专门针对老年服务机构等非营利组织的规范性文件中，对相关领域的税前扣除有特别的制度安排。[①]最新的动态是，财政部、国家税务总局在2018年发布了《关于公益性捐赠支出企业所得税税前结转扣除有关政策的通知》(财税〔2018〕15号)，在复述上位法最新规定的同时，也明确了结转扣除的具体计算方法、当年扣除限额规定、结转扣除顺序等事项。

针对财产状态的课税，包括房产税、车船税、城镇土地使用税等，较之所得税法的集中规制，房产税、车船税法律制度中相关规定较为零散。例如,《房产税暂行条例》第5条列举免税房产的范围，第3项“宗教寺庙、公园、名胜古迹自用的房产”涉及非营利组织的税收优惠；第5项授权财政部批准免税其他房产，财税主管部门据此制定若干规范性文件，赋予老年服务机构、[②]

① 如财政部、国家税务总局《关于对老年服务机构有关税收政策问题的通知》(财税〔2000〕97号）中规定,“对企事业单位、社会团体和个人等社会力量，通过非营利性的社会团体和政府部门向福利性、非营利性的老年服务机构的捐赠，在缴纳企业所得税和个人所得税前准予全额扣除”。

② 财政部、国家税务总局《关于对老年服务机构有关税收政策问题的通知》(财税〔2000〕97号）。其中第1条规定:“对政府部门和企事业单位、社会团体以及个人等社会力量投资兴办的福利性、非营利性的老年服务机构，暂免征收企业所得税，以及老年服务机构自用房产、土地、车船的房产税、城镇土地使用税、车船使用税。”

教育机构、[①]科研机构、[②]医疗卫生机构[③]等免税待遇。在车船税、城镇土地使用税等税种，也通过部颁财税规则给予老年服务机构、医疗卫生机构等免税优惠。

针对所得及财产之利用的课税，系“就市场中自由交易，依物品需求而有新价格为负担对象”，[④]当下主要涉及增值税，“营改增”之前还包括营业税。《增值税暂行条例》第 15 条规定的免税项目中，“直接用于科学研究、科学试验和教学的进口仪器、设备”“由残疾人的组织直接进口供残疾人专用的物品”等与公益性税收优惠相关；关于医疗卫生机构等的部颁税法规则中，亦有更细致的优惠规定。[⑤]原《营业税暂行条例》第 8 条对免税项目的列举中多项与公益性税收优惠相关，“营改增”强调制度安排的平稳过渡和衔接，故相关优惠项目在改征增值税之后仍在适用。增值税最能体现税收中性，增值税法的精髓便在于销项税额减进项税额的制度设计，故而抵扣链条的完整是为至要；若非消费终端环节的税收优惠，会因其使抵扣链条中断而让此阶段的税收优惠引致彼阶段的税负增加。由此不难发现，前述《增值税暂行条例》第 15 条列举的免税项目，因为强调了是“直接”用于科学研究或供残疾人“专用”，大体属于消费终端的税收优惠，是有一定合理性的；而相关部颁税法规则分别作特别规定的一些增值税优惠项目，有的并不处在终端环节，故其经济上的合理性是存疑的。

---

① 财政部、国家税务总局《关于教育税收政策的通知》（财税〔2004〕39 号）。其中规定：“对国家拨付事业经费和企业办的各类学校、托儿所、幼儿园自用的房产、土地，免征房产税、城镇土地使用税”。

② 财政部、国家税务总局《关于非营利性科研机构税收政策的通知》（财税〔2001〕5 号），其中规定：“非营利性科研机构自用的房产、土地，免征房产税、城镇土地使用税”。

③ 财政部、国家税务总局《关于医疗卫生机构有关税收政策的通知》（财税〔2000〕42 号），其中规定：“对非营利性医疗机构自用的房产、土地、车船，免征房产税、城镇土地使用税和车船使用税”。

④ 葛克昌：《租税国的危机》，厦门大学出版社 2016 年版，第 205 页。

⑤ 参见金锦萍：《社会组织财税制度》，中国社会出版社 2011 年版，第 116 ~ 119 页。

整体上看，由于流转税对经济利用行为征收，税负易转嫁而使主体具有隐蔽性，故相关税收优惠主要针对行为而非主体本身，这导致增值税法有关公益性税收优惠的规定具有间接性，难如所得税法那般实现精准规制。有鉴于此，接下来的研讨聚焦所得税法层面的公益性税收优惠，其中，本章第二部分将结合非营利组织免征所得税与公益捐赠税前扣除两项具体制度探讨调节性分配的正当性基础，然后于第三部分专门对非营利组织免征所得税制度作进一步的“解剖麻雀”。

二、调节性分配的三维正当性基础

实现正义的倾向“不是一个可以时而出现时而缺失或在一个特定法律体系中可以随意遵循或拒绝的次要问题”。[①] 任何部门法调整社会关系时都须满足正当性要件，税法也不例外。[②] 经由“法律上属于正当意义的秩序”才能征税，将税收作为经济诱因以实现调节性分配功能，同样要建立在坚实的正当性基础之上。作为调节性分配功能的制度载体，公益性税收优惠制度体系既分享同财政性分配相似却存异的形式正当性要求，又须满足相对独特的实质正当性要求。在前者，主要是法定原则；在后者，主要是可税性分析与比例原则检测。

---

① [德] 施塔姆勒:《正义法的理论》，夏彦才译，商务印书馆2012年版，第18～19页。

② 陈清秀教授认为，税法上的正义原则包括宪法性原则和税法上特殊的正义原则两大类，前者包括税收法定、税收平等、社会国家、法治国家、生存权保障、财产权保障等几项；后者主要有三，一是量能课税原则，二是公益、需要、功绩原则，三是税收稽征经济原则。参见陈清秀:《税法总论》，元照出版有限公司2012年版，第28页。就其所概括的税法上特殊的三项正义原则，大体上观之，分别对应财政目的规范、经济社会政策目的规范和简化的规范。在我国大陆，税法研究中更重视陈氏所提炼之宪法性原则中的税收法定与税收平等（转化为税收公平），有时也包括由“税收稽征经济原则”升华、充实（税收经济效率）后提炼的税收效率原则。两相比较，陈氏的分层方法，体系周延，特别是能同税法中的不同规范类型对应起来，解释力更足且于建制之时更具指引价值。

（一）法定要求

税收法定是现代法治主义在税收领域的体现，“现代法治中的依法行政、法律保留、法律优位等原则，莫不是源自税收法定主义的基本精神。”[①] 其重要性早已超越狭义税收领域，需要在国家治理的整体谱系下予以把握。[②]

针对税收法定的内容，代表性观点有“三要件说”（征税要件法定、征税要件明确、程序合法）[③] 和“四要件说”（课税要件法定、课税要件明确、合法性和程序保障）[④]，二者并无本质差异。真正应予关注的是对税收法定的“法”该如何把握，学界于此认识不尽一致。概言之，有狭义、广义两种理解：前者要求所依之“法”必须为立法机关制定的狭义法律，后者则适当放宽所依之“法”的外延，主要是将行政法规也纳入其中。十八届三中全会“改革决定”明确提出“落实税收法定原则”后，前述争论并未消弭；由于税收立法本身的局限性，《立法法》明确应该法律保留的也仅为“税收基本事项”，因此现实中仍有不少税收事项由行政法规、规章

① 刘剑文、熊伟:《税法基础理论》，北京大学出版社 2004 年版，第 100 页。

② 这一点可由十八届三中全会“改革决定”看出，其明确提出“落实税收法定原则”，该表述位于“加强社会主义民主政治制度建设”而非“深化财税体制改革”项下。这一细节未受到学界应有的重视。历史地看，税收法定首先且主要涉及权力分立和制衡，以其在英国的发轫为例，税收法定主义经历了两个阶段：一是税收契约主义时期，大致发生在诺曼政府后到 13 世纪初期，英王征税主要通过和他的封建附庸进行税收谈判；二是议会课税权时期，即 13 ~ 17 世纪，此一时期议会逐渐掌握课税权。参见李建人:《英国税收法律主义的历史源流》，法律出版社 2012 年版，第 292 页。易言之，无论哪一时期，围绕“税收法定”的首先是对权力的争夺而非对（纳税人）权利的保护。而分权制度特别是国家公权力领域的分权制度，实为现代公法一项至为重要的制度，罚缴分离、国家机关与会计结算分离、收支两条线、政府采购等都是分权思想在微观制度领域的体现。参见姜明安:《法治思维与新行政法》，北京大学出版社 2013 年版，第 274 ~ 275 页。

③ 参见［日］中里实等:《日本税法概论》，西村朝日律师事务所西村高等法务研究所监译，法律出版社 2014 年版，第 16 ~ 19 页；陈清秀:《税法总论》，元照出版有限公司 2012 年版，第 45 ~ 48 页。

④ 参见［日］金子宏:《日本税法》，战宪斌、郑林根等译，法律出版社 2004 年版，第 59 ~ 63 页。

乃至部颁税法规则规定，[①] 这有现实必要性。职是之故，当下的核心论题是，哪些事项应由狭义之“法”规定，哪些事项可由下位规范载明。

税法的两类分配功能中，财政性分配须严守法定要求：因为它在税法的分配体系中居于基础、核心、主体地位，无论是公共财政与私人财产的“两权分离”，还是基于量能课税而在纳税人之间妥为配置税收负担，都是税法持续性解决的根本、重大问题；也因为如此，其稳定性强且对灵活性的要求不高。所以，就财政性分配设置更高标准的法定要求，既可欲，亦可行。而调节性分配功能在税法的分配体系中较为边缘，且其双层功能结构中的“高阶功能”，须根据客观情势、主观愿景的变化而相应调整，使得作为功能载体的对应税法制度也具有明显的变易性，[②] 这导致对于调节性分配功能的发挥不宜设定过高的法定要求。在法治国家，法律规范是核心的支配体系，而“规范是非人格的，因而是普遍的，是事先规定的，因而是出于持久考虑的，是针对可测定和可规定的内容制定出来的”；[③] 税收优惠等调节性分配功能的制度载体，往往基于社会、经济政策目的而设定，被打上鲜明的“政策性”烙印，“政策性”意味着相关制度非如民法般抽象设定和保障某种权利，而须针对复杂之社会、经济情势，持续调整，经常处在变动之中。[④] “没有差异就没有政策”，没有调试同样没有政策，这意味着给予调节性分配一定灵活性有其必要性。税法的调节性分配功能是

---

① 有学者即指出税收立法与“税收法定”的内涵不同，税收立法应当是分级、分类的，包括法律、行政法规、地方性法规、自治条例、单行条例、部门规章和地方政府规章等。参见刘佐：《关于税收法定若干问题的进一步探讨》，载《税务研究》2015 年第 6 期。

② 这里存在税收法定所要求的稳定性与（非常态）宏观调控等所要求的变易性之间的张力。有学者已经认识到这一点，参见王冬：《税法理念问题研究》，法律出版社 2015 年版，第 183 ~ 184 页；许安平：《税收法律主义及其在当代的困惑》，载《现代法学》2005 年第 3 期；等等。

③ [德] 卡尔·施米特：《合法性与正当性》，冯克利、李秋零、朱雁冰译，世纪出版集团、上海人民出版社 2015 年版，第 96 页。

④ 参见史际春、邓峰：《经济法总论》（第 2 版），法律出版社 2008 年版，第 62 ~ 63 页。

税法现代性特征的集中体现，其“高阶功能”多为促进调节分配、宏观调控等政策目标达致，相关功能是否得到高效发挥，衡量标准主要不是合法与否，而在有无达致目的；“代议立法往往不能通过明确无疑的指令让行政执行的情况下，‘合法/违法’二元符码体系已经捉襟见肘”，[①]更适合作为判断标准的是合目的性原则；作为税法“母体”的行政法，在较长时期内更关注合法性议题，以致拱手将“有无达致目的”的分析让给“经济行政法”（这是部分行政法学者的称谓），该做法逐渐得到修正。[②]至于有无达致目的之衡量，涉及下文将要探讨的“比例原则”中的适应性要求，容后再述。

税收优惠是否属于税收要素，进而位列《立法法》所述“税收基本事项”，并非不言自明。主流观点视税收优惠等税收特别措施为税收要素之一种；[③]也有不少学者不这样认为，视二者为并列关系。[④]税收法律关系可作“成立—确定”二分处理，税收债务于满足法定要件时自动成立，但抽象债务唯经过特定程序后，始能确定具体内容。“课税要件是使纳税义务成立的要件”，[⑤]而税收特别措施不在纳税义务“成立”环节发生作用，其属于“确定”税收法律关系的要素；故不征税和免税存在本质差异，前者意味着特定行为不在法定征税范围之内，后者则是对已发生的纳税义务的免除。[⑥]就此而论，确可认为税收优惠不属税收要素。

---

① 沈岿:《监控者与管理者可否合一：行政法学体系转型的基础问题》，载《中国法学》2016年第1期。

② 德国行政法学者强调行政法的研究范式应该“着眼于国家任务或者国家目的”，进而指出“认为行政目的主要源自部门行政法的观点是不合时宜的”。[德]汉斯·J.沃尔夫、奥托·巴霍夫、罗尔夫·施托贝尔:《行政法》（第1卷），高家伟译，商务印书馆2002年版，第15～16页。

③ 参见张守文:《税法原理》（第6版），北京大学出版社2012年版，第57～59页。

④ 参见[日]金子宏:《日本税法》，战宪斌、郑林根等译，法律出版社2004年版，第111页；陈清秀:《税法总论》，元照出版有限公司2012年版，第306～317页。

⑤ [日]金子宏:《日本税法》，战宪斌、郑林根等译，法律出版社2004年版，第111页。

⑥ 参见李大庆:《财税法治整体化的理论与制度研究》，中国检察出版社2017年版，第197页。

就税收基本事项而言，把握其内涵与外延殊为不易，目前只能通过《立法法》的条文作法律解释：其第8条有关税收领域的法律保留规定为“税种的设立、税率的确定和税收征收管理等税收基本制度”只能制定法律，[①] 基于语义理解，这里的“等”应该置于“列举已尽的多项式之后”，[②] 是对前面三个事项的概称，也即此处所谓之“税收基本制度”包括且仅包括设立税种、确定税率和税收征管事项。该法第9条保留了“授权立法”规定，当然，第10条从授权目的、事项、范围、期限等方面为授权立法进行了限制性规定。《立法法》第8条规定税收基本制度的法律保留、第9条规定“部分事项”可以授权立法，能否将两条结合起来“视为对授权立法的一种限制”，即将税收事项作“基本制度—部分事项”的二分，仅得就后者为授权立法？[③] 申言之，如此解读包括两方面的要求：一者，“基本事项”不得授权立法；二者，“部分事项”可以授权立法，但除立法和授权立法外其他形式皆不可取。如果这种观点成立，无疑意味着立法者确认了相当高标准的法定要求。其实，根据文义解释，《立法法》第9条的“部分事项”有两种理解：一是该法第8条所列举之法律保留事项的某一项或某几项；二是前述法律保留事项中，将每个具体事项再做整体与部分的区分。再运用体系解释的方法，该法第9条“部分事项先制定行政法规”的表述之后，紧跟着“但是有关犯罪和刑罚、对公民政治权利的剥夺和限制人身自由的强制措施和处罚、司法制度等事项除外”，所以，合乎立法者意旨的应当是第一种理解方法。[④] 这意味着税收制度（哪怕是“税收基本制度”）仍有授权立法之空间，同时“税收基本制度”之外的其他税收事

① 如此规定其实存在逻辑问题：作为“法律保留”对象的只能是“事项”，而非“制度”。

② 参见邹哲承：《助词“等”与“等等”的作用》，载《语言研究》2007年第4期。

③ 参见刘剑文、熊伟：《税法基础理论》，北京大学出版社2004年版，第107页。相关分析虽针对修改前的《立法法》进行，但该法修改时对相关表述未有大的变动，故前述分析仍然适用于当下。

④ 参见刘莘、王凌光：《税收法定与立法保留》，载《行政法学研究》2008年第3期。

项，规定在下位法律制度中，并未违反《立法法》规定。这种理解方式在理论上可能并非尽善尽美，但在实践中其实更为可取，很难想象，各项具体的税收优惠举措都规定在狭义法律中[①]将呈现出怎样的一幅图景。

然而，式样繁多的税收优惠，若完全放弃狭义法律层面的统摄，形同“未经过议会作实质性审议的‘隐形补助金’”，与财税事项的民主统制要求相悖。[②]若能体察税收优惠的税式支出属性，在预算过程建立税式支出制度实施管理，或是较优的规制方式。[③]当前我国运用税收手段进行宏观调控、分配调节时，形式层面的不规范性至为明显，税收优惠“土政策”“低税竞争”“朝令夕改”等现象仍存，这说明在税法发挥调节性分配功能时，一定程度的法定要求还是很必要的。

具体到公益性税收优惠，较可行的思路是：首先，狭义法律规定基于制度，如公益捐赠税前扣除的主体资格、扣除标准，又如得免征企业所得税的非营利组织的资质要求、免税范围；其次，配套行政法规、规章具体阐发，如阐明主体资格要求、列举典型收入种类及规定程序性要件等；最后，执行面的操作性规定、针对具体情况的补充性规定，可交由部颁税法规则完成，这由我国税收法治建设所处历史阶段，税收事项的复杂性、技

---

① 十八届三中全会“改革决定”提出“税收优惠政策统一由专门税收法律法规规定”。准确理解应当是强调税收优惠只能由法律、法规规定，如果真要制定统一的税收优惠法律法规，也是规定原则、标准、程序（如税收优惠的设立、审查和退出机制），而不是说在一部法律法规中列举所有的优惠事项。时任财政部长楼继伟就提出，“除专门的税收法律、法规外，起草其他法律、法规、发展规划和区域政策都不得规定税收优惠政策”。参见楼继伟：《深化财税体制改革 建立现代财政制度》，载《求是》2014年第20期。

②［日］北野弘久：《日本税法学原论》（第5版），中国检察出版社2008年版，第121页。

③ 这种思路同预算“有关资源利用的基本社会决定”之定性甚为吻合，税收优惠本质上也属于“资源利用”的一种形式。James W. Fesler，Donald F. Kettl，*The Politics of the Administrative Process*，CQ Press，2009，p. 250. 有关建构税式支出制度的核心要素，参见王霞：《税收优惠法律制度研究：以法律的规范性及正当性为视角》，法律出版社2012年版，第118～124页。

术性、变易性，以及调节性分配具有的政策性特征共同决定，[①] 如具体列举不同行业非营利组织免征所得税的典型收入种类，便可由部颁税法规则完成。[②] 另外，若将公益性税收优惠置于税收优惠的整体语境下考虑，便应该注意到，税收优惠作为调节性分配功能的典型制度载体，在兼顾灵活性的同时，其合法性也可经由如下方式获致："在税法制度中设置一些调控性规范，给出相关调控参数的变动空间，明确有权调控的主体，或者在程序上作出具体要求，在相关体制上作出进一步的协调和配套安排"。[③] 也即，若日后制定统一的有关税收优惠事项的狭义法律，则有权机关可在法律授权的范围内，有一定能动性地出台相关规则或对上位规范作细化阐释。

需要强调，下位法不得同上位法相抵触，此间分际必得严守。法律规范的位阶关系，反映拘束力的高下之别，"上位阶与下位规范间如因冲突，而有抵触的情形，下位规范的规定或者即当然无效，或可经有权机关将之宣告为无效"。[④] 但征管实践中恰是大量部颁税法规则事实上扮演了解释、补充甚至"修改"法律的角色，这严重抵触法定要求。故此，当前一项重点任务乃是详加检视不同位阶的税法规范，勘其是否存在抵触上位法之情事，并适时清理。

（二）可税性原理

法定要求的满足仅赋予税法制度形式上的合法性，尚不一定具备实质正当性。就实质面而言，税法分配功能的作用涉及国家与纳税人之间、纳税人之间、政府之间三个层面，政府间的分配涉及财政体制法，暂且不

---

① 参见侯卓：《应辩证看待部颁税法规则的地位和作用》，载《中国税务报》2012 年 4 月 18 日，第 5 版。

② See Stacey, Amand, "No Public Purpose Test for Non-profit Organizations under the Income Tax Act", *Canadian Tax Journal*, Vol.56, No.4, 2008.

③ 张守文：《财税法疏议》，北京大学出版社 2005 年版，第 269 ~ 270 页。

④ 黄茂荣：《法学方法与现代税法》，北京大学出版社 2011 年版，第 348 页。

论。税法所为之分配规制有无实质正当性，相当程度上取决于是否妥善处置“国民”“民民”之间的分配关系。税法发挥调节性分配功能时，牵动这两方面的分配格局，调节合理与否，亦要从这两个维度详加检视。此处言及的可税性分析，主要在“国民分配”层面展开，继之阐述的比例原则检测，则以“民民分配”为主，兼及“国民分配”。

国家征税应考虑两方面因素——经济上的可能性、可行性与法律上的合理性、合法性，前者可被称为“经济上的可税性”，后者相应被称为“法律上的可税性”。[①]“经济上的可税性”侧重实质合理性，“法律上的可税性”侧重形式合理性（探讨法定要求时已述及），此处主要讨论“经济上的可税性”。[②]所得税法对“所得”概念的界定是征税的逻辑起点，[③]具有可税性的收入须满足状态要件和行为要件：在前者，指收入为通过市场交易所生营业基础；在后者，指收入须是对营业基础之利用所产生的收益。二者均强调将“由市场居间媒介”产生之个人负担能力作为可税性的基础。[④]下文区分“营利性——公益性”收入时，也要判断相关收益是否通过市场交易并利用营业基础而形成。

在公益性税收优惠领域，可税性原理指引征税范围的确定，核心思路

① 张守文：《财税法疏议》，北京大学出版社2005年版，第139页。

② 财政学上针对“剩余”课税的思想与“经济上的可税性”思想相通。“分报偿为两种：一为成本，一为剩余。以为课税于成本，则将转嫁；课税于剩余，则不动移。”何廉、李锐：《财政学》，商务印书馆2011年版，第175页。这是从税收中性的角度切入，其实，从财产权保障的维度同样可得出“课税于剩余”的要求，这在本书前面章节有相关的论述。

③ “所得”的认定方法有增值概念、来源概念和信托概念三种：增值概念强调所得是已明确实现且纳税人有完全支配权的财富增加；来源概念强调只有来自某一来源的收益才是所得，将偶然所得、损害赔偿金、赠与、资本利得等不能追溯至某一来源的项目排除在“所得”概念之外；信托概念则主要将所得与资本区分开，同来源概念一样都排斥对资本利得的征税。目前各国和地区的立法中总体上倾向于采纳所得的增值概念。参见［美］维克多·瑟仁伊：《比较税法》，丁一译，北京大学出版社2006年版，第236～241页。

④ 参见葛克昌：《所得税与宪法》，北京大学出版社2004年版，第44页。

是考虑收益性和公益性两个评价标准：符合收益性标准即纳入征税范围，若同时符合公益性标准便剔除。如非营利组织取得的捐赠、会费等收入，之所以通常被认为具有公益性，主体性质是一方面，根本原因可能在于此类收入基本无须透过市场获取，对市场上营业基础的运用也不明显。进言之，考虑到与“公益性”对称的概念为“营利性”，则“营利性—公益性”的二元结构在主体、收益两个维度都存在，相应形成不同的“主体—收益”结构以及税法规制的多元立场（见表17）。

表17　不同“主体—收益”结构及相应税法立场

结　构	税法立场
营利性组织的营利性收益	必定征税
营利性组织的公益性收益	根据行为（收益）的性质区别对待
非营利性组织的营利性收益	根据行为（收益）的性质区别对待
非营利性组织的公益性收益	必定免税

以上探讨虽在学理层面进行，但各国立法大体遵循相同或近似的逻辑。针对“营利性组织的公益性收益”和“非营利性组织的营利性收益”，由于处在营利性与公益性的“交叉地带”，所以成为各国税法规制的重心；后文将要述及的“相关性测试”“上限控制”等办法，都是这方面的制度安排。

在公益捐赠税前扣除场合，通过税基缩窄达致降低税负目标，就此有两种理解：一是将公益性捐赠支出视为取得收入之费用，故其得予扣除是“净额所得课税”的要求，需基于“必要性原则”施予一定限制；[①] 二是将之视为税收优惠，即公益性捐赠支出与取得收入并无关联，依此逻辑，公益捐赠本同其他形式支出无异，属纳税人自由意志的场域，本应同等课税，之所以赋予一定比例的税前扣除待遇，是基于鼓励、促进纳税人积极

① 参见陈清秀：《税法各论·上》，元照出版有限公司2014年版，第247页。

进行公益性捐赠的社会政策目的。按第一种理解，相关捐赠支出属成本费用，应自所得中扣除，因“收益性”缺失而不具可税性；按第二种理解，亦因该部分支出对应的所得具有“公益性”，所以在可税性上有所欠缺，但毕竟不是财产或所得本身具有公益性，故允许其进行扣除的同时，也要设置一定比例限制。本书赞同第二种见解。从体系解释的角度，《企业所得税法》第 8 条规定计算应纳税所得额时扣除成本、费用、税金、损失，第 9 条规定公益性捐赠支出的税前扣除，二者并列，说明立法者未将公益性捐赠支出视为取得收入之费用，而倾向于将其作为税收优惠。况且，费用认列强调与收入的关联，公益捐赠难以满足关联性要件（也不应满足），否则，其“公益”性存疑。事实上，明确公益捐赠税前扣除作为税收优惠之一种，则肯定其承载之功能重在“调节”，进而便应从调节性分配功能妥善发挥需要满足的正当性要件出发，对相关制度设计提出一系列要求，这在接下来关于“比例原则”部分的研讨中可以看到。

需要指出，确定公共财政与私人财产“两权”界限时，原本即应从“收益性”和“公益性”两方面通盘考虑各项具体收益是否具备可税性，但这是理论阐发。真实的税法建制首先考虑的还是“收益性”因素，无论是“国民分配”，还是在纳税人之间根据能力原则分配税负，都是基于“收益”（在房产税等税种上可能是潜在“收益”）为之；在此意义上，税法发挥调节性分配功能，有时也是在对财政性分配进行矫正。申言之，本章择取的是公益性税收优惠作为分析样本，顾名思义，其公益性自然是无疑义的；其实，其他诸类税收优惠，即便不具有如此浓郁之“公益性”色彩，但有无以及在多大程度上具备“公益性”，确为是否给予以及给予多大幅度之税收优惠的重要考量因素。就此而言，“收益性”与“公益性”这两大要素乃至由之组成的“可税性”，并非单纯的“有—无”二分，而是一个“渐变”的过程,[1] 由此视角亦可理解和品评税法给予税收优惠的合理性。[2] 总之，税法的两类分配功能从各自角度体现可税性原则，只不过在财政性分配部分，本书用“能力原则”体现、替代了这里的“收益性”。

（三）比例原则

针对不同的税法分配功能，实质正当性的要求并不一致。财政性分配重视能力原则，视之为税收正义的基本要求；在调节性分配，“需求原则与功劳原则系符合税捐正义所要求之重要内涵”，[3] 还要在目的与手段间作比例原则检测。[4] 税法分配功能的主体是根据共同体的支出需求、斟酌税负能力而在国家与纳税人之间划定“两权”界线，同时于纳税人内部妥善配置税负，这两个面向都遵循能力原则。税法所为调节性分配，有意偏离前述常态、基准之分配格局，违反能力原则（及其所体现的正义价值），可欲与否，端视比例原则检测之结果。

德国行政法上认为，比例原则包含三项次级原则：一是适应性，措施须有助目标达致；二是必要性，即如果相关措施对法益有损害，国家在职权范围内已无损害更小的措施可以采取；三是狭义比例性原则，促进之法

---

① 截然二分的思路比较理想主义，但在社会现实中很少出现，如“私人物品—公共物品”的二分法就受到质疑，尚有大量介于两级之间的产品；就此，布坎南等提出应该从公共物品定义的“连续性”出发来予以把握，“俱乐部理论”就是这方面的代表性解释范式。这种思路对于我们理解收益的“公益性”，也是很值得借鉴的。

② 以《企业所得税法》为例，其针对不同所得类型规定了不同的税收优惠，这可以通过“公益性”的维度加以把握。如本章重点讨论的“符合条件的非营利组织的收入”，由于其公益性十分突出，所以税法规定该项收入为免税收入；“从事国家重点扶持的公共基础设施项目投资经营的所得”“从事符合条件的环境保护、节能节水项目的所得”等项目也具有一定公益性，这种公益性主要表现为对社会、公众有益，但毕竟不如前者那般直接，所以税法的相应待遇是“可以免征、减征企业所得税”；部分高新技术企业的公益性又更加弱一些，所以税法规定的是对满足条件者减按 15% 征收。

③ 黄俊杰:《税捐正义》，北京大学出版社 2004 年版，第 3 ~ 4 页。

④ 参见葛克昌:《行政程序与纳税人基本权》，北京大学出版社 2005 年版，第 82 页。

益要超过妨害之法益。[①] 针对税法所为之调节性分配，首先要确认，其有助于特定社会、经济目标之达致，[②] 也即调节性分配功能“双层结构”中的高阶功能通过税收优惠等手段有实现可能；其次要判断，是否除税收优惠手段外，别无其他损害更小的方法可供选用；最后还要衡量，所追求之社会、经济目标的分量，是否超越所牺牲之能力原则所承载的法益。通过比例原则检测，推动实现调节性分配双层功能体系的内部调谐。由于比例原则包含其他学者提炼的“需求原则”（对应比例原则中的适应性原则），而且其中的狭义比例性原则蕴含浓郁的分配考量并由此同财政性分配的能力原则联系起来，故本书确立比例原则作为调节性分配的正当性基础之一。

给予非营利组织免税待遇，可鼓励、促进公益事业，公益捐赠税前扣除则能提高市场主体投身慈善事业的积极性，二者均满足适应性原则的要求。“税法规范的实施效果如何不仅取决于规则的制定是否有正当的理由支持，而且取决于制定的规则能否有可行的机制实现。”[③] 相比直接设定必须完成的公益捐赠指标，通过将税收作为经济诱因引导市场主体为立法者期许的捐赠行为，尊重市场主体的自由意志，是“市场机制有效、微观主体有活力、宏观调控有度”的制度呈现。

最难的是比较增益之法益是否超过妨害之法益。思维方式和知识背景

---

① 参见黄学贤：《行政法中的比例原则研究》，载《法律科学》2001 年第 1 期。也有学者认为比例原则内含三项要求：第一，必要性原则，行为对目的之达致有必要；第二，适当性原则，通过利益衡量，可能之收益超过行为之成本；第三，最小损害原则，在多种方案中择取权益损害最小的方案实施。参见姜明安：《行政法与行政诉讼法》（第 5 版），北京大学出版社、高等教育出版社 2011 年版，第 74 ~ 75 页。

② 学者们对税收优惠的批判多从其并不能真正实现调节目标出发。如公共选择学派就认为，虽然税收优惠看似为合理的目标服务，但现实中，“对特殊阶层的人们来说，它们只不过常常是作为减少这些人总的税收负担份额的一种手段”，而政治过程中却常常难以有效区分这两种动机。参见［美］布坎南：《公共财政》，赵锡军等译，中国财政经济出版社 1991 年版，第 308 页。

③ 叶姗：《社会财富第三次分配的法律促进——基于公益性捐赠税前扣除限额的分析》，载《当代法学》2012 年第 6 期。

不同，对法益的优先级排序便可能存在差异，[①]“对社会重大分歧的思考中，法律共同体在政治上和文化上都分裂了。”[②]甚至当我们将“公益性税收优惠”等意欲增进的法益称为“公益”时，“我们可能已经事先用我们独特的处理方式作出了决定”。[③]理论上，利益衡量须遵循两项原则：一是尊重个人利益，因为其是社会利益的基础，通过保护个人利益可以确保社会利益；二是保护最大多数的利益同时牺牲最少的其他利益。[④]不难发现此处存在公益与私益间的张力，这要求税法通过公益性税收优惠等制度安排实施调节性分配时要有限度，允执厥中。具言之，公益性税收优惠侵害两方面法益——国家税款利益和纳税人间的平等（及由此衍生的竞争平等）。就前者而言，各种形式的税收优惠莫不意味着国家税款利益的放弃和让渡，泛滥的税收优惠使国家财政能力有恶化之虞；[⑤]而现代国家中税款承载之社会公共利益同私人利益并非对立关系，“社会公共利益实际上是一种间接性的个人利益，它最终会增进每个人的福利，使个人价值最大化”，[⑥]即国家税款流失直接损害公益，最终对不同私益的集合形成整体妨害。所以，税法学理上不仅针对课税有“半数原则”，就税收优惠同样有类似主张——根据德国联邦宪法法院判决，有关税收优惠的法律条文应“指明优惠目的及条件，只能减至接近半数，不得超越，尤不得减免”。[⑦]当然，该主张在各国立法实践中皆难说得到高度遵守，目前看来还只是一种理想状态。就

① 当然，在进行法益衡量时有一些基本的判准是公认的，如人的生命或人性尊严应当居于较高的位阶。［德］卡尔·拉伦茨：《法学方法论》，商务印书馆 2013 年版，第 285 页。不过税法领域涉及此类情形相对较少。

②［美］理查德·A. 波斯纳：《法理学问题》，苏力译，中国政法大学出版社 2002 年版，第 255 页。

③［美］罗斯科·庞德：《法理学》（第 3 卷），廖德宇译，法律出版社 2007 年版，第 247 页。

④ 参见［美］罗斯科·庞德：《法理学》（第 3 卷），廖德宇译，法律出版社 2007 年版，第 250 ~ 251 页。

⑤ 参见陈清秀：《税法总论》，元照出版有限公司 2012 年版，第 318 页。

⑥ 薛克鹏：《经济法基本范畴研究》，北京大学出版社 2013 年版，第 212 页。

⑦ 葛克昌：《租税国的危机》，厦门大学出版社 2016 年版，第 212 页。

后者而言，主要是对根据能力原则在纳税人之间所为之税负配置格局的破坏，“现代给付国家，原则上无不以‘量能原则’作为租税合理正当性之标准”。[①]以公益捐赠税前扣除为例，其根据企业/个人不同的支出性质给予差异化税负待遇，便是在能力标准之外另立新的分配标准。根据狭义比例原则的要求，当增进之利益与牺牲之利益都很重要时，需要对牺牲利益之“度”作严格把握。具体来讲，针对非营利组织的免税，要从适用主体与适用范围两个维度严加管控；针对公益捐赠税前扣除，应就受赠对象和扣除比例设定门槛。所得税法上不少制度规范都围绕前述方面展开。

前文在阐发税法进行调节性分配时应遵循法定要求和可税性原理时，分别有意地揭示了此二者在财政性分配场域的作用形态。实际上，此处探讨的比例原则也可视为是贯通两大分配功能的。比例原则要求税法规制检视减损之法益与增进之法益的关系：财政性分配的核心是国家基于能力原则在纳税人之间妥为配置税负，是对私人财产权的合法剥夺，也即此处减损之法益是私人财产权，与之相应，其所增进的法益是社会公益；纵使基于不同的价值观，对私益与公益的权重判断或有不同结论，但无论如何，税收应适度即应该在纵向意义上实现量能课税，是殆无疑问的，这其实正是比例原则以另一种形式存在。进言之，根据税法上的“再生产说”（弗戈尔的理论为代表），“税捐之支付，其对私经济具有原则上再生产能力”，由此出发产生比例原则进行法益衡量的空间——税款的征取，必须要做到“国家所利于生产者，不少于对经济所课征之负担，即具再生产能力”，[②]否则，税款征取便难谓其具有正当性。不难发现，这里体现出比例原则。随着经济的发展，传统的国家—社会二元结构渐趋转化为国家—经济—社会的三元结构，经济组织的影响力不断扩张，也影响到法律与政策设计，故

① 葛克昌：《所得税与宪法》，北京大学出版社 2004 年版，第 88 页。

② 葛克昌：《租税国的危机》，厦门大学出版社 2016 年版，第 199 页。

前述建立在“再生产能力”基础上的比例原则分析，既要在全社会整体层面为之，也应就市场主体个别展开，本书前文曾多次论及的“半数原则”，即可由此角度被赋予全新的内涵。

以上便对税法进行调节性分配时应当具备的正当性基础作了阐述，核心内容概括如表18所示。在此基础上，下文拟具体检视非营利组织免征所得税的制度设计，着重揭示其如何在满足正当性基础的前提下，更好发挥调节性分配功能。

表18 调节性分配的正当性基础及基本要求

	定位	核心内容	说 明
法定要求	形式要求	兼顾狭义法定与立法授权，结合调节过程法定与调节内容法定	因应政策性特质，法定要求较之财政性分配可适当放宽
可税性原理	实质要求	“收益性—公益性”的二元结构	是否具备、在多大程度上具有公益性应成为是否进行调节、以何种形式进行调节的重要依据
比例原则	实质要求	适应性、必要性、狭义比例性	适用主体、适用范围、适用程序三维制度设计均要体现比例原则

三、个案检视：非营利组织免征所得税

现行《企业所得税法》第26条规定“符合条件的非营利组织的收入”为免税收入，原则性地确定了非营利组织免征所得税的制度框架；在《企业所得税法实施条例》等下位法规、规章和规范性文件中，进行了细化规定。“人民纳税以供国家之用，应按各个人负担之能力，以为分配之标准。”[①] 是否为非营利组织，本不影响其收入的纳税能力，然而基于可税性分析，不课税收入“为非经由租税债权人（国家及地方自治团体）所代表

① 何廉、李锐:《财政学》，商务印书馆2011年版，第167页。

之公共所提供的市场交易，而出于自我提供或出于市场之外所生者”，[①] 且非营利组织往往承担较多社会责任，故其相当一部分收入虽具有“收益性”但却基于一定社会政策目的而被税法给予免税之优惠待遇。唯对此间若干营利性收入，因主体的公益性与收入的营利性“杂处”，得否给予一定之免税待遇尚在未定之数，取诸不同的制度安排；复因比例原则之作用，（如果给予则）须将相关优惠待遇限于一定范围之内，始不对市场之运行、竞争之良性生出妨害之虞，且使其蕴含之调节性分配功能更精确地得以发挥。

（一）主体择取：何为“非营利组织”

税法发挥调节性分配功能时，无论其高阶功能是促进社会性政策目的抑或是经济性政策目的的实现，皆须首先明确所欲调节之主体即相关制度蕴含之调节性分配功能的直接作用对象，如此方能“精确施治”。给予非营利组织免征所得税待遇时，为免“鱼龙混杂”，自应廓清享受优惠之主体的资质条件。

1. 现行立法例：形式正当性分析

毋庸讳言，《企业所得税法》第 26 条可能产生歧义。该条所谓“符合条件的非营利组织的收入”有两种理解方式：一是“符合条件”修饰“非营利组织”，即就非营利组织的资质条件授权国务院细化；二是“符合条件”修饰“收入”，即对能享受优惠待遇的收入范围，给下位法规范预留细化空间。该条的首句为“企业的下列收入为免税收入”；后继第 27 条列举减免税的所得项目，第 28 条规定小型微利企业和高新技术企业实施低税率。一般将第 26 条、第 27 条、第 28 条分别作为对法定免税项目、酌

① 葛克昌:《所得税与宪法》，北京大学出版社 2004 年版，第 45 页。

定减免税项目和低税率的规定。[①]由体系解释的视角观之，第26条、第27条是关于"收入项目"的优惠，第28条才是关于"纳税主体"的优惠；所以前列两种理解方式中，当以第二种较符合立法者原意，即为下位法预留的细化空间，是对"收入"范围的限定。但是，"立法者原意"未被下位规范的制定者所体察，《企业所得税法实施条例》第84条及相关部颁税法规则（如2009年"123号文"、2014年"13号文"）中，都主要在限定"非营利组织"的条件。

从法定要求来看，上述情形难以避免"合法性瑕疵"的质疑，下位法实质上限缩了上位法的适用空间，存在税收行政解释扩大化、"借解释之名行立法之实"的情况，[②]这易破坏法的预期性、明确性和稳定性。[③]当然如果考虑实质正当性的要求，那么对得以享受免税待遇的"非营利组织"确立明晰之资质标准，应当说很有必要。一方面，针对客观情势的发展，制定法很难在第一时间及时更新，法律的滞后性现实存在；另一方面，是否体现并能够满足经济社会生活的需求，又是衡量法律生命力和有效性的重要标准，所以"经济上合理性"与"法律上合法性"之间时常发生冲突，以致出现"良性违法"的情形。[④]对此，立法技术的提升、修法时的"精雕细琢"固然必要，而在此之前，当这种情况真实发生时，除了理论层面的挞伐，现实中很难太过较真。

2. 他山之石："双重规制"方法之提炼

将观察视角由形式面移至实质面，域外立法例多置重心于对非营利组织主体资质的限定。税法首先于整体上就不同类型的纳税主体作类型化梳

---

① 参见刘剑文、熊伟：《财政税收法》（第6版），法律出版社2015年版，第332页。

② 参见孙健波：《税法解释研究：以利益平衡为中心》，法律出版社2007年版，第256页。

③ 瑞兹教授提出作为"法治概念的法"必须具有五个特点：普遍性、预期性、公开性、明确性和稳定性。参见陈新民：《德国公法学基础理论》（增订新版·上卷），法律出版社2010年版，第72～73页。

④ 参见张守文：《分配危机与经济法规制》，北京大学出版社2015年版，第307～308页。

理，然后再有针对性地采用概括或列举的方式廓清特殊类型主体的内涵与外延。日本《法人税法》通过两个步骤完成分类工作：第一步，将纳税义务人区分为国内法人和外国法人，前者属无限纳税义务者，后者属有限纳税义务者；第二步，进而将国内法人区分为公共法人、公益法人、无法人格的社团、协同组合与普通法人，适用不同的所得课税规定。[①]在此基础上，以附表形式明确公益法人等的具体范围。[②]

进言之，域外立法例对非营利组织的界定，有其内在的逻辑脉络。美国《国内收入法典》“F分章”之第I部分“总则”的第501节，用专节规定“公司、特定的基金等纳税义务的免除”，其中c项为免税组织列表，涉及非营利组织的有如下几项：[③]第一，专门为宗教、慈善、科学、公共安全测试、文学、教育目的，或为促进国家和国际间业余体育竞赛，或者为了预防虐待儿童、动物而成立的组织；第二，不以营利为目的、专门为推进社会福利而运营的市民社团或组织，或雇员的地方协会；第三，劳工、农业或园艺组织；第四，商业联盟、贸易协会、不动产董事会、商业董事会，或职业足球联盟；第五，为娱乐、休养及其他非营利目的组建的俱乐部；等等。纵览该条款，除列举上述类别外，突出特征是在各类别下分别载明该项组织须满足的条件，共性条件有三：首先，为非营利目的兴建；其次，净收益非为私人股东或个人受益；最后，不参与政治过程，即不为

---

① 参见［日］金子宏：《日本税法》，战宪斌、郑林根等译，法律出版社2004年版，第201～204页。

② 需要注意的是，要将根据一般社团法人和财团法人法设立的获得公益认定的公益社团法人与其他公益法人，如学校、宗教团体等，区别开来；并且，“一般社团法人和财团法人中，包含在公益法人等范围内的，不仅有获得公益认定的公益社团和财团法人，还有属于法人税法所定义的非营利法人。”对这些错综复杂之关系的准确把握，建立在完整理解日本相关民法、税法规定的基础之上。参见［日］中里实等：《日本税法概论》，西村朝日律师事务所西村高等法务研究所监译，法律出版社2014年版，第158页。

③ 参见《外国税收征管法律译本》组：《外国税收征管法律译本》，中国税务出版社2012年版，第539～540页。

宣传目的或试图影响立法，且不干涉竞选活动。美国税法的规制思路可被概括为“性质—目标”的双重规制，特定主体若想成为非营利组织而享受免税待遇，内在性质和外部目标俱应满足公益性条件，法律上“净收益非为私人利益”等门槛设置是为确保内在性质之公益性，目标的公益性则通过枚举的方式加以涵摄。①

德国《税收通则》的规定虽然在结构和内容上与美国不同，但规制思路别无二致。该法第二部分“纳税债务法”中设第三节“享受税收优惠的目的”，②该节第51条在作“一般规定”时明确表达，“因团体完全而直接追求公益、慈善或教会目的”而为法律允许给予税收优惠时，适用该节规定，第52～54条则分由公益目的、慈善目的、教会目的三个方面限定得以享受免税待遇的组织之范围。这三个条文多运用“一般规定+特别列举”的方法，比如第54条强调“团体的活动致力于无私地资助作为公法团体的宗教团体……属于这些目的的尤其包括……”此间“尤其包括”之语意味着，市场主体的目标若恰与明示列举项吻合，便当然享受优惠待遇，如未出现，则须结合一般规定中阐发的要件作具体分析。另外，德国《税收通则》第55条有关“无私利目的”之内容，同美国税法上组织本身须满足的条件相似，要求达到“团体的资金仅可以用于章程规定的目的”等标准。

我国台湾地区“所得税法”第4条第13款对得享受免税待遇的非营利组织的认定标准，“立法授权”给“行政院”制定；据此，“行政院”颁布的“教育文化公益慈善机关或团体免纳所得税适用标准”（2013年2月26日最近一次修正）中，对相关主体资质条件进行规定，大体有必须办理

① See Radzi, Siti Hirdayu Mohd, Noor, Rohaya Md.2012, Tax Reporting for Non-profit Organizations (NPOs) in Malaysia, 2012 IEEE Symposium on Business, *Engineering and Industrial Applications*.

② 参见《外国税收征管法律译本》组:《外国税收征管法律译本》，中国税务出版社2012年版，第1686～1687页。

登记或立案、应从事公益目的活动、不得为盈余分配、解散后剩余财产解缴公库或公益使用、人事健全、会计制度健全、财务管理健全七项要求。[①] 同美、德立法例比较，显见我国台湾地区的“立法”规制重心在组织的“内在性质”，就此须略作阐明。

域外立法例对“非营利组织”之界定非由税法独立完成，民法或特别法亦有相关制度。前者如日本《民法典》第34条[②]及据此制定的《公益组织审批和监督标准》，又如韩国《民法》第32条。[③] 经济法学理论认为，“调制受体的资格，一般不需要有专门的法律作出特别规定”，因其本质上属于市场主体，故资格取得“依据反映主体平等精神的民商法”，[④] 可见日、韩等国在民法典中界定非营利组织是适宜的，税法建制也应注意与其协调。后者如日本、韩国及我国台湾地区颁布的有关私立学校、医疗、社会福利服务、宗教服务方面的专门性规范中也在各自领域内对相关“公益法人”作特殊界定。由此便可理解，我国台湾地区在“税法”层面将规制重心置于“内在性质”，并非其对“外在目标”不作要求——不过是将该项任务交其他“部门法”完成而已，制度借鉴时必须有体系性的把握。

3. 可以攻玉：制度缺失与改进思路

由域外立法例不难发现，对于享受免税优惠之非营利组织主体资质的限制，多从“组织性质”和“组织目标”这内、外两个层面展开。反观我国现行制度，在《企业所得税法实施条例》第84条，财政部、国家税务总局先后颁布的2009年“123号文”、2014年“13号文”中，对主体资

---

① 参见陈清秀：《税法各论·上》，元照出版有限公司2014年版，第320～324页。

② 该条规定：“有关祭祀、宗教、慈善、学术、技艺和其他公益的社团或财团，不以营利为目的，经主管厅许可得成为法人。”

③ 该条规定：“与科学、宗教、慈善、艺术和社会交往或其他与非营利机构相关的联合会或基金会，经有关部门许可获得法人资格。”

④ 张守文：《经济法总论》，中国人民大学出版社2009年版，第132页。

质的条件设定基本局限于“组织性质”这单一维度。如《企业所得税法实施条例》第84条即分别从履行登记手续、财产及孳息不得用于分配、财产投入后投入人不保留或享有财产性权利、工作人员开支控制在规定比例内等方面对组织的内部运作提出要求，而仅在第2项中泛泛涉及“从事公益性或者非营利性活动”，至于哪些活动属于“公益性或者非营利性活动”的范畴，则是语焉不详。该状况在本应进一步细化规定的前述各部颁税法规则中亦未得到改变。这意味着前述美、德等国立法例上的“双重规制”之理想格局，在我国现行法上缺失了“组织目标”这十分重要的一大块，导致相关税法规制的“法网”呈现“疏而有漏”的情状。那么，我国是否在其他部门法上补足了这一块呢？答案同样是否定的。目前，我国不仅没有一部统一的非营利组织税收法律、法规，统一的非营利组织法也处于缺位状态。[①]有一定关联度的法律规范是《公益事业捐赠法》，但是其第24条、第25条有关公益捐赠享受企业所得税、个人所得税税收优惠的规定属于公益捐赠税前扣除之范畴，与此处讨论的非营利组织免征所得税是两码事；[②]另外便是国务院于1998年先后颁布、施行的《民办非企业单位登记管理暂行条例》和《社会团体登记管理条例》，但其中对相关组织、团体在法律上的主体资格问题语焉不详，[③]自然也不涉及对组织目标的特别限定。

---

① 2013年，北京大学非营利组织法研究中心出炉了《中国非营利组织法专家意见稿》，参见陈金罗、金锦萍、刘培峰等:《中国非营利组织法专家建议稿》，社会科学文献出版社2013年版。有关评述，参见马长山:《非营利组织立法的现实进路与问题——兼评〈中国非营利组织法专家建议稿〉》，载《中国非营利评论》2013年第1期。

② Daniel Shaviro, Replacing the Income Tax With a Progressive Consumption Tax, *NYU Law School, Public Law Research Paper No. 70, 2008; and NYU, Ctr for Law and Business Research Paper No. 03-18, 2008.*

③ 参见金锦萍:《〈社会团体登记管理条例〉修改的若干法律问题思考》，载《社团管理研究》2008年第3期。该文探讨了非法人社团的法律地位，指出《民法通则》规定了自然人和法人两大民事主体，其后颁布的《合伙企业法》《个人独资企业法》等法律对营利性的非法人社团作出规定，而在法体系中，对非营利非法人社团的定位比较模糊，权利能力、财产、诉讼资格、责任能力等问题都需要明确。

如此看来，广义法体系中，唯有在前文述及的有关老年服务机构、医疗卫生机构、教育机构等公益组织的一系列部颁税法规则中，于一部规则中同时规定企业所得税、营业税、车船税、房产税等多个税种的税收优惠的情况下，有提到对这些公益机构“暂免征收企业所得税”；由此可见，制度设计者将这几类机构视为符合免征所得税条件的主体，进而或可反推出这几方面的“组织目标”当属公益性目标，在一定程度上也可作为“双重规制”中现行法上缺失的那一环。但是，此种方式显然具有规范性文件效力位阶低、主体类型列举挂一漏万等缺陷，与立法直接明定的方式在客观效用上可谓天渊之别。

就调节分配言之，各类税收优惠制度必须“精确调节”，因为其同财政性分配不同，后者根据能力原则、以符合法定要求的行使分配税负，设定具高度普适性之标准后即可“大量为之”，税收正义之供给甚为充分；而税收优惠等制度所承载的调节性分配功能之发挥，系对财政性分配格局的主动“调节”，在外观上表现为对能力原则的违反、对国家税款利益的让渡，非有充分合理之公益诉求且能够通过比例原则测试不得进行。要满足前述条件，就必须十分审慎地设规立范，力求实现“精确调节”，稍有欠缺便可能引发规制落空，或是公益目标之难达，或是私益之妨害过巨，税法制度为理论上不适格主体留下“搭便车”的空间，就属于对分配格局的不当“扰动”。对于能够享受免税待遇的主体资质，如果在上位法中缺乏概括性的“组织目标”规定，仅于下位规范性文件中零散地加以列举，可能带来实践中的彷徨特别是执行标准的不一致，进而诱发“选择性征税”“寻租行为”等不良现象。

论及完善方向，基于专业分工的考虑，本书主张从两个维度优化“主体择取”的规定。一方面，将对“非营利组织”概念的界定特别是其中有关“组织性质”的规定，由财税部门主导的税收立法逐步转由民政部门主导的社团管理立法。现行《企业所得税法实施条例》第 84 条第 2 款规定非营利组织的“认定管理办法由国务院财政、税务主管部门会同国务院有关部门制定”，这就确立了对非营利组织资质认定的财税部门主导方式。而之所以要实现前述转变，原因在于：非营利组织管理是综合性工作，涉税监管仅为其中之一部分；因此倘由税务部门界定非营利组织的概念，仅仅满足税务管理的需求而难以符合综合管理的宗旨。反之，民政部门作为非营利组织的主管部门和首要的登记部门，则可综合考量各类专业管理的需求，通过社团管理立法对非营利组织做出基础性的规定。当然，从立法的层次上来说，至少应该是行政法规级别，时机成熟时可以制定法律。在界定方式上，虑及因循立法传统和非营利组织的发展状况，可以考虑采用概括式定义辅之以不完全列举的办法，其好处至少有三方面：第一，可以防止挂一漏万；第二，便于今后做出相关的解释来完善概念、补充漏洞；第三，税收等专业领域的立法还可以根据各自需求对概括式定义作细致阐明和补充规定。另一方面，在税收立法中，适当集中精力从“组织目标”的维度作相关规定，具体来讲，可以仿效德国的制度经验，采用“一般概括+特别列举”的方式。首先，现行《企业所得税法》第26条有关“符合条件的非营利组织的收入”为免税收入的规定，失之过简，而且根据前文分析，如此行文，辅以前后法条之体系分析，依文义理解当无对“非营利组织”本身施以限制之用意，所以如有可能，在修改《企业所得税法》时对相关条文予以细化规定，使其足以担当其他相关规范的上位法，较为可取；若囿于立法资源的约束，暂难系统修法，[①]如可应考虑充实《企业所得税法实施条例》的内容，或制定专门适用于非营利组织税收征管的规

① 十八届三中全会“改革决定”强调要落实税收法定原则，税收立法进程也不断提速；但现阶段的工作重心是将各单行税种的暂行条例上升为法律，实现“一税一法”，连早已启动的《税收征收管理法》修改工作都已搁置下来。因此，系统修改《企业所得税法》在短期内较难实现，这可由2017年2月对该法的定向微调看出，彼时修法主要是为和《慈善法》衔接，虽有学者建议对税率等核心制度也作一定调整，但未被采纳。

章。其次，在内容上，实施条例第 84 条中有关履行登记手续、从事公益性或非营利性活动等主体资质的要求，可考虑规定在民政部门主导的制度规范中，因为这些内容主要属于综合管理性质，同税收征管本身的联系较为间接；当然，在前述规范缺位的状况下，规定在实施条例中也无太大问题，但不可冲淡税法规范中对享受税收优惠之非营利组织“组织目标”的规定。最后，也是最重要的，至少可考虑从公益目的和慈善目的两个维度进入，分别以“不完全列举”方式载明能够享受免税待遇的最典型的组织目标，如“公益目的”项下可包括科研教育、文化艺术、环境保护等细目，“慈善目的”项下可包括养老院、疗养院等细目；[①] 同时，也可反向列明不属于可以免税的组织目标之情形，从而通过正向“励进”与反向“限禁”相结合，在定分止争的同时，间接引导、规制主体的行为。

另外尤应注意的是，调节性分配功能妥适发挥功能的逻辑前提是对调节主体（相关制度的直接作用对象）的精准定位，这需要满足的条件是现实中的主体真正成为“税法上的主体”，如此方有接受税法调节之空间。就此而论，一个重要的检验指标是有没有进行税务登记。现行《税收征收管理法》第 15 条对税务登记作出原则性规定，该条第 3 款所谓“本条第一款以外的纳税人”包含非营利组织，“立法授权”国务院制定具体的登记办法。《税收征收管理法实施细则》第 12 条第 2 款也只是简略规定，非营利组织应当自纳税义务发生之日起 30 日内，持有关证件向所在地的主

---

① 域外立法例中，多有将宗教目标单列一类的做法。在中国，宗教团体、宗教活动场所作为非营利组织的地位殆无疑问，现实中宗教团体未享受税收优惠主要是“相关部门的思想认识还不一致，还存在一些隐性门槛”和“宗教界对相关政策不了解，未按规定程序申请免税资格”两方面的因素所致。对此，国家宗教事务局于 2012 年会同中央五部门联合下发《关于鼓励和规范宗教界从事公益慈善活动的意见》（国宗发〔2012〕6 号），明确宗教界依法从事的公益慈善活动可以享受与社会其他方面同等的扶持和优惠政策；又于 2014 年特别转发了财政部、国家税务总局发布的《关于非营利组织免税资格认定管理有关问题的通知》（财税〔2014〕13 号）。此外，《房产税暂行条例》等其他税种法上也有宗教相关的优惠安排。

管税务机关申报办理税务登记。尽管根据本款，理论上可以将非营利组织纳入税务登记的范围，但在税务实践中，许多非营利组织未申领工商营业执照，此时税务机关无法获取工商机关反馈来的信息；当纳税义务发生时，若非营利组织不主动进行税务登记，很容易逃脱税务机关的监管，成为真正的“税法上主体”。[①] 某种意义上，税法在此问题上的粗疏，可能是考虑到非营利组织一般不产生营利性收入，而且既然税法已赋予其免税待遇，[②] 便没有必要对其登记义务严加规定。[③] 对此种观点的合理性可由三方面加以辨析：第一，税收优惠同纳税义务的发生不同，前者必须经过一定程序，[④] 登记正是相关程序的起点；第二，如不经过相应程序，可能使本不应享受免税待遇的主体“浑水摸鱼”享受了免税待遇，给制度设计者本来预期的分配格局带来不合理的“扰动”；第三，如接下来将要述及，从税法理论和比较法经验看，非营利组织也可能有营利性收入，税法针对此种状况多持“区别对待”的立场，并非一概否定。所以，在税收征管法层面加强对非营利组织税务登记的制度规定，很有必要。

（二）范围限定：哪些收入可以免税

根据前文的分析，理论上讲，具有收益性且不具有公益性的收入才具有可税性。具体到非营利组织，针对其公益性收入赋予免税待遇，在不同立法例上基本达成共识，如我国台湾地区“税法”就规定公益团体的会

---

① 参见刘植才:《我国非营利组织的课税问题》，载《税务研究》2004 年第 12 期。

② William Jack, “Public Policy toward Non-Governmental Organizations in Developing Countries”, *World Bank Policy Research Working Paper No. 2639.*

③ 参见金锦萍:《社会组织财税制度》，中国社会出版社 2011 年版，第 97 页。

④《税收征收管理法》第 33 条规定:“纳税人可以依照法律、行政法规的规定书面申请减税、免税。减税、免税的申请须经法律、行政法规规定的减税、免税审查批准机关审批。地方各级人民政府、各级人民政府主管部门、单位和个人违反法律、行政法规规定，擅自作出的减税、免税决定无效，税务机关不得执行，并向上级税务机关报告。”

费、捐款及补助款收入、财产管理孳息收入、其他从事公益活动的附随收入等项免税。[①] 比较有争议的在于，是否给予以及在多大范围内给予相关组织的营利性收入以免税待遇？一方面，如果对非营利组织的营利性收入也给予免征所得税的优惠，可能会对市场竞争产生妨害，[②] 使该项税收优惠的侵益超过增益，不合比例原则之要求；同时也可能因税收“经济诱因”的作用，诱导非营利组织汲汲于营利性活动，与其设立初衷南辕北辙。但另一方面，公益事业的发展也确实需要通过一定程度和范围内的非公益活动以获得资金和资源支持，这在事业发展初期表现得越发明显。所以学理上认为，“如果公益团体为达成其公益目的所不可或缺的经营目的营业之活动时，则因此产生妨碍营业竞争、原则上应予忍受”。[③] 这里的“应予忍受”，如果不去严格地进行利益衡量，大抵可认为是指能够通过比例原则之检测。但是，这里的“度”就要格外讲究，如何妥适处理不同纳税人之间的利益关系，需要在免税收入范围上作出精确的制度界定，这再次体现调节性分配功能之发挥对于精确规制的高标要求。相应地，当立法者难以精确把握利益之间的平衡之时，退而求其次的做法可能就是进行相对粗线条的“公益——非公益”之二分。

我国目前的制度设计总体上较为“粗线条”。《企业所得税法》第 26 条仅要求免税收入需要“符合条件”，《企业所得税法实施条例》第 85 条则对此作出较为原则性的界定——“不包括非营利组织从事营利性活动取得的收入，但国务院财政、税务主管部门另有规定的除外”。条文意思甚为明确：一者，基本原则是营利性收入不免税；二者，如果财税主管部门有规定，则特定营利性收入可以免税。在集中规定免税收入范围的财政

① 参见陈清秀:《税法各论·上》，元照出版有限公司 2014 年版，第 325 页。

② 这里预设的逻辑前提是假定非营利组织取得营利性收入（如销售货物或提供劳务）时，会同市场上其他主体产生营业竞争关系。陈清秀:《税法各论·上》，元照出版有限公司 2014 年版，第 326 页。

③ 陈清秀:《税法各论·上》，元照出版有限公司 2014 年版，第 327 页。

部、国家税务总局“122号文”中，明确列举的几项，如捐赠收入、政府补助收入、会费、银行存款利息收入，均为公益性收入范围，当然，其最后也预留了“财政部、国家税务总局规定的其他收入”这一兜底条款。现实中，财税主管机关有针对具体行业发布部颁税法规则，就部分营利性收入规定免税待遇的实例。如前文提及的财政部、国家税务总局《关于非营利性科研机构税收政策的通知》（财税〔2001〕5号）中，就规定非营利性科研机构从事技术开发、技术转让业务和与之相关的技术咨询、技术服务所取得之收入，依规定可免征企业所得税；又如，财政部、国家税务总局《关于医疗卫生机构有关税收政策的通知》（财税〔2000〕42号）中，也规定非营利性医疗机构按照国家规定的价格取得的医疗服务收入，免征各项税收，另外，非营利性医疗机构从事非医疗服务取得的租赁收入、财产转让收入、培训收入等，应当征税，但“将取得的非医疗服务收入，直接用于改善医疗卫生服务条件的部分，经税务部门审核批准可抵扣其应纳税所得额”。梳理前述规范，我国税法在免税范围界定上，存在若干具体问题，如针对非营利组织收取的银行存款利息收入与收取的会费是否免税未能一体视之：在前者，必须是不征税收入和免税收入孳生的银行存款利息收入才能计入免税范围；在后者，仅有依据省级以上民政、财政部门规定所收取之会费始得免税。[①] 这其中的合理性（特别是在公平层面）是存疑的，但本书重点关心的问题尚不在此。总体上讲，我国目前的税制对非营利组织取得的收入基本采用严格的“公益——非公益”二分法，仅对公益性收入免征所得税；虽然针对特定行业适当放宽免税收入范围，将部分营利性收入也纳入免税范围，但相关规定十分零散且位阶较低，无法形成融贯、严整之制度体系。故此，有必要梳理其他国家或地区的相关经验，取其精华，以为未来制度优化之镜鉴。

---

① 财政部、国家税务总局《关于非营利组织企业所得税免税收入问题的通知》（财税〔2009〕122号）。

大体上看，梳理域外制度可提炼出三条规制进路：一曰“相关性测试”，二曰“上限控制”，三曰“税率优惠”。在前者，主要是对该营利性收入的性质作出判断，考其是否为达成该组织之公益目的所不可或缺之活动的收益；在后二者，通过设定绝对量值或相对比值，对一定范围内营利性收入给予免税待遇，又或者直接规定相对较低的税率，给予非营利组织的营利性收入以优惠待遇。这三条进路可概括为“性质——数量”的二维控制，以下分述之。

“相关性测试”法的核心要旨是甄别“目的经营”，也即当非营利组织从事营利业务时，如果符合“目的经营”之范围，则仍可享受税收优惠待遇。德国《税收通则》第65条对“目的经营”的三项条件之规定，至为典型：第一，经济性业务经营的总方向是实现团体享受税收优惠、符合章程规定的目的；第二，只能通过此类经济性业务经营达到目的；第三，其与不享受优惠的相同或相似经营，“不在比较大的范围内陷入在实现享受税收优惠目的时不可避免的竞争”。[①] 由此三项条件的设定不难看出，德国立法例充分地体现了比例原则的要求，其三条具体要求大致可分别对应比例原则中适应性、必要性和狭义比例性这三项次级原则。此外，该法第68条还规定了若干相对具体的目的经营情形，如老年公寓、疗养院供应膳食的服务，又如科研机构从公共或第三方资助或资产管理中筹措资金，相应进行的委托研究，等等。[②] 美国《国内收入法典》上的相关制度规定比较分散和繁杂，[③] 但详加梳理后可发现，其运用的也是“相关性测试”办法。该法典“F分章”之第Ⅲ部分“特定免税组织的营业所得税”的第

---

① 参见《外国税收征管法律译本》组：《外国税收征管法律译本》，中国税务出版社2012年版，第1688页。

② 参见《外国税收征管法律译本》组：《外国税收征管法律译本》，中国税务出版社2012年版，第1689页。

③ 参见《外国税收征管法律译本》组：《外国税收征管法律译本》，中国税务出版社2012年版，第554～562页。

512节，将“营业外应税所得”界定为从经常性的商业、贸易活动中获得的总收入减去“所允许的直接与该商业或者贸易活动的运营相关的扣除”，这便是从客观净额所得的角度界定应税所得的思路；其后又规定了免税收入，将之界定为“组织成员为了帮助实现该组织的免税地位而作为向该组织成员、组织成员的被抚养人或者顾客提供货物、设备或者服务对价的应付款、费用及收费或类似款项的总收入。”把握该项规定的关键是体认蕴含其中的“相关性”要求，即与组织宗旨相关的活动若是为实现组织目标而开展，则其所获利润不必纳税。另外，第513节“非相关商业与贸易”明确，如果非营利组织进行的商业或贸易与该机构“就其慈善、教育或其他目的或功能在实质上并不相关”，则不构成纳税豁免的依据。由以上这些关键条文可以提炼出，美国税法以是否与组织目标相关为标准，区分非营利组织所从事之营利性活动，作出免税或不免税的区别安排。除美、德等国的立法经验外，我国台湾地区在此问题上的规定，虽同前二者判然有别，主要将“挹注公益事业活动所需经费不足部分”作为普遍性的营利性收入免税情事，[①]但也蕴含有得享免税待遇之经营活动须是为了公益事业之开展的意味，这种“资金用途测试办法”[②]归根结底还是“相关性测试”的具体展开。

“上限控制”法通常不必进行精确的收入性质归类，而通过绝对量值或相对比值的确定，赋予非营利组织一定的税负“豁免”绝对量值或相对比值的确定，又同该组织的性质密不可分。如匈牙利的税法规定，非营利

---

① 当然，其“税法”中也有公益团体依法许可设立私立学校时销售货物或提供劳务之所得可以免税的规定，但此种情形不具普适性，而且更主要是基于促进教育事业发展的社会政策目的考量，所以在这里不予详述。陈清秀:《税法各论·上》，元照出版有限公司2014年版，第326页。类比地看，我国台湾地区“税法”中的前述分析，比较接近德国《税收通则》第68条“个别目的经营”的相关规定。

② 刘建银、陈翁翔:《非营利组织营利活动及其收入的税法规制——制度比较分析的视角》，载《中国行政管理》2011年第1期。

组织从事商业活动时取得收益的免税待遇取决于其“公益法律地位”：公益程度较低的组织允许商业活动的免税收入比例不得超过总收入的10%，或是1千万匈牙利福林（匈牙利货币）；公益程度较高组织的免税额度则可达到前者的两倍，如果能达到“卓越的公益组织”的程度，其可以享受免税待遇的营利性收入占比更高。①

日本税法的规定比较有特色，采行“低税率方法”。如前文所述，日本法人税法上将国内法人区分为五个种类，公益法人是其中一类。在此基础上，日本税法规定公益性收入免税，而对其所得中由收益事业所产生的所得虽然予以一体课税，但适用比普通法人更低的税率。在1999年之前，普通法人适用34.5%的税率，公益法人适用25%的税率；该年度后，普通法人适用30%的税率，公益法人适用22%的税率。②日本税法对非营利组织营利性收入的低税率制度安排，也是一种典型的税收优惠，同前述“上限控制”办法一样，都是从“量”的角度着手，所达致的优惠效果有相近之处。③

前述方法之间并非完全割裂，可同时采用其中的两种。由于“上限控制”和“税率优惠”都是在“量”的层面做文章，具有一定同质性，所以更常见的是采用“相关性测试”法，并选择适用“上限控制”和“税率优惠”两种方法中的一种，如捷克即兼采了“相关性测试”和“上限控制”法。④

大体上可认为，我国和域外立法都强调对非营利组织的收入区别对待，但域外立法更倾向于作出免税或者豁免的规定，而我国则相对更强调

---

① 刘建银、陈翁翔:《非营利组织营利活动及其收入的税法规制——制度比较分析的视角》，载《中国行政管理》2011年第1期。

②［日］金子宏:《日本税法》，战宪斌、郑林根等译，法律出版社2004年版，第202～203页。

③ Mary Margaret Frank , Luann J. Lynch and Sonja O. Rego, “Tax Reporting Aggressiveness and Its Relation to Aggressive Financial Reporting Accounting Review”, Vol. 84, No. 2, 2009.

④ 参见刘建银、陈翁翔:《非营利组织营利活动及其收入的税法规制——制度比较分析的视角》，载《中国行政管理》2011年第1期。

征税。[①] 在本书看来，还是应该回归到制度的本质，认识到公益性捐赠制度体系主要承载的还是调节性分配功能，故而其重心应当在“调节”而非“收入”，就此而言，在设计制度时更应该关注的是如何实现“精确调节”。为达此目标，笔者认为不妨借鉴“相关性测试”法，引入“目的营业”概念，赋予为达成公益目的所不可或缺之营业性收入以免税待遇，同时设定此类收入的数量或比例上限，超出部分不予免税。如此设计，既体现对非营利组织存续、发展的立法鼓励，又不致诱导非营利组织目标“错位”，或是过当“扰动”不同主体间的市场竞争和分配格局，亦更贴切可税性原理和比例原则之精义，较为可取。在具体的制度形式上，德国《税收通则》的规定方式值得借鉴：一方面，通过对“目的营业”这一核心概念的立法确认与阐释，形塑主干制度；另一方面，针对具体情形若有特别规制之必要，如就特定情形有免税额度的限制，或是特别要彰显立法者对某类具体“目的营业”（及其背后的公益事业）的鼓励、促进之态度，则可由他法另定之。

（三）程序规制：经由何种程序始得免税

税收优惠是税法调节性分配功能的重要制度载体，是纳税人在发生纳税义务的情况下，国家出于社会、经济政策目的，对其纳税义务所为之减免。国家与纳税人之间的税收债务关系在满足条件时自动发生，但是国家基于一定目的所为之税收减免不能在满足条件后自动减免，而必须经过法定程序，[②] 这也是税法所蕴含的两类分配功能在制度逻辑上存在的重大区别

① 参见张守文:《财税法疏议》，北京大学出版社 2005 年版，第 280 页。

② 税收债务关系理论可解释其原因：纳税义务的免除属于税收债权的一项权能，当然应由作为税收债权人的国家行使，具言之即由直接或形式意义上的税收债权人——征税机关依法行使，而不能由纳税人根据自己的主观判断自行决定。参见施正文:《税收债法论》，中国政法大学出版社 2008 年版，第 207 ~ 208 页。

之一。在法律制度中，前述“法定的程序”可能表现为多种形式。

通览我国目前之税制，有关企业所得税优惠的程序规制，除明确必须审批（核准）的事项外，原则上皆采取备案制的管理形式；但必须强调的是，这种“备案”而非“审批（核准）”的制度安排，本身即是作为税收债权人之国家的一种（通过法律制度表现出的）“意思表示”，不意味着税收减免是自动发生的，相应地，备案程序之缺失，可能导致无法享受优惠的不利后果。[①]在《关于企业所得税减免税管理问题的通知》（国税发〔2008〕111号）中对此即有规定，而在国家税务总局于2015年制定的《税收减免管理办法》中，[②]就这个问题有更加详细的阐明。该办法第4条将减免税区分为核准类与备案类两种，并在接续之第5条分别规定了两种减免税的相关程序。就备案类减免税，侧重资质的具备与备案手续的履行，具体之申报和备案实施的程序，载于该办法的第三章。

选择备案制为主的程序规制模式，根源在于作为税收债权人的国家与作为其“代表人”的税务机关二者间的关系。根据有学者所作“现代税收法律关系理论结构示意图”，[③]主权国家（实质征税主体）与征税机关及工作人员（形式征税主体）之间的法律关系应从权力划分与控制的维度把握，“委托—代理”或财政信托[④]等俱是对其所作阐发，不同理论都主张对代理人（税务机关）自由意志和裁量行为的适当约束。由此出发，税收优

① 对此，《关于企业所得税税收优惠管理问题的补充通知》（国税函〔2009〕255号）第3条明确规定：“对需要事先向税务机关备案而未按规定备案的，纳税人不得享受税收优惠；经税务机关审核不符合税收优惠条件的，税务机关应书面通知纳税人不得享受税收优惠。”

② 国家税务总局在2005年即制定有《税收减免管理办法（试行）》，《关于企业所得税减免税管理问题的通知》就是在此试行办法的基础上制定的。2015年，国家税务总局制定、出台了正式的《税收减免管理办法》。

③ 参见李刚：《税法与私法关系总论——兼论中国现代税法学基本理论》，法律出版社2014年版，第120页。

④ 参见胡明：《财政信托论》，法律出版社2018年版，第24页。

惠给予与否是法律适用问题，税务机关或其他主管机关在“决定”层面的裁量空间应予限缩，相应在监督税法执行层面可被赋予更多权能，这与其“代理人”“财政受托人”的身份定位相吻合。

税收程序内在价值的核心是程序正义对税收程序的基本要求，[①]而公平是其具体要求之一。通过税收程序的运行，力求实现纳税人之间“相同情况相同对待、不同情况不同对待”是公平诉求的重要表达。实体法规定非营利组织的免税待遇，但某一纳税主体是否确实满足相应资质条件，须经过一定程序始能把握；而且非营利组织虽然就其公益性收入免税，但就其营利性收入，不同国家或地区立法或持“原则上征税”，或持“区别对待”之立场，无论如何，终究有部分收入不在税法“豁免”范围之内，区分不同性质的收入并就相关收入“应收尽收”目的之达致，自然也离不开相应的程序设置。《税收减免管理办法》第四章规定了“减免税的监督管理”，基本思路是“加强事中事后监管，更加注重对减免税风险管理的动态监测和应对”。[②]在第21条有关监督检查重点的事项中，特别列举了“减免税税款有规定用途的，纳税人是否按照规定用途使用减免税款”一项；非营利组织免征所得税的前提是主体和收入的公益性，如前文所述，我国立法上有关“主体择取”部分，较多从“组织性质”的维度设置非营利组织的资质条件，《企业所得税法实施条例》第84条对收入、财产、孳息的用途限制，是实体“资质条件”中至为重要的方面，相当程度上决定了该组织究竟“公益”与否，因而符合这里举出的这种情况，应该要对其“加强监督检查”。《税收减免管理办法》第22～25条这几个条文对具体的监督检查措施进行了规定，这在非营利组织相关收入免征企业所得税事项上，当然有适用之空间。

---

① 参见施正文：《税收程序法论——监控征税权运行的法理与立法研究》，北京大学出版社2003年版，第75页。

② 郭瑞轩：《一次性备案减负增效　事中事后监管常态化》，载《中国税务报》2015年6月22日，第A1版。

客观地说，我国目前有关非营利组织涉税监管的制度建设是比较薄弱的，这种情况虽然伴随前述《税收减免管理办法》等规章和一系列部颁税法规则的出台而稍有好转，但根本性改善尚未实现。系统地看，不少环节都有优化之空间。如前文已经述及的税务登记未实现全面覆盖，使非营利组织在税收程序之“入口”即生逃避监管之便；又如，非营利组织同普通纳税人在财务管理维度差别甚大，但根据现行制度，适用于非营利组织的纳税申报表格与普通纳税人别无二致，这可能使部分特殊项目无法反映在表格中，从而影响后续监管的实效；再如，日常税务管理较为薄弱，导致对相关组织的业务变化难以及时监控，在发票管控层面也不甚规范，自制收据、税务发票存在混用情形，导致“以票控税”目标落空。以上这些情形的发生，主要是由于税收程序法层面主干法律——《税收征收管理法》及其实施细则的制度粗疏所致，因此，整体性的税收程序法律制度之优化势在必行。限于研讨主旨，此处不再赘述，部分内容于本书第五章有所涉及。

四、延伸探讨

限于本章的论述主旨以及行文脉络，尚有以下诸项问题与本章所论之内容有一定关联度，但在正文中未及展开，特于此处择要述及，以作正文之补充。

首先，如本书第一章所述，根据调节性分配双层功能体系中的第二层，即高阶功能所欲推动实现的政策目的之不同，可将调节性分配功能划分为经济性调节功能和社会性调节功能，本章集中探讨的“公益性税收优惠”大体上承载的是社会性调节功能。社会性调节功能的显著特征在于对改善分配格局、实现分配正义汲汲以求。“公益性税收优惠”制度有改善公益性主体分配能力的作用，并以此为媒介扶助社会弱势群体，对纠正分配失衡亦有间接功用。总体上看，对于具有社会性调节功能的制度而言，此种功用具有“间接性”的情形反倒比较特殊，更常见的是直接进行财富重分配，如对有需要的纳税人给予税收优惠，[①] 对高收入者通过累进税率实现“调高”目标。此外尤须强调，“社会政策目的”的外延主要是但不限于分配调节，且部分税种整体上都可能蕴含更强烈的社会政策目的，而非财政收入目的，如消费税的税目设置即体现出不同的调节功能。[②] 因此，对社会性调节功能的类型、表现形式、作用方式等，都应有更全面的认识。

其次，调节性分配双层功能体系中的第二层，即高阶功能意欲推动实现的可以是经济政策目的，此时相关税法制度所蕴含的是经济性调节功能。就双层功能体系的角度言之，经济性调节的直接功能和高阶功能基本不具有“同质性”，其对分配关系的调整多是作为手段而存在，也即将税收作为“经济诱因”，通过对税负分配的调节实现引导资源配置、平抑经济周期、维持物价稳定、扩大就业、刺激消费诸目标。考虑到此类分配功能同狭义理解之“收入分配”的关系相对疏远，故而本书不对之作过多阐发。这里简单说明两个相关问题。其一，经济性调节虽为现代税法分配功能的重要组成，而且运用税收手段进行宏观调控亦为现代国家职能的彰显，较之直接的“国家干预”，其先进性毋庸置疑，但也不能过多、过滥、过频地使用此种手段。[③] 其二，经济性调节功能与社会性调节功能之间的

① 如《个人所得税法》第5条。

② 据此可以将消费税区分为限制性消费税、奢侈品消费税、使用性质的消费税和体现特定调节目的的消费税。参见王乔、席卫群:《比较税制》(第3版)，复旦大学出版社2013年版，第82～93页。

③ 公众对“宏观调控”的理解可能存在“泛化”。相应要注意三个问题：第一，宏观调控的空间不应被不合理地扩大，其应着眼于经济总量平衡，而对于“局部非均衡”的调整可能不是宏观调控手段的运用，如对房地产市场的调控；第二，不能将宏观调控与“经济干预”等同起来；第三，宏观调控的时间不应被不合理地延长，特别是不能将之作为市场经济的常态。参见刘剑文:《财税法功能的定位及其当代变迁》，载《中国法学》2015年第4期。当然，对于“宏观调控”本身的理解也应更加准确、全面，其不仅包括非常态调控，也包括常态调控，如财政制度在调节经济周期时，既有自动稳定性的制度安排，如累进税率对于经济周期就有自动稳定的平抑功能；也有相机抉择的制度或政策，如实施反向调节的汲水政策和补偿政策。就此而论，非常态调控在现实中存在的弊端更突出，相应也就更要强调谦抑原则的适用。

差别也是相对的，同时兼有经济和社会政策目的在现实中并非不存在；所以，把握此二者的关系要做到“求同存异”“同中观异”。这其实也反映出现代税法蕴含之多重价值目标经常交织在一起的特征。

最后，目前社会各界广泛讨论的“税法的收入分配功能”，很多是在调节性分配层面展开的；就此而言，现行税法制度确实存在不小的改进空间。如前文已经述及累进税率是一项有力的重分配制度，其通过对高收入的税收重课实现“调高”目标；但是根据现行《个人所得税法》，虽较修法之前因“综合所得”概念的确立，更大范围内的收入须适用累进税率，但财产性所得仍适用单一比例税率，削弱了分配调节的作用力度。又如《企业所得税法》规定的标准税率为25%，但同时规定小型微利企业适用20%的优惠税率、国家扶持的高新技术企业适用15%的优惠税率，另外根据相关部颁税法规则，对应纳税所得额在一定标准以下的小微企业适用10%的优惠税率；但是，这种级次安排尚不能视为“累进税率”，因为其同时基于两个不同，但有所交叉的标准决定适用税率。如果从强化企业所得税的重分配功能出发，可借鉴美国《国内收入法典》第11节的规定，根据应纳税所得额设置15%~39%的多级超额累进税率。① 进言之，无论是个人所得税还是企业所得税，具体税制设计上的累进性有限倒还不是制约其调节性分配功能的主要问题，两大税种实现收入占比过低（特别是个人所得税），方为我国整体税制分配调节功能有限的深层原因。② 仍然需要

---

① 参见［美］休·奥尔特、［加］布赖恩·阿诺德等：《比较所得税法——结构性分析》（第3版），丁一、崔威译，北京大学出版社2013年版，第169页。

② 对此，十八届三中全会“改革决定”和十九大报告都提出逐步提高直接税比重。需要指出，不仅所得税，同样具有较强的分配调节功能的财产税收入在税收收入中也占比偏低，同样降低了整体税制的公平分配程度。如长期对个人自住房免征房产税、遗产税没有开征都不利于缩小居民之间的财富差距。就房产税改革而言，方向基本明确，主要是落实问题；而就遗产税而言，《关于深化收入分配制度改革的若干意见》中提出要“研究在适当时期开征遗产税问题”，但在“改革决定”中未有涉及。

指出的是，从分配的视角看税法，其主要的分配功能应当是财政性分配功能，能力原则在分配税负时是首先且主要应得到贯彻的，现实中的分配失衡在税法层面的主要病灶实则在于对能力原则的体现不够。调节性分配功能在税法的分配功能体系中只是居于补充性地位，而且其高阶功能所欲促进的政策目标具有多元性，调节分配只是其中之一部分；甚至不同的政策目标之间相互抵牾，以及作为实现目标之手段的、对分配格局的调节，在作用方向上出现“对冲”，亦非鲜见，①这些都会制约税法调节收入分配的功效。因此，当我们强调税法的重分配功能时，应对此有客观认知。

本书前三章主要是针对税法中性质各异的两类分配功能，分别就其功能侧重、建制原则、正当性基础等加以研究；截至目前，相关讨论多在“静态”层面展开，更多关注税法的制度设计是怎样以及如何更好地体现、发挥相应的分配功能。然而，现实生活总是变动不居的，至少有两方面的“动态”因素对于税法分配功能的实现具有深远影响：税制改革和税收征管实践。近年来，我国兴起大规模税制改革和税收立法、修法的浪潮，用历史的眼光看，堪称“84 税改”“94 税改”“04 税改”以来的“第四波”，而且与“04 税改”之间呈现“水乳交融”之状。税法制度变迁的过程和结果，都会影响税法分配功能的实现。职是之故，在前文的“静态”研究之外，尚有必要引入“动态”视角，揭示税法制度变迁的过程如何影响分配功能的发挥，进而探究怎样通过法律规制来“驯服”此种影响，达致趋利避害的理想图景。相关讨论主要在接下来的第四章进行。

---

① 如车船税有两方面的政策目标：一是减少排放、保护环境；二是对车船这类高价值财产征税，调节分配。《车船税法》对乘用车虽规定了不同的税率，但判断标准是排量大小而非国际上通行的价值高低。在合理定位车船税的相关制度目标时，当然应虑及我国还开征车辆购置税，该税种蕴含有收入分配调节的功能；但车船税毕竟是一种财产税，将之完全“环境税化”是否合适，不无疑问。

第四章　税法变迁与分配功能保障

“税法是重要的分配法”，一方面在于税法有大量的分配规范，蕴含突出的分配功能，在多元主体之间持续地进行着（以税收为载体的）财政性分配和（以税收为经济诱因的）调节性分配；另一方面则在于税法须因应社会、经济的发展，或是基于社会、经济政策目的之需要，而对已经确定的分配制度适时加以调整，使之更好地发挥财政性分配功能和调节性分配功能，前者如面向不特定纳税人的减税安排（譬如提高个人所得税工薪所得的费用扣除标准），后者如针对特定纳税人之税收优惠的立、改、废。进言之，税法的分配功能，既可以透过静态的分配制度据以把握，也能够经由分配制度的调整与变迁得以实现：静态意义上制度设计得不合理，会导致分配功能难以有效发挥；基于同样道理，制度变迁过程同样存在制约乃至破坏税法分配功能实现的因素。本书第二章、第三章侧重从静态维度进行研究，本章则拟由动态视角展开分析。行文之前，先做三点交代：第一，本章不欲进行深入的法理分析，因而不会对“税法变迁”本身作太多学理性的阐发，集中笔触于我国现实层面的税法改革；第二，本书第二章揭示的近年来财政收入增速放缓的税法动因中，有涉及税法分配制度变易的因素，这部分内容貌似与本章有所重合，但本章集中关注的是税法分配制度的变迁“方式”以及其对税法分配功能的影响，而第二章相关内容侧重的仍为变迁后的“制度”所承载的分配功能，故而在意图说明的问题上是不同的；第三，为研讨之便，本章将研究视角确定在我国近年来的一系列税制改革，如此取舍的原因是该样本既具一定典型性与代表性，现实意义亦相当突出。

一、税法变迁的分配解构

从不同的视角切入，对税法的性质和功能可作各有侧重的把握。从其中一个侧面看，实现一定经济体制和经济政策的要求也是现代税法承载的重要任务，这使它相对传统部门法律来讲获致更加显著的政策性特征。[①] 差异性和变易性是“政策性”的两大特征：在前者，由于税法等现代性法律所规制之主体的个别化、具体化和多极化发展，相关制度也走向个别化、具体化和复杂化；[②] 在后者，客观经济、社会形势发生变化，对相应税法制度的要求也会有所变化。所以说，没有差异就没有政策，没有变易也没有政策。税法的分配功能涉及的主体十分复杂，从宏观上看包括国家、企业、个人，从微观上看各主体内部的异质性也十分突出，需要税法制度予以精确规制。[③] 而前述要求的具体内容很大程度上又依赖于外在的经济、社会情势，经济的景气波动、分配状况的改善抑或恶化，对税法分配功能的作用方向与力度提出不同的要求。[④] 不同的分配功能预设体现在制度载体上，就是人们观察到

---

① 参见史际春、邓峰:《经济法总论》(第2版)，法律出版社2008年版，第62页。

② 参见［日］丹宗昭信、伊从宽:《经济法总论》，吉田庆子译，中国法制出版社2010年版，第157页。

③ Anwar Shah, “Fiscal Decentralization and Fiscal Performance”, *World Bank Policy Research Working Paper No. 3786, 2006.*

④ 这里所谓“提出不同的要求”，实际上反映了国家通过税收、税法制度对经济、社会的干预。日本学者金泽良雄将国家对经济的干预又区分为“经济性干预”与“非经济性干预”，后者并非以总资本——国民经济的立场出发进行干预，但其“实质上往往是推行某种经济政策的干预”。金泽良雄也具体剖析了出于财政目的的进行干预的情形，认为“在加强经济对财政的依存性的情况下，财政政策同时却又具有强烈的经济政策的性质”。参见［日］金泽良雄:《经济法概论》，满达人译，甘肃人民出版社1985年版，第26～27页。

税法制度常常处于周期变易之中：一方面，如税收优惠之类的边缘性规范变易频仍；另一方面，即便是相对较为稳定的税基、税率乃至税种、税收体制这样的核心规范，也呈现出“周期变易”的特征，[①]由于此类规范更具根本性，是故其调整往往会引致税法的整体跃迁，如我国税制与税法在改革开放以来就表现出“十年一易”的周期律。[②]深入剖析，不难发现历次税法的整体跃迁背后，促进分配功能更好地实现都是至为重要、不可忽视的考虑因素，通常来讲，“84 税改”着意对“国民分配”关系加以调整、[③]“94 税改”侧重对“国民分配”以及“央地分配”关系的导正、[④]“04 税改”指向多类主体的多层次分配关系调整。[⑤]严格来讲，“04 税改”绵亘至今仍处于“进行时”，[⑥]其核心要旨便是回应不断出现的经济分配和社会分配问题，通过“结构性减税”的整

① 以个人所得税制度的改革为例，即需要认识到其制度的不断变迁，既有改进不满足理想税制要求部分的因素，如税制无效率、不公平、不简化等直接因素，也有宏观经济和社会原因等间接因素。徐孟洲等：《财税法律制度改革与完善》，法律出版社 2009 年版，第 222 页。

② 张守文：《税制变迁与税收法治现代化》，载《中国社会科学》2015 年第 2 期。

③ “利改税”是“84 税改”中至为重要的一环，而此项改革的要旨便是厘清国家、企业、个人三者在初次分配中的地位。从税法层面对“利改税”的特征、意义等问题的讨论，参见刘隆亨：《利改税的意义和法律作用》，载《中国法学》1985 年第 1 期；刘佐：《国营企业“利改税”及其历史意义》，载《税务研究》2004 年第 10 期。

④ 解决“两个比重”过低是“94 税改”的核心任务，因为“分税制”的制度安排是该轮税改的主体。有关“两个比重”问题，参见何帆：《为市场经济立宪——当代中国的财政问题》，今日中国出版社 1998 年版，第 117 ~ 121 页。

⑤ 参见张守文：《税制变迁与税收法治现代化》，载《中国社会科学》2015 年第 2 期。

⑥ 十八届三中全会“改革决定”提出落实税收法定原则，十八届四中全会“法治决定”亦将财政税收事项列为重点立法领域，相应的新一轮税收改革之大幕已经开启，本轮“14 税改”区别于前几次“税改”的重要特征在于整体性税制改革与大规模税收立法相伴而生。需要注意的是，“14 税改”与“04 税改”是继承和发展的关系，而非对后者的取代，“04 税改”意欲实现的多元分配关系的优化任务，在“14 税改”中仍然存在，甚至是更加凸显。

章建制，意图实现多维分配关系的优化。[①]当前已然拉开帷幕的、以提升税收法治化水平为重要目标和基本标志的“14 税改”，在分配意义上可视为对“04 税改”的延续和发展，总体上仍可将之作为“结构性减税”的范畴。尤其是2015年11月中央财经领导小组第十一次会议提出了“供给侧结构性改革”的概念，后又在多个场合被多次强调，十九大报告中也将“深化供给侧结构性改革”作为“贯彻新发展理念，建设现代化经济体系”的一项重点任务。降成本是供给侧结构性改革的重要组成部分，其意味着“要强化放水养鱼意识，在减税、降费、降低要素成本等方面加大工作力度”，[②]这同“结构性减税”的意旨是相通的。因此，确实可从分配维度将绵亘多年的本轮税改概括为“结构性减税”，[③]进而由分配视角对之展开分析。

（一）视角选定：“结构性减税”的内涵与内容

虽然始于2004年的税制改革即将“减税”作为主旋律，但严格意义上作为政策话语的“结构性减税”真正进入人们视野，是在2008年12月初召开的中央经济工作会议上。之后，该表述便如雨后春笋一般出现在各类规范性文件之中。笔者在“北大法宝”以“结构性减税”为关键词进行法规检索，得出的数据情况如表19所示。

---

① See Degtyar, IM, Goncharova, LI, “Minimization: Legal Tax Reduction or Tax Evasion?” *Actual Problems of Economics*, Vol.109, 2010.

② 本书编写组编著:《党的十九大报告辅导读本》，人民出版社2017年版，第193页。

③ 根据“瓦格纳定律”，现代国家的财政支出责任总体上“蒸蒸日上”，这就使以“减税”为导向的税法规范变迁同“结构性”相联结几乎是势所必然——有些地方的税负降了，如果没有某些领域的税负上升，财力缺口如何弥补？因此，某种意义上，税法的分配规范变迁表现为“结构性减税”，具有一定的必然性。

表 19　中央层级规范性文件中出现“结构性减税”的情况统计

文件名 / 内容中出现	制定主体	文件数量（部）	最早出现时间	代表性文件
文件名	国家税务总局	1	2012.6	《关于认真贯彻落实结构性减税政策规范税收管理支持小型微型企业和个体工商户发展的通知》(国税发〔2012〕52 号)
内容	全国人大及常委会	19	2009.3	《第十一届全国人民代表大会第二次会议关于 2008 年中央和地方预算执行情况与 2009 年中央和地方预算的决议》
内容	国务院	14	2009.3	国务院《关于落实〈政府工作报告〉重点工作部门分工的意见》
内容	国家部委	32	2009.2	国家税务总局《关于印发〈2009 年全国税收工作要点〉的通知》(国税发〔2009〕1 号)

对于“结构性减税”的内涵，关键是从“结构性”与“减税”两大基本要素切入，将二者结合起来，完整地予以把握。在这两个要素之间，须认识到“结构性”是对“减税”的修饰，即“为实现特定目的而针对特定主体、特定领域实施的减税”，是一种有差别的“适度减税”。①表现于制度外观，就是“有增有减、结构性调整”之下侧重于减税的制度安排。②

基于上述认识，可以对“结构性减税”的主要内容有相对清晰的把握。如果不将“结构性减税”的范围严格限定在 2008 年政策层面正式提出之后，而将“04 税改”以来的一系列税制变迁亦纳入其中，能够对税法制度的此轮变迁，形成更加体系化的认识。大体上，可将近年来令人眼花缭乱的税制改革，梳理为如下三种类型，以便于把握。

第一种是绝对意义上的减税改革，即规范变迁的方向和内容均立足于

① 参见张守文:《分配危机与经济法规制》，北京大学出版社 2015 年版，第 176 页。

② 参见贾康、程瑜:《论“十二五”时期的税制改革——兼谈对结构性减税与结构性增税的认识》，载《税务研究》2011 年第 1 期。

降低纳税人的税负。如2005年以来数次修改《个人所得税法》，提高工薪所得费用扣除标准、降低适用税率、调整税率级次和级距，从缩窄税基和降低税率等多个方向降低了纳税人的税负；[①]又如为改善小微企业的分配能力，而在近年来出台一系列针对其的税收优惠措施。根据具体减税路径的不同，有学者提炼出废除税种、[②]停征税种[③]和归并税种[④]三类情形，指出在减税效果上，三者间呈逐次递减的趋势。[⑤]当然，在"归并税种"情形下，是否确为减税举措，往往要具体比较新、旧税种之间在税收要素上的规定，尚不能一概而论。

第二种是绝对意义上的增税改革。"结构性减税"兼具"结构性"与"减税"两个方面的因素，"减税"是从总税负的层面、从整体意义上"国民分配"视角展开的，其同时还要对不同主体之间的分配格局进行"结构

① 减少个人所得税的税率档次、降低边际税率也是20世纪80年代以来世界性税制改革的一个共性倾向。参见［美］维克多・瑟仁伊:《比较税法》，丁一译，北京大学出版社2006年版，第245页。各主要国家的情况，参见［美］布赖恩・阿诺德、［加］休・奥尔特:《比较所得税法——结构性分析》(第3版)，丁一、崔威译，北京大学出版社2013年版，第5、27、46、66、93、108、123、142、167页。值得注意的是，1996年，英国剑桥大学经济学教授詹姆斯・米尔利斯和美国哥伦比亚大学名誉教授威廉・维克里凭借"最优课税理论"获得诺贝尔经济学奖，米尔利斯从社会福利函数最大化的前提出发，认为过高的边际税率会导致经济效率的损害，而无助于低收入者分配水平的改善，进而提出最适所得税率的"倒U理论"，即主张中等收入者的边际税率适当高些，而对低收入者和高收入者适用相对较低的税率。参见汤贡亮:《中国财税改革与法治研究》(第2版)，中国税务出版社2014年版，第187~189页。目前该理论对各国税收立法的影响尚未充分、全面地体现出来，各国税制改革固然有降低高收入者税率的倾向，但对中等收入者加重税负这一层面，几乎不见于税收立法，当然，这可能是因为税收作为一个政治议题所导致的，而且，该理论对于其他社会、经济目标的考虑相对不足。另外，税法学理上亦有所谓"最适财产权税课理论"，但这主要是从宪法上基本权利保障的维度讨论税收的"边界"，以防止税收课征过度，与前述"最优课税理论"名近而实异。参见葛克昌:《行政程序与纳税人基本权》，北京大学出版社2005年版，第98~100页。

② 如2006年废除农业税和屠宰税、2008年废除筵席税、2013年废除固定资产投资方向调节税。

③ 如2000年暂停征收固定资产投资方向调节税。

④ 如2007年统一车船税、2008年统一企业所得税、2009年统一房产税。

⑤ 参见张守文:《分配危机与经济法规制》，北京大学出版社2015年版，第180~181页。

性”调整，这意味着在特定领域、针对特定主体也可能增加税负。[①]事实上，这一类“增税改革”，增加财政收入未必是最主要的考虑因素，同时也可能是基于完善税制或其他经济社会政策目的之考量，这就分别蕴含了财政性分配和调节性分配两种功能预期，而且，两类分配功能可能同时存在于同一具体的“增税改革”之中。如国务院在2006年12月30日决定修改《城镇土地使用税暂行条例》，将税率提高两倍并将征收范围扩至外商投资企业和外国企业，即有着促进土地节约使用的考虑；[②]又如，2010年开启、2016年再次加码的资源税改革，基本方向是改从量计征为从价计征，同样具有“增税”效应，而之所以如此，蕴含有增加地方财政收入、丰富和完善地方税体系，特别是优化资源配置和调节资源级差收入的目的。[③]

第三种是居于前二者之间、对究属减税抑或增税需要具体分析的税制改革。这里又包括三种情形，以下分别讨论之。

其一，是单一税种内部“有增有减”，如企业所得税“两法合并”对内资企业和外资企业的分配能力就有不同的影响。就内资企业而言，“两法合并”前，针对内资企业有33%、27%、18%三档税率，其中33%是基本税率，针对年应税所得额在3万元至10万元的企业实行27%的优惠税率，针对年应税所得额在3万元以下的企业实行18%的优惠税率，新《企

① Michael Bräuninger, The Budget Deficit, Public Debt and Endogenous Growth, *Universitaet der Bundeswehr Hamburg, Economic Theory Discussion Paper No.2, 2002.*

② 参见许建国：《城镇土地使用税征收中存在的问题及其改进设想》，载《税务研究》2009年第4期。

③ 有学者认为，优化资源配置、调节资源级差收入等要求如果完全、充分地体现在资源税制度中，反而可能导致资源税作为一种税收的特点无从体现，“资源税事实上会变成资源占用费，造成税收与费用界限的混淆”。这是另一个层面的问题，但还有研究的价值。参见刘剑文、熊伟：《财政税收法》(第6版)，法律出版社2015年版，第372～373页。不谋而合的是，也有财政学者对资源税的定性问题提出自己的看法，认为应当明确资源税是在资源领域体现国家产业政策、社会政策，并对资源产品进行调节的流转税，本质上应当定性为增值税在资源领域的延伸，而不应以资源税体现政府对资源的有偿使用和级差地租的调节，简言之就是要做到“租税分流”。参见杨斌：《财政学》(第2版)，东北财经大学出版社2010年版，第373页。

业所得税法》实施以后，基本税率被确定为25%，同时针对小微企业规定了20%的优惠税率，在税率一项即有较大幅度的减让。此外，“两法合并”后，收窄了内资企业缴纳所得税的税基，主要表现为扩大了费用扣除标准，先前针对内资企业实施计税工资制度，超过扣除标准部分的工资不得扣除，该制度在“两法合并”后被取消，企业真实、合理的工资支出可于税前据实扣除；另外，在企业研发费用方面，新《企业所得税法》规定了50%的加计扣除，同样起到收窄税基的作用。最后，“两法合并”还意味着内资企业也能够享受原先只有外资企业才能享受的诸项税收优惠，这也能带来可观的减税效应。[①] 就外资企业而言，“两法合并”为其带来相对更高的税率、[②]相对更宽的税基，[③]还取消了部分税收优惠项目，[④]总体上产生“增税”的客观效果；但是，新《企业所得税法》的适用也不必定意味着外资企业的税负加重，如企业研发费用加计50%扣除的制度安排，对原先据实扣除的外资企业而言同样带来“减税”效应，更重要的是，以产业优惠为主的税制设计，也可视为广义上税法“诱导性规范”之具体表现，外资企业如能投资于国家重点扶持的高新技术等产业，则能够享受比“两法合并”前更优的税率（15%），而如果大量的内、外资企业都能“闻产业优惠而动”，则无疑会实现制度设计者引导资金流向、促进产业升级的政策目的。综合上述，考虑到多方面因素之间的“张力”，企业所得税“两法合并”究竟导致增税还是减税，单纯进行定性分析难以获致准确答案。

其二，是不同税种之间的“有增有减”，如“营改增”改革，对相关

① 参见刘剑文等:《〈企业所得税法〉实施问题研究——以北京为基础的实证分析》，北京大学出版社2010年版，第76～78页。

② “两法合并”前，外资企业所得税的名义税率虽然也为33%，但由于还存在24%、15%两档优惠税率，而且适用范围比较广，所以“两法合并”后统一适用25%的税率使得部分外资企业的税负有所加重。

③ 如过去部分据实扣除的项目改采限额扣除的方式，如前文着重探讨过的公益捐赠税前扣除，“两法合并”后统一采用12%的比例限额。

④ 最典型者如过去外商投资企业享受的“两免三减半”优惠在统一后的《企业所得税法》中不复存在。

行业不再征收营业税当然意味着该项税负下降，另行征收增值税则意味着此项税负上升，至于二者权衡后税收负担究竟是增加抑或下降，端视具体制度安排而定，且不同行业间的情形可能判然有别。简言之，“营改增”后具体行业税负之变化趋势，关键的分析指标有二：一是税率之高低，二是进项税额之多寡。前者容易理解，“营改增”前后特定纳税人适用税率之高低比较能直观地反映税负变化趋势；后者其实也不难把握，增值税较之营业税的一个核心特征在于可以用进项税额予以抵扣，[①] 而问题恰恰出在这里，即不同行业之间的进项税额可能存在差别，导致实际税负不同，进而出现“分配失衡”的状况。如同为交通运输业，“营改增”后适用的税率应当为 11%，但交通运输业按运输工具的不同又可以分为陆路运输、铁路运输、水路运输、航空运输和管道运输，不同运输方式的抵扣情况差异十分明显，如航空运输和铁路运输，一旦购进运输设备，其抵扣力度就相当之大，而陆路运输相形之下在抵扣力度上即空间有限。[②] 同时，处于不同生产经营周期的企业，在某一时点上可抵扣进项税额的差异可能较明显，也会导致税负承担上的差异。[③] 进言之，如果“营改增”完全铺开，涉及的行业更为繁多，因前述进项税额之多寡而导致不同行业间分配状况迥异的情形，可能会越发复杂。如金融业改征增值税需要面对和解决的一大难题是无法像普通商品交易那般按一个时间节点确定销项税额、进项税额，

① 这也是小规模纳税人虽然适用相对更低的征收率，但其实际税负却可能比一般纳税人更重的原因，即其无法抵扣进项税额。

② 陆路运输方面，主要成本包括车辆购置、油耗、过路过桥费、维修费用、人工工资、保险费用和场地租金等方面，其中仅有车辆购置、油料和修理费能拿到增值税发票，可以进行抵扣；而当前由于经济形势下行，所以车辆闲置比较多，车辆购置这一块其实是相对较少的。参见孙钢：《对“营改增”部分企业税负增加的分析》，载《税务研究》2014 年第 1 期。

③ 如有报道指出，实施“营改增”后，武汉市公交集团由于正处在快速发展阶段，所以每年购车需求旺盛，抵扣进项税额后甚至无须缴纳增值税；而武钢集团下辖的货运公司，则由于购置车辆和增加设备的需求相对较低，导致可抵扣的进项税额较少，致使税负较之改革前加重。

而且发票管理的困难也使销项税额、进项税额的确定本身都困难重重。[①]因此，金融业征收增值税被认为是国际性难题，目前理论上相对被推崇的思路是按照业务分类分别采用一般征收、简易征收和免税业务的模式，[②]但从金融业与其他行业，甚至金融业内部业务结构不同的纳税人之间的分配利益均衡之角度看，公平性供给上似乎存在瑕疵。如简易征收法类似于现行增值税法上对小规模纳税人的税务处理办法，而小规模纳税人与一般纳税人之间的分配权益失衡恰恰是比较突出的，[③]对此前文已有述及。在此意义上，湖北省地方税务局向全国人民代表大会财政经济委员会上报过"关于推进'有限营改增'的建议"，其中重要内容之一即为对金融业仍保留征收营业税为宜。[④]此外，与之"形异实近"的是，如果销售不动产改征增值税，由于进项税额往往较大，将其抵扣之后可能会使从该行业筹集的

① 如吸收存款、发放贷款的业务虽然在近期银行基准利率多次下调的背景下亦有陷入困境之虞，从而迫使银行积极开辟新的业务种类。但其毕竟还是银行的一项传统和基础业务类型，就此项业务形态来讲，银行的成本是吸收存款时支付的利息、收益则为发放贷款时获取的利息，增值额则是利差，但是大量储户无法就存款利息向银行开具增值税专用发票作为"进项税额"，银行亦无法给贷款人开具增值税专用发票作为"销项税额"，这样抵扣链条便难以建立，如果"强行"适用其他行业适用的增值税制度，可能会使银行负税畸重。针对这一难题，有学者提出的思路是区分银行不同的业务类型，直接收费类业务的增值额容易确定，对于前述进项税额、销项税额这些难以确定的业务类型直接适用扣除比率来确定增值额，扣除比率的设定则参考该项业务的利润率，利润率与扣除比率成反比，进而将利润乘以扣除比率作为进项税额予以抵扣。参见徐达松:《我国金融业"营改增"的难点及改革思路》，载《税务研究》2015 年第 5 期。

② 一般征收法适用于直接收费业务、其他投资买卖业务，允许抵扣进项税额；简易征收法适用于间接收费业务、中介业务，不允许抵扣进项税额，而是以收取的全部价款和价外费用作为销售额，乘以征收率计算出应纳税额；而在免税业务方面，本环节的增值税负被免除，但进项税额也不得抵扣。参见罗绪富:《金融业"营改增"征收模式及税率选择》，载《税务研究》2015 年第 5 期。

③ 一般认为，修改后的《增值税暂行条例》虽然降低了小规模纳税人的征收率，但仍然偏高，有必要进一步降低。相关建制原则和对策建议，参见王建平:《应继续调整和降低增值税小规模纳税人的征收率》，载《税务研究》2009 年第 8 期。

④ 参见汤贡亮:《中国财税改革与法治研究》(第 2 版)，中国税务出版社 2014 年版，第 271 页。

增值税收入锐减；而如果要保证财政收入，势必又要提高税率水平。[①]所以，该行业改征增值税后究竟减税与否，端视具体制度设计而定，而如何保证各行业间的税负与分配利益相对均衡，须在建制之时格外关注。可见，虽然理论上讲普遍征收增值税有利于各行业间的税负公平，[②]但若具体分析，则情况实际上较为复杂，至于"营改增"在总体上究竟是减税还是增税，公众认知固然倾向于前者，[③]但在精准测算之前，未便轻下断言。[④]

其三，是税费联动情形，一般表现为"清费立税"。当此之时，从"费"的层面来看当然是负担减轻，而从"税"的维度观之则多表现为负担有所增加，两相比较，总体上呈现增负、抑或减负之效应，仍须视具体制度方案而定。如2009年实施的成品油税费改革，取消了原先在成品油价之外收取的公路养路费、航道养护费、公路运输管理费、公路客货运附加费、水路运输管理费、水运客货运附加费六项收费，并逐步有序取消政府还贷二级公路收费，相应提高汽油消费税和柴油消费税。仅从当时的改革方案看，似乎取消的收费要多过增加的消费税负，特别是方案出台时有关部门十分强调"不增加车主的负担"，从而使消费税税负的提升幅度相对有限；[⑤]但还应看到，此项改革更加深远的意义或是在于清理相关收费后明确将税收作为政府据以弥补燃油使用之负外部性所造成社会成本的手段，这就为日后通过调整成品油消费税税率来发挥调控功能，创造了空

---

① 参见汤贡亮:《中国财税改革与法治研究》(第2版)，中国税务出版社2014年版，第271页。

② 参见张怡等:《衡平税法研究》，中国人民大学出版社2012年版，第261页。

③ 参见胡怡建:《"营改增"减税的经济效应分析》，载《中国税务》2013年第8期。

④ 税法制度变迁究竟带来增税还是减税效应，很多时候不那么容易判断。See Riza, Limor, Sher, Noam, "Why Should We Not Protest for Consumption Tax Reduction? Consumption Tax Rate as A Partial Mechanism for Increasing Consumer Wealth", *Loyola of Los Angeles International & Comparative Law Review*, Vol.36, No.3, 2015.

⑤ 参见吴敬琏:《当代中国经济改革教程》，上海远东出版社2010年版，第256页。

间。[①] 这样看来，该项改革总体上究竟是减轻还是增加了纳税人的负担，不仅在方案出台当时要具体分析，还要结合日后的制度调整不断进行具体衡量。此外，2018 年正式开征的环境保护税，也是从过去的排污费改征而来，同样属于这里所讲的清费立税情形。作为当前和今后一个时期重头戏的房地产税制改革和《房地产税法》制定，能否顺利推进并收到良好的客观效果，一个关键因素在于如何对待土地出让金，从而也可能涉及税费联动的问题。

上述梳理主要是回顾性的，若从发展的眼光看，我国进一步推进“结构性减税”的可行路径是减流转税（如增值税改革）、增财产税（资源税改革）和稳所得税（企业所得税基本不动、适度减个人所得税）。[②] 十九大报告中强调要“深化税收制度改革”，根据权威解读，逐步提高直接税比重是重要要求，[③] 前述思路有助于达成该目标，而从具体举措看，仍不外乎上文梳理的几种情形，此处不再赘述。

（二）“结构性减税”中的分配功能实现

如前所述，“结构性减税”的两大核心要素为“结构性”与“减税”二者:“减税”表彰国家面向纳税人的“多予少取”，“结构性”又意味着对纳税人之间以及不同层级政府之间的分配能力进行调整。这一系列税制变迁，从分配视角观之，本质上莫不是为了实现特定的分配功能。笔者认

---

① 如 2014 年年底、2015 年年初财政部、国家税务总局即连续三次上调成品油消费税税率。对这一事件，相关评论多集中于是否违反税收法定原则，是否与积极财政政策的方向不符。参见汪德华:《关于提高成品油消费税的两个问题》，载《中国财政》2015 年第 5 期。应当看到的是三次调整在程序上的瑕疵。某种意义上，在 2015 年 3 月修改《立法法》的过程中引发深远的“回音”，特别是有关“税率法定”是否明确写入《立法法》的法律保留条款的问题，社会各界之所以多持肯定态度，有一部分原因即在于连续三次上调成品油消费税税率的过程让人“记忆犹新”。

② 参见查勇、梁云凤:《新常态下财税改革方向及政策建议》，载《财政研究》2015 年第 4 期。

③ 本书编写组编著:《党的十九大报告辅导读本》，人民出版社 2017 年版，第 262 页。

为，税法的分配功能既可以在税法变迁的过程中得到实现，又可能因为变迁过程本身存在的问题而制约相关分配功能的有效发挥。这一部分的阐发主要针对“税法的分配功能如何通过税法变迁得以实现”，在此基础上，本章后两部分的内容则试图揭示税法变迁过程对分配功能实现可能形成的窒碍，进而探寻相应的因应之道。本书第一章已经述及，对于税法的分配功能，可以从内部的二元结构和外部的三大向度加以把握，故而此处的分析循此路径展开。

1. 基于分配功能“二元结构”的视角

税法的分配功能包括财政性分配功能与调节性分配功能，前者主要是规范和保障国家汲取财政收入并在纳税人之间根据分配正义妥为分配税负，后者具有调节分配关系和促进特定社会、经济政策目的的实现这双层功能。税法中有些制度规范较为倾向于前者，如费用扣除；有些制度规范较为倾向于后者，如税收优惠。相应地，也可以将具有不同功能侧重的分配规范进行分类。这主要是基于静态视角去审视不同税法制度所蕴含的分配功能，但如果由动态维度观察，也即考察税法制度的变迁，将会发现，推动同一税法制度变迁的可能兼有前述二元分配功能的因素。

当前持续进行的“结构性减税”，涉及税法制度整体性的更易。在税法的分配功能体系中，居于主体、根本性地位的是财政性分配，故而税制变迁无疑承载了相当之多的财政性分配方面的考量。税法财政性分配功能的发挥，在“国民分配”层面的重要目标是“富国裕民”，而当前存在的突出问题恰是税法进行财政性分配时未能充分体现绝对、纵向意义上的能力原则，引致“两权分离”意义上“国进民退”[①]的局面；在“民民分配”层面，财政性分配的重要任务是实现量能课税，也即基于不同纳税人在相

① 此处系借用“国进民退”的表述，在本书语境中指的是国家、集体、个人的分配格局中，国家占比较高。

对、横向意义上的税负能力分配税负，而我国税法体系中有若干制度违背了此项要求。因此，从财政性分配功能更好发挥的角度，“结构性减税”中的“减税”要求调整国家与纳税人间的“取予关系”，“结构性”则要求通过税负的“有增有减”使税负的分配更加贴近量能课税的旨趣。如调高个人所得税工薪所得费用扣除标准是典型的调整“取予关系”的举措，因为部分消除重复征税因素，改生产型增值税为消费型增值税同样有国家“多予少取”的功用，都有助于实现“藏富于民”、纠正“国民分配”的失衡格局。又如，企业所得税“两法合并”使内资企业、外资企业的税负环境趋于一致，能使财政性分配更好地体现能力原则。一般来讲，类似上述的制度变迁，基本的逻辑脉络是剔除现行税制中不符合能力原则的部分，使税法蕴含的财政性分配功能之发挥更加合理。税收要素是厘清国家公共财政权与纳税人私人财产权的关键所系，也决定了不同纳税人承担税负的多寡，是以税收要素法定不例外地被视为“税收法定”的核心要义，[①] 财政性分配的功能多通过税收要素得以实现。与之相应，为更加贴合能力原则、更好发挥财政性分配功能，许多“税改”举措皆在税收要素的更易上做文章。如提高个税的费用扣除标准、增值税转型是“缩税基”，企业所得税“两法合并”后内资企业所得税适用税率下行是“降税率”，消费税税目调整、取消已成为生活必需品的“护肤护发品”税目从而改善中低收入者分配能力[②] 是在“调税目”，至于废除农业税则是直接“废税种”。

---

① “因税的作用带有对国民的财产权的侵害性质”，所以税收要素作为使纳税义务得以成立的要件，必须由法律来进行规定。[日] 金子宏:《日本税法》，战宪斌、郑林根等译，法律出版社 2004 年版，第 60 页。

② 学者们在评述 2006 年消费税改革以及展望进一步的改革方向时，调整征税范围都是一个重要的着力点。如若将生活必需品或生活资料纳入消费税的征税范围，就存在规制“越位”的问题。就此而论，有学者指出，2006 年消费税改革取消“护肤护发品”税目值得肯定，但与此同时，酒精、普通化妆品等项目也可斟酌是否适合继续征收消费税。参见安体富、樊勇:《对我国消费税改革的评析与展望》，载《税务研究》2006 年第 12 期。

除此之外，从分配视角看，税法变迁也可能是为了发挥调节性分配功能。事实上，如果说税法变迁对于财政性分配功能的作用是“促进”其更好实现，那么就调节性分配功能而言，规范变迁可谓此类功能赖以发挥的重要“途径”。[①] 这是因为，税法在进行调节性分配时，高阶功能是促进特定社会、经济政策目的之达致，这使之表现出较强的“政策性”，须应社会、经济客观情势的发展变化进行“相机抉择”。本书第一章和第三章都有述及，承载调节性分配功能的制度规范在税法体系中居于相对边缘地位，表现在数量上就是相对偏少；同时本书又讲到，此类分配功能，以及体现此类功能的制度规范，体现出税法具有的“现代性”特征。这种“边缘性”和“现代性”系从不同维度观察，二者间虽不存在抵牾，然而终究予人“违和”之感。对此，一种合理的解释方式为：税法的财政性分配功能通过预先设定、大量适用、相对稳定的制度规范得以实现，调节性分配功能则是对财政性分配格局的主动调节；既然是“调节”，很多时候便处在一种“动态”环境之中，这反过来又要求具有高度稳定性的高位阶税法制度中不宜太过细致地载明相关内容。进言之，即便税法制度中有承载调节性分配功能的制度规范，其也仅为原则性规定，至少在具体适用时存在“审时度势”的挥洒空间，这在本书第三章对“公益性税收优惠”制度体系的阐发中可为佐证。简言之，税法之调节性分配功能对灵活性、变易性的要求，实际上也决定了对相关制度的适时“变易”，乃为促进该功能有效发挥的重要途径。当然，需要说明的是，调节性分配功能的发挥，也不全是“相机抉择”式的，也有“自动”发生作用的情形。如累进税率自动发挥逆周期调节的功能，便是如此。这其实同宏观调控的“自动稳定—相机抉择”的二元作用方式较为相似。所以，税制变迁之于调节性分配功能

① Prante, Gerald T., John, Austin, “Top Marginal Effective Tax Rates by State and by Source of Income, 2012 Tax Law vs. 2013 Tax Law (as enacted in ATRA)”, Accessed on February 3, 2013. Available at *http://ssrn.com/abstract=2176526* or *http://dx.doi.org/10.2139/ssrn.2176526.*

的发挥，有两条作用脉络：一是对旧税制中不合理的制度规范加以完善，如第三章曾述及，比例原则是调节性分配的正当性基础之一，故而不能通过比例原则检测的相关制度，便可能在税制变迁过程中受到调整，新《企业所得税法》对之前“两法并存”时赋予外资企业的诸多优惠待遇之扬弃，即属此种情形；二是基于社会、经济政策目的，为实现分配正义的目标或实施宏观调控，而对作为“经济诱因”的税负分配加以调整，[①] 譬如前文多次述及，在经济不景气时针对小微企业出台的一系列税收优惠措施，便同时具有“扶弱”的社会政策目的和“刺激”或“供给侧改革”的经济政策目的。

税法两类分配功能的提炼，建基于“财政目的规范——非财政目的规范”的二元界分，[②] 由此可见，“目的”这一主观因素在区分功能类别时有十分重要的影响。在制度变迁的场合，相应变迁系基于何种目的而为，对于其所蕴含之分配功能的认定同样影响甚大。然而，这种“主观”动力为何，殊难把握，很多时候，财政目的与社会、经济政策目的纠葛在一起，难分轩轾。有些情形较易判断，如消费税税目的调整、成品油税费改革，通常认为是基于节约资源、保护环境、调节消费行为等社会、经济政策目的，[③] 而不是为了汲取更充分的财政收入。而更多情形是难以把握的，如资源税的部

① 例如，有研究者也指出，一段时期以来的减税改革主要依循宏观调控和税制调整两条路径展开：前者追求经济增长的目标，具有相机抉择的特征，“逆周期”调节的色彩浓厚，比如为应对经济危机，车辆购置税在 2009 年由 10% 的税率调减为 5%，而随着经济形势的好转，复于 2010 年调为 7.5%、2011 年恢复至 10%；后者追求公平正义等多元化目标，具有长期性和稳定性，企业所得税的统一、增值税转型改革等皆属此类。二者在法律规制重心上有所差异，比如对于调控性的减税改革，应格外关注评价机制、退出机制的构建。参见孙瑜晨：《减税权的概念构建及其法律控制》，载《中国财税法学研究会 2015 年年会暨第 23 届海峡两岸财税法学术研讨会论文集》（上卷）。

② 参见陈清秀：《税法总论》，元照出版有限公司 2012 年版，第 21 ~ 24 页。

③ 如通常将成品油消费税改革的目标界定为以税收调控能源消费、促进节能减排，进而以此目的为出发点，可以审视税款征收、税款抵扣等环节制度建设存在的问题。参见龚新宇：《论成品油消费税改革问题》，载《山东社会科学》2012 年第 S1 期。

分税目由从量计征改为从价计征，究竟是为了给地方政府筹集充分的财政收入，还是为了优化资源配置和调节资源级差收入，殊难把握；又如方兴未艾的房产税改革，是为了探索一条使房地产税可堪作为地方主体税种的道路，抑或实现“平抑房价”、调控房地产市场之目的，[①]言人人殊；此类情形，不一而足。这再次说明，税法的两类分配功能之间确有千丝万缕的联系，绝无一道不可逾越的“鸿沟”。当我们静止、孤立地去考察，则两类功能在理论上尚可严守分际，但若引入制度变迁的动态视角，特别是尝试去探寻制度变迁所欲实现的税法功能时，则更易发觉二者的融会贯通。[②]于此，亦得见金泽良雄“财政政策同时却又具有强烈的经济政策的性质”[③]之论。

总之，当税制变迁与税法改革真实发生时，既可能是为了更好地发挥财政性分配功能，尤其是基于能力原则而在国家、纳税人等多元主体之间更加合理地进行财富分割，也可能是为了使调节性分配功能的作用更趋合理，还可能这种规范变迁本身就是调节性分配功能得以发挥的前提。由于

---

① 房产税改革的动因为何，政策文件中难觅芳踪。社会各界常将房产税改革同平抑房价、调控房地产市场联系起来。财政部、国家税务总局、住房和城乡建设部有关负责人在 2011 年 1 月 27 日就相关问题接受记者采访时，将对个人自住房开征房产税的目的概括为合理调节收入分配与引导居民合理住房消费两个方面。但是有学者从房产税乃至税收的主要功能应当是筹集财政收入着手，进而指出房产税改革对平抑房价的作用十分有限，祭出调控房地产市场的大旗可能是为了掩饰其增加财政收入、夯实地方税基础的真实目的。参见熊伟:《财政法基本问题》，北京大学出版社 2012 年版，第 356 ~ 358 页。对此，贾康认为，房产税改革首先考虑的是作为推进财税改革全局之一环，打造地方税体系，使省以下分税制改革到位；而在此过程中，亦作为新一轮房地产调控中不可缺少之部分，一方面抑制需求、缓解供需矛盾，另一方面发挥收入再分配效应。参见贾康:《中国房地产调控与房地产税问题探讨》，载《首都经济贸易大学学报》2011 年第 3 期；贾康:《房产税改革：美国模式和中国选择》，载《人民论坛》2011 年第 3 期。

② 有趣的是，即便是历史上那道更著名的“鸿沟”，无论是在真实的楚汉之争还是虚拟的棋盘博弈中，亦都无法隔绝对立之双方；准确地说，在各持“静态”时，“鸿沟”之界犹自明晰，可一旦有一方或双方“动起来”，则双方立刻交织在一起，实难区分。这与税法中两类分配功能之间的分立与融合，在外观上确有相近之处。

③ [日] 金泽良雄:《经济法概论》，满达人译，甘肃人民出版社 1985 年版，第 27 页。

相关规范变迁的背后可能寄托了决策者多方面的意图，财政目的与社会、经济政策目的常熔于一炉，这也导致同一规范变迁可能发挥多种类别的税法功能，至于以何者为主，则取决于观察角度，并无唯一正解。虑及此点，本章后续研讨若（无必要因而）未特别阐明，则系就税法分配功能之整体为之，特此交代。

2. 基于分配功能“三大向度”的视角

税法蕴含大量的分配规范，这些分配规范在总体上形成“财政性分配规范——调节性分配规范”的二元结构，而特定的结构会产生特定的功能，① 又使税法持续地调整着不同主体间的分配关系。根据不同的主体组合，税法针对国家与纳税人之间、纳税人之间、不同层级政府之间这三对分配关系都具有突出的分配功能，税法变迁会对税法在这些层面的分配功能的发挥产生影响。

就国家与纳税人之间的分配关系而言，税法作为“财富分割的利器”，首要功能是划定国家公共财政与国民私人财产的“两权”边界。税收总量的调整事关国家与国民之间资源的初始配置，② “在国民收入初次分配领域，政府收入份额的任何变动，无疑都是最为有效的资源配置和收入分配调节工具”。③ 税法变迁的直接影响便是调整国家与纳税人之间的“取予

① 这是一种结构分析方法的基本逻辑理路，即任何系统都是由各类要素或子系统构成，这些要素或子系统有一定的层次性和数量比例关系，从而呈现出一定的结构；各类系统的结构不同，能够产生的功能也不一致。有关“结构—功能主义”的介绍及其在社会科学中的运用，参见张守文：《经济法理论的重构》，人民出版社 2004 年版，第 79 ~ 80 页；周怡：《社会结构：由“形构”到“解构”——结构功能主义、结构主义和后结构主义理论之走向》，载《社会学研究》2000 年第 3 期。

② 布坎南指出，在政府只限于起保护个人的生命和财产权利、强制契约实施的作用时，资源服务的收益率倾向于与该服务的边际价值生产力相等。[美] 詹姆斯·M. 布坎南：《公共财政》，赵锡军、张成福等译，中国财政经济出版社 1991 年版，第 41 页。很显然，这种纯粹状态在现代市场经济中很难实现，国家承担了更多的职责意味着其更加积极、主动地介入初始的资源配置之中，而这种介入对前述与边际价值生产力趋近的分配状态不具实现的可能性。

③ 汤贡亮：《中国财税改革与法治研究》（第 2 版），中国税务出版社 2014 年版，第 37 页。

关系”，就“结构性减税”而言，总体上意味着国家的“多予少取”，使税法之财政性分配功能的发挥，更有利于纳税人一方。究其原因，既可能是对理想税制的“趋近”，如剔除税制中的“重复征税”部分，[①]或是对相对不合理税制的“纠偏”；[②]也可能是基于刺激经济发展的政策性考虑，如针对中小企业出台一系列税收优惠措施，降低其企业所得税征收率，都是这方面的体现。现实中，前述两方面因素可能同时存在，如就增值税转型改革而言，增值税的“中性”特征要求理想的税制模式应当是消费型增值税制，所以2009年全面实施增值税转型改革是对理想税制的“回归”；但诚如有学者所指出的，该项改革主要是为因应经济危机对我国的影响，实际上“仍是将增值税转型作为宏观调控、拉动内需的一个重要工具，只不过此次变法客观上体现了增值税的‘税不重征’的基本原理而已”。[③]从进路上看，税种、税率、税基乃至税收特别措施等税收要素的调整，都会引致税法分配功能作用于“国民分配”时的变化，因而对此当有全面把握，这里不作展开。

就纳税人之间的分配关系而言，“结构性减税”之“结构性”的基本特征以及“有增有减”的表现形式，不可避免地会影响税负在纳税人内部的分配状况，从而改变不同纳税人之间的分配格局。如企业所得税“两法合并”后，对内、外资企业“一视同仁”，显著改变了旧的企业所得税制下外资企业在税收层面的“超国民待遇”，向不同性质企业间平等竞争的格局迈出一大步；又如针对小微企业给予税收优惠，便能够改善小微企业的分配能力，一定程度上改变其在市场上相对弱势的分配状况。对纳税人分配格局的改变，既可能是为了更好实现财政性分配的能力原则，如给予内资企业以跟外资企业相同的企业所得税待遇，就是为了改善前者的分配

① 如“营改增”。

② 如2005年以来多次提高个人所得税工薪所得费用扣除标准。

③ 张守文:《分配危机与经济法规制》，北京大学出版社2015年版，第251～252页。

能力，使其在市场上能同后者平等竞争；也可能是为了促进社会、经济政策目的之达致而为调节性分配，如降低小规模纳税人的征收率，以及给予小微企业以税收优惠，主要是希望以此激发经济活力，供给学派的思路在此亦有体现；[①] 还可能是实现其他目标时客观“波及”，如前文述及的“营改增”造成不同行业、不同纳税人在税负上的“现实差异”，此时即需要尽量精确地分析此种分配差异是否可欲、是否可取，若答案为否，则须考虑制度本身的精细化设计，或配套制度建设，以预防或纠正分配失衡。

就不同层级政府之间的分配关系而言，“结构性减税”的影响容易被忽视，但这一点恰恰十分重要。同样是因为其“结构性”之特征，可能导致所“减”之税收利益同所“增”之税收利益归属于不同的主体，从而改变了不同层级政府在分配格局中的相对地位。如“营改增”取消了原在地方财政收入中占大头的营业税收入，转而增加央地共享的增值税收入，这进一步加剧了地方财力的紧张状况；为使税改顺利推进，国务院《关于印发全面推开营改增试点后调整中央与地方增值税收入划分过渡方案的通知》（国发〔2016〕26号）将增值税收入的央地分享比例在2～3年的过渡期内由75∶25调整为50∶50。反之，若特定税改对既定分配格局造成冲击却缺乏配套制度，便可能因“现实逻辑”的作用使改革目标落空，甚至南辕北辙。[②] 如我国2006年废止《农业税条例》，彰显中央为农民“减负”的决心，但由于农业税的废除导致部分基层政府缺乏足够财政收入，相应配套制度的“缺位”间接引致各种名目的收费项目反弹，农民负担未得

---

① Gillman, M., Kejak, M., Tax Evasion, Human Capital, and Productivity-Induced Tax Rate Reduction *Journal of Human Capital*, Vol.8, No.1, 2010.

② 这里的“南辕北辙”有多种表现形式，既可能是相关税改因不能激励相容而难获地方政府的支持甚至产生“软顶”现象，也可能是“减税”改革最终因地方财力困难而“取之于民”，导致“黄宗羲怪圈”的发生，终致产生“增负”效果。

实质减轻的后果。[①]因此，在研究税法变迁对于分配功能的影响时，必须时时记住要考察不同层级政府间分配权益的变化。如成品油税费改革就可能存在“中央动了地方的奶酪”之情形，改革中所取消的六种公路收费均属地方政府的自主财权，二级公路的通行费也受地方政府掌控，而所增加的消费税收入归属中央政府，如果不作相应制度安排，此项改革显然难逃“抽地方补中央”的指摘。[②]对此，国务院《关于实施成品油价格和税费改革的通知》(国发〔2008〕37号)中明确提出新增税收收入不作为经常性财政收入，“除由中央本级安排的替代航道养护费等支出外，其余全部由中央财政通过规范的财政转移支付方式分配给地方”；在新增税收收入的分配顺序中，也充分照顾到地方政府的既得利益。[③]实际上，在中央与地方政府间“主从博弈”现实存在的条件下，如果没有前述配套制度安排(当然，在通知中位列“改革的主要内容”项下)，很难想象相关改革能够得到地方政府的支持。同样的情形在“营改增”中也有体现，试点过程中央承诺不减少地方的财政收入，对应原来征收营业税的新增增值税收入返还给地方。当然，这毕竟是过渡期做法，在试点结束，营业税全部改征增值税后，是否保留地方政府的这一块分配利益，许多人存疑，[④]因而才有一段时期以来有关“倒逼财政收支划分改革”或是“重新发现地方主体税种”的热议。十九大报告提出要健全地方税体系，这包括“完善地方税种”、“扩大地方税权”和“统筹推进政府非税收入改革……深化

---

① 参见侯卓、佘倩影:《由“美国银行案”看中国农业税改革之未竟全功——兼论征税权的民主控制》，载《黑龙江八一农垦大学学报》2014年第2期；张千帆:《权利平等与地方差异：中央与地方关系法治化的另一种视角》，中国民主法制出版社2011年版，第91页。

② 参见熊伟:《财政法基本问题》，北京大学出版社2012年版，第352页。

③ 该通知对税收收入分配顺序的规定为：一是替代公路养路费等六项收费的支出；二是补助各地取消政府还贷二级公路收费；三是对种粮农民增加补贴；四是增量资金，按照各地燃油消耗量、交通设施当量里程等因素进行分配，并适当体现全国交通的均衡发展。

④ 参见刘剑文、熊伟:《财政税收法》(第6版)，法律出版社2015年版，第122页。

清理收费改革，继续推进费改税”三项举措，[①] 这就为结构性减税进程中如何调谐不同层级政府的分配利益关系，既提出了高标准，也指明了方向。

尤应引起重视的是，不仅税法变迁的结果（新的税法分配制度）蕴含着同过往不尽一致的分配功能，税法变迁的过程，亦将影响分配功能的现实实现。所以，对“结构性减税”中各项税制改革举措从酝酿到正式出台的过程进行分析，进而考虑如何通过税法变迁程式的优化，更有力地保障包括分配规制在内的各项税法功能之实现，确有其必要性。[②] 制度本身的分配功能在本书第二章、第三章着墨较多，制度变迁的结果之于分配功能的影响也已如前述。本章接下来拟探讨各项具体税制变迁进程中的共性范式，挖掘其中可能有碍税法分配功能高效发挥的部分，进而从分配功能充分、有效发挥的维度，提出完善思路。

本书第二章提炼出形式层面的法定要求和实质层面的能力原则，作为税法财政性分配功能发挥的两大逻辑起点，第三章将法定要求（具体要求与财政性分配情形有一定差异）、可税性、比例原则作为税法调节性分配功能发挥的三维正当性基础。运用“综合”的思维方法，则两类分配功能的发挥皆需要在形式上满足一定的法定要求，当然针对不同情形的具体要求不尽一致；在实质上，无论是能力原则，还是可税性或比例原则，均系针对“微观”情形（如具体纳税人、纳税对象）所提之要求，当把视域扩及“宏观”层面，从纳税人整体角度出发，则前述要求都孕育“利益均衡”的因素。财政性分配功能的发挥，在相对、横向意义上遵循量能课税，意味着不同纳税人之间的利益均衡；当税法进行调节性分配时，比例

① 本书编写组编著:《党的十九大报告辅导读本》，人民出版社 2017 年版，第 263 页。

② 正如布坎南所言，“可以指出应该如何改变个人选择制度的方式，而不是改变‘应该’做出的选择本身”。[美] 布坎南:《民主财政论》，穆怀朋译，商务印书馆 2002 年版，第 311 页。由此推广，研究制度变迁的“过程”颇有价值。

原则同样要求调节不得过“度”，实际上仍是基于不同主体之间“利益均衡”之意旨。之所以要做前述提炼、“综合”，乃是因为若由分配视角观之，税法变迁实际上就是多元主体分配权益的调整过程，故而在形式面重申法定要求，并于实质面提炼利益均衡原则，甚有必要。就此而论，本章的研讨既是对前两章内容的补充，某种意义上也可视为对相关理论提炼的“再提炼”。

梳理丰富而多元的税改进程，不难提炼若干共性“范式”，其中政策主导和过渡性制度安排尤应引起我们的关注，此二者一个侧重程序面、一个倾向实质面，由不同维度对分配功能的发挥产生一定影响，故在下文分别从这两方面加以审思，可谓相得益彰。

二、政策主导对分配功能的影响及其缓释

税收法定作为税法的基本原则虽已具高度的理论共识，现实中也被相继写入执政党的纲领性文件①和重要法律；②但是，在“结构性减税”这一整体性税制变迁的进程中，政策的主导地位仍彰显无余。③总体上，除企业所得税“两法合并”、《个人所得税法》修改等为数不多的几项改革基本是在法律框架下进行，更多的改革举措具有浓郁的“政策主导”意味。较之法律，政策具有突出的变异性，这意味着税改进程中常常阶段性地改变不同主体间的分配关系，而这种改变的阶段性进一步加剧了分配格局变动不居的可能性。十九大报告中提出，“创新和完善宏观调控……健全财政、货

① 如十八届三中全会《关于全面深化改革若干重大问题的决定》。

② 如《税收征收管理法》《立法法》，其中后者亦被认为属于“宪法性法律”。当然，传统观念中对“宪法性法律”的认识可能存在一些偏颇，须认识到，其虽然重要，但本质上还“是法律而不是宪法”。参见马岭:《宪法性法律的性质界定》，载《法律科学》2005 年第 1 期。

③ 把视线拉长，“结构性减税”之前我国税收事项的变易更常由政策主导。如我国基于财政收入的考虑，曾将金融业的营业税税率从 5% 提高到 8%，“入世”以后又逐渐降到 5%，这一过程中即体现较明显的政策主导。参见张守文:《财税法疏议》，北京大学出版社 2005 年版，第 267 ~ 268 页。

币、产业、区域等经济政策协调机制”，根据报告辅导读本中的解读，创新和完善宏观调控的一项重要任务是注重引导市场行为和社会预期。[①]若将分配规制也视为广义上理解的宏观调控之组成部分，则政策的变易性对稳定预期的形成有不小的窒碍，须详加检视。

（一）税制变迁的三种模式：“政策—法律”范式的审思

就各项具体的税制变迁，循其中政策与法律的互动关系，大致有三种类型。

类型一：税制变迁“法外运行”。

此种情形中，整个税制变迁的过程都未在税法框架内运行，改革成果通过政策、而非法律形式呈现。如我国自1994年起酝酿开征“燃油税”，进程缓慢。2008年8月，发改委、财政部、科技部联合发布《关于贯彻实施〈中华人民共和国节约能源法〉的通知》，专门提到“完善资源税，研究开征环境税，择机出台燃油税”。但通知发出后不足半年，剧情反转，12月5日，发改委、财政部、交通运输部和国家税务总局联合公布《成品油价税费改革方案》（征求意见稿），改“燃油税”为“成品油消费税”，引发热议，中国财税法学研究会递交专业意见，特别言及燃油税立法形式宜采行政法规形式，“至少要恢复经过国务院同意的惯例”，最好制定《燃油税暂行条例》；12月18日，正式方案落地，所依据的文件是国务院颁布的《关于实施成品油价格和税费改革的通知》（国发〔2008〕37号）。

形式上，正式方案由国务院而非四部委发布，有论者据此认为，因为该通知意味着对《消费税暂行条例》的修改，如果以四部委发文，存

① 本书编写组编著：《党的十九大报告辅导读本》，人民出版社2017年版，第256页。

在“行政规章抵触行政法规的情况”。[①] 易言之，国务院发文比四部委发文更符合《立法法》和一般法理的要求。实际上，无论是四部委，还是国务院发文，本质上均系规范性文件，而非行政规章或行政法规；就正式出台的通知而言，虽然由国务院发布，但并未经过《行政法规制定程序条例》规定的立项、起草、审查、决定与公布等程序，哪怕仅从“名称”的维度看，也不满足《行政法规制定程序条例》第5条的要求。[②] 更何况在发布程序上其与行政法规的区别亦十分明显：行政法规要由总理签署发布，而行政决定通过国务院文件或国务院办公厅文件的形式发布。因此，从法律效力的角度看，是以国务院名义还是以四部委名义发文，差别并不大。

需要注意，2008年11月10日，国务院颁布修改后的《消费税暂行条例》，财政部、国家税务总局则于同年12月15日颁布修改后的《消费税暂行条例实施细则》。成品油消费税改革与消费税“修法”在时间上高度重叠予人以两方面观感：一者，固然成品油价税费改革涵摄的面较广，但至少其中“提高现行成品油消费税单位税额”的内容，完全可于修改《消费税暂行条例》时体现出来，这样至少在形式上更符合“税收法定”的要求；二者，未依循前述进路的直接后果是，在《消费税暂行条例》刚刚修改未满一月之时，新的“打补丁”工作已经开启。这导致成品油消费税改革呈现出浓郁的政策色彩，法定成分相当匮乏。

这里不妨再以2014年年底至2015年年初连续三次上调成品油消费税为例加以分析（见表20）。

---

① 熊伟:《财政法基本问题》，北京大学出版社2012年版，第343～344页。

②《行政法规制定程序条例》第5条第1款规定:“行政法规的名称一般称‘条例’，也可以称‘规定’、‘办法’等。国务院根据全国人民代表大会及其常务委员会的授权决定制定的行政法规，称‘暂行条例’或者‘暂行规定’。”

表 20 三次提高成品油消费税的文件比较

	《关于提高成品油消费税的通知》（财税〔2014〕94 号）	《关于进一步提高成品油消费税的通知》（财税〔2014〕106 号）	《关于继续提高成品油消费税的通知》（财税〔2015〕11 号）
发布时间	2014 年 11 月 28 日	2014 年 12 月 12 日	2015 年 1 月 12 日
发布主体	财政部 国家税务总局	财政部 国家税务总局	财政部 国家税务总局
相关表述	"为促进环境治理和节能减排，经国务院批准……"	"为促进环境治理和节能减排……"	"为促进环境治理和节能减排……"

首先，税率是至为重要的税收要素之一，在新《立法法》中被确立为税收基本事项，[①] 根据税收法定的要求，税率事项应当由狭义税法至少也是税收行政法规予以规定和调整，三个文件都仅为部颁税法规则，效力位阶偏低至为明显。其次，《消费税暂行条例》第 2 条第 2 款规定，"消费税税目、税率的调整，由国务院决定"，这可视为"立法授权"，但其同前文分析的《企业所得税法》上就税收优惠的"立法授权"有三点区别，一是授权主体不同，《消费税暂行条例》本即为根据"85 授权"制定的行政法规，是国务院行使的授权立法而非职权立法；[②] 二是授权内容有别，《消费税暂行条例》所授予的税目、税率事项，乃是税收领域至为关键的税收要素，未便轻言授出；三是授权表述参差，这里"由国务院决定"的行文模糊，究竟是应当通过制定政策还是行政立法程序进行并不明确，而结合前两方面的差异，应当从严解释为通过行政立法程序进行。最后，三份文件中，仅有出台最早的财税〔2014〕94 号文有"经国务院批准"的表述，另外两份文件连此项内容

① 当然，具体到这一波成品油消费税连续上调，是在新《立法法》出台之前。但是，2015 年修改《立法法》时，之所以明确写入税率法定，便有成品油消费税连续三次上调引发各界负面观感的因素。

② 立法学上区分国务院的行政立法究竟属于职权立法、授权立法还是准法律立法权，这对于后续的效力认定有重要影响。参见周旺生:《立法学》(第 2 版)，法律出版社 2009 年版，第 268 页。

都没有，即便从最宽松的标准来审视，后两份文件的形式瑕疵明显。

类型二：政策推动税制整体立废。

此种情形中，政策推动税制变迁虽然最终以法律形式加以确认，然而本质上讲，变迁的方向与内容皆由政策确定，法律不过扮演着“橡皮图章”的角色。其形式上与法定要求“若即若离”，在实质上则同法定要求所蕴含的纳税人“同意”之本旨相去甚远。承认特定利益、确定合理范围并尽力保护在确定范围内得到认可的利益，是法律基本的作用方式；①政策在稳定性、民主性上的相对缺陷，使其不足以成为推动主体权益根本性调整的合适场域。

农业税的废除，是此类情形的典型代表。2000 年，中共中央、国务院决定安徽全省为农村税费改革的试点地区，此时农业税尚只是“农村税费改革”中之一环，而且由于改革伊始就浮现出基层财力困难之情状，所以改革进程一度有所放缓，相关提法亦由“加快推进”转为“稳步实施”；2002 年，伴随国家财政状况的改善特别是对试点地区转移支付的加强，试点扩至河北、黑龙江、内蒙古等 16 个省区，并于 2003 年推向全国；截至此时，废除农业税还未成为农村税费改革的突破口，转折点出现在 2004 年，该年度先后出台的三个政策文件强力推动了农业税废除的进程，如表 21 所示。

表 21　推动农业税废除的核心文件

发布时间	文件名	重点内容
2003 年 12 月	《关于促进农民增加收入若干政策的意见》（中发〔2004〕1 号）	“逐步降低农业税税率，2004 年农业税税率总体上降低 1 个百分点”
2004 年 3 月	2004 年《政府工作报告》	“逐步降低农业税税率，平均每年降低 1 个百分点以上，五年内取消农业税”
2004 年 12 月	《关于进一步加强农村工作提高农业综合生产能力若干政策的意见》（中发〔2005〕1 号）	“进一步扩大农业税免征范围，加大农业税减征力度……有条件的地方，可自主决定进行农业税免征试点”

① 参见［美］罗斯科·庞德：《法理学》（第 3 卷），廖德宇译，法律出版社 2007 年版，第 13～14 页。

在中国的本土语境中，“一号文件”被赋予了更多的内涵，虽然在法律属性上其也居于规范性文件之列，但实际上常将之作为中央意图的“风向标”，由此不难理解中发〔2004〕1号文何以成为推动农业税废除的重要里程碑。2004年《政府工作报告》做出“五年内取消农业税”的承诺，2005年“一号文件”特别强调免征农业税的试点，各地方在有条件时“可自主决定”，都极大地推动了废除农业税的进程。至2005年年底，全国范围内已全部停征农业税，全国人大常委会则于2005年12月29日决定废止《农业税条例》。此项改革的出发点无疑是好的，是对农民在分配格局中居于弱势地位的矫正；然而，抛开其客观上带来的“杂费反弹”等负面效果不论，其在形式层面的合法性瑕疵也值得引起重视。《农业税条例》系全国人大常委会于1958年通过，属于狭义的税法范畴，[①]这在税收法定于立法层面相对黯淡的景况中本是难能可贵，不料却在退出历史舞台过程中被政策文件“凌驾其上”，殊为可惜；此外，政府工作报告能否直接安排税率等税收要素、中央文件能否“授权”地方“自主决定”进行试点，用法治眼光揣度，都令人疑窦丛生。[②]与之类似的尚有固定资产投资方向调节税，1999年12月，财政部、国家税务总局、发改委联合发布《关于暂停征收固定资产投资方向调节税的通知》，规定自2000年起暂停征收（后于2013年由国务院正式废除）。通过规范性文件来暂停征收单行税种，合法性瑕疵比较明显。此外，国务院决定从2008年10月9日起对储蓄存款利息所得暂免征收个人所得税，但由于其有《个人所得税法》的明确授权，[③]合法性供给相对充足，此处不赘述。

“营改增”大体也可纳入这一类型（进程及相应依据参见表22），

---

① 参见刘佐:《关于税收法定若干问题的进一步探讨》，载《税务研究》2015年第6期。

②《农业税条例》废止须遵循法定程序，不应在法律仍然有效的情况下，由各地政府自行停止实施。参见张守文:《分配危机与经济法规制》，北京大学出版社2015年版，第205页。

③ 该法第12条规定:“对储蓄存款利息所得开征、减征、停征个人所得税及其具体办法，由国务院规定。”

其自 2012 年 1 月 1 日开始在上海交通运输业和部分现代服务业开始试点，逐步、分期推广至其他地区、其他行业，最终于 2016 年 5 月 1 日起全面推行。扩大试点的各个环节皆以政策文件为准，延至 2017 年 11 月 19 日，国务院总理李克强签署第 691 号国务院令，废止《营业税暂行条例》、修改《增值税暂行条例》，直到此时才意味着在我国开征 66 年的营业税在法律意义上正式告别历史舞台。通览全过程，政策主导、修法附随一览无余。

表 22　“营改增”进程及相应依据

时间	内容	依据
2012 年 1 月	在上海交通运输业和部分现代服务业开展“营改增”试点	财税〔2011〕110 号
2012 年 8 月	试点地区扩至北京等 8 个省、自治区、直辖市	财税〔2012〕71 号
2013 年 8 月	试点地区扩至全国范围	财税〔2013〕37 号
2014 年 1 月	试点行业扩至铁路运输和邮政业	财税〔2013〕106 号
2014 年 6 月	试点行业扩至电信业	财税〔2014〕43 号
2016 年 5 月	全面推开“营改增”试点	财税〔2016〕36 号
2017 年 11 月	废止《营业税暂行条例》、修改《增值税暂行条例》	国务院令第 691 号

类型三：政策推动税制局部修正。

由于税收事项的技术性、精细性与复杂性，[①] 现实中局部性的税制变迁有时难以直接修法“一步到位”，而是通过政策推动、“循循善诱”地臻于“修法时机成熟”之境，再以修法形式确认成果。其与类型二的差异在于税制变迁的范围，一为局部修正，一为整体更易。

如 2006 年 3 月 20 日，财政部、国家税务总局发文对我国消费税的

① 参见［日］金子宏:《日本税法》，战宪斌、郑林根等译，法律出版社 2004 年版，第 24 页。

税目、税率及相关政策进行调整，[①] 涉及税目的增加与取消，税目、税率的调整，纳税人范围的廓清等税收要素内容。又如，增值税转型改革也是如此，自2004年7月始，允许东北三省和大连市部分行业抵扣购进设备所含进项税金；2007年5月，财政部、国家税务总局发文将试点区域扩大到中部六省26市；修改后的《增值税暂行条例》于2009年开始施行，标志着增值税转型在全国范围内推广，同时也意味着前述政策推动的税制变迁以行政法规的形式确定下来。与前述消费税改革不同，增值税转型在政策推动两轮试点后，径自以暂行条例的形式在全国推开，而未待改革全部完成后以暂行条例加以“追认”。

资源税改革也是一特别值得检视的样本。2010年开启的资源税改革，同样经历“试点—试点推广—全国推行”三个步骤，其中前两个步骤都是依据政策性文件，[②] “全国推行”则通过修改《资源税暂行条例》实现。在此基础上，根据财税〔2016〕53号文，新一轮的资源税改革从2016年7月1日起全面推行，包括扩大征收范围、矿产资源从价计征、清理涉及矿产资源的收费基金、合理确定税率水平、清理税收优惠政策和收入分配体制等内容；又根据财税〔2017〕80号文，水资源税改革试点自2017年12月1日起扩大至北京等九省区市，几乎同一时间，财政部、国家税务总局就《中华人民共和国资源税法（征求意见稿）》面向社会征求意见。该征求意见稿的制度设计恰如《关于〈中华人民共和国资源税法（征求意见稿）〉的说明》中所言，在原暂行条例的基础上突出体现了“将改革成果上升为法律”，同时还为后续的改革预留了足够大的空间，如其第17条便拟予明示，“国务院可以组织开展水等资源税改革试点。待立法条件成熟

---

① 《关于调整和完善消费税政策的通知》（财税〔2006〕33号）。

② 2010年6月，财政部、国家税务总局发布《新疆原油天然气资源税改革若干问题的规定》（财税〔2010〕54号），在新疆试行原油、天然气资源税的从价计征；同年12月，试点扩至内蒙古、甘肃等12个西部省区。

后，再通过法律予以规定”。[①]类似征求意见稿第 17 条这样的表述，集中体现了资源税改革立法进程中，政策因素之于税制变迁的主导作用。

总体来说，三种类型均体现明显的政策主导性。即便以相对宽松的法定要求进行评判，类型一的形式合法性瑕疵也比较明显；后两种类型在形式上尚难谓其完全背离法定要求，但相关税改进程中是否体现“同意”的精神，在实质面上干系重大。申言之，虽然这两种情形政策推动的结果终究为法律的形式所框定，故而形式层面的正当性供给较之第一类情形更为充分；[②]但如何避免出现政策犹如汪洋大海，“法律只是大海中的几个孤岛”[③]之现象，仍须格外关注，这要求对税收法定有更贴近其本旨的认识。

（二）程式跃迁：税收法定的“底线”与“灵魂”

当前对税收法定的讨论热度甚高，特别是三中全会“改革决定”中明确提出要落实税收法定原则以来，似乎每一项税改都可以从“税收法定”的角度品评一番。然而有一个问题不容回避：当我们谈论税收法定时，我们在谈什么？如果仅停留在形式要求的层面上，其意义很有限；如果像北野弘久那般将其概念外延不断扩展，也易诱致内涵空洞的后果。笔者推崇的做法是：对各项税改，依据一定标准予以重组，分别在不同维度上施以法定性要求，这便要确立差异规制的思路，并挖掘税收法定的核心意蕴。

1. 差异规制的总体思路

前文的讨论中，笔者以形式层面政策与法律的互动为标准，将之区分为三种类型，此处，还可以在实质层面上，根据相关税改涉及的事项（内

---

① 这样的规定在法律文本中十分少见，在中国法学会 2017 年 12 月组织的《资源税法〈征求意见稿〉》专家研讨会上，不少学者对该条款表达商榷意见。

② M.Strawczynski，“Optimal Design of New Generation Fiscal Rules: Coping with the Business Cycle and Discretionary Tax Reductions”，*Business and Economics Journal*，Vol.6，No. 3，2015.

③ 王名扬：《法国行政法》，北京大学出版社 2007 年版，第 109 页。

在标准）与影响的范围（外在标准），将这些政策主导的税制变迁区分为不同的情形。内在标准的审查重点为税制变迁的对象是单行税种法的核心制度（特别是一般税收要素）抑或边缘制度（如税收特别措施）；外在标准则试图基于税制变迁波及的范围作出“局部试点—整体更易”的二元划分。

为何进行上述划分？如果一项税制变迁涉及税法的核心制度，如税基、税率等税收要素，其对多元主体权益的影响往往较大，因而提出更高程度的法定要求有其必要；而如果税制变迁所及仅为税法的边缘制度，如税收优惠等税收特别措施的立、改、废，其对权益格局的影响相对较小，法定要求亦可适当从宽。同样地，当税制变迁影响范围相对较窄，如仅在某些地区或行业试点时，基于“没有差别就没有政策”而法律却强调稳定性与普适性认知，因而实体法层面的“法律之治”本就不甚现实，而只能侧重从程序角度对试点过程提出要求，如针对沪渝两地的房产税改革试点，可考虑由全国人大常委会授权国务院得批准省级政府制定办法对个人自住房征收房产税，这就是一种程序中心的法定要求。所以，从上述内在标准和外部标准出发，对于相关税改的法定要求，会形成不同的宽严之程度。基于上述，形成税制变迁的四种“内—外”组合情形如表23所示。

表23 税制变迁的四种类型及代表情形

类型	代表性税改
“核心制度—局部试点”	增值税转型、“营改增”、资源税改革、房产税改革
“核心制度—整体更易”	企业所得税“两法合并”、《个人所得税法》修改、《增值税暂行条例》修改、《资源税暂行条例》修改、成品油税费改革
“边缘制度—局部试点”	“营改增”所涉部分税收优惠调整
“边缘制度—整体更易”	小微企业税收优惠

“核心制度—整体更易”类型最易把握，其法定要求的程度最高，现

实中，企业所得税“两法合并”、《个人所得税法》修改在狭义法律层面展开，增值税转型改革与“营改增”在试点到一定阶段、累积相当经验后，也是通过对行政法规的修改来完成畅行全国的任务；但是，成品油消费税改革对《消费税暂行条例》中至为重要的税率制度作出调整，而且直接在全国范围内施行，却通过部委发文的形式推动，难免会备受诟病。“边缘制度—局部试点”类型无论就税制变迁的深度还是广度而言，影响面相对较小，对其提出“高标”要求，在现实中难得实现。前述“营改增”试点中对部分营业税税收优惠项目转征增值税时作出的制度调整，基本上通过部委发文形式完成，没有太多可责性。这里较难把握的是另外两种情形，或是因为变迁之制度在税法中居于核心地位，或是因为制度变迁在全国范围内整体推进，对不同主体的分配利益影响甚大，有透过法定程序进行的必要性；但与此同时，相关制度变迁要么在部分区域或行业试点，要么适用的对象相对有限，现实中虑及法律程序的启动不易以及政策目的本身所需要的灵活性与差异性等特质，很多时候并未真正通过“法治方式”去加以推动，增值税转型试点、资源税转型试点、房产税改革试点概莫能外。以房产税改革试点为例，其程序合法性瑕疵是显见的，而要补正这一程序性瑕疵须从三方面“对症下药”：第一，《立法法》第 8 条将税收基本事项作为法律保留项目，沪渝两地出台试点方案，需要经过全国人大及其常委会的授权，这是学者们前述意见的主要依据；第二，光有授权还不够，《立法法》及一般法理上有关“下位法不得抵触上位法”的原则需要遵守，沪渝两地试点的“制度背景”是《房产税暂行条例》的规定仍然有效，要使地方的试点方案获得合法性，还得如全国人大常委会暂停有关法律在上海自贸区实施一般，由国务院暂停《房产税暂行条例》部分条款在沪渝两地实施；第三，《税收征收管理法》第 3 条明确只有法律、行政法规可以作为税款征收的依据，而且没有缓和性规定，除非全国人大常委会专门暂停该条在两地的适用，否则沪渝两地根据各自试点方案对个人自住房征收房产税均同其抵触。若能同时实现前述三个条件，则沪渝两地的房产税改革试点，才算真正获致形式合法性。很显然，“纸上得来终觉浅”，这三点真要在现实中得以践行何其困难。运用税收法定这一“法宝”去批判总是容易，但一旦真切地遇到真实而又深刻的现实，“依然故我”的情形彰显出的可能是相关理论有待拓掘之处。

2. 双管齐下：“形式—实质”的辨证施治

针对前述不同类型的税制变迁，税收法定的规制要求一要“坚守”，二要“拓掘”。前者强调当涉及税法核心制度的整体变易时，必须通过法律渠道进行。具言之，制定有法律的修改法律；制定有行政法规或规章的，首先修改相关制度规范，并根据十八届三中全会要求，适时上升为法律，这是税收法定的“形式”要求。应当说，这一观点在理论上和实践中都已具有高度共识，特别是在2015年3月，全国人大常委会法制工作委员会牵头起草的《贯彻落实税收法定原则的实施意见》经党中央审议通过，就税收领域中各类情形如何法定勾勒出清晰的“路线图”：第一，拟开征新税种的，同步起草法律草案，这意味着“政策主导”向“法律主导”的范式跃迁；第二，与税改相关的税种，适时将暂行条例上升为法律，需要试点的，可在试点基础上先修改条例，再上升为法律，“营改增”试点后，《增值税法》出台前先修改《增值税暂行条例》便是此种思路的体现；第三，不涉及税改的税种，逐步将暂行条例上升为法律，当前已经完成（如船舶吨税）或正在紧锣密鼓推进的一系列单行税种（如耕地占用税）立法，基本属于这种情形；第四，暂行条例全部上升为法律或被废止后，提请全国人大废止“85授权”；第五，全国人大常委会每年安排立法项目以有序推进税收法定任务的完成。客观言之，待到2020年前后，我国税收领域在形式层面的法定问题将不似过去那般突出，可能主要在立法的精细程度等方面仍存争议空间。

即便如此，我们还要体察单纯追求形式层面的税收法定，可能存在以下局限性：一方面，税法存在哈特所谓的“空缺结构”，核心事项之外的大量具体事项“如何规范必须由法院或官员依据具体情况，在相互竞逐的利益（其重要性随着不同的个案而有所不同）间取得均衡”；[①] 另一方面，在部分具体情形中，譬如“税改试点”这样的场合，税收法定能够发挥的作用同样有限，许多时候只能是事后的“追认”，即便真如学者所建议的，通过全国人大及其常委会授权的方式消弭相关改革的程序性瑕疵，若无配套机制的作用，其对改革方案的内容、对改革涉及的诸多分配主体之权益的保障能发挥的实质作用是很有限的。

局限性不是要我们放弃税收法定，而是须与时俱进地发掘其内涵并以适当方式体现税收法定的实质要求。有时候，我们太重视税收法定了：太重视其在形式层面的要求，以致忽视了其更具意义的内在属性；太希望税收法定能够获得实定法上的确认，以致忽略了作为“法理念”的税收法定主义与作为“法律保留”的税收法定原则之间看似细微、实则重大的差异。梳理税收法定主义在英国的历史演进，不难发现其一以贯之的精神实质是契约精神，[②] 核心是将“同意”作为征税的前提要件。越来越多的公法学者将“合法性”同形式意义的“合法律性”区分开，将前者的本质界定为可接受性，强调民众对政府行为正确性和适宜性的内心肯认。[③] 这便将问题（合理地）复杂化了，因为“可接受性”到底意味着什么，见仁见智而并无唯一正解；但渐趋达成的共识是将“可接受性”建立在开放式的参与过程之上。通常认为试点具有“试错”性质，其实，转型社会中的实在法建制作为“西法东渐”与“本土资源”融会之产物，何尝不是在“试错”？“即便试错方案的设计离不开一种集中的权威，也不能把整个过程完全托付给这个权威，而应该使过程更具开放性、参与性。”这种对开放性、

---

① 参见［英］哈特:《法律的概念》(第2版)，许家馨、李冠宜译，法律出版社2011年版，第123页。

② 参见李建人:《英国税收法律主义的历史源流》，法律出版社2012年版，第292页。

③ 参见沈岿:《公法变迁与合法性》，法律出版社2010年版，第10～11页。

参与性的诉求主要倒不是、至少不仅仅是“众人拾柴火焰高”这种“技术性”的考量，就税收这一高度技术化、精细化的领域而言，未曾接受专业训练的普罗大众，即便“聚沙成塔”，其所掌握的有效知识“存量”也很难超过制度设计时定向征求意见的少数专家及相关职能部门的技术官僚。根本上，强调开放性、参与性，是源于现代公共决策或制度设计中“正当性”与“合理性”这两大支撑性元素之间的内生张力——对专业化、技术化的过分张扬，不可避免地会削弱甚至剥夺普通公众的话语权，便也就动摇了所制定之规则的正当性，或曰可接受性。

考虑到税收天生具有侵益性，“闭门造车”式的规则制定或变迁，无论如何精巧，都很难让公众满意。由是以观，将税收法定的内核界定为纳税人的“同意”，确有其道理和现实意义。通常假定代议机关较能代表“民意”，所以税收法定在形式层面强调“议会主导”，可间接达致“纳税人同意”的目标。我国人大代表的专业性和代表性皆有所欠缺，由其制定的狭义税法是否真正代表纳税人的“同意”①有待商榷，正是在此意义上，十九大报告特别强调要“发挥人大及其常委会在立法工作中的主导作用……使各级人大及其常委会成为全面担负起宪法法律赋予的各项职责的工作机关，成为同人民群众保持密切联系的代表机关”。②同时，还须注意到现代社会中主体间的分类与分层现象愈益凸显，利益高度多元，税收事项关涉分配权益的配置与调节，不同群体甚至同一群体内部立场都不尽一致，从而形成各异之利益诉求；而“规则就是讨价还价”，③如果将形式层

---

① “哈特之问”发人深省：“如果投票赞成某一个法规的那些人，并不知道该法规所指为何（如同英国财政法中许多条款的必然情形），那这个正式通过的法规就不算是法律吗？”［英］哈特：《法律的概念》（第2版），许家馨、李冠宜译，法律出版社2011年版，第25页。

② 习近平：《决胜全面建成小康社会 夺取新时代中国特色社会主义伟大胜利》，人民出版社2017年版，第37页。

③［美］朱迪·弗里曼：《合作治理与新行政法》，毕洪海、陈标冲译，商务印书馆2010年版，第30页。

面的“法定”视为已足，而轻忽实质意义上多元主体诉求的表达与交锋，难保不产生“被代表”的情形。[①]至于形式意义的“税收法定”难以完整覆盖的诸如税改试点这样的场域，究竟是主张继续走形式法定的道路、强调人大授权，还是“另辟蹊径”求诸税收法定之本来意旨，通过其他制度形式来真实体现纳税人的“同意”？笔者倾向于后者，这不是绝对地排斥形式法定，而是因为两种进路之间不是“非此即彼”的关系，即便满足形式法定的要求，也还要从税制变迁的“可接受性”具体说便是纳税人的“同意”之角度，进行相应的制度设计。简言之，在规则制定也即广义上税收立法场合，要强调民意吸纳机制的构建；[②]在税制变迁特别是试点场合，针对试点区域，更须设置听取纳税人意见的机制，由于所涉范围相对较小，故而此时对“民意吸纳”的程度要求更高。[③]“税收法定”看似“行者止步”，但真正意义上的“税收法治”却可借此“行稳致远”，不同主体的分配利益也才能在此进程中更好地得到关照、尊重与保障。

综合上述，本书建议因应我国当下形式层面税收法定进程不断提速的现实，适时拓掘其在实质层面的要求，也即让税收法定蕴含的纳税人“同意”之理念真正落地。本质上讲，强调“同意”作为法定要求的“内核”，并在税制变迁时有所体现，是妥善发挥税法分配功能的前提条件。对于这

---

① 行政法学提炼出“传送带”、专家理性和利益代表三种模式解释行政行为的合法性，利益代表模式与这里所述问题有逻辑关联。参见［美］理查德·B.斯图尔特：《美国行政法的重构》，沈岿译，商务印书馆2011年版，第141页。

② 参见刘剑文、侯卓：《税收立法民意吸纳机制的反思与重构——一个可能的分析进路》，载《江淮论坛》2012年第3期。

③ 这涉及政治学上的参与式民主理论。参见［美］卡罗尔·佩特曼：《参与和民主理论》，陈尧译，上海世纪出版集团2006年版，第39页。See Jorge M. Valadez, *Deliberative Democracy, Political Legitimacy, and Self-determination in Multicultural Societies*, Westview Press, 2001, pp.34-39.

一点，前文已经从不同维度加以阐发。此外，也不能忽视，税法分配功能作用于客观实践，无论是财政性分配意欲进行的税负妥善配置，还是调节性分配通过将税收作为“经济诱因”希望达致的社会、经济政策目的，都建立在纳税人遵从行为的基础上，而纳税遵从度受到税法分配制度“可接受性”的很大影响。税制变迁的场合，是不同主体分配利益调整的过程，以“同意”为核心的法定要求之实现程度如何，关系到该税制变迁的“可接受性”，进而对税法分配功能的现实发挥产生较大影响。

三、税法变迁中的过渡性制度安排及其分配动因

税法变迁有其固有逻辑，多基于特定价值目标为之；与此同时，基于“福国利民、利益众生”的考量，[①]对所涉主体的分配利益亦应有所关怀，否则便生利益失衡之虞。是以税制变迁之际，常见过渡措施的安排，这能够在税法变迁冲击分配格局时，起到“减震器”的作用。但是同样须注意，过渡性制度若设计不当，也可能产生“过犹不及”的风险，这属于另种形式的利益失衡。因此，有必要梳理税改进程中设置过渡性制度安排的典型方式，进而臧否得失、形塑理想模式。

（一）制度检视：代表性模式拔梳

为尽量缓释税法变迁给分配格局造成的扰动，当税法变迁直接、深刻地给部分主体的分配利益造成显著不利之影响时，设置一定的过渡期，既能让相关主体不致利益受损过巨，也可渐进增益其对制度变迁合理必要性的认知，提高遵从度，使税法变迁所寄寓之分配功能的预期得以更好实现。此外，实践中还存在其他几种过渡性制度安排，下文分别略作阐发。

---

① 参见陈清秀:《税法总论》，元照出版有限公司 2012 年版，第 13 页。

1. “过渡期”制度安排

法律从颁布到正式施行，通常要经历一段时期，[①] 有观点从“方便记忆”的角度去解释这种做法，[②] 但更主要的原因还在于要为有关实施机关预留相应的准备时间，以及便于公民了解法律内容并对自己的行为形成合法性预期。[③] 如此理解，则法律从颁布到正式施行之前的时间预留，便具有“过渡期”安排的属性。在狭义法律层面进行的税制变迁，如企业所得税“两法合并”、《个人所得税法》的数次修改，都设置了这种形式的“过渡期”。

这里主要分析的是另一种“过渡期”安排，也即在变更后的税法制度中，专门针对分配利益受损之主体规定的过渡性安排，典型者如企业所得税“两法合并”后的过渡期制度。改革之前“内外有别”的企业所得税制无疑使内资企业在分配格局中居于十分不利的地位，而且容易诱致一些内资企业将资金转到境外再投资境内以享受外资企业的优惠待遇，这就导致企业经营行为的扭曲。[④] 因此，“两法合并”的积极意义不言而喻。但是，如前文所述，“两法合并”会加重外资企业的税负，特别是对税率大幅提高和优惠政策取消的担忧，使其进程一度受阻。[⑤] 正式出台的新《企业所得税法》，一方面将标准税率定为25%，使外资企业的税率上升不甚明显、易于接受；另一方面，由于税收优惠方向的迁移是新《企业所得税法》意图实现的重要目标，所以过去针对外资企业的一系列特殊的税收优惠措施被取消可谓势所必然。针对后面这一点，是否要设置过渡期税收优惠，产

---

① 法律的生效，有公布之日起即生效和法律规定一定日期、自该日起生效两种情形。参见沈宗灵主编:《法理学》(第4版)，北京大学出版社2014年版，第252～253页。

② 如绝大多数法律规定自生效月的1日起施行，有人认为是因为数字“1”符合人们的思维规律、方便记忆。参见廖盛芳:《说说法律的生效日期》，载《人民政协报》2013年11月25日，第B04版。

③ 参见黄永忠:《法律施行日期条款立法探析》，载《唯实》2012年第5期。

④ 参见刘剑文、熊伟:《财政税收法》(第6版)，法律出版社2015年版，第312页。

⑤ 参见汤贡亮:《中国财税改革与法治研究》(第2版)，中国税务出版社2014年版，第332页。

生了针锋相对的两种观点，最终，主张设置过渡期的观点被采纳，一般认为主要原因是“体现了我国政府对纳税人信赖利益的保护，给予纳税人以稳定的预期”。[①] 简单来讲，相关过渡期制度安排体现在《企业所得税法》第 57 条，[②] 该条的主要内容可概括为两条：其一，低税率五年过渡；其二，定期减免税优惠享受到期满为止。《企业所得税法实施条例》第 131 条对适用主体的问题略作阐明。[③] 真正实质性地对“如何过渡”作出操作性规定的还是一系列规范性文件，简要地通过表 24 予以阐明，此处不过多展开。

表 24　相关规范性文件中有关企业所得税过渡期安排的规定

颁布时间	颁布主体	文件名	相关制度安排
2007 年 12 月	国务院	《关于实施企业所得税过渡优惠政策的通知》（国发〔2007〕39 号）	原享受 15% 优惠税率的企业，2008 年起 5 个年度适用税率分别为 18%、20%、22%、24%、25%；原享受 24% 优惠税率的企业 2008 年起适用 25% 税率；享受定期减免税优惠的企业享受至期满为止

① 主张不设过渡期的观点主要从增强税法的统一性、尽快解决现行优惠制度存在的问题、优惠措施太过烦琐、国际上无通例等角度论证；主张设过渡期的观点还包括有利于新旧企业所得税法的平稳过渡、给予相关企业以适应期、渐进式改革符合我国国情等。参见陈少英：《税收债法制度专题研究》，北京大学出版社 2013 年版，第 168 ~ 169 页。

② 该条规定：“本法公布前已经批准设立的企业，依照当时的税收法律、行政法规规定，享受低税率优惠的，按照国务院规定，可以在本法施行后五年内，逐步过渡到本法规定的税率；享受定期减免税优惠的，按照国务院规定，可以在本法施行后继续享受到期满为止，但因未获利而尚未享受优惠的，优惠期限从本法施行年度起计算。法律设置的发展对外经济合作和技术交流的特定地区内，以及国务院已规定执行上述地区特殊政策的地区内新设立的国家需要重点扶持的高新技术企业，可以享受过渡性税收优惠，具体办法由国务院规定。国家已确定的其他鼓励类企业，可以按照国务院规定享受减免税优惠。”

③ 该条规定：“企业所得税法第五十七条第一款所称本法公布前已经批准设立的企业，是指企业所得税法公布前已经完成登记注册的企业。”

续表

颁布时间	颁布主体	文件名	相关制度安排
2007 年 12 月	国务院	《关于经济特区和上海浦东新区新设立高新技术企业实行过渡性税收优惠的通知》（国发〔2007〕40 号）	对经济特区和上海浦东新区内在 2008 年 1 月 1 日（含）之后完成登记注册的国家需要重点扶持的高新技术企业，仍享受“两免三减半”的优惠
2008 年 2 月	财政部、国家税务总局	《关于企业所得税若干优惠政策的通知》（财税〔2008〕1 号）	2008 年 1 月 1 日之前外商投资企业形成的累积未分配利润，在 2008 年以后分配给外国投资者的，免征企业所得税；2008 年及以后年度新增利润分配给外国投资者的，依法缴纳企业所得税

2. 其他过渡性安排

某种意义上，通过试点方式推进税制变迁也可视为一种过渡性的制度安排：一方面，对试点区域、试点行业而言，其在试点期适用的新税制并不稳定，常常随着试点的推进有所更易，“营改增”扩围过程中对试点方案的整合与优化，即属此类；另一方面，在全国范围内，部分区域或部分行业试行新制、而其他区域或行业遵行旧法，这种状况显然不可能长久，故而亦为过渡性安排。由此可见，税制变迁时“试点先行”和“过渡性制度安排”这两个特征实乃“互相成就了彼此”。具体审视“结构性减税”进程中的一系列税制改革，往往在试点期都会有相对特殊的制度安排，由此类制度安排本身即透出较强之“过渡性”特质；尽管其所涉事项不尽一致，但均系从利益均衡出发对分配格局改变的某种“缓和”。

增量抵扣是增值税转型改革中的过渡性安排，其出发点是为了避免国家税款利益损失过巨，是基于“国民分配”的考量所作过渡性制度安排。所谓增值税转型，也就是由生产型增值税向消费型增值税转型，核心是扩大增值税抵扣范围，具言之即是允许新购入设备所含增值税款予以抵扣。①但是东北、中部地区的试点方案同最终修改后的《增值税暂行条例》存在一个显著区别：东北地区的试点方案中明确规定固定资产进项税额的抵扣以“当年新增增值税税额”为限；②中部地区的试点方案也有类似的规定，③不过在语气上相对柔和一些，用了“一般不超过”的表述；在2009年的新《增值税暂行条例》及其实施细则中，则没有此项规定。所以，这种“增量抵扣”的方法，属于典型的过渡性制度安排。为何要在东北和中部地区试点的过程中设置该项规定？从相关文件中找不到直接答案，笔者推测，很可能是基于财政收入方面的考虑，也即担心抵扣范围一次性放得过宽可能带来较大的财政收入缺口；从相关试点文件中可以看出，决策者这方面的担心始终存在，如财政部、国家税务总局在印发中部地区的试点方案时，特别强调“每半年由省国家税务局将扩大增值税抵扣范围的有关数据及时通报省财政厅”。而此种“增量抵扣”的方式，由于对抵扣数量进行严格限定，特别是要求只能在新增收入范围内进行，这就在相当程度上缓解了国家财政“减收”之虞。另外也要承认，虽然自改革伊始社会各界

① 需要区分通常所说的“增值税转型”与有些研究中所说的“增值税法转型”：前者主要是指先后在东北地区、中部地区试点的扩大抵扣范围的试点，并且最终体现在修改后的《增值税暂行条例》中；后者通常是指2008年11月修订、2009年正式实施的新《增值税转型条例》，也即是“增值税法修改”的意思。后者除了与“增值税转型”一样，将生产型增值税向消费型增值税转型作为核心环节外，还包括调低小规模纳税人的增值税征收率、将矿产品增值税税率恢复至17%等内容。对“增值税法转型”主要内容的介绍，参见陈少英：《税收债法制度专题研究》，北京大学出版社2013年版，第59页。

②《东北地区扩大增值税抵扣范围若干问题的规定》第5条规定：“纳税人当年准予抵扣的上述第三条所列进项税额不得超过当年新增增值税税额，当年没有新增增值税税额或新增增值税额不足抵扣的，未抵扣的进项税额应留待下年抵扣……”

③《中部地区扩大增值税抵扣范围暂行办法》第5条规定：“纳税人当年准予抵扣的本办法第三条所列进项税额一般不超过当年新增增值税税额，当年没有新增增值税税额或新增增值税额不足抵扣的，未抵扣的进项税额应留待下年抵扣……”

就为之冠名“增值税转型”，但在正式的试点文件中从来都只是强调“扩大增值税抵扣范围”，并未说就要实行完整意义上的消费型增值税，所以如试点方案这般严格限制抵扣范围，不存在“名实不符”的问题，这需要引起注意。然而，从分配的视角看，增量抵扣的过渡性安排虽然缓和了对“国民分配”格局的冲击，但对试点范围内不同纳税人之间的分配格局却引发了十分不利的“扰动”：一方面，此项制度安排对老企业不利，这在东北、中部等地的老工业基地表现尤为明显，由于老企业承担较重的生产成本、改革成本和社会成本，经济效益在短期内很难有质的飞跃，也就不易很快达到“新增增值税税额”的标准，从而事实上没有享受此项政策带来的“红利”，这使其在分配格局中较之新兴企业居于弱势地位；另一方面，即便不是老企业，如果在某年度内未实现新增增值税税额，就无法抵扣固定资产进项税额，而由于试点方案中是允许抵扣，不过是要求“留待下年抵扣”的，这样在税务处理中固定资产原值将要减掉进项税金，进而导致作为费用扣除的折旧金额减少，这意味着由于相对偶然的因素，可能导致纳税人既不能享受抵扣范围扩大之实惠，反而滋生税负增加之虞。[①]也许是试点过程中前述负面因素引起关注，更可能是由于如前文所述的、试点给财政收入带来的影响经检测完全在可控范围内，此项“增量抵扣”的制度安排未被正式修改的《增值税暂行条例》所采用，其“过渡性”的历史地位亦就此定格。但不管怎样，彼时过渡性安排因制度设计不慎而致利益失衡的教训，在今后类似情形中还应慎思、明辨之。

中央将对应原来征收营业税的新增增值税收入全额返还给地方，以及相应调整增值税的央地分享比例（由“75 ∶ 25”易为“50 ∶ 50”），是“营改增”中的过渡性安排，其出发点是为了避免地方财政收入在改革中受损，也即是从政府间分配利益相对稳定的角度在设计制度。受两方面因

---

① 参见汤贡亮：《中国财税改革与法治研究》（第 2 版），中国税务出版社 2014 年版，第 245 页。

素的影响，我国地方税体系本来就不甚健全：其一，“分税制”框架下税权划分的基本法律缺位，使国家能轻易改变既定之税种划分格局，[①]如2002年所得税收入分享改革将本来基本属于地方税的所得税改为央地共享税；[②]其二，根据我国政府间的财政收支划分安排，虽然有较多的税种被划归为地方税，但可堪作为地方主体税种的寥寥无几，从收入占比情况看，营业税在地方税收收入中占大头。随着“营改增”大幕的开启及徐徐推开，本属于地方税的营业税被属于共享税的增值税所取代，意味着地方财力产生较大“缺口”，在其他税种收入尚“难担大任”的情况下，如何保证地方财政收入是制度设计者不得不考虑的问题。如前所述，目前的新增增值税收入返还地方的做法具有过渡性特征，增值税分享比例调整如国发〔2016〕26号文所言，也是“过渡期暂定2～3年”，很难想象此种做法能够长期延续。十八届三中全会“改革决定”中特别强调保持“中央和地方财力格局总体稳定”，方法无非有二：一是另行确定地方主体税种[③]并通过制度设计使之“堪当大任”；二是提高地方在共享税中的分配比例。[④]可见，分配格

① 张怡等：《衡平税法研究》，中国人民大学出版社2012年版，第235页。

② 有关2002年所得税收入分享改革以及2004年起对收入分享比例调整的具体内容，可以参考的文件是国务院《关于印发所得税收入分享改革方案的通知》（国发〔2001〕37号）、国务院《关于明确中央与地方所得税收入分享比例的通知》（国发〔2003〕26号）。

③ 目前国内学术界有关“新一届”地方主体税种究竟花落何家，可谓众说纷纭。有主张房地产税者，参见邓宏乾、徐松明：《改革房地产税制 重构地方主体税种》，载《学术论坛》2010年第1期；有主张企业所得税者，参见李峰、付晓枫：《地方主体税种培育问题探究——以经济发展理论为视角》，载《财政研究》2015年第3期；有主张零售消费税者，参见林颖、欧阳升：《零售消费税：我国现行地方主体税种的理性选择》，载《税务研究》2014年第12期；有主张环境税者，参见程黎、刘刚：《“十二五”时期环境税成为地方主体税种的可能性分析》，载《宏观经济研究》2013年第1期；还有区分近期、中期、远期分别讨论者，参见王宇：《财税改革过程中地方主体税种的选择》，载《税务研究》2015年第4期；等等。

④ 如就增值税分享比例而言，由于“营改增”将作为地方税的营业税并入增值税中，所以有学者建议将增值税的央地之间分配比例调整为50∶50。参见张怡等：《衡平税法研究》，中国人民大学出版社2012年版，第235～236页。“营改增”完成后的过渡方案体现了这一思路。

局的相对稳定，既制约着相应税制变迁的步伐，使之常须预留一定之过渡空间，又时时要求相关的税制更易要注意整章建制、协同并举。

此外，“营改增”还涉及营业税税收优惠的过渡问题，也即改征增值税后，原营业税框架下享受的优惠政策如何处理关系到不同纳税人之间分配格局的相对稳定。梳理相关文件，大体有四种过渡方式：第一，原营业税免税，改征增值税时亦给予免税待遇；第二，原营业税适用减免税政策，改征增值税时享受即征即退待遇；第三，原营业税适用减免税政策，改征增值税时给予免税之更优待遇；第四，原先征收营业税时不享受优惠待遇的，改征增值税后给予免税或零税率待遇。①

总体上讲，过渡性制度安排虽尚未成为税制变迁的“标配”，但近年来其出现频次及重要性却有大幅提升。一般认为过渡性制度安排的着眼点是分配利益均衡，意图缓和税制变迁对分配格局的冲击力度，更准确地讲，即是对因税制变迁而分配利益受损之主体的某种“补偿”。若从更广义的视角去审视，其实过渡性安排在财税领域的适用颇具普遍性，除税法制度变迁之情形外，譬如企业跨区迁移的财政补偿（主要是迁入地政府在一定年限内给予适当税收补偿，以减少或打消迁出地政府的顾虑），② 也具有“过渡性”安排的特征。正是缘于其对于分配利益均衡的正面意义及不断增益的普遍性，更需要对此种范式加以反思，尤其是在形式和实质两个维度进行。形式层面，对过渡性制度安排的法定要求会遇到一个悖论：既然是“过渡性”安排，便较不具有稳定性，规定在具有稳定性要求的法律、法规中，似不合适；然而诸多过渡性安排恰恰涉及税率等税收基本事项，对之施予一定法定要求又在所难免。企业所得税“两法合并”后针对过去的低税率情形，在《企业所得税法》中作出原则性规定，“立法授

① 参见赵国庆:《关注“营改增”中营业税税收优惠过渡方法》，载《中国税务》2013 年第 3 期。

② 有关武汉城市圈内部企业跨区迁移财政补偿的相关做法及评述，参见熊伟:《财政法基本问题》，北京大学出版社 2012 年版，第 178 ~ 182 页。

权”国务院具体制定“逐步过渡”的办法，国务院则未于《企业所得税法实施条例》中完成此项任务，而是通过国发〔2007〕39号、国发〔2007〕40号两个规范性文件确定了具体的过渡办法。应该说，如此处置主要是基于相关过渡办法的“过渡性”特质，不得不在“因事设规”的规范性文件中载明。至于上文述及的其他几项税改，其所涉过渡性制度安排多载于决定开展税改或税改试点的文件中，即便存在效力位阶较低等现象，也不是过渡性制度安排本身的问题。实质层面，过渡性制度安排追求多元主体的利益均衡，因此，既要缓和税制变迁给相关主体带来的负面冲击，也不能由于过渡性制度安排过于“强势”（如可以表现为过渡时间过于漫长），使税制变迁意欲实现的功能落空。[①] 简言之，需要把握好过渡性制度安排的“度”，使之“止于至善”；“过”或“不及”，皆非善事。

（二）过渡性安排的理论内核与制度要素

税制变迁在不同向度上引致分配格局的改变。在现代国家，这种改变很多时候可以通过其所欲达致的目标获致正当化；但与此同时，也需要关注在税制变迁中分配权益受损的主体，通过妥善的制度安排尽量缓释税制变迁给其带来的冲击和损害，以实现利益均衡的税法目标。况且，若不如此，能够增进社会整体利益的税制变迁可能受到抵制，甚至难以成为现实，诚如弗里德曼对“法律的滞后性”这一人们司空见惯的命题所作精辟阐释——“无论什么时候指责法律是迟钝的，它都不是那种阻碍进步的抽象的‘法律’，而是现实的强制力、现实的利益群体，反对因某种具体原

---

① Antonio Spilimbergo , Steven Symansky , Olivier J. Blanchard and Carlo Cottarelli, Fiscal Policy for the Crisis, *International Monetary Fund (IMF) - Research Department* , *International Monetary Fund (IMF) - Fiscal Affairs Department* , *Peter G. Peterson Institute for International Economics and International Monetary Fund (IMF)* , 2009.

因而改变的现实的激情”。[①] 温习弗里德曼的论述，对我们理解税法变迁时设置过渡性安排的必要性大有裨益。前文在介绍过渡性安排时，已经指出人们通常将税制变迁时设置的过渡性制度安排归因于对分配利益受损主体之信赖利益的保障，是否果真如此？亟待澄清。这是因为对于过渡性安排所蕴含之理论内核的不同认知，直接影响相关的制度设计。有鉴于此，下面即以对理论内核的厘清为主线，通过三个问题层层深入的剖析迫近答案，在论证过程中自然导出过渡性安排在制度设计时应当注意的关键问题。

1. 税法上能否适用信赖保护？

传统税法和税法学上，并不将信赖保护作为税法的基本原则，[②] 一般认为它是从诚实信用引申而来，其法理含义在于绝不能背叛对方对自己言行的信赖。[③] 诚实信用原本是民法的基本原则之一，将之适用于作为公法的税法，是否合适？这是需要讨论的问题。对之持否定立场的观点，一般严守“公法—私法”之分际，强调公法多为强制性规定，而私法多为任意性规定，因而二者间的性质多有不相容处；具言之，诚实信用的主要功用乃是补充法律的不完备之处，如得一体适用于公法，易致公法的严格性受到破坏。[④] 然而，这种“否定说”的观点忽略了诚实信用作为一般法律原则的地位，过于僵化地坚守“公法—私法”的划分，目前已经不是理论上的主流。如金子宏教授即指出，“诚信原则是贯通于私法和公法的一般原理”，[⑤]

---

① [美] 劳伦斯·弗里德曼:《二十世纪美国法律史》，周大伟等译，北京大学出版社 2016 年版，第 717 页。

② 参见 [日] 金子宏:《日本税法》，战宪斌、郑林根等译，法律出版社 2004 年版，第 57 ~ 75 页。

③ 日本税法学者几乎在相同意义上使用税法上的信赖保护与诚实信用原则。参见 [日] 北野弘久:《日本税法学原论》(第 5 版)，郭美松、陈刚译，中国检察出版社 2008 年版，第 126 ~ 129 页;[日] 金子宏:《日本税法》，战宪斌、郑林根等译，法律出版社 2004 年版，第 97 页。

④ 参见刘剑文、熊伟:《税法基础理论》，北京大学出版社 2004 年版，第 173 页。

⑤ [日] 金子宏:《日本税法》，战宪斌、郑林根等译，法律出版社 2004 年版，第 97 页。

自无“画地为牢”之理。所以，如果从信赖保护作为诚实信用原则之具体表现形式的角度看，其适用于税法是没有问题的。当然，在具体的适用方式上，税法的情形同民法可能有差异。① 主旨所限，此处存而不论。

进而言之，将信赖保护视为单纯从诚实信用中引申而来甚至与诚实信用原则等量齐观，这种认识也不甚周延，从法律体系之全域看，二者间是交叉而非包含与被包含的关系。诚实信用本来是民法原则，公法上是借用之；而信赖保护则原为公法原则，现在属于公法、私法兼有之概念。此外，二者的内容也不尽一致。民法上的“信赖保护”侧重对交易相对人合理信赖的保障，从而确保交易的可期待性，在缔约过失等场合可适用该原则。②行政法上的信赖保护③则主要指政府对自己的行为或承诺应守信用，不得随意变更，其理论根源可追溯至法律的安定性、诚实信用原则和基本权利三者，其中以安定性方面的考量最为主要。④ 可见，公法上把握的信赖保护强调的是对公权力的合理信赖应受保护，这自然能够适用于税法场合，也即在税收法律关系中，纳税人就税务机关之行为所产生的合理信赖，应当受到保护。而诚信原则移用于税法场域，则不仅针对公权力行

---

① 如诚实信用原则在民法上的运用当然是双向度的，双方当事人都可受其保障，但其在公法层面，是否也能在两个向度上均予适用，理论上仍存歧见。譬如有税法学者认为诚实信用原则实无适用于纳税人之必要，因为纳税人违反诚信原则的行为自会蒙受剥夺税收优惠待遇、税收行政处罚等不利益情形，参见［日］北野弘久：《日本税法学原论》（第5版），郭美松、陈刚译，中国检察出版社2008年版，第126页。但是我国台湾地区的税法理论和实务倾向于采肯定见解，参见陈清秀：《税法总论》，元照出版有限公司2012年版，第264页。

② 参见朱广新：《信赖保护理论及其研究述评》，载《法商研究》2007年第6期。该文分析了民法上研究信赖保护的四大理论来源：允诺禁反悔、“权利外观”、富勒的信赖理论、缔约过失理论。

③ 行政法上对信赖保护的研究成果十分丰硕，参见黄学贤：《行政法上的信赖保护原则》，载《法学》2002年第5期；莫于川、林鸿潮：《论当代行政法上的信赖保护原则》，载《法商研究》2004年第5期；等等。

④ 参见姜明安：《行政法与行政诉讼法》（第5版），北京大学出版社、高等教育出版社2011年版，第73页。

为，就纳税人的先前行为也有其适用余地。[①]由此可见，既不能将信赖保护同诚实信用原则等同起来，也不能认为前者完全被后者所包含，[②]这就更加证成了信赖保护在税法上适用的合理性。需要注意的是，此处只是论证了宏观层面的可适用性，也即仅满足“必要而不充分”条件，信赖保护能否适用于抽象法律关系层面，这一问题还须在接下来予以阐明。

2. 税制变迁场合有无信赖保护适用之空间？

在明确信赖保护原则确可适用于税法后，须进一步研讨，本章所关注的税制变迁之情形，有无适用信赖保护原则的余地？

狭义理解的信赖保护主要限于发生具体法律关系的场合，如行政许可涉及信赖保护的情形即至为典型；但是，其作为一般法理，本就不体现于公法的实定法层面，既能畅行于公、私法之间，自无限于具体法律关系之理。因此，对得为“信赖利益”之客体，行政法理论倾向于认为“绝非仅仅局限于具有单方性、处分性的具体行政行为，还应当包括行政主体颁布行政法规、行政规章、其他规范性文件的行为以及长期以来所形成的惯例、规则……此外还应当包括行政主体之间的职权划分等”。[③]易言之，这里对“信赖利益”的界定采用十分宽泛的把握方式，无论是抽象还是具体的法律关系中，条件成就时均可产生信赖利益。

税法是公法，在对税收法律关系进行理论建构时又较多地借鉴民事法律关系形塑了“税收债务关系”的概念，从而使其呈现“公私交融”之特质。在梳理税法上的信赖保护之适用情形时，也能发现该特点。税收法律关系性质的“二元论”主张将税收实体法和税收程序法分别归为债权债

① 参见葛克昌:《税捐行政法——纳税人基本权视野下之税捐稽征法》，厦门大学出版社 2016 年版，第 19 页。

② 如德国早期的税法学者克莱教授就认为，禁止溯及既往即具有信赖保护的意味，而这并非基于一般人格权、诚信原则或依法行政，而是基于由实质法治国原则导出的法律安定性之要求。参见陈新民:《德国公法学基础理论》(增订新版·下卷)，法律出版社 2010 年版，第 165 页。

③ 莫于川、林鸿潮:《论当代行政法上的信赖保护原则》，载《法商研究》2004 年第 5 期。

务关系和权力服从关系，前者较多从“公法之债”的角度去建构，后者则属于具体行政行为之一种特殊类别，可以将二者分别理解为税收法律关系在抽象和具体两个层面的体现。无论在哪一层面，都有信赖保护的适用空间，不过得为适用的基础有所不同。在特定纳税人与国家之间形成具体的税收法律关系时，当“税捐义务人之信赖较值得保护时，则行政之合法性原则必须让步牺牲”，此时的信赖保护乃为税法上诚实信用原则的一种适用类型。[①]而如果纳税人与国家之间没有发生具体的税收法律关系，如本书所讨论的税法分配制度变迁的场合，纳税人在满足条件的前提下仍可获得信赖保护，但此时不属于诚实信用原则的适用对象，而是直接由法律安定性要求所导出的结论。[②]

进言之，在纳税人与国家之间仅为抽象法律关系的情形中，如这里讨论的税制变迁，信赖保护原则的适用空间是否应予限制？笔者认为答案是肯定的，因为税制更易，或者表明制度设计者之判断今是昨非，或者系因应客观情势之变化，当然不能束缚住建制者之手脚，使其不能随时代需要而修法。就此而言，前述信赖保护的三大理论根源中，诚实信用不能适用于具有高权地位的立法者之上，[③]唯基于“法律安定性”的考虑，方才有施予信赖保护之必要。故此，抽象法律关系情形中，信赖保护的适用空间，主要体现为“法不溯及既往”；准确地讲，溯及禁止的对象，特别限于“不利溯及”。[④]这个判断可从我国的制度实践中得到印证：《税收规范性文件制定管理办法》（国家税务总局令〔2017〕41号）第13条明确，税收规

① 参见陈清秀：《税法总论》，元照出版有限公司2012年版，第264页。

② 参见刘剑文、熊伟：《税法基础理论》，北京大学出版社2004年版，第174页。

③ 参见陈新民：《德国公法学基础理论》（增订新版·下卷），法律出版社2010年版，第163页。

④ 如刑法适用上“从旧兼从轻”原则就体现了溯及之禁止主要是针对“不利溯及”而言。相关讨论参见阮方民：《从旧兼从轻：刑法适用的“准据法原则”——兼论罪刑法定原则蕴含的程序法意义》，载《法学研究》1999年第6期。

范性文件不得溯及既往，但是为了更好地保护税务行政相对人权利和利益而作出的特别规定除外；《税务部门规章制定实施办法》（国家税务总局令〔2002〕1号）在第3条第2款也就税务规章作出了基本一致的规定，即税务规章不得溯及既往，但为更好地保护纳税人或者其他税务当事人权益的特别规定除外。具体到本章讨论的分配制度变迁，在纳税人与国家之间产生的自然是抽象层面的法律关系，税制变迁时设置若干过渡性制度安排，皆是虑及税制变迁给相关分配主体产生不利益。那么，其是不是此处所讨论的“法不溯及既往”之体现呢？接下来进行分析。

3. 税制变迁时的过渡性安排，源于信赖保护吗？

这一问题的答案取决于两个层面分析的结果：一是信赖保护在税法上适用的一般要件是否具备？二是抽象法律关系层面信赖保护得以成立的条件是否满足？这里以企业所得税“两法合并”时设置的“过渡期”制度安排为例，予以分析。前文述及，新《企业所得税法》有关“过渡期”的制度安排主要针对外资企业，其核心内容有两点：低税率五年过渡和定期减免税优惠享受至到期。两大制度安排虽然在外观形式上差异不小，但在性质上实为相近，故而立法中将之置于同条同款，亦可体察立法者之用心。

（1）基于信赖保护一般适用要件的分析

先在前述第一层面进行分析。外资企业在“内外有别”的制度环境下往往能享受24%和15%的优惠税率，而在“两法合并”后，除非享受产业优惠，只能适用统一的25%税率；与此同时，定期减免税优惠主要是所谓“两免三减半”，即根据合并前的《外商投资企业和外国企业所得税法》第8条的规定，经营期在十年以上的生产性外商投资企业，从开始获利的年度起，头两年免征企业所得税，第三年至第五年减半征收，这一优惠措施在新《企业所得税法》中也被取消。这两方面税制变迁的结果对外资企业分配利益造成的“损失”是不言而喻的。但是，这种损失是否足以成为“信赖利益”之损失，从而可以而且应当享受“信赖保护”呢？答案是否定的。金子宏教授将信赖保护在税法上适用的条件概括为三项：其一，有权机关已经向纳税人表达了足以构成信赖的“公的见解”；其二，纳税人的信赖必须是值得保护的信赖；其三，纳税人必须要基于信赖进行了一定行为。[①]在这三者的基础上，有学者另外补充了两项要求，即信赖对象必须“足以”引起纳税人的信赖和信赖的破坏将给纳税人带来损失，从而形成了判断信赖保护是否应该适用的五大要件。[②]笔者将之概括为：信赖对象的存在、信赖对象的可信赖、信赖本身的应受保护、基于信赖作出行为、破坏信赖造成损失。据此而论，外资企业如果要主张“信赖保护”，会遇到如下几点困难：

首先，信赖对象的可信赖度存疑。虽然外资企业的前述两项税收优惠系由立法确认，但这种“内外有别”的企业所得税制一直备受诟病，“两法合并”的动议也早就出现，[③]特别是随着中国引进外资数量的大规模增长以及投资环境的不断改善，“低税引资”的必要性越来越低；而且，中国加入 WTO 后，对外商投资实行真正的国民待遇而非超国民待遇，对维护公平竞争的市场环境和全国统一市场的形成都十分必要，也是我国“加入 WTO 的承诺的必然要求”。[④]本质上，税收优惠是典型的宏观调控制度，[⑤]根据经济形势有一定变易性，所以一般认为“纳税人尤其不得信赖法律上的税收优惠均会无限制地继续被维持”。[⑥]因此，外资企业进入中国市场前，

① 参见［日］金子宏：《日本税法》，战宪斌、郑林根等译，法律出版社 2004 年版，第 100 ~ 101 页。

② 参见刘剑文、熊伟：《税法基础理论》，北京大学出版社 2004 年版，第 176 ~ 180 页。

③ 参见刘隆亨：《企业所得税“两法”合并的若干问题》，载《法学杂志》2003 年第 2 期；许建国：《“两法合并”中应考虑的税收优惠和税收征管问题》，载《税务研究》2003 年第 7 期。

④ 刘剑文：《WTO 体制下的中国税收法治》，北京大学出版社 2004 年版，第 185 页。

⑤ 参见王霞：《税收优惠法律制度研究：以法律的规范性及正当性为视角》，法律出版社 2012 年版，第 14 页。

⑥ 刘剑文、熊伟：《税法基础理论》，北京大学出版社 2004 年版，第 184 页。

对可能变易的企业所得税制，理当有所预期。[①]

其次，不能认为外资企业进入中国市场是基于“低税”信赖所作之行为。税收成本只是企业作出投资、经营决策时所考虑的因素之一，是成本因素的一个具体方面，通常来讲，对于市场机会、投资环境等方面的考虑会居于更重要的地位，外资企业进入中国市场，即便有低税方面的考虑，也不是最主要的因素。

最后，也不能认为“两法合并”给外资企业造成了损失。一方面，信赖保护中尝试弥补的“损失”是现实已经发生的而非预期之可能损失。“两法合并”之后，即便取消优惠待遇，对外资企业来说也并没有发生实际损失。如没有让其“补缴”税款，何来“损失”之说？另一方面，更为根本意义上的，“利益”与“不利益”间还有广阔的中间地带，二者不是非此即彼的关系；“损失”意味着“不利益”，而非不再享受“利益”。“两法合并”使外资企业不再获得低税率待遇和定期减免税优惠，本质上是“利益”不再享受，是由“超国民待遇”向“国民待遇”的复归，不能认为是一种损失。

（2）基于信赖保护在抽象法律关系层面适用情形的检视

再于前述第二层面予以检视。外资企业享受的24%、15%之优惠税率，自新《企业所得税法》生效之后不再适用，这里并不存在法律“溯及适用”的问题，所以，从抽象层面信赖保护的适用情形很容易地就将低税率待遇之丧失排除在“信赖利益”之外。但是，在分析定期减免税时，会稍微遇到困难：如果外资企业正在享受“两免三减半”，新法施行后“中断”这一进程，是否属于溯及适用？有种观点认为，外资企业开始享受定期减免税的时点既然是在旧企业所得税制下，即代表其经营行为与企业所得税

① 有一个事实可佐证“预期”的存在，即如前文述及，“两法合并”之前，正是外资企业对相关优惠待遇取消的担忧影响并推迟了新《企业所得税法》的出台；既如此，显见外资企业其实对之已经有所预期。

之间的“连接点”在新法施行以前，那么新法如果使之不再继续享受该项优惠，便意味着“溯及适用”于开始享受优惠的那个时点，并作出与旧法不同的法律规制。

这里涉及对“溯及既往”的理解。法理上有“纯粹溯及”与“不纯粹溯及”之分：前者是法律将其规范的效果延伸至法律公布前已然完成的事件及权利之上；后者是指立法或修法前产生的事件及权利在新法公布后仍处于延续状态者，新法溯及至起点生效，从而使其在旧法下的法律地位丧失价值。[①] 在税法上，“不纯粹溯及”的情况在期间税场合可以见到，如所得税上有“纳税年度”的概念，在确定应税所得时十分重要，[②] 若所得税法在某一纳税年度内修改并立即或于该年度内生效，实际上便是“溯及至纳税年度的起点生效”。[③] 这里所分析的定期减免税，也属于此种“不纯粹溯及”情形。通常认为，“纯粹溯及”应当禁止，而“非纯粹溯及”则只有在严重损害法律安定性时才不予许可。20 世纪 60 年代初的“柏林补助法”案十分值得关注，该案中，纳税人根据旧法获得为期五年的优惠税率，却在该法律修正时被缩短至三年，其主张该规范变迁溯及侵害其财产权；但是，联邦宪法法院根据“不纯粹溯及”理论，认为立法者因应客观情势而删减旧有之优惠年限，公益的考虑超过私人利益，自无不许。[④]“两免三减半”同本案情形较为类似，从主流见解看，不认为其可受信赖保护。有学

① 参见陈新民:《德国公法学基础理论》(增订新版·下卷)，法律出版社 2010 年版，第 173 ~ 174 页。

② 相应亦生一系列税法制度，如“所得的归属年度”之判断方法等。参见陈清秀:《税法各论·上》，元照出版有限公司 2014 年版，第 94 ~ 101 页。

③ 刘剑文、熊伟:《税法基础理论》，北京大学出版社 2004 年版，第 184 页。

④ 参见陈新民:《德国公法学基础理论》(增订新版·下卷)，法律出版社 2010 年版，第 180 页。另外，虽然理论上对此种二元区分有所诟病，认为其存在界分标准模糊、信赖利益保护范围不清等弊端，但德国的司法实践中一旦真正希望化繁为简、直接根据“是否将实施日期提前至公布前的时间”来判断是否存在溯及既往之情势，显然，这种简化后的判断方法更不利于保护信赖利益人，立法者的裁量权也更大，所以新近的裁判中又重新回归到二元区分的方法。参见陈新民:《德国公法学基础理论》(增订新版·下卷)，法律出版社 2010 年版，第 189 ~ 193 页。

者曾系统检视原营业税领域一系列部颁财税规则，发现在其统计的11个文件中，只有3个符合“先发布、后生效、无溯及”的一般法理，余者皆程度不同地存在溯及适用情形，最长者达1年5个月。[①] 若运用“纯粹溯及——不纯粹溯及”的二元结构分析，则尚不能一概论定这些规范性文件都存在正当性瑕疵，因为其中有相当部分的文件，作为其征税对象的客体，如特定应税行为（营业行为等），在文件颁布时点并未完结而仍处在存续状态，所以应当属于“不纯粹溯及”，从而是有其合理性的。更进一步分析，新《企业所得税法》纵令外资企业不再继续享受“两免三减半”之优惠，但过往年度已经享受的利益并未受到影响，所以这里实际上并不存在溯及适用的问题。即便勉强归为“溯及”适用，也因其系“修法前产生的事件及权利在新法公布后仍处于延续状态”的情形，而为“不纯粹溯及”，并不禁止，也即信赖利益保护在这里是无法适用的。

综上所述，无论从哪个角度分析，外资企业并不能基于“信赖保护”而要求立法者一定要在税制变迁同时作出相应的过渡性制度安排。那么问题来了，现实中新《企业所得税法》所给予之低税率五年过渡和定期减免税享受至到期为止这两项制度安排的法理基础究竟何在？

（3）“过渡期”制度安排的真正理由：利益均衡与比例原则

本书认为，作出过渡性制度安排的真正原因不在于人们津津乐道的信赖保护，而是基于利益均衡与比例原则的考量；故而相应制度设计也必须符合利益均衡与比例原则的要求。

分配制度的变迁会对不同分配主体的分配权益造成“有损有益”的影响。对特定主体而言，固然无法经由“信赖保护”来积极主张分配权益，倘若制度设计者也不妥适考量相关主体的利益损益，则同税法“利益均衡”的理想境界相去甚远。不同的分配主体有着各不相同的利益诉求，多

① 刘剑文：《财税法学》（第2版），高等教育出版社2012年版，第232页。

元诉求之间往往会形成冲突，把利益冲突降至最低限度，尽可能保持利益格局的稳定与均衡，有利于税制变迁的最终结果为不同利益主体所接受，[①]进而有利于社会的稳定和发展。[②] 所以，《企业所得税法》针对外资企业相关优惠待遇给予“过渡期”待遇，可以认为是“利益均衡”思想之体现。

利益均衡包括公共利益与私人利益之间、不同私人利益之间等多个层面的平衡，因而讲究“均衡有度”，这就涉及比例原则的适用。具言之，通过“过渡期”制度安排给予相关纳税人的利益让渡不能超过一定限度，以至于国家税款利益严重受损，抑或不同纳税人之间的分配权益仍处于实质上的“失衡”状况，这些都是无法通过狭义比例原则（法益衡量）之检测的；所以，就需要让相关的制度安排真正体现“过渡”性质，无论在适用期限还是实质内容方面，都是如此。如规定低税率过渡到标准税率最多只能在五年内完成；而且这种“过渡”不是“保持五年低税率”的代名词，而是逐步地、通过每年提高若干百分点税率的形式趋近标准税率。这些举措，较好地体现出其“过渡性”特征，是比较合理的。

其实，不仅企业所得税“两法合并”这一具体个案，前述分析框架在其他税制变迁场合也是可以且应当适用的。十八届三中全会“改革决定”提出“落实税收法定原则”，十九大报告重申要深化税收制度改革，根据权威解读，“力争在 2019 年完成全部立法程序，2020 年完成‘落实税收法定原则’的改革任务”，[③] 这意味着近年来已经提速的税收立法进程，还将再提速。整体来看，落实税收法定不是简单地将现行的行政法规、税收规

---

① 布坎南在论及遗产税的出台符合任何“公共选择”的要求时，就提出“决策和行动之间将有很长的时滞”的思路，即“如果规定作出某项决策后必须过例如四分之一或半个世纪以后才能实行该决策，那么人们便有可能正确地运用理智，心平气和地讨论效率最高的资产——转移税结构”。[美] 布坎南:《民主财政论》，穆怀朋译，商务印书馆 2002 年版，第 311 ~ 312 页。这实际上是过渡期制度安排在极端形式上的体现。

② 参见孙健波:《税法解释研究：以利益平衡为中心》，法律出版社 2007 年版，第 17 页。

③ 本书编写组编著:《党的十九大报告辅导读本》，人民出版社 2017 年版，第 263 页。

章直接上升为法律，而同时会存在制度变迁的情形，因为即便是看似简单的暂行条例“平移”为人大立法，也不可避免地涉及部分税法要素的调整优化，这由《资源税暂行条例》向《资源税法》的转变即能看出。税制改革与税收立法交织在一起，意味着今后一段时期，税制变迁造成部分主体分配权益受到损害的情形当不鲜见。在其中的许多情形，虽然相关主体无法依据信赖保护积极主张分配权益，但制度设计者应该自觉、主动、有意识地将利益均衡作为设计制度时的重要考量因素，在必要时，可以考虑过渡措施的使用；①并且，根据比例原则的要求，妥善设计形式和内容，让过渡措施真正以“过渡”之姿存在，避免从另一角度损及不同主体之间的分配格局。

前述分析，主要经由对过渡性制度安排之法理基础的探究，明晰其乃是将分配利益均衡作为考量因素，相应推导出相关制度安排亦应将之作为建制原则，并使具体的过渡性制度安排能够通过比例原则检测。至于形式层面的法定要求，前文已述及，由于过渡性制度安排本身的“过渡性”特质，严格的法定要求在实践中似较为困难，这也是本段有关此种范式的规制思路侧重于实质层面的原因之一。饶是如此，坚守税收法定的“底线”，仍有必要：与其说这是因为过渡性制度安排本身有何特殊性，毋宁说是基于整个税收领域都有“民主统制”的要求。

四、延伸探讨

限于本章的论述主旨以及行文脉络，尚有以下诸项问题与本章所论之内容有一定关联度，但在正文中未及展开，特于此处择要述及，以作正文之补充。

首先，我们在强调“结构性减税”的“有增有减”之同时，应当明确

---

① 如房地产税改革即应考虑有无主体分配权益受损的情形，进而思量有无设置过渡性制度安排的必要。

其总体上应当以“减税”为大方向。[①]2015年11月的中央财经领导小组会议上传递出“供给侧改革”的信号和思路，通过减税来降低成本进而改善供给，也是“供给侧改革”的题中应有之义。通常人们更关注“增税”对自身分配权益的影响，甚而有将“征税”狭义理解为“增税”的趋势；但实际上，“减税”很难“一视同仁”，这决定了分配格局在“减税”进程中常有所变易，而且在国家财政需求保持稳定甚至“稳中有升”的态势下，“减税”带来的财政缺口很可能引致彼时彼地的“增负”，[②]这进一步加剧对不同主体分配权益的“扰动”。由此可知，“减税”的力度和方向，对税法分配功能的发挥着实有较大影响；职是之故，即便是“减税”，对之加强理论研究并提出法律控制的思路，[③]亦十分必要。

其次，“结构性减税”中的“结构性”直接表现为税制结构“行稳致远”的变化，简言之即如十八届三中全会“改革决定”所言，要“逐步提高直接税比重”。此处特别想强调的是，“提高直接税比重”不必然代表要增加所得税等直接税的税负，正确的理解毋宁说应是“降流转税、稳所得税、适当增加财产税”；但在整体上，还是要如前一点所述，应当强调“结构性减税”的“减税”方向，避免税改进入“增税容易减税难”“东边（减税）不亮西边（增税或增费）亮”的怪圈。

---

① 无论全局性的税制变迁，抑或单一环节的税改，都应首先明确大方向是“增税”还是“减税”，又或者是“有减有增”，这有助于制度设计时“知所进退”“游刃有余”。如2016年3月，李克强总理所作政府工作报告中，在明确该年度全面实施“营改增”的同时，特别强调“确保所有行业税负只减不增”；前文已分析过，理论上讲，“营改增”对不同行业承担的税负有方向不同的影响，如果限定各行各业都“只减不增”，无疑给制度设计和配套措施的跟进都提出了更高的要求。

② 如农业税的废除造成某些地区基层财力极端困难，进而使乱收费的状况在一定范围内有所反弹。

③ 有学者从“减税权”的角度研究相关问题，如张守文提炼“减税权”范畴，讨论了减税权法定与依法正当行使的问题，参见张守文:《分配危机与经济法规制》，北京大学出版社2015年版，第200～214页；孙瑜晨讨论了减税权的要素构成，及其合法性、分配、运行与保障等问题，参见孙瑜晨:《减税权的概念构建及其法律控制》，载《中国财税法学研究会2015年年会暨第23届海峡两岸财税法学术研讨会论文集》（上卷）。

最后，本章关注税制变迁程式对税法分配功能之发挥的影响，前文已就过渡性制度安排的影响作了阐发，这里再以政策主导为观察对象略作提炼。政策较之法律，灵活性更突出，由其主导税制变迁特别是在整个税制变迁皆于“法外运行”时，频繁变易的政策使不同主体的分配权益变动不居，不利于纳税人进行中长期的经营、生活规划；更主要者，政策制定的程序相较于法律更为封闭，对多元主体利益诉求的吸纳与回应相对不足，这可能导致税法分配功能在“国民分配”层面向有利于“国”的一方倾斜，[①] 在“民民分配”层面向组织起来的利益群体倾斜。另外，以政策主导的税制变迁往往伴随部分行业或区域的试点。空间上看，试点意味着税负在不同主体间的差异配置，成为试点对象的实际影响便是税收利益（不利益）的承担，这是对税法制度本身蕴含的分配功能及其导向的分配格局的某种偏离；时间上看，试点也是一种“过渡性安排”，若是长期试点而缺乏相应的评价与退出机制（如沪渝两地对个人自住房征收房产税试点），便会引致前种暂时性的税负差异分配固化，从而使税法分配功能长期不得正常发挥。

本章集中探讨了税制变迁的结果和过程对税法分配功能的影响，进而着重从过程的角度，归纳我国税制变迁的共性“范式”；从法定要求和分配利益均衡的维度分别审视存在的问题，并提炼法律规制之道。本章侧重从制度变迁的动态视角审视税法分配功能的发挥，这同本书第二章、第三章相对静态的视角有所差异；然而，无论是本章，抑或之前的第二章、第三章，总体上还是“就制度论制度”“就制度言功能”，而基本未涉及税法的分配功能在作用于客观实践时可能遇到的障碍。就此而论，挖掘税法分配功能在现实中难以“克竟全功”的缘由，并尝试探索相应的规制之道，甚为必要。这便是接下来的第五章将要研究的问题。

---

① 如前文分析的 2014 年年底、2015 年年初连续三次上调成品油消费税的过程。

第五章　税法分配功能的现实障碍与制度回应

税法分配规制的客观实践，不可避免地会遇到多方面的障碍，使之难以充分、高效地发挥作用。这些障碍中有一些是主观性的，最典型的便是税收执法过程中不规范的行为：如因为经济周期的影响，征税机关的课税努力可能不尽一致，经济基本面向好时，征税机关比较容易完成各类“税收计划”，从而在征管力度上较为放松，客观上实现“藏富于民”的效果；反之，经济不景气时，征税机关税收任务难以完成，则更可能出现征“过头税”、摊派任务等“竭泽而渔”的情形，这就影响到国家和国民间的收入分配。又如一定范围内存在的“选择性征税”现象，同样制约既定之税法分配功能的充分发挥。对于这些方面的障碍因素，通过税务机关及其工作人员法治意识的提升，可望得以缓释。本章意欲研讨的是窒碍税法分配功能发挥的、相对客观而不易克服的因素，主要是税务机关征税能力的局限和纳税人无所不在的博弈行为。此类客观因素通过干扰制度文本中设定的税法要素，特别是其中的税基要素之实现，干扰税法分配功能的充分发挥。应当说，法律涵摄的不周延、执法机关的能力不足和相对人的博弈行为是各类法律在作用于客观实践时皆会遇到的问题，因此，任何部门法的研究都须关注相关问题。本书认为，前述问题在税法领域表现得更突出，其原因可从以下四方面把握：首先，税法分配功能得以发挥的主要载体是

“税负”，但是，“税负”依附一定的收益形式而存在，税法分配功能的充分实现便建立在有效把握现实中各类收益形式的基础上，整个税法都可视为是在进行“把握收益形式—课予税负进行分配规制”的工作。所以，税法制度对收益形式的难以周延把握，在制约其分配功能实现的因素中，居于根本性地位。其次，虽然税收债务在满足法定要件时自动成立，但此时的税收债务还停留在抽象层次，其确定与实现在很多情形中尚须税务机关的介入。即便在税收法治化水平较高、申报纳税已成主流的国家或地区，税务机关所为之税收核定也作为重要的补充性措施而存在；更遑论在我国当前的税收征管实践中，税法载明的税负分配方式更多还是通过税务机关的征管行为得以实现，且税务机关所掌握之法定或“法外”裁量权力，亦不可小觑。这就同传统意义上受“传送带”理论阐释的行政机关所为之具体行政行为，存在不小的差异。[①] 再次，不同法律关系中的相对人都掌握一定博弈能力，也都可能实施博弈行为。在税收领域，税法分配功能的发挥在很多时候遵循能力原则展开，但拥有不同税负能力的纳税人通常掌握不同的博弈能力，从而与税法分配功能的作用方向形成“对冲”。最后，税收征纳过程中，税务机关与纳税人间呈现“互赖与互动”的关系，因此在检视税务机关和纳税人两方面因素对税法分配功能的影响时，要时时注意将两方面因素结合起来分析，这也是前述“特殊性”的一种表现形式。

一、税法分配规制的有限性：以“法外分配”为视角

税法规制如欲高效实施，前提是税法制度能周延涵摄现实中的各种收益形式，如果大量的分配行为、分配关系游离于税法规制的“法网”之

---

① Dennis J. Ventry Jr.，“Cooperative Tax Regulation”，*Connecticut Law Review*, Vol. 41，No. 2，2008.

外，[①]分配规制目标便有落空之虞。近年来，我国收入分配失衡愈益引起各界关注，“法外分配”的大量存在及其对分配正义的破坏，为人诟病。概言之，“法外分配”的诱因至少有三：一是由于立法技术等环节的瑕疵，或是现行税制滞后于客观实践的发展，导致税法规制无法完整涵盖、高效回应现实需求；[②]二是税法虽为重要的“分配法”，但终究也只是“分配法”体系之一环，有许多分配问题是其鞭长莫及的；三是法律对社会生活的调整有其限度，纵是制定精妙、协同得力的“分配法”体系，也无法完整涵盖现实中所有的分配关系。第一层问题可通过税法制度的优化着手解决；第二层问题则不能仅通过税法制度的完善，还须借重其他法律制度的配合；第三层问题要求法律与其他调整社会生活的手段协同并举，始有根本性完善之可能。相对而言，后两层次的问题易被忽视。所得、财产和消费是衡量收益的三大指标，通常所谓“收入”，大部分属于“所得”范畴，[③]另外也有一些属于财产收入。本书对“收入”的把握，取其大端，侧重从“所得”层面展开，通过研讨试图揭示“法外分配”的存在对于税法功能的窒碍、相应的法律规制思路及其局限性。

（一）收入形式的三元划分

基尼系数是衡量居民收入分配的重要参数。近年来，官方机构和民间智库纷纷开展测算中国基尼系数的工作，不同的测算结果同中有异：相同之处在于，各测算结果都显示中国的基尼系数已经超过国际公认的 0.4 的

---

① 有学者测算得出：游离于税法等法律规制法网之外的“隐性收入”之规模占 2002 ~ 2009 年各年度 GDP 的 19% 至 25%。参见白重恩、唐燕华、张琼：《中国隐性收入规模估计——基于扩展消费支出模型及数据的解读》，载《经济研究》2015 年第 6 期。

② See Alesina, Alberto, Rodrik, Dani, “Distributive Politics and Economic Growth”, *The Quarterly Journal of Economics*, Vol.109, No. 2, 1994.

③ Whittenburg, Gerald E., *California Income Tax Fundamentals,* South-Western College Pub., 2004, pp.13-15.

“警戒线”，并且近年来维持“高位震荡”态势；[①]不同之处在于，国家统计局公布的官方数据基本保持在0.47~0.49，而许多民间智库以及专家学者测算得出的基尼系数则高于此数据。[②]引致测算结果出现差异的原因很多，其中一个重要方面在于测算口径的不同，官方数据主要反映居民之间的显性收入差距，[③]而非官方数据还反映了部分隐性收入差距。[④]现实中，高收入群体收入之“高”，相当程度上无法透过工资薪金等显性收入得以清晰、完整地呈现，比如人力资源和社会保障部的资料即反映出，当计入工资外收入和福利待遇之后，垄断行业与其他行业的收入差距高达五倍至十倍；[⑤]而且尤须关注的是，较之显性收入，各种形式的隐性收入在居民内部的“差异化分配”更为明显，[⑥]法律规制力度不足进一步加剧分配失衡。[⑦]因此，

---

① 基尼系数是在洛伦兹曲线上提炼出来的，其他测算方法还包括：五等分法、阿鲁瓦利亚指数、欧希玛指数、库兹涅茨比率、恩格尔系数。参见郭庆旺、吕冰洋、岳希明：《税收对国民收入分配调控作用研究》，经济科学出版社2014年版，第15～17页。

② 参见程永宏：《改革以来全国总体基尼系数的演变及其城乡分解》，载《中国社会科学》2007年第4期；胡志军、刘宗明、龚志民：《中国总体收入基尼系数的估计：1985—2008》，载《经济学》（季刊）2011年第4期。

③ 有学者指出，官方数据的“失真”，很大程度上是因为“对高收入户进行收入调查并取得真实数据面临种种困难”，特别是其中占比甚大的“灰色”收入无法体现在官方统计中。参见王小鲁：《灰色收入与居民收入差距》，载《中国税务》2007年第10期。

④ 参见杨灿明等：《规范收入分配秩序研究》，经济科学出版社2014年版，第19页。

⑤ 参见张守文等：《公平分配的财税法促进与保障》，北京大学出版社2017年版，第132页。

⑥ 隐性收入在纳税人之间的分配存在“总量效应”和“结构性效应”，前者指收入越高瞒报程度越高，后者指不同形式的收入瞒报程度不一致，财产性收入的瞒报程度最高，工资收入次之，经营性收入和转移性收入最轻。这两种效应都会带来较严重的分配失衡。参见白重恩、唐燕华、张琼：《中国隐性收入规模估计——基于扩展消费支出模型及数据的解读》，载《经济研究》2015年第6期。就德国不同类型所得税收遵从度差异的分析，参见［美］休·奥尔特、［加］布赖恩·阿诺德等：《比较所得税法——结构性分析》（第3版），丁一、崔威译，北京大学出版社2013年版，第82页。

⑦ 事实上，如果将曾经广泛存在目前亦未完全绝迹的公费医疗等“隐性收益”（而非狭义的“隐性收入”）纳入考虑范围，并注意到“实际上对这些隐性收益征税是存在很多困难的”，则现实中分配失衡的状况显然要更加严重一些。参见张守文：《财税法疏议》，北京大学出版社2005年版，第160页。

十分有必要对收入形式作类型化梳理，为相应的规制思路设计做准备。

发展改革委、财政部、人力资源社会保障部联合发布的《关于深化收入分配制度改革的若干意见》(以下简称《改革意见》)中，将改善收入分配秩序的基本途径概括为四个方面：合法收入得到有力保护，过高收入得到合理调节，隐性收入得到有效规范，非法收入予以坚决取缔。这便是“分类规制”的思路，当然，合法收入、过高收入、隐性收入和非法收入四者，从逻辑上讲并不处于同一层面。在政策文件中，作为收入分配改革的着力点予以提出，逻辑上的不自洽当无大碍，可一旦要考虑对应的法律规制手段，则不能不精细地对多种收入形式进行“分析”与“综合”的工作。有学者将各种形式的收入归为“白色”收入、“金色”收入、“灰色”收入、“黑色”收入与“血色”收入这五种类型。[①] 其中，“白色”收入包括正常的工资福利津贴、劳务报酬、从事生产经营性活动获得的收入等类型，“金色”收入主要涉及资本收入、财产收入等，“黑色”收入通常界定为走私、抢劫、贪污受贿等违法收入，“血色”收入如黑砖窑、黑煤矿收入等，至于“灰色”收入，情况复杂，容下文稍详述之。

一般来讲，前述“白色”收入与“金色”收入多被认为是合法收入，“黑色”收入与“血色”收入则被纳入非法收入的行列，介于二者之间模糊地带的，则是大量存在的准合法收入，其主要对应的即是“灰色”收入。[②] 由此可见，根据收入是否合法，可以将各种收入形式区分为“合法、准合法、非法”三种类别。对合法收入应当保护、对非法收入应当取缔，殆无疑问。而何为“准合法收入”？不妨从概念内部的“再类型化”出发，揭示其真切意涵。

---

① 参见杨灿明等:《规范收入分配秩序研究》，经济科学出版社 2014 年版，第 14 ~ 15 页。基于研讨主旨，笔者无意臧否收入类型“五色定性”方法之合理性，鉴于其对收入类型的具体梳理比较完整，因而借鉴此种收入类型的界定方法，并在此基础上展开分析。

② 所以下文中对这两个概念基本是在统一语义上使用，特此说明。

针对“灰色”收入的分项列举中，较具共识的是公共资金流失、金融领域的腐败行为、行政许可和审批中的权力寻租行为、土地收益流失、垄断行业收入等。不妨从“性质”维度对“灰色”收入的多种类型予以界分，大体归纳为三类：一是虽然来源正当，但由于针对性的法律制度（特别是其中的税法制度）尚付阙如，使之缺乏法律监管（如税务监管）的收入，可称作“浅灰色”收入；二是违规但不违法的收入，比如部分垄断企业在正常工资外超常规发放奖金，这是“灰色”收入的主体，堪称“正灰色”收入；三是“名灰而实黑”的收入，收受回扣等变相受贿行为，大抵属于此类。[①] 当然，也有一些“灰色”收入的形式仍无法精确地归入某一项下，比如有些收入实际上是非法收入，但无证据可以证明，这种形式的收入可认为介于前述第二、第三两种类型之间。

从实际出发，“灰色”收入无疑应当作为现阶段收入分配调节的重点方向。这是因为这部分收入的大量存在对税法规制的窒碍比较明显，而这部分收入之所以被称为“灰色”，相当程度上是因为其未充分、有效地受各类法律制度的规制，比如前述“灰色”收入的第一种类型，本来是合理、正当的收入形式，却由于针对性的制度处于缺位状态，从而游离于“法网”之外，使税法的分配功能无法作用于这部分收入。就《改革意见》的具体内容看，其在“推动形成公开透明、公正合理的收入分配秩序”项下，专门将“清理规范工资外收入”“加强领导干部收入管理”“健全现代支付和收入监测体系”等作为小点提出具体要求，并且在“打击和取缔非法收入”中强调要堵住国企改制、土地出让等领域获得非法收入的漏洞。上述这些“亡羊补牢”式的举措，确是在回应现实需求，乃是将分配秩序优化的重心置于“灰色”收入与非法收入，客观上有助于税法分配功能的

① 这种分类借鉴了国家发展改革委员会宏观经济研究院常修泽教授的观点。参见杨灿明等:《规范收入分配秩序研究》，经济科学出版社 2014 年版，第 17 页。

充分发挥。

需要说明的是,《改革意见》中强调要有效规范隐性收入，这里使用“规范”之表述，体现决策者“区别对待”的基本态度；[①]而且，行文中明确将“保护合法收入，规范隐性收入，取缔非法收入”三者并列，从逻辑上看显然有将“隐性收入”同上面讨论的“准合法收入”或“灰色收入”作同义替换使用的内在脉络。相应地，亦有学者在讨论时将隐性收入划为两类：一为单位发放给个人的福利，二为个人工资薪金所得之外的其他非公开性收入。[②]细究之下，二者不可等量齐观。隐性收入是从“收入是否公开”维度归纳出的一种收入类别，与之对应的是“显性收入”。具言之，隐性收入包括工资外收入、单位外收入和非法收入三个层次,[③]只有前二者大体上可以归为“灰色收入”项下。因此，隐性收入与灰色收入之间是交叉关系。笔者理解，可能是《改革意见》的制定者考虑到“准合法收入”的措辞过于“文绉绉”,“灰色收入”的提法又有难登大雅（政策文件）之堂的缺憾，故而用“隐性收入”来试图“一言以蔽之”，只是如此处理可能带来逻辑上的错乱，须通过前述分析“以正视听”。概言之，本书根据收入的合法性程度，作“合法收入——准合法收入（‘灰色’收入）——非法收入”三维划分，下文以此为基础展开讨论。

（二）可税性的三重境界

可税性是税法上一个重要的范畴，其关注国家征税在经济上的可能性

---

① 严格来讲“隐性收入”还包括非法收入，针对此种收入形式，自无“规范”之理，唯有“取缔”之途。由此可见《意见》制定者潜意识中是将“隐性收入”等同于“灰色收入”的。

② 参见席晓娟:《收入分配秩序的财税法规制研究——以不同类型收入为研究对象》，载刘剑文主编:《财税法学前沿问题：依宪治国、收入分配与财税法治》，法律出版社 2015 年版，第 352 ~ 353 页。

③ 参见杨灿明等:《规范收入分配秩序研究》，经济科学出版社 2014 年版，第 18 ~ 19 页。

与可行性以及法律上的合理性与合法性。[①] 对于其内涵，从不同的角度去观察可以得出不同的认识，比如前述观点即是从“经济——法律”维度所作二元界分；此外，也可依循“理论上的可税性—法律上的可税性—实践中的可税性”进路展开。本书认为，“可税性”回答“是否纳入税法规制范畴”，其本身横跨从税法学理到制度实践的不同维度，因而在具体讨论某一对象是否具备“可税性”时，必须清楚界定是在哪一层次上论及此一问题，不宜泛泛而谈。由此出发，下面拟从理论、制度和实践三个层面，探讨不同收入类型的“可税性”问题。

1. 理论上的可税性

理论上的可税性即应然层面的可税性，关注某项收益是否“应当”被征税。对之可从“抽象—具体”两个层次予以把握：前者是运用整体意义上的可税性原理分析某项收益得否课税；后者在前者基础上，还要结合该项收益的具体特征进行分析。[②] 先后从这两个层次介入分析，体现哲学上“从一般到特殊”的认知规律。前已述及，本章侧重从“所得”的角度去把握各类收入形式，故而具体层次的可税性分析主要在所得税法层面展开。

（1）可税性原理的一般分析

收益性是征税的基础，公益性则是征税的“阻却事由”。就此而论，无论是“灰色”收入，还是非法收入，均属“收益”，且不具有“公益性”，故而应予征税无疑。按照德国税法学者 Tipke 的见解，只有经济上的所得或财产，才能表彰一个人的税负能力，所以“一个人不能因为从事某种行为而被课税，只能因为可以归属于他的经济能力而被课税”。[③] 这样看

① 参见张守文:《财税法疏议》，北京大学出版社2005年版，第139页；另见刘剑文:《非法未必不征税》，载《中国税务》2006年第4期。

② See Magill, Roswell Foster, *Taxable income*, Ronald, 1936, pp.137-148.

③ 刘剑文、熊伟:《税法基础理论》，北京大学出版社2004年版，第194页。

来，收入是经由准合法抑或非法渠道获得，恰恰都是从“行为”视角所为之判断，而这实际上不是判断可税性时有意义的指标。不过需要强调的是，对于灰色收入乃至非法收入的征税，不意味着对其收入合法性的认可，收益的可税性与合法性是两个维度的问题，二者并非一定相伴而生。“税务机关主要应审查是否符合相关的税法，至于其收入是否符合相关的法律，则是其他部门的职责”，[1]税法只进行“形式审查”而非“实质审查”。

上述认识已成学界共识，但仍有若干问题有待廓清。在针对某项收入征税之后，其被界定为非法收入，或有第三人向该非法收入获得者主张偿还请求权，此时就该非法收入所缴纳之税款，当如何处理？具言之，该纳税人是否产生税法上的“不当得利返还请求权”，抑或在其履行面对第三人的赔偿义务后，得否在将来认列扣除？进言之，如果对前揭问题持肯定见解，是否意味着针对某项具体收益的可税性判断实质上并无真正“客观”之正解，而是处于不确定之状态？若答案亦为肯定，似乎便是在昭告：可税性判断终究还是要考量收益的合法与否。我们当然可从法的安定性等角度去证伪前述“不当得利返还请求权”，也即根据“维护国库收入的稳定性，增加纳税人的违法成本”的理由导出“税务机关已征税款也不再调整”的结论，[2]这种解释进路至少在“结论”面向上同实际做法相吻合。但是，本书认为，诉诸“突然高调起来”的价值原则作出的法律解释，往往是在论据不足的情况下“不得不然”，其试图掩盖“论据不足”的困窘，却常常遮蔽了事物本来的属性。

归根结底，针对灰色收入、非法收入也须征税，本质上是由于其给特定纳税人带来“收益”、增进其税负能力，若不征税则有害于税法预设的分配格局，使相关纳税人“从自己的错误中受益”。既然这一前提现在已

---

① 张守文：《财税法疏议》，北京大学出版社2005年版，第148页。

② 席晓娟：《收入分配秩序的财税法规制研究——以不同类型收入为研究对象》，载刘剑文主编：《财税法学前沿问题：依宪治国、收入分配与财税法治》，法律出版社2015年版，第354页。

经发生变化，非法收入已被没收或是向第三人履行赔偿义务，则“收益”已不存在，仍然课予税负显然不合于量能课税针对特定纳税人产生“一事二罚”的效果。在此意义上，我国台湾地区的税法学者多将对非法收入的课税限定在“如果未经法院宣告没收，亦无被害人存在而不负担返还义务”之条件下。[①] 该见解不是对可税性原理的背离，而恰是对其不断迫近的体现。从应然角度看，若非法收入被没收，相当于税款缴纳行为无“法律上的原因”，无论采“实质的法律上原因说”抑或“形式的法律上原因说”，已缴纳税款都应予以退还。[②] 如果是嗣后向第三人履行赔偿义务这种情形，税法学理上要么认为只要存在第三人的损害赔偿请求权，即不应课征税收，因为“既然应被没收或应偿还被害人，则客观上净资产并未增加”；要么认为依据可税性原理应当征税，但在纳税之后履行赔偿义务时，可以作为费用扣除，只是在具体的扣除时点上存有争议。[③] 结合前文分析，第二种观点较为可取，通过费用扣除的方式，一方面同可税性判断时“形式审查”的特质相吻合——相当于进行了前后两次可税性分析，前一次根据“财富增加”的形式得出其满足收益性，从而具有可税性的判断，后一次基于“财富减损”的外观作出应在衡量收益时将这部分“损失”予以扣

① 陈清秀：《税法各论·上》，元照出版有限公司 2014 年版，第 58 页。

② “实质的法律上原因说”认为如果税收债权人与税收债务人之间作为原因的法律关系不存在，即根据税收实体法规定相关税款缴纳行为并无法律上的请求权时，该缴纳行为就欠缺法律上的原因；“形式的法律上原因说”则将具体的行政处分作为相关税款缴纳行为的法律上原因。参见陈清秀：《税法总论》，元照出版有限公司 2012 年版，第 421 ~ 424 页。具体到非法收入，如果收入被没收，意味着收益不复存在，也即税收要件不能成立，从而根据“实质说”可生税法上不当得利返还请求权；同样情形如果从“形式说”来理解，则要复杂一些，首先需要废弃该项行政处分。但是，一般认为“形式说”不符现代税法“公法之债”的定性，所以解释上多从“实质说”进路展开。此外，也可以从与之情形相近的事例出发进行对比思考，如在交易无效且对交易行为恢复原状之情形，一般认为因“课税基础自然不复存在，原来已经缴纳的税收也应当退还”。参见刘剑文、熊伟：《税法基础理论》，北京大学出版社 2004 年版，第 195 页。

③ 参见陈清秀：《税法各论·上》，元照出版有限公司 2014 年版，第 59 ~ 61 页。

除的结论；另一方面，如此处理也能够回避税款退还等在现实中较难实现的“理想化”制度设计。[①]

（2）所得税法的可税性分析

可税性原理格外强调的“收益性”要件，其实也是所得课税的正当性基础所在，税收不是国家对财产所有权的分享（私有制国家，财产所有权归属私人乃是宪法原则；公有制国家亦不必通过税收形式分享财产所有权），而是对经济利用行为之“使用收益”所为之分享。[②] 所得税法层面的可税性，核心就是对“所得”的合理把握，而这恰恰是一项繁难的任务。“‘所得’二字，骤视之，似甚明显，然因经济组织之复杂，及特别情形之不同，故亦成为可研究之问题”，有时甚至将“所得”之外延扩及主观的心理因素，也即“自物品所得之满足”，以此来解释持房屋以自住者，何以也须缴纳房产税——其所得为心理所得，本质上同房屋出租所获租金这种金钱所得无异，因而“税其一而免其他，似非持平之道”。[③]

总体上讲，不同主张对“所得”的概念界定之异，引致对相关收入有无可税性的判断之别。税法学理有关“所得”的理论主要包括泉源说、纯资产增加说和市场交易所得说三种。[④] 泉源说关注是否有独立、持续性的所得泉源存在，如依此说，“灰色”收入与非法收入通常不能满足持续性

① 根据《税收征收管理法》第 51 条的规定，纳税人自结算缴纳税款之日起 3 年内发现的，向税务机关要求退还多缴纳的税款时，要加算银行同期存款利息。这里讨论的情形能否适用这条规定？从《税收征收管理法实施细则》第 78 条第 2 款对该条的阐释看，“税收征管法第五十一条规定的加算银行同期存款利息的多缴税款退税，不包括依法预缴税款形成的结算退税、出口退税和各种减免退税”。简言之，其排除适用的情形并不包括这里讨论的非法收入被没收，或向第三人履行赔偿返还义务而客观上使先前缴纳的税款属于“多缴纳的税款”。易言之，如果严格从文义来理解，只要认可纳税人得请求退还多缴纳的税款，则似乎没有理由阻却其获得“加算利息”的待遇；而这在现实当中显然是难以想象也不可能实现的。

② 参见葛克昌：《行政程序与纳税人基本权》，北京大学出版社 2005 年版，第 102 页。

③ 何廉、李锐：《财政学》，商务印书馆 2011 年版，第 343 ~ 345 页。

④ 参见陈清秀：《税法各论・上》，元照出版有限公司 2014 年版，第 51 ~ 57 页。

的要件，从而难具可税性；纯资产增加说强调所得是特定期间内经济上纯资产的增加，此说将一切增加纳税能力的经济利得均作为所得税之客体，范围最广，“灰色”收入、非法收入由此获致可税性当属无疑；市场交易所得说则要求所得税之客体须为交易所得，这种观点的认知基础是所得归属者生活于其中的共同体对所得之产生有所助益，由是产生“财产权的社会义务”，循此进路，“灰色”收入与非法收入虽形式上可能经由“市场交易”而生，但实质上并不遵循市场法则，譬如等价有偿、诚实信用，实难谓其满足“市场交易所得”要件，可税性存疑。

由上述讨论可见，基于三种不同的理论学说，对“灰色”收入、非法收入具体在所得税法层面的可税性，可能导向不同的结论。如何理解这种观点歧异？可从三个方面阐明：第一，三种学说之间存在张力，本来就处在争夺所得税法理论之“主流”的过程，而且如果从理论争论的一个重要衡量标准——体现于立法实践而论，纯资产增加说为主、辅之以市场交易所得说为更多的所得税立法例所吸收；第二，即便所得税法尤其是个人所得税法层面的可税性存疑，也不等于其完全不具有可税性，这是因为可能通过其他税种法来对此类收入征税；[①]第三，日本学者剖析了三种理论主张中非法收入是否具有可税性的问题，指出与其一概认为非法收入具有可税性就是对“所得”持广义理解的结果，“倒不如说与何时认为发生了所得这个问题有关”，易言之，三种主张其实都可以推导出“灰色”收入、非法收入具有可税性的结论，不过是产生“所得”的时点不同。[②]

基于上述研讨，形成基本结论：“灰色”收入与非法收入在抽象层面具

① 如“灰色”收入的一种形式是工资外收入或曰“附加福利”。新西兰、澳大利亚分别从 1985 年、1986 年针对这部分收入另行征税，成为独立于个人所得税之外的一个税种。参见陈少英：《税收债法制度专题研究》，北京大学出版社 2013 年版，第 244 页。

② 参见［日］中里实等：《日本税法概论》，西村朝日律师事务所西村高等法务研究所监译，法律出版社 2014 年版，第 106 页。

有可税性；具体到所得税法范畴，由于不同理论主张对“所得”的把握存在差异，使相应的可税性分析结果略嫌“纠结”，这也投射到具体的法律制度之中。

2. 法律上的可税性

根据税收法定原则，税收征纳必须有法律依据，理论上的可税性唯有透过税法的明确规定，始转化为“法律上的可税性”，进而方能作用于客观实践。下面拟结合我国《个人所得税法》及其实施条例的相关规定，进行分析。

2018 年修改前的《个人所得税法》分项列举所得类型，在第 2 条载明十种具体的所得类别，包括工资薪金所得、劳务报酬所得、稿酬所得、财产性收入、偶然所得等项，并且设置了“经国务院财政部门确定征税的其他所得”这一兜底条款。从行文看，并不区分各项具体的收入类别是否合法；换言之，即便是灰色收入甚至非法收入，只要能够归入十种所得类别项下，自应一体征税。比如，垄断性企业高管过高的薪酬收入、无证经营获得的经营所得、超标准的民间借贷利息所得等，通常认为属于“灰色收入”，由于它们可分别归入“工资、薪金所得”“个体工商户的生产、经营所得”“利息、股息、红利所得”项下，所以均可依法征收个人所得税。与此同时，针对其他可能难以归入具体所得类别项下的灰色收入、非法收入，根据前述条文也可循两条路径对之征税：其一，第 10 项“偶然所得”的外延较广，《个人所得税法实施条例》第 8 条将其界定为“个人得奖、中奖、中彩以及其他偶然性质的所得”，由此可见，所得只要具有“偶然性质”原则上均可纳入此项，这便包括个人在非正常情况下获取的各种不确定性收入。[①] 其二，可适用兜底条款进行征税，即由财税主管机关因应形势发展，将难以界定应税项目的所得纳入征税范围，该处行文采

---

① 参见刘剑文、熊伟:《财政税收法》(第 6 版)，法律出版社 2015 年版，第 298 页。

用“确定”之表述，通常理解为不要求特定的部门规章形式，可以通过部颁税法规则予以“确定”。理论上讲，前述来源正当但缺乏针对性税法规制的“浅灰色”收入，可经由此种渠道予以规制，但现实中财税部门经常通过发文解释将之纳入“工资、薪金所得”等具体项下。[①]2018年修法时剔除了“其他所得”，但仍保留“偶然所得”，值得注意的是，根据2018年10月公布的《个人所得税法实施条例（修订草案征求意见稿）》第6条，“个人取得的所得，难以界定应纳税所得项目的，由主管税务机关确定”，该项规定将有无可税性的判定权力仍交由税务机关行使，一定程度上可视为旧法中兜底条款另种形式的存在。该规定因有违反税收法定之虞受到批评，这非本书关注焦点，上述内容只是想表达：修法前后对此处的研讨未产生实质性影响。

其实，无论是将“灰色”收入、非法收入根据属性分别归入特别列举项目征税，还是将之置于“偶然所得”或“其他所得”项下进行征税，内在逻辑都是将“灰色”收入、非法收入与合法收入一视同仁，这在理论上符合可税性的一般原理。[②]需要注意的是，当一项灰色收入或非法收入无法对应归入“工资、薪金所得”等特别列举项目时，前述“偶然所得”和“其他所得”两种归类方法从文义角度看似乎没有什么问题；但若细加推敲，则各类“灰色”收入、非法收入是否确可循此路径“尽入彀中”，并非不言自明。实际上，世界上采用分类所得税制的国家或地区，常见的做

---

① 如国家税务总局《关于个人因公务用车制度改革取得补贴收入征收个人所得税问题的通知》（国税函〔2006〕245号）即明确：“因公务用车制度改革而以现金、报销等形式向职工个人支付的收入，均应视为个人取得公务用车补贴收入，按照‘工资、薪金所得’项目计征个人所得税。”其他税种法的部颁税法规则如财政部、国家税务总局《关于加强教育劳务营业税征收管理有关问题的通知》（财税〔2006〕3号）规定，国内学校超过规定收费标准的收费以及学校以各种名义收取的赞助费、择校费等超过规定范围的收入，不属于免征营业税的教育服务收入，一律按照有关税法的规定征收营业税。

② Vendryes，Thomas，Jayaram，N.，*"Grey Income" : Hidden Face of Inequalities*，ProQuest Asian Business & Reference，2010，pp.12-17.

法是在分项列举所得项目后，将其他所得归入一个兜底性质的剩余类别，此时剩余类别的广泛性如何取决于该国或地区税法对“所得”之概念究采宽泛或限缩之见解，“如果基本概念是宽泛的，包括任何财富的增加，那么剩余类别就包括那些没有在其他类别中列举的任何财富的增加。”[①] 反之，如果该国或地区税法对“所得”概念持范围较窄之理解，则灰色收入、非法收入理论上讲便不应受剩余类别之涵摄。如此一来，问题的关键又回到对“所得”之把握究竟系采泉源说、纯资产增加说抑或市场交易所得说的判断之上。也就是说，解释“偶然所得”“其他所得”等带兜底性质的剩余类别时，对其范围也不能无限扩张，要遵循所得税法一以贯之的对“所得”范围的限定。在我国现行《个人所得税法》规定较为粗疏的情况下，前述判断相对不易，限于研讨主旨，此处不作展开。

申言之，即便将灰色收入、非法收入根据属性分别归入“工资、薪金所得”等应税所得项目予以课税，在某些情形中也存在不适配性。比如，工资外的福利收入在征收个人所得税时，被归入“工资、薪金所得”项下，但其实二者的性质不完全相同：工资薪金是可以自由支配的收入，对纳税人需求的满足是充分的；福利收入相对来讲在可支配性上是受限制的，特别是当其以实物形式表现出来时，[②] 某些时候未必能满足纳税人的客观需求。如果将二者归为同一项目合并征税，如果纳税人甲与纳税人乙的两项收入之和相等，但甲的工资收入低于乙，对二人课征同样数额的个人

---

① [美] 维克多·瑟仁伊:《比较税法》，丁一译，北京大学出版社 2006 年版，第 236 页。

②《个人所得税法实施条例》第 10 条规定:“个人所得的形式，包括现金、实物、有价证券和其他形式的经济利益。所得为实物的，应当按照取得的凭证上所注明的价格计算应纳税所得额，无凭证的实物或者凭证上所注明的价格明显偏低的，参照市场价格核定应纳税所得额；所得为有价证券的，根据票面价格和市场价格核定应纳税所得额；所得为其他形式的经济利益的，参照市场价格核定应纳税所得额。”

所得税，便可能诱致分配失灵。[①]一边是难以“应收尽收”的风险，另一边是“应收尽收”却有背离分配正义之虞，无论哪种情形都可能扭曲税法功能的发挥。这实际上反映出为合法收入“定制”的所得税制，直接套用到灰色收入、非法收入时，出现“水土不服”，可谓是“不审势则宽严皆误”。

总之，根据现行《个人所得税法》，对灰色收入、非法收入课税大体可行，但适用法条时可能内生逻辑不自洽，其根源在于相关规则针对合法收入预设，套用至灰色收入、非法收入时不完全适配。

3. 现实中的可税性

前已述及，广泛存在的差异性隐性收入是诱发收入分配秩序紊乱的重要因素。“隐性”意味着经济上未被观测到、法律上难受有效规制，即便作为某些收入来源的经济活动本身不为法律所禁止，但却因法律文本与现实生活的“疏离”而使此类收入形式呈现“隐性”特质。既然收入取得的过程在事实上脱离了法律的管控，对其课税便也无从谈起。如前文所述，隐性收入是从“收入是否公开”维度所作的界定，合法收入、灰色收入与非法收入是从“收入是否合法”角度进行的划分，从对应关系看，隐性收入大致包含灰色收入与非法收入。也即，灰色收入与非法收入在现实中是否确实有效、充分地被征收个人所得税，不容乐观。概言之，目前最大的挑战与其说是无从根据“税收法定”来针对灰色收入、非法收入征税，毋宁说是如何“现实”地发现这些收入形式，进而“应税尽税”。[②]

税法是“分配法”，透过对“收益”的分享确立“国民分配”“民民分

---

① “工资与福利性质的混淆，不利于促进公平的收入分配以及保护弱势员工的利益，使原本就不能体现实质公平的分类所得税制更是雪上加霜。”参见陈少英：《税收债法制度专题研究》，北京大学出版社2013年版，第240页。

② Reardon, SF., Bischoff, K., “Income Inequality and Income Segregation”, *American Journal of Sociology*, Vol.116, No. 4, 2011.

配”的基本格局，进而基于社会、经济政策目的适时主动调节分配格局。税法上述功能有效发挥的前提是对各种形式的“收益”皆能有效把握，[①]比如个人通过各种渠道获得的灰色收入、非法收入，也应被纳入税法分配规制的“法网”之中。由此可见，税法功能的发挥具有附属性，“应征尽征”不是仅靠税收法律和税务机关便能实现。比如，若没有《不动产登记暂行条例》的出台和不动产登记制度的有效运行，对个人自住房征收房产税便很难达到预期效果，可能使纳税人实际负担的房产税与能力原则相背离，甚至在不同纳税人间产生“逆调节”的客观效果。

概括地讲，灰色收入、非法收入要具备现实层面的可税性，需要突破两个“难关”：一是在经济上要能够观测到这部分收入，[②]并且针对具体的收入形式有行政管理的可能性；二是在前者基础上将之纳入税务管理的框架。对于灰色收入中的“浅灰色”收入与“正灰色”收入，很难被观测到，即便观测到也难以实施有效管理，前者如各种形式的既未申报纳税亦未被代扣代缴的收入，后者如小规模无证经营；在此基础上，税务机关也

---

① 将财政汲取能力也作为国家能力的一个重要维度，一定程度上就是因为其能表彰国家对社会生活的把握之程度。王绍光在回顾其将财政指标作为观察国家能力的研究范式之成因时就指出，“钱从哪里来，钱拿来以后花在哪儿，这都反映在财政数据上。所以从这个切入口来看，政府与经济、与社会的关系，看得比较透彻”，并进而指出，“现在看到太多虚妄的判断，比如中央政府权力不断加大之类的说法。但我看数据，并没有加大”。参见王绍光、欧树军、徐斌：《从避免“最坏政体”到探寻“最佳政道”：国家能力与政治转型研究二十年——王绍光、欧树军对谈〈中国国家能力报告〉发表二十周年》，载强世功主编：《政治与法律评论》（第 4 辑），法律出版社 2014 年版，第 24 页。由此出发，亦可对十八届三中全会“改革决定”中强调“财政是国家治理的基础和重要支柱”有全新认识。

② 灰色收入、非法收入中相当一部分存在于“地下经济”之中，这种提法本身就反映了经济上观测的困难度。甚至于学者们在对其规模进行宏观度量时，也只能采用相对间接的办法，通用的是货币需求方法和结构方程模型度量方法，前者通过单一的货币需求的指标来衡量“地下经济”的规模，后者还将 GDP、商品零售价格指数等纳入指标范围，构建测量模型。参见杨灿明等：《规范收入分配秩序研究》，经济科学出版社 2014 年版，第 237 ~ 243 页。

可能基于“税收效率”的考虑，[①] 而放弃对其中部分收入的征税，比如前述小规模无证经营之情事。而对于非法收入或灰色收入中“名灰而实黑”的收入，因其以逃离法律监管为“构成要件”，自然在获得收入时无现实可税性的空间；如果嗣后被有权机关“查处”，则此时相关收入被罚没，对纳税人来讲既已不存在“收益”，税务机关的及时“跟进”便也无必要。由此可见，就将法律上的可税性转化为现实中的可税性，实现“应征尽征”来讲，核心环节在于“有效的经济观测和行政管理”。

（三）制度回应的三维架构

灰色收入、非法收入之类“法外分配”，游离于税法规制的“法网”之外，使税法功能的发挥不尽周延。对此，不妨从三个层次，由浅入深地探究前述“法外分配”的制度因应之道。讨论过程中，须时刻注意从正反两个向度进行思考：各类制度的作用体现在何处，边界又在哪里?

1. 个人所得税法能做什么：查遗补缺

对灰色收入与非法收入课征个人所得税，虽然主要是个人所得税法的任务，但是客观地讲，在个人所得税法层面能够做的事情十分有限。总体上看，不外乎两种规制思路：一曰“统一规制”，二曰“特别规制”。具言之，前者即承认个人所得税法上相关制度对灰色收入、非法收入一体适用，适用方式是根据具体的收入形式将之纳入不同的所得项下，或是用“偶然所得”“其他所得”来将之囊括其中；后者则强调灰色收入、非法收入虽然具有理论上的可税性无疑，但至少针对其中某些具体类型的收入形式，有必要设定特别的制度规范。

---

① 这里主要是“税收行政效率”方面的考虑，也即征收成本可能大于税款收益。但需要明确，这并非税法上“税收效率原则”的体现，而是存在合法性瑕疵的“便宜处理”。税法上的税收效率原则本质上是税法建制之一项原则，包括简化税法规定，利用税收客体之归属基准日来减少课税单位、类型化规定等项内容。参见陈清秀:《税法总论》，元照出版有限公司 2012 年版，第 40 ~ 44 页。

实际上，灰色收入与非法收入，理论上虽皆具可税性，但内在属性还是存在差异的；进言之，即便同为“灰色收入”，也包含不同类别。从各个国家或地区的立法例看，对于不同类别的灰色收入与非法收入，施予之税法规制亦有所区别。

针对非法收入，个人所得税法专门规定征税方法无甚必要，在分类税制中，直接将其归入某一应税项目，或是作为其他项目所得即可。德国通常将之归入来自贸易或经营的所得，英国判例法认定卖淫者的收益应按照经营所得课税，法国将卖淫收入视为工资或非商业利润，[①]即如是。较为独特的是瑞典税法，其仅要求于经营过程中获得的非法收入全额纳税，而对非经营过程中产生的非法所得不予征税。[②]此外，前文探讨过，非法收入被没收或向第三人履行赔偿义务时，以采取“扣除”模式较为适宜。[③]税法对于“非法收入计入所得时对可能发生的偿付是否、以及如何扣除”，须有所安排。瑞典所得税法即规定，经营中获得的非法收入全额纳税，但如果被没收则允许扣除。[④]如果是纳税当期被没收，则根本不产生应税所得，所以应理解此种“扣除”是在今后发生没收情事时进行。

灰色收入的情况相对复杂，因其介于合法收入与非法收入之间，而且

---

① 形成对比的是，我国台湾地区“直接税处 26/04/21 处”第 203 号“训令”指出：“娼妓系属不正当营业，原在取缔之列，不予课征所得税。”参见陈清秀：《税法各论·上》，元照出版有限公司 2014 年版，第 59 页。

② 各国针对非法收入征税的具体情况，参见［美］休·奥尔特、［加］布赖恩·阿诺德等：《比较所得税法——结构性分析》（第 3 版），丁一、崔威译，北京大学出版社 2013 年版，第 220 ~ 221 页。

③ 其实，非法收入被没收或返还后得否扣除，同“非法支出得否扣除”问题有实质联系。日本《所得税法》第 45 条规定了罚金不得作为费用扣除，此外，其批准的国际公约中也明确了贿赂不得作为费用扣除，根据法律解释的方法，法律未明确规定的其他形式的“非法支出”，是可以扣除的。这种“原则允许、个别排除”的思路，值得借鉴。参见［日］中里实等：《日本税法概论》，西村朝日律师事务所西村高等法务研究所监译，法律出版社 2014 年版，第 107 页。

④ 参见［美］休·奥尔特、［加］布赖恩·阿诺德等：《比较所得税法——结构性分析》（第 3 版），丁一、崔威译，北京大学出版社 2013 年版，第 221 页。

内部蕴含多种具体类别。前文述及，可将灰色收入大致划分为来源正当但缺乏针对性规制的“浅灰色”收入、违规但不违法的“正灰色”收入、“名灰而实黑”收入。其中第二、第三两种收入没有在个人所得税法上专门规定的必要性，着力点应该是加强税收监管；唯有第一种收入形式，通常办法是“套用”所得税法上针对合法收入而设立的各种具体的所得项目，或是适用“其他所得”项目，[①]一体征税。上文已分析过，这种做法在具体征税时可能出现“左支右绌”。客观上讲，如此处理有“不得不”的苦衷，因为想要细致梳理不同类别，分别予以“定向规制”显不可能；但是，针对某些具有普遍性、影响既深且广的收入项目，考虑在个人所得税法中设置更为细致的规定，有其必要，比较典型的如“福利收入”问题。

理论上，福利收入只要能给纳税人带来“收益”便具有可税性，[②]在现行个人所得税法框架下也可以纳入“工资、薪金所得”项目征税；即便是实物形式的福利收入，《个人所得税法实施条例》第10条也弭平了可税性障碍。[③]但是，由于部分福利形式对纳税人维持基本生活水平十分重要，尚难认为在这些福利形式之上可以体现绝对、纵向意义上的税负能力，故各国所得税法往往“将某些重要的福利直接排除在税基之外”。[④]修改前的

---

① 如日本所得税法上的“杂所得”。参见［日］金子宏：《日本税法》，战宪斌、郑林根等译，法律出版社2004年版，第183～185页。

② See Freebairn, John, “Personal Income Taxation”, *Economic Papers: A Journal of Applied Economics and Policy*, Vol.31, No.1, 2012.

③ 总体上，货币性收益与实物性收益都具有可税性。具体到不同“实物”是否具有可税性，要具体分析其是否给纳税人带来“收益”。在理论上要注意区分是将实物作为征税对象，还是纳税形式，这两者是不同的。现代税收以金钱给付为原则，即便有允许以物纳税的例外情况，其着眼点也是该缴纳物的金钱价值而非使用价值。参见［日］金子宏：《日本税法》，战宪斌、郑林根等译，法律出版社2004年版，第8页。但这不意味着实物收益不可税，参见张守文：《财税法疏议》，北京大学出版社2005年版，第155～156页。

④［美］休·奥尔特、［加］布赖恩·阿诺德等：《比较所得税法——结构性分析》（第3版），丁一、崔威译，北京大学出版社2013年版，第193页。

我国《个人所得税法》第4条即规定按照国家统一规定发给的补贴津贴、福利费、安家费等“免纳个人所得税”；所以严格来讲，在法律上具有可税性的福利收入仅为福利收入整体中的一部分，可称作“附加福利”。进言之，将“附加福利”并入“工资、薪金所得”征税，固然能避免因非工资性收入甚至非货币形态收入不纳税而引发显著的分配失衡；[①]但与此同时，将其与工资合并征税，又可能造成另种形式的分配不公。所以，有学者建议针对附加福利收入的类型和具体纳税人的情况，作类型化处理：一方面将附加福利划分为“工作需要型”与“非工作需要型”，前者包括交通费补贴、午餐补贴、加班餐费补贴、定期体检、少量节假日礼物等，后者包括住房福利、用车福利、股票期权、超过法定比例缴付的“五险一金”等；另一方面根据收入标准将纳税人区分为三类。然而如表25所示，将两方面因素结合起来，给予不同的税收待遇。

表25　不同“纳税人—附加福利收入”组合的税收待遇（学者建议）

纳税人类别	附加福利收入类别	税收待遇
高收入	工作需要型	征税
	非工作需要型	征税
中收入	工作需要型	免税
	非工作需要型	征税
低收入	工作需要型	免税
	非工作需要型	免税

应认识到，这种做法的本质是在“调节”分配，根据纳税人收入之高、中、低，分别配属不同的附加福利税收待遇，意图矫正收入分配格

① 如近年来，我国“体制内单位”的分配虽然不断向市场价格体系转轨，但到目前为止，仍然有相当部分的收入未完全用货币形态表现出来。这既包括工资外的福利待遇、年节期间的实物福利，也包括医疗、子女上学、住房、交通等。参见杨灿明等:《规范收入分配秩序研究》，经济科学出版社2014年版，第18页。近年来，随着“八项规定”等的推行，这方面状况有相当程度的改善。

局。然而，针对附加福利的征税，更应强调对量能课税原则的遵循。附加福利是否为工作需要，一般不影响其对纳税人税负能力的增益，将之作为决定是否征税的核心指标未必恰当。至于纳税人为高收入、中收入抑或低收入，与附加福利本身的课税关系也不直接，况且可能存在“低收入者的大部分收入为附加福利收入”这种极端情形。此外，该种思路尚存两方面的“可行性缺失”：一是划分高、中、低收入，标准难定、实践中也易生纠纷、难以操作；二是将福利项目根据是否为工作需要划分为两类，“工作需要”本身即有主观判断因素，而且具体项目中亦多有“超出合理标准部分属于非工作需要”的设计，增添了标准的把握难度。

其他国家的所得税法在规制福利收入时，通常采用“原则上征税、例外规定排除”的模式。德国将每月不超过44欧元的应税福利排除在税基之外，雇主提供的住宅与工作地点之间的公交证、加班费、托儿服务等项目基于社会政策目的因素而不予征税；美国对小额附加福利不征税，如每月价值不超过190美元的停车位、一定限额内的搬迁费报销等。[①] 在税法中明确设置“宽免项目”，当然也会遇到一些操作困难：一方面，限额本身须适时调整，以因应形势，“纠正当这些不予计列项目相对较小时由诉讼提出的不公平”；[②] 另一方面，税收征管实践中要区分宽免项目与其他项目并不容易，“当税务人员试图在作为业务费用的法定扣除的实物支付与货币补偿的替代物，以及相应的要纳税的实物支付之间进行区分时，许多特殊的问题便产生了”。[③] 此外，另一种做法是在税法中明确“任何形式的实物福利”都应征

① 参见［美］休·奥尔特、［加］布赖恩·阿诺德等：《比较所得税法——结构性分析》（第3版），丁一、崔威译，北京大学出版社2013年版，第194～195页。历史地看，“二战”以来美国这方面的制度发展比较迅速，如1942年开始从税基中特别扣除雇主对雇员退休计划的分担，1985年开始的“工作餐”计划使雇员可以在现金报酬和不征税福利之间进行选择。

②［美］约瑟夫·A.佩契曼：《美国税收政策》，李冀凯、蒋黔贵译，北京出版社1994年版，第107页。

③［美］布坎南：《公共财政》，赵锡军等译，中国财政经济出版社1991年版，第249页。布坎南在论述中提到了“马丁尼午餐”等例子。

税，但在税务行政中，通过类似我国部颁税法规则的文件给予某些项目以例外。例如，日本的免税例外包括年节礼物、雇主货物的折价销售等，法国的例外情况包括折扣商品、补贴用餐、娱乐设施的使用等。[①]

在我国，除《个人所得税法》明确的免征项目外，针对各种形式的附加福利皆语焉不详，按照《个人所得税法》第 2 条、《个人所得税法实施条例》第 8 条和第 10 条的规定，应当理解为均要缴纳个人所得税，即并入“工资、薪金所得”项下缴纳。暂且不论合理性如何，至少这种“一刀切”的做法实践可行性较差，大多数附加福利事实上都游离于税收征管范围之外。因此，建议修法时借鉴域外经验，规定一定幅度以内或某些特定项目的附加福利，免征个人所得税，具体幅度或项目类别可“立法授权”财税主管部门决定。

2. 税法能做什么：整章建制

除个人所得税法层面的制度修补之外，税法其他领域亦有不少可为之处。这可从如下两个层面予以把握。

第一层面是其他税收实体法，通过与个人所得税法协同、尽量编织“疏而不漏”的税法规制之“网”。这里尤应重视财产税对所得税收入分配功能的补充作用。纳税人的收入水平由劳动收入和资产收益决定，在现代社会，资产收益对收入分配差距的形成“助力”更大；与此同时，劳动性收入与财产性收入还有一个显著不同，前者多是暂时性收入，纳税人若无其他来源的收入，不得不将扣除当期支出之后的相当部分用于储蓄，而财产性收入则为永久性收入，一般情况下财产可以持续性地为纳税人取得收入，这也可能带来纳税人之间不同的分配状况。[②] 所以，财产税在收入分配意义上甚为重要。其实，从本部分讨论的“法外分配”维度理解，还

① 参见［美］休·奥尔特、［加］布赖恩·阿诺德等：《比较所得税法——结构性分析》（第 3 版），丁一、崔威译，北京大学出版社 2013 年版，第 196 ~ 197 页。

② 参见陈少英：《税收债法制度专题研究》，北京大学出版社 2013 年版，第 253 ~ 254 页。

可揭示出财产税在实现分配正义过程中及在其他角度的重要性。[①] 简言之，部分纳税人通过灰色收入、非法收入积累的财富，很多时候会通过财产（如房屋等不动产）的形式“固定”下来，或是希望借此“财生财”，财产税的征收便有“亡羊补牢”的意味。同样地，遗产及赠与税的逻辑也是如此，其同样可在一定程度上纠正收入形成环节的“法外分配”。[②] 就中国的情况而言，目前房产在保有环节的税负显著较轻，而房产交易环节的税费负担则明显偏重，对个人自住房征收房产税仍在试点之中；遗产税的开征则更显遥远，[③] 兹不赘述。

第二层面是税收征管法，其是实体税法规制功能的程序保障。诚如前述，“法外分配”的发生很多时候不是由于实体制度缺位，而是程序制度不敷使用，使许多分配方式能够轻易地捕捉到“税网”上面的“断点”。税收征管机制的优化，可以将部分灰色收入纳入税收征管范围。前文述及，灰色收入中有一类“浅灰色”收入，比如劳务报酬所得、稿酬所得、特许权使用费所得、财产租赁所得等，取得收入的过程本不具有隐蔽性，但由于多种因素的影响，其可能脱离税务机关的监管成为灰色收入，从而对分配格局形成“扰动”。针对此种情形，税收征管法的完善作用甚大。纳税人识别号、支付情况报送、信息资料交换和共享等制度的建立健全，代扣代缴制度的完善，都有助于前述问题的改善。[④]

---

① Lawrence W. Kenny and Stanley L. Winer, Tax Systems in the World: An Empirical Investigation into the Importance of Tax Bases, Collection Costs, and Political Regime Carleton Economic Working Paper No. 01-03, *International Tax and Public Finance*, Vol. 13, 2006.

② 因此，本书第一章谈到的我国台湾地区遗产税制改革就被不少论者诟病为“衍生税改图利富有阶级的不良观感，更有恶化贫富差距之嫌疑”。参见黄士洲:《遗产、赠与课税的税制考虑》，载刘剑文主编:《财税法学前沿问题：依宪治国、收入分配与财税法治》，法律出版社 2015 年版，第 353 页。

③ 参见赵芳春:《浅谈我国开征遗产税的相关制度准备》，载《税务与经济》2003 年第 1 期；高萍:《关于遗产税的研究》，载《税务研究》2004 年第 2 期。

④ 参见席晓娟:《收入分配秩序的财税法规制研究——以不同类型收入为研究对象》，载刘剑文主编:《财税法学前沿问题：依宪治国、收入分配与财税法治》，法律出版社 2015 年版，第 353 页。

3. 法律能做什么：治本之策？

通过上述多部税收法律的协同并举，能否彻底根治“法外分配”制约税法功能有效发挥之“痼疾”？进言之，即便辅之以其他部门法的协力，相关问题是否就能彻底解决？这涉及对税法乃至整体法律作用限度的理性认知。

诚然，可以设想，通过法律制度的完善，以及执法力度的加强，相当一部分“浅灰色”收入可望褪去“灰色”外衣，经由纳入法律规制的框架，回归其“合法收入”的本来意旨：如小规模无证经营被纳入工商部门的检测系统；同时也会有不在少数的非法收入，因为从源头上即受到更严格的管控，使之连扰乱分配秩序的“机会”也已大幅缩减从而再无论及现实可税性之必要。但是，以上所述只是局部改良，同“治本”目标仍有相当距离。意欲“治本”，首先应明确究竟何者为“本”。笔者认为，灰色收入与非法收入的“法外”运行以及其在现实中占比不低的状况，导致收入分配秩序的紊乱，引发税法规制作用不畅，这仅仅是“标”；收入分配机制方面存在的问题，才是此处寻寻觅觅的“本”。①

新中国成立以来相当一段时期，我国实行的计划经济其实是将国家作为一家“超级公司”，② 自上而下统一安排生产、交换、分配、消费，收入

① 有人将纳税人的税收遵从作为这里的“本”，这取决于观察者的视角，而且相关论述对实践都有指导价值。参见秦汝钧:《中国的地下经济与税收流失及治理对策》，载《涉外税务》2000 年第 12 期。但笔者认为不能将税收遵从作为解决问题的根本之策，因为很多“灰色”收入的存在未必以“避税”为目的。

② 科斯研究了“企业的性质”，从经济学视角看，在市场的“海洋”中存在一个个企业的“岛屿”，是因为企业可以节约交易成本，但是企业又会产生另一种形式的成本——组织成本。所以计划经济下国家作为“超级公司”虽然最大限度地削减了交易成本，但同时也使得组织成本最大化了。正如科斯所说，“企业将倾向于扩张直到在企业内部组织一笔额外交易的成本，等于通过在公开市场上完成同一笔交易的成本或在另一个企业中组织同样交易的成本为止……随着被组织的交易的空间分布、交易的差异性和相关价格变化的可能性增加，组织成本和失误带来的亏损似乎也会增加。”参见［美］罗纳德・哈里・科斯:《企业、市场与法律》，盛洪、陈郁译，格致出版社、上海三联书店、上海人民出版社 2009 年版，第 43 ~ 45 页。

分配也是这个链条上的一环，服务于“重工业优先”等国家目标。借鉴马克思在《哥达纲领批判》中提出的思路，我国传统的分配机制采用“先扣除后分配、高扣除低分配”模式，[①]即国家作为进行分配的绝对权威，在初次分配环节根据国家“需要”，先行扣除比例相对较高的部分，再就剩余部分在不同个人之间进行“按劳分配”。[②]这引致一系列后果：首先，国家积累率很高，而居民收入水平低位徘徊；其次，居民收入太低，单纯凭借货币收入较难维持生计，国家为获得义理正当性，通过承担大量的福利供给义务换取国民的支持，“企业办社会”“福利房”“公费医疗”都是这方面的体现，由此导致“收入的货币化程度不高”的现象，时至今日，这种状况仍一定程度上存在于国家机关、国有企事业单位；再次，因为居民货币收入低，而包括医疗、住房在内的重要商品其实又没多大必要在市场上交换，就导致市场规模相对较小、分工不充分；最后，税收本质上是国家对“收益”的分享，居民货币化收入很低、交换市场不发达，税收赖以生存的土壤十分贫瘠，比如个人所得税在彼时就不存在，无怪乎此阶段的纳税意识十分淡薄。

改革开放以来，我国的收入分配方式有一定变化，最主要者莫过于克服过去平均主义的分配方式，确立按劳分配为主体，后又在此基础上引入“多种分配方式并存”，“按要素分配”的重要性不断上升，这一进程如表26所示。

---

① 马克思在“德国工人党纲领批注”中提出，“不折不扣的劳动所得”与“有折有扣的劳动所得”二者是不同的，前者是社会总产品，要从中扣除“用来补偿消耗掉的生产资料的部分”“用来扩大生产的追加部分”“用来应付不幸事故、自然灾害等的后备基金或保险基金”，还要再扣除一般管理费用、用来满足共同需要的部分、为社会需要者设立的基金等，然后剩下的部分才用来进行个人分配。参见《马克思恩格斯选集》(第3卷)，人民出版社1995年版，第302～303页。

② 参见杨灿明等:《规范收入分配秩序研究》，经济科学出版社2014年版，第296页。

表 26 “按要素分配”在我国的确立过程

年份	相关内容	顶层设计文件
1978	提出“克服平均主义”	十一届三中全会公报
1984	提出深化分配制度改革，进一步贯彻落实按劳分配的社会主义原则	十二届三中全会公报
1987	社会主义初级阶段的分配方式不可能是单一的，必须实行以按劳分配为主体的多种分配方式和正确的分配政策。第一次在党的代表大会报告中提出了以按劳分配为主体、以其他分配方式为补充的原则，提出了允许合法的非劳动收入，要在促进效率的前提下体现社会公平等政策主张	十三大报告
1992	以按劳分配为主体，其他分配方式为补充，兼顾效率与公平。运用包括市场在内的各种调节手段，既鼓励先进，促进效率，合理拉开收入差距，又防止两极分化，逐步实现共同富裕	十四大报告
1993	提出收入分配的 11 项基本原则。如“坚持以按劳分配为主体、多种分配方式并存的制度”“体现效率优先、兼顾公平的原则”	十四届三中全会公报
1997	解决生产要素能否参与收入分配的问题，明确提出要把按劳分配和按生产要素分配结合起来，首次把其他分配方式概括为“按生产要素分配”	十五大报告
2002	确立劳动、资本、技术和管理等生产要素按贡献参与分配的原则，阐明了其他生产要素能不能和怎么样参与收入分配的问题。十六大还提出，分配制度改革要以共同富裕为目标，扩大中等收入者比重，提高低收入者收入水平	十六大报告

然而，至少两方面的问题需要引起重视。第一，“先扣除后分配、高扣除低分配”这种指导思想依旧存在，长期推行的“赶超型战略”意味着其仍然大有市场，具体表现在“劳动报酬”部分国家还是可以贯彻此种思路。国家仍然在很大程度上可以直接决定或影响国家机关、国有事业单位职工的工资标准；而在民营企业这一块，通过最低工资标准、企业工资指

导线、劳动力市场工资价位指导[①]等间接调控方式,[②]国家对工资的形成依然可以施加相当之影响。[③]如果比较工资增长与物价增长特别是房价涨幅,不难发现国家对工资增长还是持“适当从紧”的态度。所以,“低收入”与“高消费”[④]之间的张力,诱致大量灰色收入甚至非法收入的产生。由于税法规制主要针对工资薪金等合法收入进行,面对灰色收入、非法收入时回应乏力在所难免。第二,重要性不断上升的“按要素分配”,历史地看,其实是从前述分配机制中异化并“野蛮生长”而来的。学理上当然可以做出资本、劳动力、管理、技术、信息等“学院式”的生产要素分类,但丰富多彩的社会实践中这些生产要素的形态各异,事实上遵循“抓到老鼠就是好猫”的市场逻辑。在此过程中,有些“要素”的形成未必正当,“按要素分配”的过程亦可能脱离法律的管控,这也为灰色收入、非法收入的大行其道提供了无限可能。实际上,要素分配形式本身的复杂多样,就使“财税法对由要素参与分配而实现的收入,难以实现很好的调控”,[⑤]遑论这些“要素”本身未必十分正当。

---

① 劳动力市场工资价位指导是人力资源社会保障行政部门定期对各类企业中的不同职业、工种的工资水平进行调查、分析、汇总、加工,形成的向社会发布的工资价位,其主要起到指导作用,供企业选择适用,不具强制执行力,体现国家的间接调控。参见常凯:《劳动法》,高等教育出版社 2011 年版,第 379 页。

② 参见左立臣:《完善工资增长机制是“提低”的关键》,载《北京观察》2007 年第 8 期。

③ 工资水平的决定机制有政府决定与市场决定之分,通常认为我国计划经济时期的工资水平决定机制是典型的政府决定型,目前正在努力建立市场取向的工资决定机制。但“努力建立”本身其实也反映出其中仍然存在不少的“政府决定”之因素。参见常凯:《劳动法》,高等教育出版社 2011 年版,第 364 页。

④ 这里的“高消费”系相对而言,其实在我国经济增长的“三驾马车”里,投资驱动的特征一直表现明显,经济下行压力较大时,增加投资也常常成为最直接的刺激手段;在特定时期,特别是本轮经济不景气之前,出口对经济的增长也比较明显,这是“开放红利”的重要表现。相对而言,消费对经济增长的拉动作用不强,这其中不能说没有收入分配不合理的因素在起作用,其直接导致“多数穷人没钱花”,间接导致市场萎缩而使“少数富人有钱无处花”。

⑤ 参见张守文等:《公平分配的财税法促进与保障》,北京大学出版社 2017 年版,第 72 页。

既然寻得“法外分配”的“本”，那么是否只要对症下药、将“法外分配”拉回法律框架下，便可顺理成章地“标本兼治”呢？答案并不乐观。笔者认为，针对前述收入分配机制之“本”，根本性的解决之道应该是建立合理的工资增长机制与规范“按要素分配”的过程。在前者，劳动法有关最低工资标准、工会、劳动合同等方面的一系列制度，可以起到“局部作用”①和“表层作用”，②但不能根本性解决问题。在后者，规范“按要素分配”可从三方面着手：第一，强调要素形成的正当性，如中共中央《关于制定国民经济和社会发展第十三个五年规划的建议》中特别在“规范隐性收入”之后紧接着提出“遏制以权力、行政垄断等非市场因素获取收入”，此时法律有一定作用，但根本性的解决之道要在政治层面探寻，如前文注解中对我国垄断行业产生原因的分析即是一例；第二，强调“按要素分配”过程的适法性，就此而言法律的作用空间较大，多个部门法都有“用武之地”；第三，对要素形成的收入，建立必要的调节机制，如“十七大”以来持续强调“增加居民的财产性收入”，但如果片面强调该点而缺乏配套措施可能导致“越有钱的越有财产、越有财产的越有钱”的“马太效应”。③税法规制的作用场域集中在前述第三点，一方面，通过对量能课税原则更好的贯彻，使财产性收入较高的纳税人承担更重的税负，实现纵向公平；另一方面，在量能课税的基础上，通过累进税率等手段实施分配调节，“削峰补谷”。具言之，个人所得税法的系统性完善（不能单纯调整工薪所得费用扣除标准，而是整体改进税制模式、课税单位、扣除标准）、

① 《劳动法》第 2 条第 2 款就规定，“国家机关、事业组织、社会团体和与之建立劳动合同关系的劳动者，依照本法执行”，其中“依照本法执行”和同条第 1 款对企业、个体经济组织与其劳动者“适用本法”，且特地将企业、个体经济组织称为“用人单位”的做法，形成对比。《劳动合同法》第 2 条也有同样规定。

② 劳动法对工资的调节不触及工资形成的根本，只是就工资的发放形式、工资支付保障、“双倍工资”等具体事项加以规定。

③ 杨灿明等：《规范收入分配秩序研究》，经济科学出版社 2014 年版，第 299 页。

财产税制的健全（重构房地产税种是为至要），应当是现阶段的核心任务。

综上所述，对法律手段在规制“法外分配”时所能发挥的作用，应该有客观而清醒的认识：一方面，通过立法和执法的优化，确实能在一定程度上改善收入分配秩序，将更多的灰色收入、非法收入纳入税法的规制网络，使税法规制有的放矢；另一方面，对法律的作用也不宜盲目夸大，如果没有相关领域的配套改革，试图通过法律手段根本性地解决“法外分配”，不过是一个“美丽的气泡”。

二、涉税信息的偏在性：信息失灵到“分配失灵”的两条脉络

“两个失灵”是经济法学的基本前提之一，信息问题既会引发市场失灵，也会导致政府失灵。[①] 现代社会是一个信息社会，在行政机关与行政相对人的关系中，与行政行为有关的信息更多掌握在行政相对人的手中。至少三方面因素使这种信息偏在的状况在税收领域表现得尤为明显：一是税收事项的大量性，税务机关难有充足精力投入到对个别涉税信息的收集与甄选之中；二是涉税信息的主体性，涉税信息主要表现为纳税人获取收入、拥有财产与实施消费行为的状况，与主体的关联度更高，税务机关作为“外在”主体，天然地同涉税信息“不亲近”；三是制度设计的推动作用，我国国、地税分立，两机构间的衔接仍存改进空间的现实，以及金融机构等第三方主体协助提供涉税信息的动力不足，税务机关又无强制其履行协税义务的能力，都加剧了税务机关获取重要涉税信息的难度。税法分配功能高效发挥的一项基本要求是税收征管过程中的公平对待，而信息的充分占有是公平征税的前提条件，故而当税务机关不能充分占有信息时，公平征税难以实现，“分配失灵”便可能发生。国家与纳税人之间的“国民分配”，以及纳税人之间的“民民分配”，是税法分配功能两个重要的作

---

① 参见张守文:《经济法总论》，中国人民大学出版社 2009 年版，第 7 页。

用场域，下面即从这两方面出发，对上文提炼之“基本脉络”作更清晰的揭示。

（一）信息失灵诱致“国民分配”失灵

税务机关在征税过程中的信息失灵，会直接导致国家税款难以“应征尽征”，使“国民分配”不能实现“富国裕民”的税法目标。这里涉及“税收流失”的问题，就“流失”之“源”而论，它有两种形式：一是所谓“地下经济”带来的税收流失；二是虽为公开经济，但在税收征管中出现的短征、漏征情形。[①] 最早对我国税收流失规模进行测算的是国际货币基金组织（International Monetary Fund，IMF）的专家，他们认为20世纪90年代我国税收流失占GDP的比重约为13%，更为触目惊心的是他们认为我国彼时的逃税率可能高达50%。[②] 其后，不同研究者的测算纷至沓来，本书不欲进行定量研究，仅撷取相关研究的共性结论：第一，不同学者估算的中国税收流失规模，到2010年为止，用逃税率来反映为在1/3至1/2；第二，从趋势来看，税收流失规模呈逐年减少之势，但总量仍然相当“可观”。[③] 此外，根据美国财政学者的介绍，美国国内收入署估计纳税人自觉缴纳的税款仅占其应纳税额的80%，而且这一估计可能还较为乐观，[④] 由此可见税收流失在不同国家都不同程度地存在，但我国的税收流失程度相对税收法治较为发达的国家而言，确实要更加严峻一些。

税收流失，从分配功能的视角看，就是税法的财政性分配功能没有充分发挥，依据税负能力汲取财政收入的过程遇到现实障碍。因此，根据

① 参见贾绍华：《我国税收流失的测算分析与治理对策探讨》，载《财贸经济》2002年第4期。

② 参见吴武清、汪成杰、陈敏：《中国税收流失测度与评估研究》，科学出版社2012年版，第67页。

③ 同上书，第68～70页。

④ 参见［美］哈维·S.罗森、特德·盖亚：《财政学》（第8版），郭庆旺、赵志耘译，中国人民大学出版社2009年版，第357页。

税收流失规模相对较大的结果，可以做出“税收潜力较大”的判断；之所以造成这种结果，就税务机关方面的原因而言，或者是征税能力有限，或者是征税努力不够。信息能力不足，是税务机关征税能力受限的重要原因和表现。概括言之，因税务机关的信息能力不足而引致国家税款利益的流失，至少有两条作用理路值得关注：一是因为信息能力的制约，使税法的分配制度无法在征管实践中得以落实，从而在实践中出现较为普遍的“法外变通”；二是信息能力的制约使立法者有时会虑及获取涉税信息的难度，而在税法制度中预设相关规则以回避或绕过信息障碍，但这些规则可能为处在信息优势地位的纳税人所利用。[①]

前一种做法在合法性上存在一定瑕疵，比如现实中时有发生的税务机关与纳税人之间在纳税事实难以查清时签订的“税收协议”，对这种形式的“税收协议”可从以下两个角度分析。一方面，“在课税要件事实认定时，将对事实认定所必要的直接资料弄到手往往很困难”，但从税负在纳税人之间公平分配的要求出发，“以得不到直接资料为理由而放弃课税是不妥的”；[②] 就税收行政效率的角度而言，税收收入的增加“必须与由此增加的管理成本相比较”，[③]所以基于稽征便宜、降低征纳双方成本的考量，税务机关与纳税人间就收入金额、必要费用等达成“协议”以据此执行，有一定的实质合理性。另一方面，税收法定中的“课税要素法定”一般认为范围及于主体、客体、计税依据和税率等，[④] 确定课税事实是否发生虽然属于事实判断，“但对税法而言，课税事实的认定与法律评价是无法分割的整

---

① 这其中蕴含的原理是：当一方在博弈过程中处在信息优势地位时，其可以判断对于所掌握的信息是披露还是保密更有利于自己，进而做出相应的行为。

② [日] 金子宏：《日本税法》，战宪斌、郑林根等译，法律出版社 2004 年版，第 103 页。

③ [美] 哈维・S. 罗森、特德・盖亚：《财政学》(第 8 版)，郭庆旺、赵志耘译，中国人民大学出版社 2009 年版，第 355 页。

④ 参见张守文：《税法原理》(第 6 版)，北京大学出版社 2012 年版，第 35 页。

体”，[①]也即若不严格依据税法进行法律评价，根本无税法“事实判断”的存在空间，所以此种“税收协议”在合法性上仍然有待商榷。如果从此类“税收协议”的外观看，似可纳入“行政合同”之范畴；[②]但是行政合同在行政法上的地位本来就存有争议，而且即便承认其合理性，税收协议实际上也难为“行政合同”概念所涵摄。当前，法律层面未对“行政合同”做出规定，学理上一般将之界定为“行政机关以实施行政管理为目的，与行政相对人就有关事项经协商一致而成立的一种双方行为”，且特别强调其法定性特征，对其适用做了严格限定，简言之即“行政机关不得法外实施行政合同行为”。[③]部分地方政府规章对“行政合同”有所涉及，如《湖南省行政程序规定》第93条明确行政合同主要适用的事项包括政府特许经营、国有土地使用权出让、国有资产承包经营、出租或出售、政府采购、政策信贷、行政机关委托的科研咨询等，当中并无“税收协议”一项。为了更清晰地揭示本段讨论之于论题的意义，可就上述研讨简要地作三点概括：第一，本段述及的这种“税收协议”，虽然在征管实践中有它存在的“现实逻辑”，但究其本质是对法定要求的背离；第二，之所以如此，是因为税务机关的信息能力不足、难以查清相关事实，从而不得不通过与纳税人签订“税收协议”来回避事实查明的难题，也即属于“法外变通”的情形；第三，前述“税收协议”在一定范围内的存在，通常会导致国家税款

① 刘剑文、熊伟:《税法基础理论》，北京大学出版社2004年版，第123页。

② 有学者即从行政合同的角度来研究税收遵从协议，认为其“是我国契约治理的实践和行政管理模式的变革”。相关讨论可以参见虞青松:《税收遵从协议的治理机制——行政合同的实证解析》，载《行政法学研究》2013年第3期。

③ 参见姜明安:《行政法与行政诉讼法》(第5版)，北京大学出版社、高等教育出版社2011年版，第318～320页。从公认的行政合同的原则(公开竞争、全面履行、公益优先等)、行政合同的缔结程序等内容看，税收协议同行政合同之间的区别也是十分明显的。所以前引学者也认为，税收遵从协议把私法属性融入公法治理模式时不可避免地会遇到一系列问题。参见虞青松:《税收遵从协议的治理机制——行政合同的实证解析》，载《行政法学研究》2013年第3期。

利益的流失，这是因为纳税人作为信息优势方，如果“税收协议”的内容对己不利（判断标尺主要是根据应税事实需要缴纳的税款），其可以通过多种方式释明，故而一般来讲纳税人愿意签订“税收协议”多是基于协议对己有利。[①]

后一类情形中，同样因为纳税人居于信息优势地位，税务机关又无有效手段获得涉税信息，使纳税人得以充分发挥自己的信息优势，通过既定税法规则的适用，获得于己有利的税收待遇，这也就意味着国家税款利益的受损。与前种情形的差别在于，此类情形有法可依；二者间的共性则是均因税务机关的信息能力不足，诱发税收流失的现实风险。我国税务机关征收税款时采取查账征收、查定征收、查验征收、定期定额征收、源泉征收、委托代征、自核自缴等多种方式，[②]其中查定征收、查验征收、定期定额征收等均为核定征收的具体形式。[③]所谓“核定征收”，是当不能以纳税人的账簿为基础计算应纳税额时，由税务机关采用特定方法确定应税收入或应纳税额的征收方式，简言之即是税务机关因其信息能力限制导致信息占有不充分时，所采用的“不得不”的方法。准确地讲，核定征收应当是税款征收的“特殊”方法，对应的是作为“一般”方法而存在的查账征收。现行《税收征收管理法》第35条规定了适用核定征收方式的六种情形，主要涉及账簿瑕疵、未按时申报、计税依据明显偏低等；《税收征收管理法实施细则》第38条将“保证国家税款及时足额入库、方便纳税人、降低税收成本”作为确定征税方式的基本原则，该细则第47条进一步规

① 严格来讲，这里的“对己有利”也有多种表现形式，如现实中税务机关的“事实权力”是比较大的，对企业生产、经营的正常开展也有一定影响空间，所以在税务机关希望签订“税收协议”时，纳税人积极配合以获得税务机关的“认可”，这也是一种“对己有利”的情形。但无论如何，对于理性主体而言，税款利益应当是“对己有利”的主要表现。

② 施正文：《税收程序法论——监控征税权运行的法理与立法研究》，北京大学出版社2003年版，第247页。

③ 刘剑文：《税法学》（第4版），北京大学出版社2010年版，第352页。

定了核定征收的具体方法和纳税人的异议权。国家税务总局制发的《企业所得税核定征收办法（试行）》（国税发〔2008〕30号）在第4条中列举了核定应税所得率的情形，[①] 并明确不属于这些情形的只能核定应纳所得税额，又于第8条规定了不同行业的应税所得率的幅度范围，于第9条规定“调整已确定的应纳税额或应税所得率”的情形。[②] 从以上重点列举或未列举[③] 的制度文件中不难看出，信息不足是采用核定征收方式的根本原因，而核定征收方式的运用又被寄予了“保证国家税款及时足额入库”的良好期许。因此，人们往往很自然地去质疑或担忧税务机关“自由裁量空间过大”，以致为片面追求国家税款利益而损害纳税人权利；[④] 但现实中，纳税人对核定征收方式的态度常常比较积极，“纳税人尤其个体工商户、小微企业主动选择核定征税方式的占很大比例”，而且当税务机关根据前列国税发〔2008〕30号文调整核定的应税所得或应纳税额时，“纳税人的态度通常取决于调整后的额度是否达到一般纳税人标准”，如果达到，纳税人往往会努力避免此一结果的发生。[⑤] 根据“理性经济人”假设，有理由认

① 这些情形包括：（一）能正确核算（查实）收入总额，但不能正确核算（查实）成本费用总额的；（二）能正确核算（查实）成本费用总额，但不能正确核算（查实）收入总额的；（三）通过合理方法，能计算和推定纳税人收入总额或成本费用总额的。

②《企业所得税核定征收办法（试行）》第9条规定：“纳税人的生产经营范围、主营业务发生重大变化，或者应纳税所得额或应纳税额增减变化达到20％的，应及时向税务机关申报调整已确定的应纳税额或应税所得率。”

③ 其他规范性文件还包括但不限于《非居民企业所得税核定征收管理办法》（国税发〔2010〕19号）、《关于企业所得税核定征收若干问题的通知》（国税函〔2009〕377号）。

④ 其实，在核定额度或比率大小问题上，各省市制定具体执行标准时往往采用的是幅度标准中的中低限；此外，“税务机关——纳税人”的博弈过程中，税务机关很少能精确掌握纳税人的真实财务状况，而一旦核定税负高于实际税负，纳税人又有较强的动力去寻求法律救济。所以，其实核定征税方式对纳税人权益的损害在现实中是比较有限的。参见汤贡亮：《中国财税改革与法治研究》（第2版），中国税务出版社2014年版，第543页。

⑤ 参见汤贡亮：《中国财税改革与法治研究》（第2版），中国税务出版社2014年版，第545页。

为纳税人对核定征收方式的“青睐”是因为其可从中获利，[①] 这实际上也昭示着国家税款流失的风险。

（二）信息失灵诱致“民民分配”失灵

各类制度对主体行为的约束包括社会认可的非正式约束、国家规定的正式约束和实施机制三个部分。[②] 非正式约束主要是社会公认或内部实施的行为准则，正式约束包括不同位阶的法律制度，实施机制则为对各类法律制度的推行和适用。具体到税收领域，我国并未形成公众对避税、逃税行为怀有强烈“耻感”的社会环境，总体上看我国仍然属于“低信任度社会”，这一宏观背景也使得针对避税、逃税行为的非正式约束更加弱化。[③] 所以现实中，各种形式的税收规避行为层出不穷，特别需要指出，此处的“税收规避”不仅包括设立“两台账”等具有主观故意的行为，即便是实物交易、现金交易、第二职业挣现金等本不具有主观上避税动机的行为，[④] 在缺乏纳税文化等道德层面的非正式约束时，也比较容易成为“法外分配”而回避税法规制。[⑤] 此时，税收征管过程若只能编织一张“疏而有漏”

---

① 核定征税中的定期定额征收方式给纳税人带来“利益”的情形在实践中有税法案例的支持。如作为全国首例律师被控偷（逃）税案的“大连陈德惠律师事务所涉嫌偷税案”中，陈德惠律师事务所实行定期定额征收方式，在五年的时间里，其应纳税额都超过核定标准 30%。该案的争议焦点主要在于税收定额有无最终法律效力，但其确实从一个侧面反映出核定征税方式在不少情形下确实更有利于纳税人一方。对该案案情的介绍及相关法理评析，参见刘剑文、熊伟、翟继光、汤洁茵：《财税法成案研究》，北京大学出版社 2012 年版，第 111 ~ 135 页。

② 赵春玲：《缺乏非正式制度的约束是我国税收流失的重要原因》，载《改革》2003 年第 4 期。

③ “低信任度社会”对身处其中的主体的行为选择有一定影响，而且这反过来又影响到社会公众对相关行为选择的认知与评判。如有关社会信任程度对企业结构模式和规范化程度的影响，相关分析可以参见夏若江：《社会信任与现代企业的信用延伸》，载《学习与探索》2002 年第 4 期。

④ [美] 哈维·S. 罗森、特德·盖亚：《财政学》（第 8 版），郭庆旺、赵志耘译，中国人民大学出版社 2009 年版，第 357 页。

⑤ See Cerqueti, R., Coppier, R., “Corruptibility and Tax Evasion”, *European Journal of Law and Economics*, Vol.39, No.2, 2015.

的“网”，则由此导致不同纳税人之间的税负分配失衡乃至逐步引向一种“老实人吃亏”的格局，庶几可期。税务机关的信息能力不足，无法有效获致应税行为等相关信息成为“税网”粗疏的重要肇因。

在“民民分配”层面，税法的两类分配功能都可能因税务机关的信息能力不足而难以充分发挥。税法在纳税人之间进行财政性分配时遵循能力原则，如果税务机关不能充分掌握具体纳税人的收益情况，当有纳税人实施税法不遵从行为时，便难以针对该纳税人征取其本应承担的税收债务，这使该纳税人相对其他实施遵从行为的纳税人来讲，获得税收利益，与横向意义上的能力原则相悖。我国个人所得税法的征纳实践中，不同应税项目的应征尽征率差异显著。在工资、薪金所得等项目，因为源泉扣缴执行情况较好而在一定程度上突破了信息困局；而在劳务报酬所得、财产租赁所得等项目，则基于源泉扣缴执行情况相对较差等原因，使税务机关针对这些项目的信息能力更加薄弱，进而使个人所得税有沦为“工薪税”的趋势。其实，所谓个税“工薪税”化，要从“分配功能不彰”的维度理解，也即现实中个税的征管不符合个人所得税法的制度预设，主要以工薪所得表征税负能力的纳税人实际承担了个人所得税，而主要以其他项目所得表征税负能力的纳税人可能未如税法预期那般承担税负。2018 年修法将工资薪金、劳务报酬等作为综合所得按年度合并计税，这对税务机关信息能力的要求更高。此外，财产税领域也存在类似情形，譬如房产税的征收，对房产信息的要求甚高，此方面信息能力的匮乏，将使房产税的实际征收在纳税人之间产生不公平。互联网时代，税务机关的信息能力不足可能在更大范围内导致“民民分配”的失衡：如 C2C 电子商务长期处于“税外之地”，与财政性分配的能力原则相去甚远，而且可能诱致纳税人以 C2C 的“形式”掩盖 B2C 的“实质”，从而利用 C2C 模式电子商务征税的空白获得税收利益。

税法在发挥调节性分配功能时，同样可能因信息能力不足而致“分配失灵”。本书第一章曾提及，根据调节性分配功能所欲促进实现的政策目标之性质，可将之区分为社会性调节功能和经济性调节功能。在前者，调节性分配的直接功能和高阶功能皆可能是对收入分配的调节与改善；在后者，调节性分配的直接功能是对分配格局的调节，高阶功能则更多表现为实施宏观调控等经济政策方面的功用。无论哪种情形，信息能力不足都将制约调节性分配功能的实现，也均会引致“民民分配”的失衡。下面便以累进税率和税收优惠为例予以阐明。

累进税制蕴含突出的调节性分配功能，而且通常情形中，累进税率的制度安排既直接地对比例税率所反映的税负分配格局再为调节，其意欲达致的政策目标也多为“调节收入分配”，如个人所得税制中的累进税率即有较强的重分配功用，被寄予了很高的调节收入分配的期望。通常认为，累进程度和平均税率高低是个人所得税法调节分配之功能是强还是弱的两大核心指标。[①]一般来讲，累进税率集中承载重分配功能，故而累进性的高低对调节分配功能的强弱有决定性影响，这易于理解。第一章已分析过，税法之调节性分配功能的发挥，建立在财政性分配功能的基础上。平均税率的高低，既影响累进税率的累进空间，又决定了通过累进税制能够发挥的调节功用之力度，由此可以理解平均税率高低对个人所得税调节分配功能的影响。与此同时，执行层面税务机关能否有效、充分地掌握相关信息以实现应征尽征，对于个人所得税法调节功能的实现同样有很大影响。一方面，作为影响个人所得税调节分配力度的核心指标之一的“平均

---

① 如有学者即研究了我国个人所得税对收入不平等的调节作用，认为其虽然在一定程度上降低了收入分配不公平的程度，但是影响效果有限，进而将其原因界定为“平均有效税率过低”；该学者进一步研究了2011年修改《个人所得税法》前后的收入分配调节情况，指出新个人所得税法虽然在累进性上较之于旧法为大，但是“因新税制的平均税率大幅度降低，反而使个人所得税对收入分配的调节作用弱化了”。参见郭庆旺、吕冰洋、岳希明:《税收对国民收入分配调控作用研究》，经济科学出版社2014年版，第357页。

税率”，准确地讲应当是“平均有效税率”或“平均现实税率”，在制度文本规定的税率基础上还要考虑减免税优惠和税收征管中的逃、避税情形；另一方面，同样作为核心指标，累进程度的高低也不能停留在制度文本，现实中高收入群体丰富的收入来源渠道、相对更强的避税“能力”，一定程度上会削弱个人所得税法所表现出来的累进性，[①] 如因税务机关信息能力不足而无法进行有效管控，个人所得税制现实的累进性就会弱于法律设定的累进性。前文注释中提及的隐性收入在纳税人之间分配时的“总量效应”和“结构性效应”，就为此提供了一个生动的注脚。

本书第三章特别强调，税收优惠等承载调节性分配功能的税法制度，必须强调“精确规制”。信息失灵可能导致税务机关对能够享受税收优惠之主体的认定出现偏差，从而使税收优惠所蕴含之社会、经济政策目标难以达致，同时也导致相关制度对分配格局的改变失去正当性基础。一般来讲，“税负从轻”被认为是纳税人的一项权利，其内容包括纳税人可以“依法享有减税、免税等税收优惠”。[②] 从“国民分配”的维度看，税收优惠表征着国家的“多予少取”；而从“民民分配”的维度看，税收优惠意味着纳税人之间的“差别待遇”，如果这种“差别待遇”不能通过比例原则的检验，或是缺乏形式合法性，则往往会导致纳税人之间的利益失衡。所以，十八届三中全会“改革决定”特别提出要“加强对税收优惠特别是区域税收优惠政策的规范管理”，具体路径则是“税收优惠政策统一由专门税收法律法规规定”。本书认为，这主要是一种税收优惠的“立法规制”进路，即对现行税收优惠制度存在的形式非理性之处（主要是制度结构缺

① 越来越多的学者认识到我国个人所得税法存在名义税率高、实际税率低的问题，“最高边际税率 45% 以及次级税率 40% 很少或根本未涉及，却背负高税率之名”，这也是我国个人所得税沦为“工薪税”的重要原因。参见陈少英：《税收债法制度专题研究》，北京大学出版社 2013 年版，第 226 页。

② 张守文：《税法原理》（第 6 版），北京大学出版社 2012 年版，第 83 页。

陷、立法模式缺陷和制度表述缺陷）予以完善；[①]同时，强调对区域税收优惠加强规范、管理，也在一定程度上触及税收优惠的实质非理性问题。此外还应认识到，执行层面的不规范也是导致税收优惠内涵于社会、经济政策目标难以达致，且产生扰乱分配秩序之虞的重要原因。而之所以如此，税务机关主观上有意为之的因素当然有，更加不能忽视的还在于其对纳税人的相关信息掌握得不够充分，毕竟，优惠待遇常常同特定的主体资质相联结（如第三章讨论的“公益性税收优惠”），如果对相关主体的信息占有不足或失真，就很难准确甄别其是否确应享受特定之优惠。国家税务总局2015年制发的《税收减免管理办法》中将减免税区分为核准类与备案类两种，分别规定了不同的法律程序，并且专设第四章“减免税的监督管理”以尽量避免不应享受优惠的主体不适当地享受优惠之情形发生。然而，无论是事前的核准、备案，抑或事中的监管，税务机关与相关信息之间的联结都是间接的，核准材料、备案材料等直接掌握在特定纳税人手中，因此信息不足、信息不对称、信息错误的风险均客观存在。

由上述讨论可见，税收领域广泛存在的信息偏在，对税法的分配规制形成很大的窒碍。就对策的角度而言：一是要加强税务机关自身的能力建设，因应信息化社会的发展方向，强化信息获取能力，坚定地在“信息管税”道路上行稳致远，这要求“善于利用互联网、大数据等手段促进治理能力现代化”。[②]二是畅通机构之间的协调，这既包括国税与地税之间，也包括税务机关与其他行政机关之间，还包括税务机关与金融机构等市场主体之间的信息互联与共享。针对不同的主体，在制度设计上应各有侧重：就国、地税之间的信息共享而言，中共中央办公厅、国务院办公厅在2015年12月即印发《深化国税、地税征管体制改革方案》，强调两机构要“服

---

① 参见王霞：《税收优惠法律制度研究：以法律的规范性及正当性为视角》，法律出版社2012年版，第27～36页。

② 本书编写组编著：《党的十九大报告辅导读本》，人民出版社2017年版，第235页。

务深度融合、执法适度整合、信息高度聚合”，国家税务总局也先后出台多个《国家税务局地方税务局合作工作规范》（自 2018 年 1 月 1 日起施行的已是《合作规范 4.0 版》），当前应在制度安排的可操作性上做文章；就税务机关与其他行政机关之间的信息共享而言，可考虑在修改后的税收征管法上，明确规定后者提供涉税信息的义务，并配置相应的法律责任；就金融机构等提供涉税信息而言，其毕竟是市场主体，还是更应从引导而非强制的角度切入，进行制度设计。三是重视对纳税人行为的引导，通过在税法制度中设置必要的提倡性规范[①]与诱致性条款，引导纳税人自觉从事税务机关期许的行为，同时放弃实施有悖税法目的之博弈行为，这便要求关注纳税人的博弈能力与博弈行为，接下来的部分将作更细致的阐述。

三、纳税人税收博弈的普遍性与差异性：以个人所得税为重心

纳税人的“纳税遵从”之于税法功能的实现，有着不可替代的重要作用。现实中，作为税收法律关系之一方主体的纳税人，并非只是被动地接受、配合税务机关的征税行为，不少时候也并未真正地“遵从”税法规定，而是“依据自己的利益追求和可能选择，来从事相关的博弈行为”。[②]这种“博弈”既可能是税法框架内的“合法博弈”，也可能是游走在税法边缘的“脱法博弈”，还可能是违反税法规定的“违法博弈”。经由“主体—行为”的基本范式，可以将税法涉及的各种行为大体划分为“决策行为—对策行为”两种类型，[③]其中理解和把握纳税人“对策行为”的核心便

---

① 参见漆多俊：《经济法基础理论》（第 5 版），法律出版社 2017 年版，第 178 页。

② 参见张守文：《经济法理论的重构》，人民出版社 2004 年版，第 369 页。事实上，有不少学者研究了所谓“税收道德”的问题，以美国为例，甚至有研究定量地测算出其纳税人整体的税收道德大致处于“勉强及格”的水平（满分 100 分计，得分为 60.3 分）。See Young-dahl Song, Tinsley E. Yarbrough, “Tax Ethics and Taxpayer Attitudes: A Survey”, *Public Administration Review*, Vol. 38, No. 5, 1978, pp.442-452.

③ 参见陈立诚：《财税行为构建论纲》，载《北京社会科学》2015 年第 7 期。

是其所蕴含的博弈能力。[①]事实上，无论怎样强调税法是分配法，其分配功能的客观实现都受制于现实中纳税人的博弈能力，以及这种博弈能力的“外化于行”。下文便集中关注纳税人的博弈行为和博弈能力对税法分配功能的影响。

本部分标题中同时出现“普遍性”和“差异性”两个表述，前者意指博弈行为的无处不在，后者表征博弈能力的参差不齐，二者均会对分配功能的现实发挥产生一定负面影响。博弈行为扰乱税法预期的分配格局，然而追根溯源，是纳税人掌握的博弈能力和相互间的博弈能力差异，分别造成了“国民分配”和“民民分配”层面的规制落空。基于上述考虑，本部分的论述进路是：首先，通过“现象”分析，提炼纳税人从事博弈行为的典型方式；其次，以分配功能的内部结构和外部向度分别作为“经线”和“纬线”，观察博弈行为对分配功能的消极影响，在此过程中，有意识地从博弈能力的角度加以审思，说明博弈行为干扰分配规制的内在驱动乃是博弈能力，以及不同纳税人间博弈能力差异的存在；最后，从博弈能力切入，反思税制设计应如何观照并回应潜在的税收博弈，妥善发挥“诱致性”作用，尽量避免分配功能受到干扰甚至落空。为更好地阐明相关理论

---

① 严格来讲，纳税人的“博弈能力”不仅表现在税收征管过程中的纳税博弈行为，也可能通过影响税收立法、使相关税负分配向有利于己的方向倾斜的方式体现出来。在此意义上，北野弘久强调“研究现代型避税行为最应注意的就是这种出现在立法过程中的避税行为”。参见［日］北野弘久:《日本税法学原论》（第5版），郭美松、陈刚译，中国检察出版社2008年版，第131页。就此而论，美国等国家这方面的情形由于“院外游说集团”的存在而表现得更加明显，“游说集团往往能对众议院和参议院财政委员会成员实施过分且不当的影响。这种不正当的影响，导致准则的制定往往有助于游说集团合法规避所得税”。Goodman, Leonard, “The Fair Tax Solution: Financial Justice for All Americans”, *The Journal of the American Taxation Association*33.1, 2011, pp.115-116.其实，这种立法层面的“避税”行为在我国也是存在的，而且不同纳税人之间所具有的博弈能力之差异，也确实导致税法的分配规制无法真正一视同仁。如某些行业对税收政策（如“营改增”语境下部分现代服务业改征增值税后的税率选择）施加的影响不能小视，又如，房产税改革由于须建立在对个人房地产信息完整、准确把握的基础上，这可能影响部分群体（如拥有多套不动产的官员）的利益，因而此项改革受到阻力较大、《房地产税法》难以按原计划出台也便不难理解。

问题，仍须择取妥适的制度样本作为分析对象。“个人是唯一能够承担税负的主体”[①]这一命题是经济学上大量开展税收归宿研究的前提，税负是否容易转嫁给他人也成为区分直接税与间接税的主流标准。[②]饶是如此，在直接税内部，转嫁税负的难度亦有所区别，其中，个人所得税的税负转嫁难度较之企业所得税等更大。[③]一般而言，税负越是难以转嫁，纳税人就该税种同税务机关进行“博弈”的动力越是强烈。职是之故，这里不妨以个人所得税为具体的审视对象开展研究。

（一）纳税人博弈行为的三种典型方式

节税、避税和逃税是纳税人从事的三种至为典型的博弈行为，简单理解，可认为此三者分别对应前述“合法博弈”、“脱法博弈”和“违法博弈”。此外，有时也将抗税视为一种博弈行为，但在对其加以界定时，“在不同的时间对于不同的人具有不同的含义”，“发发牢骚、在申报时玩弄一些小小的欺骗手段”或者“暴力推翻政府”虽处在两个极端，但都被部分学者理解为“抗税”的范畴。[④]最严格的解读应当是介于前述两种情形之间的、有一定暴力行为的“税收不遵从”，这当然也是纳税人可能从事的一类博弈行为，但由于其已经不在税法框架内进行，而是对整个税法体系正当性的质疑、挑战甚至反抗，与本书关注的前三种博弈行为不在同一层次，区别甚为明显，故本书对其存而不论。针对节税、避税和逃税，理论上的界定似可做到充分、清晰，但实践中，该项任务殊难圆满达致。

---

① 参见郭庆旺、吕冰洋、岳希明:《税收对国民收入分配调控作用研究》，经济科学出版社2014年版，第212页。

② 刘剑文、熊伟:《税法基础理论》，北京大学出版社2004年版，第24页。

③ 企业所得税可能通过雇员工资、产品定价等形式比较间接地转嫁给他人。

④ 参见［美］詹姆斯·奥康纳:《国家的财政危机》，沈国华译，上海财经大学出版社2017年版，第216页。

节税是依据税法预定的方式，意图减少税收负担的行为；[①]避税是对私法选择可能性的滥用，[②]即通过选择通常所不用的形式来达到预期的经济目标，同时回避掉通常所采用之法律形式相对应的课税要件之满足，从而减轻或排除税负；[③]逃税则是对于满足课税要件的事实，全部或部分予以隐匿的行为。[④]区分三者的关键是准确把握避税行为，即要体认其形式合法性，掩盖实质非法性的本质。[⑤]而如何判断实质上"规避税负的非法性"恰恰十分困难，这便带来前述区分工作的难度。这里不欲对此过多铺陈，仅概要介绍基本的判断法则：第一，避税的课税要件尚未成就、纳税义务并未发生；逃税是对已发生之"课税要件成就"的隐匿。[⑥]第二，区分节税与避税是相对更难的工作，英美法系国家侧重从当事人主观意图的角度来界定，[⑦]大陆法系则主要从是否符合立法目的的角度来区分节税与避税，[⑧]进而可通过法律欺诈、权利滥用两大上位概念来把握避税。[⑨]事实上，合法节税与脱法避税的界限在实践上往往薄如蝉翼、吹弹可破，区分二者

① 参见陈清秀：《税法总论》，元照出版有限公司2012年版，第214页。

② 在此意义上，对避税的税法把握与规制，前提条件是税法与私法之间各自持相对独立并有所差异的立场，"如果税法也和私法一样宽容，同样尊重纳税人对交易形式的选择，税收规避问题就没有存在的必要"。参见刘剑文、熊伟：《税法基础理论》，北京大学出版社2004年版，第153页。

③ 参见［日］金子宏：《日本税法》，战宪斌、郑林根等译，法律出版社2004年版，第93页。

④ 参见陈清秀：《税法总论》，元照出版有限公司2012年版，第214页。

⑤ 参见李刚：《税法与私法关系总论——兼论中国现代税法学基本理论》，法律出版社2014年版，第248页。

⑥ 节税是运用合法手段，通过系统地事先安排，利用纳税义务的成立相对于经济活动的滞后性来获取税收利益；避税则是寻找和利用税法上的漏洞，使相关行为或事实恰好落在税法调整的空白区域，避免纳税义务的成立。参见张守文：《税法原理》（第6版），北京大学出版社2012年版，第138页。

⑦ 美国通过司法判例确立了五种反避税原则：虚假交易原则、经济实质原则、商业目的原则、实质重于形式原则和分步交易原则。参见王建伟、韦国庆：《我国〈征管法〉应纳入反避税原则性规定》，载《中国财税法学研究会2015年年会暨第23届海峡两岸财税法学术研讨会论文集》（下卷）。

⑧ 参见刘剑文、熊伟：《税法基础理论》，北京大学出版社2004年版，第147～149页。

⑨ 从法律欺诈、权利滥用来理解避税概念，参见翁武耀：《欧盟增值税反避税法律问题研究》，中国政法大学出版社2015年版，第25～42页。

确为一项十分困难的工作。合法节税可细分为放弃应税行为、实施政府鼓励的行为与选择税负较小之交易方式三类，[①]其中前二类的合法性殆无疑问，唯第三类情形是否属于合法节税尚须政府通过立法、司法对此间纳税人所为之选择权行使做出判断，而结果如何其实已非纳税人自身所能掌控。当然，基于本书研讨主旨，无须对纳税人的三类博弈行为做出精确的界分，是故仅于理论层面概要界定之，俾便下文论述之展开。

我国现行税法和税收征纳实践中，对脱法避税与违法逃税均有所规制，但就笔者目力所及，其主要存于企业所得税法兼及流转税法场域。[②]其实在个人所得税的征纳过程中，这三种博弈行为亦不鲜见。就合法节税而言，现实中多有通过采用非货币支付办法提供职工福利的情况，如免费提供住宿、交通便利、工作餐，以及提供教育福利、外出教育考察或旅游机会，使职工纳税人虽然货币形式的收入有所减少，但效用水平并未下降，同时个税负担得以减轻。此外，均衡发放工资薪金、“有效”组合月薪与年终奖金等，也是常见的节税手段。[③]就脱法避税而言，主要方式是在不同应税所得类别之间进行“切换”，或在不同纳税期间进行“调剂”。如修改前的《个人所得税法》针对劳务报酬规定了同工资、薪金所得不同的税率，纳税人可能在应税薪金收入较高从而应适用高档边际税率时，将部分工薪所得转换为“劳务报酬所得”的形式，或在相反条件

---

① 参见翁武耀:《欧盟增值税反避税法律问题研究》，中国政法大学出版社 2015 年版，第 13 ~ 15 页。

② 我国通过《企业所得税法》《企业所得税法实施条例》《特别纳税调整实施办法（试行）》《一般反避税管理办法（试行）》等法律、法规、规章及部颁税法规则，初步建构以反避税为目的的特别纳税调整制度体系。流转税法层面，《增值税暂行条例》第 7 条、《消费税暂行条例》第 10 条和原《营业税暂行条例》第 7 条也有类似规定。

③ 参见蔡昌、李为人:《税收筹划：理论与实务》，中国财政经济出版社 2014 年版，第 123 ~ 131 页。

下反向操作；[①]又如，因税法规定劳务报酬所得按次征税，且有加成征收的制度安排，从而形成20%、30%、40%的三级超额累进税率，故而有纳税人会将一次收入人为地“分割”为多次，一者规避高档税率的适用，二者可多次扣除法定费用。[②]2018年修法后，因综合所得的确立，前述避税手法的操作空间受限，但新法第6条第2款规定劳务报酬所得等以收入减除百分之二十后的余额为收入额，仍让意图避税者有利可图。就违法逃税而言，在发放年终奖时高收入员工与低收入员工之间可能进行“内部调剂”，即先将部分年终奖发放给低收入员工，再由其通过私人转账或现金形式转手给高收入员工，从而降低高收入员工的税负。[③]因为此种情形中高收入员工纳税人就其应得年终奖部分的纳税义务已经发生，[④]其系通过隐瞒、伪造等欺诈性手段来逃避税负，从而应属于“逃税”之范畴。此外，前文提及的大量“地下经济”情形中，纳税义务已经成立，交易当事人通过“地下”运作达致税负逃脱目的，也是“逃税”的表现。

然而，现行税法对纳税人规避个人所得税行为的规制，是有所欠缺的。首先，现有的反避税规定主要针对企业所得税，对个人所得税着墨甚少。其次，一般认为《税收征收管理法》这一程序法上的反避税规定主要是第35条和第36条，而此二条亦适用于企业所得税，这同前文所述现行

---

① 其实，劳务报酬所得与工资、薪金所得的差异在税法学理上虽然可以“是否存在雇佣与被雇佣关系”来加以把握，但实质上区分二者并不容易，因为雇佣关系中也有获得“劳务报酬所得”的空间，只要“不必受雇主拘束，得自由选择是否执行、执行内容方式、为谁执行业务”即可，故而有学者主张以成本费用负担情况作为判断标准。参见陈清秀：《税法各论·上》，元照出版有限公司2014年版，第142～143页。

② 参见高天岭、杨祖华：《个人所得税的筹划及避税策略》，载《兰州学刊》2007年第10期。

③ 参见张俊、郑蓉：《关于年终奖“避税”问题的探讨》，载《重庆电力高等专科学校学报》2012年第3期。

④ 根据国家税务总局《关于调整个人取得全年一次性奖金等计算征收个人所得税方法问题的通知》（国税发〔2005〕9号）的规定，纳税人取得全年一次性奖金，单独作为一个月工资、薪金所得计算纳税，由扣缴义务人发放时代扣代缴。

税收征管法“重企业、轻个人”的制度侧重一脉相承。再次，现行税法虽然基于规制个税逃避行为的考虑，在分类所得税制的基础上“嫁接”了综合申报的因素，根据《个人所得税法实施条例》第36条的规定，要求年所得12万元以上、两处以上（含）取得工薪所得、取得境外所得、没有扣缴义务人等情形下，纳税人自行申报纳税。这体现出制度设计者规制个税规避行为、充分发挥税法分配功能之良好意图，但是其却因为“分项计税”与“综合申报”的不兼容，而带来一系列运行中的尴尬情事，如计税、纳税与申报各行其道、相互脱节，使纳税人有时难以弄清准确收入，代扣代缴的制度安排使纳税人拿到手的是“税后”收入，而需要申报的所得额是税前收入，这同样会给纳税人造成困惑。[①] 再联系到责任条款的缺失，就不难理解纳税人的申报动力长期匮乏、制度初衷难以实现。最后，国家税务总局制发的《个人所得税管理办法》是现阶段规制个税逃避行为的重要文件，其专设第七章以“加强高收入者的重点管理”，包含第29条至第37条共九个条文，规定了重点纳税人建档、专项检查等内容。该办法对规制个税逃避、缓释分配失衡，有一定积极意义。但征管层面的“加强监管”只能“治标”，前文述及的各种规避个税之博弈行为，很难指望经由这里的“治标”手段得到“根治”；而且，经济周期等因素对税收执法力度之宽严，也有不可小觑的影响，从而使执法力度很多时候也呈现出突出的“周期变易”，[②] 执法力度偏“宽”时，通过执法控制个税逃避的目标便可能落空。由此可见，在建构税收实体制度时，就应该将纳税人的博弈行为作为重要的考量因素，使所设计的税收实体法本身，即具有较强的针对性和回应性。这方面的内容将在后续研讨中有所回应。

---

① 参见高培勇:《个人所得税改革的内容、进程与前瞻》，载《理论前沿》2009年第6期。

② 这种“冷热周期”或“松紧周期”，在整个财税法领域都有所表现。参见张守文:《财税法疏议》，北京大学出版社2005年版，第91页。

（二）博弈行为对分配功能的影响

纳税人的博弈行为会在多层面、多方向上影响税法分配功能的发挥。尤需注意的是，不宜泛泛而论博弈行为将“制约”分配功能的实现。纳税人的博弈行为有多种类型，可能引致的后果也不相同，如下文即将述及，某些情形中，税法相关分配功能的有效发挥，恰恰需要纳税人博弈行为的“配合”。本书第一章提炼出并贯穿本书始终的一条逻辑脉络是，税法分配功能的“二元结构”与“三大向度”，这里仍然依循这两条主线展开研究。由于此部分关注的是纳税人的博弈行为，其影响到的分配关系主要是“国民分配”与“民民分配”这两个向度，故而下面的论述侧重在此二维度上展开。

在“国民分配”层面，纳税人博弈行为对财政性分配功能的影响较易把握，总体上都朝着国家财政收入减少、纳税人财产利益增加的方向发展。不过，当纳税人进行合法节税行为时，产生前述后果是税法所预期的，更引人关注的是脱法避税和违法逃税行为对财政性分配功能的破坏，这两类情形通常会引致国家分配利益的损失，税款流失便是典型表现。在脱法避税和违法逃税的场合，国家税款收入的减少皆非立法者所欲：逃税行为是对已经成立、尚未实现的税收债务的逃避，对国家税款利益的损害较为直接；如果将税法视作国家与纳税人就公共财政与私人财产之间的分际所订定的“契约”，则避税行为相应可视作对国家在税收方面“期待利益”的损害。

就博弈行为对调节性分配功能的影响而言，情况大抵相似。首先，博弈行为对“国民分配”的影响方向仍表现为国家财政收入的减少。其次，合法节税符合税收立法者的预期，“多予少取”是国家有意让利的结果。准确地讲，纳税人进行特定合法节税行为，恰为调节性分配功能得以实现的关键，[①] 此时“国民分配”层面的“国退民进”是调节性分配“直接功能”的表现，最终是为了促进特定社会、经济政策目标之达致。2008 年 10 月，国务院批准暂停对储蓄存款利息所得征收个人所得税；此前，财税主管部门曾经规定，教育储蓄存款利息所得免予征收个人所得税，[②] 如果某一适格纳税人据此办理教育储蓄业务，便能够获得税收利益，此种情形下的税收利益让渡，体现的是国家对青少年接受非义务教育的扶持和鼓励，是国家有意识地“多予少取”。最后，脱法避税和违法逃税这两类博弈行为，会导致调节性分配双层功能体系内部的断裂，即国家财政收入的减少并未能够促进特定社会、经济政策目的之达致。如在避税博弈的情形中，有些时候纳税人的博弈方式就表现为对税收优惠的滥用，这就从源头上破坏了调节性分配功能的发挥。

在“民民分配”层面，税法的财政性分配功能之核心是基于能力原则在纳税人之间妥为配置税负。当纳税人进行合法节税，比如用外出教育考察或旅游度假机会代替部分货币性收入时，并未产生税负能力，故而对财政性分配功能便无破坏之谓；脱法避税和违法逃税则会对财政性分配产生负面影响。税法基于量能课税等原则在不同纳税人之间妥适地分配税负，以实现税收公平。“不同纳税能力的人负担不同的税收”[③] 是税收纵向公平的题中应有之义，如果纳税人通过进行避税或逃税行为，使本应产生的税负不致呈现或隐匿现实发生的税收债务，即是对能力原则的妨害，不利于税收纵向公平之实现。如人为切换所得类别以降低税负或应缴未缴税款，

① 在此意义上，正是纳税人的节税愿望才使税法制度得以具有调节分配、宏观调控等功能，也正是纳税人的节税行为，才使得税法的社会、经济政策目的有实现之可能。参见蔡昌、李为人:《税收筹划:理论与实务》，中国财政经济出版社 2014 年版，第 9 页。

② 参见国家税务总局、中国人民银行教育部《关于印发〈教育储蓄存款利息所得免征个人所得税实施办法〉的通知》(国税发〔2005〕148 号)。

③ 刘剑文、熊伟:《税法基础理论》，北京大学出版社 2004 年版，第 139 页。

莫不如此。应特别关注的是，纳税人博弈能力的差别，会进一步诱致税法在纳税人间所为之财政性分配有失序之虞。纳税能力不同的人，往往相应在税收博弈能力上亦存在差异，这就使“能力越大、责任越大”的金科玉律隐隐有蜕变为“能力越大、办法越多”的风险。通常来讲，纳税人的博弈能力主要取决于经济实力，[①]经济实力雄厚者，便有更好的机会和条件享受更高水平的纳税筹划，而且经济实力较强者多有不同的收入渠道，这也为其在不同收入形式之间进行“切换”以规避税收提供了便利；[②]况且，经济实力雄厚本身也意味着该纳税人有更强大的、将税负进行转嫁的能力，这也是纳税人博弈能力差别导致税法“分配失灵”的一条常见路径。[③]进言之，基于财政性分配的能力原则，经济实力较强者本来较之于经济实力较弱者就需要承担更重的税负，这意味着其博弈行为的潜在“收益”更高。这反过来又进一步激发“理性”纳税人的博弈动机，最终通过其拥有的较强之博弈能力，扰动分配格局、[④]破坏分配功能的正常发挥。如果考虑到国际避税手段，则此种状

① 不少学者研究社会分层问题时，将“财富的不平等”作为基本的评价指标，认为“分层”与“分配”有密切联系，将“财富差别的程度”与“财富分配到各个层次的程度”作为分层的重要含义。由此进而指出，“比较富有的人在法律上具有优势”，“如果人们之间财富分配不平等或分层不同的话，则每个人或每个群体的地位就可能高于或低于其他人或群体的地位”。可见，“经济实力——博弈能力”的分析框架是有理论支撑的。参见［美］布莱克:《法律的运作行为》，唐越、苏力译，中国政法大学出版社 1994 年版，第 12 ~ 18 页。

② 另外，在企业所得税领域也存在类似情形，如某些企业可能是其所在地区的经济支柱，无论是税收、就业，还是 GDP 的贡献度都十分高，便可能使其在同当地税务机关打交道时获取较强的“议价能力”。之前曾出现的“低税引资”等现象，其实也是此种经济实力带来“议价能力”的体现。

③ 北野弘久即注意到这样一种现象:“作为大企业直接税的法人税、所得税等有时可以进行转嫁，而作为中小企业间接税的物品税等则原则上不出现转嫁情况。”参见［日］北野弘久:《日本税法学原论》（第 5 版），郭美松、陈刚译，中国检察出版社 2008 年版，第 132 页。

④ 从更长远的视野看，对分配格局的扰动还不止于此，“如果纳税人感觉受到了不平等对待或者认为其纳税决策的过程不公平，纳税人将会拒绝支付他们所应缴纳的全部税额”。Hartner, Martina, Rechberger, Silvia, Kirchler, Erich, Schabmann, Alfred, “Procedural Fairness and Tax Compliance”, *Economic Analysis and Policy*, 38.1, 2008, pp.137-152.

况表现得更为明显，便于理解的逻辑是拥有更强资本实力的纳税人更容易"享受"国际避税手段，"靠工资为生的人没有能力将本国所得转化为外国所得"，[①] 而这同样是由博弈能力差异所引致的对分配功能的窒碍。

个人所得税法有突出的调节性分配功能，特别是对于收入分配的格局有调节、矫正的作用。纳税人进行的避税、逃税等博弈行为，会削弱此类调节性分配功能的作用力度，甚至使其作用方向产生偏误。本书第一章详细分析过，累进税率具有强烈的"重分配"属性，是税法之调节性分配功能的重要制度载体。与此同时，个人所得税法普遍被认为有较强的收入分配调节之功用，在我国现行《个人所得税法》上，便针对工资薪金所得、劳务报酬所得等综合所得设置了累进税率。然而，避税、逃税等博弈行为的存在，却可能导致前述分配调节的目标落空。经济学研究已经达成共识：个人所得税的收入再分配效应取决于税制的累进性与平均有效税率这两大因素。[②] 避税、逃税行为则在此二方面均产生相当程度之消极影响，从而妨害其分配调节功能之实现。在累进性方面，税收规避的影响在不同税种不能一概而论，譬如在流转税层面，国外学者发现税收逃避反而能带来累进效果；[③] 但在所得税场合，情况相对复杂。如果从博弈分析的视角，

---

① Reuven S. Avi-Yonah, *International Tax as International Law, An Analysis of the International Tax Regime*, *Cambridge University Press*, 2007, p.10.

② 参见郭庆旺、吕冰洋、岳希明:《税收对国民收入分配调控作用研究》，经济科学出版社2014年版，第293页。

③ 一般认为，"作为一种税基，'消费'这一概念有时候会被认为在公平性上略逊色于'收入'"。William M. Gentry, R. Glenn Hubbard, "Distributional Implications of Introducing a Broad-Based Consumption Tax", *Tax Policy and the Economy*, Vol. 11, 1997, p.1. 而出现正文中所述"流转税的累进性"之具体逻辑是，商品出售给穷人和富人的方式与场所有所区别，穷人一般去小商店和自由市场购买商品和服务，富人通常去大型超市和商场购买商品和服务，由于增值税的征收成本在前一种情形下更高，所以此时征管力度较小，逃税相对更容易，这在一定程度上自发地"矫正"了商品税的累退性。参见郭庆旺、吕冰洋、岳希明:《税收对国民收入分配调控作用研究》，经济科学出版社2014年版，第44页。

通过“监督成本—查处概率—逃税成本”的逻辑链条，似乎能得出逃税问题“小企业比大企业更普遍，低收入者比高收入者更突出”的应然结论。[①]但在现实中，由于“博弈能力”的差异，大企业的经济地位使其“议价能力”更强大，高收入者的经济实力亦使其“回旋余地”更广阔。这后一方面的因素使个人所得税法的累进性制度安排难以实现，当下备受指摘的个人所得税沦为“工薪税”的情状，便突出反映了这种累进性的落空。在平均有效税率方面，前已述及，税收征纳实践中的税收流失同税法中规定的大量税收优惠一样，均会降低平均有效税率，从而削弱个人所得税的分配调节作用。

由上述讨论可以得知，纳税人的博弈行为既包括合法的节税行为，也包括合法性存在瑕疵，甚至属于违法行为的避税、逃税行为。它们对税法分配功能的影响表现在两方面：一方面，不同的博弈行为，一般都会对税法分配功能的发挥产生一定影响，其中避税博弈和逃税博弈对分配功能的破坏力更明显。[②]另一方面，处在不同状况的纳税人具备不尽一致的博弈能力，无论是合法节税、脱法避税抑或违法逃税，概莫能外。作为一般规律，经济实力越强者，其博弈能力也越强，而此种博弈能力的差异，会进一步造成纳税人之间的分配失衡。其中的后面一点，通常容易为人忽视，但在进行相关税制设计时却不可不察，在建制之初便应尽量考虑博弈能力对分配功能之现实发挥的影响，这也是接下来所要阐发的核心观点。

---

① 张守文:《财税法疏议》，北京大学出版社 2005 年版，第 294 页。

② 当然，理论上讲，税法分配制度本身的公平、合理，是提高纳税人遵从度，从而降低脱法避税与违法逃税的重要途径。如有实证研究指出当人们认为施予其上的税负不合理的沉重时，“税收道德”会下降。See Young-dahl Song, Tinsley E. Yarbrough, “Tax Ethics and Taxpayer Attitudes: A Survey”, *Public Administration Review*, Vol. 38, No. 5, 1978, pp.442-452.

（三）博弈能力视角下税法的分配规制思路：以征税模式为例

税法对潜在的税收规避行为的规制，多通过“特别纳税调整”等制度进行“事后规制”，抑或经由税收征管中的程序设计来实现“加强监管”的目标，其实这仍然属于“事后规制”的范畴。前已述及，在个人所得税法层面，“特别纳税调整”基本未有覆盖，“加强监管”的制度设计亦只能收到“治标不治本”之效。就此而论，在建构实体制度时，便应该有意识地将纳税人可能的博弈行为纳入考虑范围，特别是要体察纳税人掌握的博弈能力以及不同纳税人之间在博弈能力上的差异，在制度层面削减纳税人的脱法或违法博弈的动机和收益。与此同时，亦不能忽视理想状态下设计出来的税法制度，在实际发挥其寓含的功能时可能受到多重制约，甚至使制度设计的初衷在实践中走向其反面；而综合考虑、衡量前述种种因素的结果，常常使真正“有效”的税法制度呈现出若干“折中”特质。下面拟对个人所得税征税模式的选择略作探讨，以期“窥斑知豹”地对前述观点加以佐证。

在各税种中，个人所得税因其“是再分配领域实现社会公平最强的税种，有利于缩小个人业已形成的收入差距峰谷”[①]而被寄予更高的分配规制之功能预期。概言之，其同时蕴含两类分配功能：针对不同所得类别分别设计税率、费用扣除，是对纳税人就此类收益所表彰之税负能力的把握，体现出在国家与纳税人之间划定“两权”边界以及在纳税人之间配置税负的财政性分配功能；在个人所得税上较为普遍地存在累进税率的制度安排，则彰显立法者借此进行“重分配”的意图，是税法之调节性分配功能的表现，且于此时所促进实现的“高阶功能”亦为“分配调节”。我国自2005年以来多次调高工薪所得费用扣除标准，在税率档次方面也作了归并处理，出发点便是更好地实现分配正义。但是，学界越发清醒地认识到，

---

① 陈少英：《税收债法制度专题研究》，北京大学出版社2013年版，第222页。

“单兵突进”式的改革已不敷需要，改革实绩不尽如人意，特别是对个人所得税分配规制功能之不彰的现状未能有效改变。与之相应，学界一方面认识到由于收入占比等因素的影响，对个人所得税分配规制的作用应有客观认知；另一方面也强调应对个人所得税制进行整体性改革，特别是就征税模式加以革新，呼声日益高涨。①

个人所得税征税模式的谱系两端，分别是分类所得税制和综合所得税制。我国目前实行分类所得税制，明确列举 9 项应纳税个人所得，分设不同的税率、计税依据和应纳税额计算方式。通常认为，分类所得税制不利于税负的公平分配：第一，因其系对各类所得分别征税，而非对整体收入进行课征，导致较难真正准确地衡量纳税人的税负能力进而量能征税，② 这使税法财政性分配功能的发挥受到窒碍；第二，分类所得税制下，较难精确地针对有特殊需要的纳税人实施减免税安排，累进税率的适用范围也受局限，制约了税法调节性分配功能的实现；第三，由于不同类型的所得项目在税率等税收要素上存在区别，诱发纳税人的避税行为，③ 进而使不同纳税人在博弈能力上的差异，更有条件转化为现实的税负分配差异，且此种差异与分配正义背道而驰。④ 与之相应，综合所得税制在这三方面都呈现一定“优越性”：其一，综合把握税负能力，如能实现（这项约束条件很重要），更贴近财政性分配“量能课税”的核心意旨。其二，前文述及“累进性—平均有效税率”两大因素对于个人所得税分配规制功用的指标

---

① 参见高培勇：《个人所得税改革的内容、进程与前瞻》，载《理论前沿》2009 年第 6 期。

② 如对收入情况相同的纳税人，因来源形式相近却不相同，导致税负分配失衡，这属于横向不公平。

③ 参见［美］休·奥尔特、［加］布赖恩·阿诺德等：《比较所得税法——结构性分析》（第 3 版），丁一、崔威译，北京大学出版社 2013 年版，第 189 页。

④ 有鉴于此，目前世界上仅少数国家，如也门、约旦、黎巴嫩等实行此种征税模式，即便是在该种征税模式的发源地——英国，也早就改采混合模式。参见徐蓉：《收入多元化背景下我国个人所得税法立法模式的选择——以所得的结构与征纳方式的选择为视角》，载刘剑文主编：《财税法学前沿问题：依宪治国、收入分配与财税法治》，法律出版社 2015 年版，第 340 页。

性意义，就此而言，综合所得税制下可针对全部收入一体适用累进税率，增益累进程度，同时归并分类税制下的各类扣除额又起到扩大税基、提高平均有效税率的功用。[①]且实施综合所得税制后，能够更加便利地为有特殊需要的纳税人有针对性地提供减免税待遇，这都有利于调节性分配功能的发挥。其三，不再存在不同所得项目之间的差别税率，削弱纳税人在所得项目之间转移收入以减轻税负的能力，从而减少此类避税行为。这也是不少国家或地区青睐综合所得税制的重要原因。[②]

然而，综合所得税制在理论上的优点，有时无奈地被实践中的缺陷所抵消。一般认为，此种征税模式的“计税依据的确定较为复杂和困难”，而且“不便于实行源泉扣缴，对个人申报和税务稽查水平要求较高，且以完善的信息设施和全面可靠的原始资料为条件”。[③]这意味着其分配功能的高效发挥需要满足一系列条件，概言之，至少包括四个方面：一是个人收入完全货币化；二是有效的个人收入汇总工具；三是有效监控各类来源的所得；四是纳税人有较高的纳税意识。[④]条件不成熟时，综合所得税制的推行虽有助于缓释纳税人的避税博弈，却可能诱发更强烈的逃税博弈行为。职是之故，不难发现世界上大多数国家或地区推行的都是兼有综合和分类税制元素的混合模式，美国、澳大利亚、加拿大等国虽以综合税制为主，但部分制度体现出分类税制的因素，如某些经济活动发生的费用扣除

---

① 参见郭庆旺、吕冰洋、岳希明:《税收对国民收入分配调控作用研究》，经济科学出版社2014年版，第306页。

② 目前在世界范围内出现的二元所得税制、单一所得税制均可视为综合所得税制的“变种”。二元所得税制将收入区分为劳动所得和资本所得，对前者课以累进税率，对后者课以比例税率；单一所得税制则对包括劳动所得在内的各类所得平等适用单一的比例税率，而且以全部所得扣除储蓄后的“消费额”作为税基。参见施正文:《分配正义与个人所得税法改革》，载《中国法学》2011年第5期。

③ 刘剑文、熊伟:《财政税收法》(第6版)，法律出版社2015年版，第286页。

④ 参见杨斌:《财政学》(第2版)，东北财经大学出版社2010年版，第335页。

仅限于该项活动产生的收益范围内；[①] 又如我国台湾地区，个人之综合所得额以其全年各类所得合并计算，统一采用最低 5%、最高 45% 的累进税率，[②] 从将所得区分为不同类型的做法看，显为分类所得税制的某种“残余”。在斟酌《个人所得税法》的修改方向时，前述综合所得税制赖以高效运转的前提要件是否满足，是需要详加检视的。

表 27　部分文件中有关个人所得税征税模式改革的提法

年份	文件名	相关表述
2003	十六届三中全会《关于完善社会主义市场经济体制的决定》	“改进个人所得税，实行综合和分类相结合的个人所得税制”
2013	《关于深化收入分配制度改革的若干意见》	“加强个人所得税调节。加快建立综合与分类相结合的个人所得税制度”
2013	十八届三中全会《关于全面深化改革若干重大问题的决定》	“逐步建立综合与分类相结合的个人所得税制”

由表 27 可知，决策层自较早的时候起，便将我国个税修法方向确定为混合模式，历十余载未有改易，这可谓是对分类所得税制与综合所得税制各自存在问题有清晰认知后所作的理性抉择。耐人寻味的是，此项被认为意义深远的改革，迟迟未见动静，原因固然是多方面的，如技术条件的制约等，然而其中更关键的因素可能是混合模式本身有多种具体形式，究竟如何取舍尚未达成共识。针对这个问题，还是要将纳税人的博弈能力和博弈行为纳入考量范围，慎重抉择。

较具代表性的观点是将混合模式区分为交叉型与并立型两种类型：前者是就各类所得扣除必要费用后，按照比例税率分类征收，纳税年度终了

---

① 参见［美］休·奥尔特、［加］布赖恩·阿诺德等:《比较所得税法——结构性分析》(第 3 版)，丁一、崔威译，北京大学出版社 2013 年版，第 189 ~ 190 页。

② 参见陈清秀:《税法各论・上》，元照出版有限公司 2014 年版，第 129 ~ 173 页。

时汇总全部所得，统一扣除费用后按累进税率计算全年应纳税额，先前分类征收已缴纳税款允许抵扣；后者则是对部分应税所得实行分项征收，对其余应税所得在取得时进行源泉扣缴，复于年度终了时综合适用累进税率计算应纳税额，分项征收部分的已缴纳税款不允许抵扣。① 两种类型的共性在于均针对各类所得在取得之际实行源泉扣缴，又要求纳税人汇总后自行申报，通过“双保险”力求降低纯粹综合所得税制下纳税人积极从事逃税博弈的风险；与此同时，二者同样存在不同之处，交叉型的混合模式比较接近综合所得税制，并立型模式同其最大的区别是部分项目的分类征收与其他项目的综合征收互不影响，这有利于在制度设计或运行时根据不同收入形式在有无费用扣除、是否难以管控等方面的差异，给予不同的待遇。② 因此，我国的“综合与分类相结合的个人所得税制”建设，应当将并立型作为目标模式，如此一来，既能有效避免纳税人从事在不同所得项目之间转换收入之类的避税博弈，亦有助于强化针对性监管、提高纳税人逃税博弈的成本。就改进步骤来讲，性质相近、便于管控的所得项目可依据一定的先后次序逐步“综合”起来，首先要统一工资薪金、劳务报酬、稿酬等同属劳动所得的各类项目的计征方法，③ 否则，容易因费用扣除标准、税率等的不同而造成税负不公，也会诱发纳税人的避税行为；而对于性质相对特殊、无费用扣除和难以监管的所得项目，权且保留作为分类征

---

① 参见施正文：《分配正义与个人所得税法改革》，载《中国法学》2011 年第 5 期。

② 其实，不同国家或地区的个人所得税制中，常见针对某类所得项目“分离征税”的例子。如我国台湾地区的“个人综合所得税”中，短期票券到期对偿金额的溢价部分根据“所得税法”第 88 条的规定扣缴税款，即“境内”居住者扣缴 10%、“境外”居住者扣缴 15%，此项所得不纳入综合所得总额课税。参见陈清秀：《税法各论·上》，元照出版有限公司 2014 年版，第 150 页。

③ 参见郭庆旺、吕冰洋、岳希明：《税收对国民收入分配调控作用研究》，经济科学出版社 2014 年版，第 361 页。

收项目，[①] 日后视客观情势的变化（如征管水平的发展）渐次调整。

其实，个人所得税制度建构和完善的各环节，都应将纳税人的博弈能力、博弈行为作为考量因素，如此才能使相关制度承载的分配功能不致落空。除前述征税模式外，复如税率档次的设计也是如此。静态看，累进税率档次越多，纳税人适用税率的跳跃性越小，边际收入的税负越平稳，"税收陷阱"越不容易出现，从而越符合分配正义之意旨。[②] 但若考虑到纳税人的博弈行为，便会意识到税率形式越复杂、档次越多、累进程度越强，纳税人规避税收的博弈能力就越强，也就越可能从事避税和逃税博弈行为，[③] 这是因为档次细密的结构使其稍加"努力"便能实现税负"退档"。目前许多国家的个税税率结构朝扁平化方向发展，[④] 东欧部分国家开始推行单一比例所得税制，乃至我国台湾地区将遗产税由累进税率调整为单一比例 10%，都有这方面考虑。[⑤] 当然，博弈行为的存在不意味着必须"退而求其次"，也可通过更为精良的制度设计引导纳税人的行为，更好地实现制度初衷。如针对台湾地区将遗产税调整为单一比例税率可能导致税负不公、保留累进税率安排又易诱发更多的脱法避税情事，便有学者建议可以经由"将遗产税制改革为继承税"，兼顾"减少脱法避税"与累进调节两

① 有学者提出的具体建议是：将工资薪金所得、企事业单位的承包承租经营所得、劳务报酬所得、财产租赁所得、稿酬所得、特许权使用费所得、国务院确定征税的其他所得列为综合征税项目；将偶然所得、利息、股息、红利所得列为分类征税项目，按次征收。参见席卫群：《并立型分类综合个人所得税制设计》，载《涉外税务》2009 年第 1 期。

② 参见郭庆旺、吕冰洋、岳希明：《税收对国民收入分配调控作用研究》，经济科学出版社 2014 年版，第 362 页。

③ 参见丛中笑：《我国个人所得税法工薪累进税率的优化——扩大级距、减并级次和降低税率》，载《当代法学》2010 年第 2 期。

④ 参见施正文：《分配正义与个人所得税法改革》，载《中国法学》2011 年第 5 期。

⑤ 正因如此，不少学者主张调减我国个人所得税累进税率的档次。这种主张乍看之下似乎同税收公平、分配正义有一定距离，但其恰恰更满足"实践理性"的要求，制度运行的结果可能也会更加理想。

方面目标。[①] 综合上述，纳税人博弈行为的客观存在，一定程度上会影响税法分配规制的实效，唯有在包括个人所得税法在内的各项税法制度设计或修改之时，[②] 尽量充分、全面地考虑这方面因素，妥善制定规则，才能缓释税法“分配失灵”的风险，高效达致预期目标，不致让外观精美的税法制度在遇到现实之际陷入“水土不服”的境况。

四、延伸探讨

限于本章的论述主旨以及行文脉络，尚有以下诸项问题与本章所论之内容有一定关联度，但在正文中未及展开，特于此处择要述及，以作正文之补充。

首先，无论财政性分配功能，还是调节性分配功能，作用于实践的过程都会受到本章所述三方面现实因素的制约。对于此点，行文中已经有所涉及，这里不妨再予归纳、提炼。前述现实因素对财政性分配功能的窒碍，核心在于对能力原则的背离。“法外分配”使相当一部分具有税负能力的收益不被课予税收，税务机关的征管能力局限和纳税人的博弈（及不同纳税人之间博弈能力的差异），也会产生类似效果。现实中许多分配失衡的情形，皆可运用此框架去分析，如为人诟病的个人所得税沦为“工薪税”，其主要的不合理之处就是部分税负能力较强的纳税人规避了本应承担的税负。与之相应，前述三方面因素对调节性分配功能的阻滞，要害在于使“精确规制”不得实现，进而割裂调节性分配双层功能之间的内在逻

---

① 葛克昌：《租税国的危机》，厦门大学出版社 2016 年版，第 178 页。

② 基于行文顺畅之考量，这部分主要从个人所得税法层面展开论述，但其他税种法上此类问题亦十分突出。如“营改增”完成之前，混业经营的处理就很值得研究。原《营业税暂行条例》第 3 条要求纳税人兼有不同税目的应当缴纳营业税的劳务、转让无形资产或者销售不动产，应当分别核算不同税目的营业额、转让额、销售额，否则从高适用税率。现实中，这提高了纳税人的遵从成本以及采取相关行为后可能的“收益”，从而可能强化其税收博弈的动机，进而因为不同纳税人博弈能力的差异导致“分配失灵”。

辑。如税收优惠承载突出的调节性分配功能，在形式上表现为对税负分配格局的调整，这是作为手段而存在，目的乃是促进特定社会、经济政策目的之实现。所以，要想调节性分配功能妥适发挥，就需要手段与目的之间协调贯通，就需要实现“精确规制”，其前提则是准确择定和识别应当享受优惠的主体，但税务机关信息能力的限制却可能导致此种“识别”过程的困难重重，纳税人的博弈能力亦可能诱致“管制俘获”等的发生。

其次，“法外分配”的存在，与其说是立法者的“能力”局限，毋宁说是包括税法在内的法体系之“能力”界限。一方面，法律的“空缺结构”决定了执法者作为立法者“臂膀”之角色担当至为重要；另一方面，法律在调整社会关系时不可避免地会受到客观条件的制约、作用场域的限制，如小家庭内部的交换关系通常就不受民法的调整。税法作为“分配法”，无论哪种分配功能的实现都建立在把握收益配置税负的基础之上。因此，只要作为税负载体的“收益”不为公权力机关及其代表完整把握，税法以“税负”为媒介的分配规制便会“大打折扣”。事实上，对各种收益形式的把握以及在此基础上的分配税负，不仅仅是立法层面的问题，即便通过法体系的“整章建制”也无法一劳永逸地解决问题。准确地讲，汲取财政收入的能力是“国家能力”的重要表征，因为其不仅体现财税立法的精致、财税执法的高效，更彰显国家对社会生活的掌控程度。① 本章基于体系的完整，将“法外分配”置于本章第一部分，并非认为其同后面第二、第三部分关注的“税务机关”“纳税人”相对应，而是在讨论税收立法者的“能力”问题。这是有必要澄清的。

再次，现实因素对税法分配功能的制约，不仅产生于税法制定之后的

---

① 王绍光、胡鞍钢在其影响深远的著作《中国国家能力报告》中，之所以强调“财政收入占 GDP 比重”这项指标，其深层原因或许便是正文所述的这些因素。需要强调的是，这里所谓“国家对社会生活的掌控”同计划经济条件下国家对社会的控制是两码事；后者侧重指国家通过计划方式对社会、经济生活方方面面的“强介入”，如以指令性计划而非价格机制引导资源配置，安排生产。

实施阶段，税收立法过程中的“避税”现象也不能忽视；要言之，即“为获得称之为政策减轻措施的各种租税特别措施而展开的活动”。[①]而不同的纳税人之间，此种“博弈能力”差异颇大，可能导致税法的分配规制在“源头”上就有失范之虞。布坎南建议税收立法应当遵循“特别多数”的规则，强调“从简单多数规则向范围更广的或者有限制的多数的任何转变都会减少了财政榨取的可能性”，[②]进而将税权控制作为“宪政经济学”的核心范畴，[③]便有控制前述“立法过程中的避税”、缓释其对分配功能之损害的考虑。前述具体建议在我国虽尚无畅行上下之条件，但启发意义至为明显。正如本书第四章多所述及，我们现在重视“税收法定”是件好事，但若是关心其形式意义远胜过其内含之“同意”的实质属性，则有舍本逐末之嫌；易言之，如果仅强调人大的“税收立法权”而不关心人大的立法“能力”建设乃至人大和人大代表的“代表性”，便同税收法定意欲彰显的纳税人“同意”之本旨相去甚远。就此而论，应当对税法制度生成时纳税人博弈能力的影响有所关注，特别要认识到博弈能力以及不同纳税人间博弈能力的差异，对于税法分配功能在“源头”上不致“跑偏”，有十分重要的意义。为此，要强调税法建制环节的民主统制，“更多地注意制定产生最终结果的规则或制度”，[④]通过代议机关“代表性”的增强以及立法过程的开放性和参与性，以求能缓释此种“源头”意义上的“分配失范”。由于上述讨论并非就税法分配功能在作用于实践时可能受到哪些障碍而言，而是关注建构税法制度以承载分配功能时可能遇到哪

---

① [日] 北野弘久:《日本税法学原论》(第5版)，郭美松、陈刚译，中国检察出版社2008年版，第131页。

② [美] 布坎南:《公共财政》，赵锡军等译，中国财政经济出版社1991年版，第166页。

③ [澳] 布伦南、[美] 布坎南:《宪政经济学》，冯克利等译，中国社会科学出版社2004年版，第1页以下。

④ [美] 布坎南:《民主财政论》，穆怀朋译，商务印书馆2002年版，第313页。

些现实因素的影响，所以，虽然其同样是纳税人的博弈能力以及不同纳税人之间博弈能力的差异影响税法分配功能的表现，此处也仅作简要介绍，不再展开。

最后，针对阻碍税法分配功能高效发挥的现实因素，有些可通过征管能力的加强得以克服，有些须在制度设计时便将税务机关与纳税人之间的“主从博弈”因素纳入考虑范围，避免制定仅仅“看上去很美”的制度，还有些则非立法、执法等环节的完善便能得到根本性解决。本章前面述及现实收入分配机制的不合理诱发“法外分配”的脉络，如果说该问题尚有可能经由收入分配机制的合理化加以克服，现实中还有不少问题因其遵循“市场的逻辑”，而基本上无规制之空间，这也反映出包括税法在内的法体系无论如何周延，也只能是一种“有缺憾的美”。现代税法运行中的“资本优越”[①] 即是例证：企业所得税本是直接税，现实中大企业的企业所得税常常转嫁于消费者或下端企业；增值税本为间接税，中小企业的增值税却在很多时候难以体现在价格中，以维持其在市场竞争中的地位不坠；房产税也是直接税，而且通常被认为具有十分强烈的分配规制功能，当然，此处房产税的分配功能主要还是财政性分配功能，即通过对房产表现出的税负能力的把握，达到再分配效果。《房产税暂行条例》规定房屋出租时房产税的纳税义务人是产权所有人，但因为对个人自住房免征房产税，现实中常常因难以分辨“自住”或“出租”而放弃这块税收，且即便征收，房主将之转嫁给租客几无困难。此处所举三例的具体原因当然各不相同，但其共性在于税负得否“转嫁”相当程度上取决于主体的经济实力，“有钱（者）有势”自有其“市场逻辑”，而在事实上“无视”税法分配功能本身的制度逻辑以及其对“分配正义”之美好愿景的追求。从广义上理解，这

① [日] 北野弘久:《日本税法学原论》(第5版)，郭美松、陈刚译，中国检察出版社2008年版，第132页。

也体现了纳税人的“博弈能力”及其差异[①]对税法分配功能的现实影响。

本章检讨了税法进行分配规制时可能遇到的窒碍因素，进而分析了相应的规制对策。实际上，这种“窥斑知豹”的方法贯穿于全文的各个部分，但这也产生一个问题，即具体的分析视角与整体的研究对象之间如何实现“融会贯通”，如何确保是“窥一斑知全豹”而非“盲人摸象”？包括本章在内的全文尽量在这方面做出努力，除行文过程始终注意章节之间、整体与局部之间的逻辑联系之外，特别于每章最后择其要者予以提炼和阐发，也有这方面的考虑。

① 一群人在草原上奔跑以躲避狮子的攻击，对其中任何一个个体而言，其“博弈”手段无非有二：或者与狮子“博弈”，也即与之搏斗；或者与其他个体“博弈”，也即跑得比其他人快，“一百步笑五十步”。纳税人围绕税收进行的博弈行为与之类似。

结　论

笔者认为，针对税法的分配功能以及由此衍生的相关理论和实践议题，包括学界在内的社会各界虽然投注相当之“关爱眼神”，唯于认识层面仍然存在若干不足，且其中不在少数者系根本性偏误，亟待澄清。其实，这也是本书的“问题意识”所在。本书从税法分配功能的“二元结构”与“三大面向”出发，分别研究了税法所蕴含的两类分配功能的制度逻辑，侧重提炼两类分配功能在体现于税法制度时应满足的正当性基础和建制重点，以此为标准检视现行税制的不合理之处；在此基础上，研究了税制变迁时的分配功能保障，以及税法分配功能的现实障碍与制度回应等论题。行文最后，拟以“鸟瞰”视角，作四点阐发。某种意义上，这几方面的内容正是笔者针对前述观念误区所进行的回应、廓清，既可资充作全文的“结论”，亦可聊表本人“余思”之意旨。

第一，对税法分配功能的内涵应有全面把握。

这是一种“内部性视角”的分析。在收入分配不公成为突出的社会问题、收入分配改革也持续性地成为各界关注重心之际，包括决策层在内的不同群体对于税法在分配方面的功能发挥，寄托了很高的期望。然而十分可惜的是，人们通常泛泛谈论税法调节收入分配的功能，其实却可能并未言明、很多时候也未曾想到要去言明自己所指称的“调节分配”究竟在何种意义上展开。这就常常导致混淆税法的分配机制、分配功能为“重分配机制”“重分配功能”，并且将法学意义上的“重分配”同经济学意义上的“再分配”搞混淆；[①] 进言之，又有观点基于税法进行重分配时存在的客观局限、强调税法的分配规制功能非常有限。有鉴于此，本书特别强调需要对税法的分配功能有全面的认识。概言之，税法的分配功能可以概括为财政性分配功能和调节性分配功能两种类型，各自项下又可进一步细分、组合为不同层次的二元结构。不同种类的分配功能，在性质、目标、体系定位、对制度载体的评价标准乃至变易频率等方面皆存在一定差异；与此同时，如果从调整对象的角度，则税法分配功能涉及国家与纳税人之间、纳税人之间、不同层级政府之间等多个层面的分配关系。由是以观，“当我们谈论分配功能时，我们在谈论什么”这个问题是无法回避的。与此同时，两类分配功能之间亦有内在的逻辑联系，如调节性分配功能得以发挥的基础和前提便是财政性分配功能的存在；由于税法的分配功能皆要透过一定的税法分配制度得以实现，同一具体制度承载多类分配功能的情形也不鲜见。所以，此处所谓对分配功能的类别应“全面”把握，既是指对其内部结构的异质性当有体认，也是说就不同类型分配功能之间的并立与融通，要作统筹考量。

第二，对税法分配功能的重心应有准确定位。

这是一种“结构性视角”的分析。流行的说法是，当前我国税法的分配功能不得彰显，对收入分配的规制作用不足，整体税制不仅未收“累进”之效，反生“累退”之虞；与之相关，一种具有普遍性却有失偏颇的判断是将此种状况的产生归因于税法“调节”分配力度的缺失。毋庸置疑，税法具有调节分配的功能，现行税法的收入分配调节之功能也确实未得充分彰显，但不能就此得出税法分配功能弱化的问题“主要”出在调节

---

①《关于深化收入分配制度改革的若干意见》中，强调税收是再分配机制的主要形式之一，但是从具体内容可以看出，其所涉及者绝非仅限于通过累进税制等税制安排发挥调节性分配功能。实际上，该意见对以能力原则为核心的财政性分配功能同样，甚至更加重视。

性分配这个层面的结论。[①] 所谓税法“调节”分配，其实不仅包含本书提炼的“调节性分配功能”，本质上，其系从将税收作为一种再分配手段的角度而言，较为接近“分配规制”的意味。然而，在许多情形中，论者却又不自觉地将讨论重心置于税制的累进性等层面，也即更多从调节性分配的维度去检视税法的分配规制，并提出相应对策，这实为“画地自限”的做法。本书多次强调，以能力原则为核心的财政性分配功能是税法分配功能体系的核心和主体；故而若要追究分配失衡的税法动因，首先且主要应在财政性分配的维度展开。简言之，在税法进行财政性分配时对能力原则的违反，是多层类分配失衡的重要肇因。一方面，在纳税人之间分配税负时可能未体现税收公平，具体包括对横向公平或纵向公平的背离，如个人所得税层面资本所得征税的税率反倒低于中等收入群体劳动所得征税的税率，又如长期对个人自住房免征房产税，都是对相对、横向意义上能力原则的违反；[②] 另一方面，在进行“国民分配”时未能很好地贯彻“纯收益课

① 需要澄清一个误区：从经济学视角看，通过税收进行的收入分配主要是“再分配”，在此意义上，各种收入分配改革方案常常在“再分配”题域下强调税法的功能发挥；但是，必须认识到，“再分配”和本书指称的“调节性分配功能”，特别是其中的重分配功能，不可等量齐观。建立在能力原则基础上的财政性分配功能，其实也是税法进行“再分配”的表现，而且常常是更为重要的方面。如果止于学术讨论，混淆两个概念在多数情况下的负面影响尚为有限，对此主要是强调学术对话宜在同一平台展开；然而，若是基于税收的“再分配”属性而将税法的分配规制功能局限于“重分配”层面，进而仅仅从“调节”的角度去思考税法的分配机制与分配功能，便大大限缩了税法在分配规制题域可能的挥洒空间。

② 极言之，即便是通常被诟病为“累退性”明显，从而通常认为不具有分配规制功能的流转税，如果在制度设计时能够很好地体现能力原则，也可以在相当程度上发挥分配规制的作用、导向较为合理的分配格局。毕竟，正如本书前面数次提及，“消费”同样是衡量税负能力的重要指标，而且由于“消费平滑”的特质，其反倒能更准确地衡量纳税人的“一生收入”；现实中流转税制的“累退性”，很多情形下或是由于其制度设计未能很好地体现量“能”课税，对很多生活必需品未适用零税率或低税率，即如是。进言之，由于民生领域低收入者支出占比更大，所以当流转税制在这方面相应减免时，低收入者受益程度更高，“累进性”便由此产生。参见［美］B.盖伊・彼得斯:《税收政治学；一种比较的视角》，郭为桂、黄宁莺译，凤凰出版传媒集团、江苏人民出版社 2008 年版，第 206 ~ 207 页。

税”等绝对、纵向意义上的能力原则，如个人所得税工薪所得费用扣除标准的不合理，又如多种形式的重复征税，既在催动“国民分配”向前者倾斜的同时有“伤及税本”之忧，亦可间接引致不同纳税人之间的分配格局进一步恶化。

第三，对税法分配功能的作用应有客观认识。

这是一种“系统性视角”的分析。“功能”既可用来指称生命运动系统，又能表征运动满足有机体某种需要的特征。[①] 故而在审思税法的分配功能时，必须将之“嵌入”治理体系中进行分析。一方面，需要明确税法虽然是至为重要的“分配法”，但其在实施分配规制时，无论是范围还是手段，都是有限的，从而使其功能也呈现出有限性。实际上，法体系中不同的部门法，都在一定程度上、在各自“能力”范围内，发挥某种分配功能。[②] 暂且不论民法等传统法律部门调整初次分配的作用，即便在财税法体系内，狭义财政法的分配功能也常常是税法所无法取代的。[③] 哈耶克断言：“任何旨在实现公平分配的重大理想的政策，必定会导致法治的破坏。”[④] 以今人观点度之，则其偏颇之处越发明显。包括经济法、社会法在内的诸多蕴含突出“现代性”的法律部门，奉“实质正义”为圭臬，积极主动；然

---

① [法] 埃米尔·涂尔干：《社会分工论》，渠东译，生活·读书·新知三联书店 2000 年版，第 13 页。

② 如《关于深化收入分配制度改革的若干意见》中，仅仅在再分配调节机制部分，就提出“加快健全以税收、社会保障、转移支付为主要手段的再分配调节机制”。这当中就涉及税法、社会保障法、财政法（狭义）等多个法体系的角色担当。

③ 财政资源的歧视性分配，或曰“特权财政”的现象，是助长、加剧分配失衡的重要因素，“由于财政信息不公开、财政权力缺乏监督，凭借权力合法攫取财政资源的现象也是屡见不鲜”，政府公务人员分配社会保障房、机关食堂和机关幼儿园享受财政补贴、“三公消费”居高不下，都属此种情形。有学者评论，“财政法本来旨在矫正市场分配所造成的不平等，而这种财政分配反而从整体上强化了这种不平等”。熊伟：《护宪、行宪：法治财政的宪法之维》，载《中国财税法学研究会 2015 年年会暨第 23 届海峡两岸财税法学术研讨会论文集》（上卷）。相应地，也可看出财政法制度方面在分配规制方面可谓是“潜力”巨大。

④ [英] 哈耶克：《通往奴役之路》，王明毅、冯兴元等译，中国社会科学出版社 1997 年版，第 79 页。

而又在法治框架下持续地矫正各种形式的利益失衡。[①]在此意义上，税法等各类“分配法”在公平分配、矫正分配失衡方面的功能不可小觑。但如果深入探究哈氏上述言说的时代背景与精神内核，则其教诲仍会在我们理解和运用税法进行分配规制（特别是发挥调节性分配功能）时，似“逆耳忠言”般萦绕耳际、叩打心扉。另一方面，税制变迁既是税法分配功能得以实现的一种途径，变迁过程和结果也可对分配功能的发挥产生一定影响（其中不排除产生消极影响），与之相似，税法分配功能在通过税收征管实践得以实现的过程中，同样会受到多方面因素的制约。[②]相对于税法制度蕴含的分配功能本身，前述因素某种意义上属于“外生变量”，通过税制变迁路径的优化、征管能力的强化以及设计制度时对纳税人博弈能力的关注与回应，可以在一定程度上起到“趋利避害”的作用。然而，正视税法所为之分配规制常常表现为“有缺憾的美”，十分必要，这有助于消释对税法分配功能所寄予的不切实际的期望。现实中，由于“路径依赖”，人们常将税法制度本身的优化视为缓释分配失衡、优化分配格局的“充要条件”，这实际上也是一种“徒法足以自行”的观念误区。

第四，对税法分配功能的外延应有清晰判断。

这是一种“外部性视角”的分析。针对“税法的性质为何”，“诸神之争”的态势越发明显。追根溯源，学界有关税法性质的探讨，实质是对其主要功能或曰功能的主要方面之认知存在差异。其实，不同的理论主张多是缘于研究视角以及所要解决问题的不同，明晰此点，便容易发现各家学

① 如昂格尔所言，“在一种社会设法调和个人自由与社会凝聚，调和一种内在性秩序的意义和超验性批评的可能性的范围内，它可以解决这种秩序的危机。这种调和变得愈完善，社会中新出现的相互作用的法律就愈是可以揭示人性和社会共存的需要”。[美] R.M.昂格尔:《现代社会中的法律》，吴玉章、周汉华译，凤凰出版传媒集团、译林出版社 2008 年版，第 222 页。

②《关于深化收入分配制度改革的若干意见》中就指出，要“将各项收入全部纳入征收范围，建立健全个人收入双向申报制度和全国统一的纳税人识别号制度，依法做到应收尽收”，这就是关注税收征管实践对税法分配功能影响的一种表现。

说皆有其可取之处。本书认为，由税法进行分配规制的视角出发，可以证成税法的“分配法”属性，其分配性相对于其他法律部门的独特之处在于其以“税负分配”为核心，但凡涉及税负的施予，都关系到国家与国民之间的财富分割以及国民之间的收入再分配；[①] 进言之，可经由“规范—结构—功能”的脉络去把握税法的分配功能，并从“静态—动态”等多个维度对之进行系统研究。在此须特别强调两点：一者，税法蕴含多类功能，分配功能与其他税法功能可以并立并且同时发挥作用，相互间不存在“非此即彼”的关系；二者，税法的分配功能与其他功能之间也不存在“泾渭分明”的分野。对于前述第一点，正文中多次明示，此处不赘；而就前述第二点，正文中虽有涉及，但未充分提炼，所以这里略作阐述。通常来讲，对税法功能较具共识的主张是组织财政收入、分配规制和宏观调控；其实，这三项功能并非在同一平台上展开，故而彼此间存在相互交叉的空间。如正文所述，税法分配功能的三大面向之一即是在国家与纳税人间划定“两权”边界，也即税法分配功能（特别是税法的财政性分配功能）的发挥同时意味着财政收入的汲取；此外，调节性分配具有双层功能结构，调整分配关系的目的是促进特定社会、经济政策目的实现，因而宏观调控可能作为调节性分配“高阶功能”的一个方面而存在。概言之，虽然分配规制是税法的一项重要功能，但不能将之作为税法功能的全部，同时要注意税法的分配功能与其他功能之间的关系，不可割裂视之。

行文至此，有关税法分配功能的相关研究可谓暂告一段落。“行到水

① 大体上可以认为，在“民民分配”层面，税法分配功能主要表现为通过再分配的方式调整纳税人之间的分配关系，特别需要强调的是，财政性分配根据能力原则在纳税人之间分配税负，同样属于对要素收入进行调整的再分配过程。在这个过程中，也可能间接影响初次分配，这主要是一种“诱致”式的作用进路。如 2008 年开始实施的《企业所得税法》取消了计税工资制，有助于鼓励企业多发工资，从而对提高初次分配中的劳动分配率有一定的促进作用。此外，通过调节性分配功能的发挥，对“第三次分配”也能产生促进作用，本书第三章探讨的“公益性税收优惠”即如是。

穷处，坐看云起时。”[①]既可以是诗人闲居时探寻大自然的足迹，也未尝不能是探寻学术问题时心境的描摹。由于相关论题的精深与复杂，也由于拙文篇幅的限制，更由于笔者智识的局促，文中仍有不少研究有待加强、深化与拓掘。概括地讲，至少有以下几方面的研讨尚存深化空间：首先，税法两类分配功能之间的融通，特别是同一税法制度蕴含多类分配功能的情形，可以更加细致地挖掘；其次，税法进行财政性分配时，除了作为主体的能力原则外，尚可能有“受益原则”的作用空间，通常将量能课税与量益课税皆作为“税收公平”的具体表征，实际上，“受益”本身也是一种“收益”，从而同样表现出“税负能力”，[②]故而统合研究产生必要也成为可能；再次，调节性分配具有“直接功能—高阶功能”的双层功能体系，直接功能均为对分配关系的调整，其作为手段促进高阶功能的实现，当高阶功能是促进宏观调控等经济政策目标之达致时，如何兼顾调控目的与分配调节两方面的合理性，在正文提炼之比例原则的基础上，还可通过类型化方法作深入研讨；复次，税制变迁对税法分配功能的消极影响体现为对法定要求和分配利益均衡的破坏，如何由正文第二章和第三章分别阐述的两类分配功能的正当性基础提炼出前述两方面内容，正文第四章已作交代，两类分配功能的实现受税制变迁过程的影响有何差异，相应的规制思路有无区别，可以思考，此外还可扩展视域范围至部颁税法规则，检视其变迁时是否循一定程序进行，是否作出相应安排以保障利益均衡的实现；最后，税法在作用于实践的过程中，由于某些因素的影响，可能消解税法的分配功能，如欲尽量缓释此种负面影响，在税法制度层面作文章实

---

① 这句和本段后面所引用的诗皆出自王维:《终南别业》。

② 实际上，利益原则在税法中的作用主要集中在特定目的税，有些学者也称为“指定用途税”。对此须作二元分析：指定用途并非针对特定主体，此时税负分配仍然循能力原则展开；至于针对特定对象的特定目的税，则可能不再具有“税收”的性质。参见葛克昌:《税法基本问题——财政宪法篇》，元照出版有限公司2005年版，第329～330页。

属必要，然而与此同时，税法乃至法律之外的配套措施也不可忽视，限于本书主旨，正文第五章更加偏重税法维度的分析，对于其他两个维度虽有涉及，但还有深入的空间。职是之故，围绕前述问题，相关理论上的“探寻”在今后仍将持续。正所谓，“谈笑无还期”。

参 考 文 献

一、著作类

（一）中文著作

1. 陈清秀:《税法总论》，元照出版有限公司 2012 年版。

2. 陈清秀:《税法各论・上》，元照出版有限公司 2014 年版。

3. 陈清秀:《现代财税法原理》，元照出版有限公司 2015 年版。

4. 陈少英:《税收债法制度专题研究》，北京大学出版社 2013 年版。

5. 陈薇芸:《社会福利与所得税法》，翰芦图书出版有限公司 2009 年版。

6. 陈新民:《德国公法学基础理论》（增订新版・上卷），法律出版社 2010 年版。

7. 甘行琼、赵兴罗主编:《西方财税思想》，高等教育出版社 2014 年版。

8. 葛克昌:《税法基本问题》（财政宪法篇），北京大学出版社 2004 年版。

9. 葛克昌:《所得税与宪法》，北京大学出版社 2004 年版。

10. 葛克昌:《租税国的危机》，厦门大学出版社 2016 年版。

11. 葛克昌:《税捐行政法——纳税人基本权视野下之税捐稽征法》，厦门大学出版社 2016 年版。

12. 郭庆旺、吕冰洋、岳希明:《税收对国民收入分配调控作用研究》，经济科学出版社 2014 年版。

13. 何帆:《为市场经济立宪》，今日中国出版社 1998 年版。

14. 何建华:《分配正义论》，人民出版社 2007 年版。

15. 何廉、李锐:《财政学》，商务印书馆 2011 年版。

16. 黄俊杰:《税捐正义》，北京大学出版社 2004 年版。

17. 黄茂荣:《法学方法与现代税法》，法律出版社 2010 年版。

18. 贾可卿:《分配正义论纲》，人民出版社 2010 年版。

19. 姜明安:《法治思维与新行政法》，北京大学出版社 2013 年版。

20. 金锦萍编著:《社会组织财税制度》，中国社会出版社 2011 年版。

21. 李大庆:《财税法治整体化的理论与制度研究》，中国检察出版社 2017 年版。

22. 李刚:《税法与私法关系总论——兼论中国现代税法学基本理论》，法律出版社 2014 年版。

23. 廖益新、李刚、周刚志:《现代财税法学要论》，科学出版社 2007 年版。

24. 刘剑文:《法治财税论——治理现代化的中国进路》，中国财政经济出版社 2017 年版。

25. 刘剑文、熊伟:《税法基础理论》，北京大学出版社 2004 年版。

26. 楼继伟:《中国政府间财政关系再思考》，中国财政经济出版社 2013 年版。

27. 漆多俊:《经济法基础理论》(第 5 版)，法律出版社 2017 年版。

28. 沈岿:《平衡论：一种行政法认知模式》，北京大学出版社 1999 年版。

29. 沈岿:《公法变迁与合法性》，法律出版社 2010 年版。

30. 史际春、邓峰:《经济法总论》(第 2 版)，法律出版社 2008 年版。

31. 施正文:《税收程序法论——监控征税权运行的法理与立法研究》，

北京大学出版社 2003 年版。

32. 施正文:《税收债法论》，中国政法大学出版社 2008 年版。

33. 孙健波:《税法解释研究：以利益平衡为中心》，法律出版社 2007 年版。

34. 汤贡亮:《中国财税改革与法治研究》(第 2 版)，中国税务出版社 2014 年版。

35. 王冬:《税法理念问题研究》，法律出版社 2015 年版。

36. 王惠:《论税的谦抑性》，中国财政经济出版社 2013 年版。

37. 王婷婷:《课税禁区法律问题研究》，法律出版社 2017 年版。

38. 王霞:《税收优惠法律制度研究：以法律的规范性及正当性为视角》，法律出版社 2012 年版。

39. 汪进元:《基本权利的保护范围：构成、限制及其合宪性》，法律出版社 2013 年版。

40. 翁武耀:《欧盟增值税反避税法律问题研究》，中国政法大学出版社 2015 年版。

41. 邢会强:《走向规则的经济法原理》，法律出版社 2015 年版。

42. 熊伟:《美国联邦税收程序》，北京大学出版社 2006 年版。

43. 熊伟:《财政法基本问题》，北京大学出版社 2012 年版。

44. 徐孟洲等:《财税法律制度改革与完善》，法律出版社 2009 年版。

45. 薛江武:《收入分配之经济法调整》，江西人民出版社 2011 年版。

46. 薛克鹏:《经济法基本范畴研究》，北京大学出版社 2013 年版。

47. 颜庆章:《租税法》，月旦出版社股份有限公司 1996 年版。

48. 杨斌主编:《财政学》(第 2 版)，东北财经大学出版社 2010 年版。

49. 杨灿明等:《规范收入分配秩序研究》，经济科学出版社 2014 年版。

50. 叶姗:《财政赤字的法律控制》，北京大学出版社 2013 年版。

51. 应飞虎:《信息失灵的制度克服研究》，法律出版社 2004 年版。

52. 俞可平:《治理与善治》，社会科学文献出版社 2000 年版。

53. 张守文:《财税法疏议》，北京大学出版社 2005 年版。

54. 张守文等:《公平分配的财税法促进与保障》，北京大学出版社 2017 年版。

55. 张怡等:《衡平税法研究》，中国人民大学出版社 2012 年版。

56. 周刚志:《财政转型的宪法原理》，中国人民大学出版社 2014 年版。

57. 周其仁:《改革的逻辑》，中信出版社 2013 年版。

58.《外国税收征管法律译本》组:《外国税收征管法律译本》，中国税务出版社 2012 年版。

（二）外文译著

1. 张五常:《经济解释》，易宪容、张卫东译，商务印书馆 2010 年版。

2. [美] B. 盖伊 · 彼得斯:《税收政治学：一种比较的视角》，郭为桂、黄宁莺译，凤凰出版传媒集团、江苏人民出版社 2008 年版。

3. [美] 保罗·萨缪尔森、威廉·诺德豪斯:《经济学》(第 19 版·上册)，萧琛等译，商务印书馆 2012 年版。

4. [美] 查尔斯 · A. 比尔德:《美国宪法的经济观》，何希奇译，商务印书馆 2010 年版。

5. [美] 查尔斯 · K. 罗利:《财产权与民主的限度》，刘晓峰译，商务印书馆 2007 年版。

6. [美] 查尔斯 · 亚当斯:《善与恶——税收在文明进程中的影响》，翟继光译，中国政法大学出版社 2013 年版。

7. [美] 道格拉斯 · C. 诺思:《经济史中的结构与变迁》，陈郁等译，上海三联书店、上海人民出版社 1994 年版。

8. [美] E. 博登海默:《法理学：法律哲学与法律方法》，邓正来译，中国政法大学出版社 1999 年版。

9. [美] 哈维·S. 罗森、特德·盖亚:《财政学》(第 8 版),郭庆旺、赵志耘译,中国人民大学出版社 2009 年版。

10. [美] 卡罗尔·佩特曼:《参与和民主理论》,陈尧译,上海人民出版社 2006 年版。

11. [美] 劳伦斯·M. 弗里德曼:《美国法律史》,苏彦新等译,中国社会科学出版社 2007 年版。

12. [美] 理查德·波斯纳:《法律的经济分析》(第 7 版),蒋兆康译,法律出版社 2012 年版。

13. [美] 理查德·B. 斯图尔特:《美国行政法的重构》,沈岿译,商务印书馆 2011 年版。

14. [美] 罗伯特·诺奇克:《无政府、国家与乌托邦》,姚大志译,中国社会科学出版社 2008 年版。

15. [美] 罗斯科·庞德:《法理学》(第 3 卷),廖德宇译,法律出版社 2007 年版。

16. [美] 马丁·布朗芬布伦纳:《收入分配理论》,方敏等译,华夏出版社 2009 年版。

17. [美] 曼瑟尔·奥尔森:《集体行动的逻辑》,陈郁等译,上海人民出版社 1995 年版。

18. [美] 史蒂芬·霍尔姆斯、凯斯·R. 桑斯坦:《权利的成本——为什么自由依赖于税》,毕竞悦译,北京大学出版社 2011 年版。

19. [美] 托马斯·库恩:《科学革命的结构》,金吾伦、胡新和译,北京大学出版社 2003 年版。

20. [美] 维克多·瑟仁伊:《比较税法》,丁一译,北京大学出版社 2006 年版。

21. [美] 休·奥尔特、[加] 布赖恩·阿诺德等:《比较所得税法——结构性分析》(第 3 版),丁一、崔威译,北京大学出版社 2013 年版。

22. [美] 约翰 · 罗尔斯:《正义论》(修订版),何怀宏、何包钢、廖申白译,中国社会科学出版社 2009 年版。

23. [美] 约翰 · 罗尔斯:《作为公平的正义——正义新论》,姚大志译,中国社会科学出版社 2011 年版。

24. [美] 约瑟夫 · A. 佩契曼:《美国税收政策》,李冀凯、蒋黔贵译,北京出版社 1994 年版。

25. [美] 詹姆斯 · 奥康纳:《国家的财政危机》,沈国华译,上海财经大学出版社 2017 年版。

26. [美] 詹姆斯 · 布坎南:《公共财政》,赵锡军等译,中国财政经济出版社 1991 年版。

27. [美] 詹姆斯 · 布坎南:《民主财政论》,穆怀朋译,商务印书馆 2002 年版。

28.[美] 詹姆斯·布坎南、理查德·马斯格雷夫:《公共财政与公共选择:两种截然对立的国家观》,类承曜译,中国财政经济出版社 2000 年版。

29. [美] 朱迪 · 弗里曼:《合作治理与新行政法》,毕洪海、陈标冲译,商务印书馆 2010 年版。

30. [英] 弗里德里希 · 奥古斯特 · 哈耶克:《通往奴役之路》,王明毅、冯兴元等译,中国社会科学出版社 1997 年版。

31. [英] L. 赖维乐 · 布朗、约翰 · S. 贝尔:《法国行政法》(第 5 版),高秦伟、王锴译,中国人民大学出版社 2006 年版。

32. [英] 约翰·梅纳德·凯恩斯:《就业、利息和货币通论》(重译本),高鸿业译,商务印书馆 2011 年版。

33. [德] 奥托·梅耶:《德国行政法》,刘飞译,商务印书馆 2013 年版。

34. [德] 格奥尔格 · 耶利内克:《主观公法权利体系》,曾韬、赵天书译,中国政法大学出版社 2012 年版。

35. [德] 汉斯·J. 沃尔夫、奥托·巴霍夫、罗尔夫·施托贝尔:《行政法》

（第 1 卷），高家伟译，商务印书馆 2002 年版。

36. [德] 柯武刚、史漫飞：《制度经济学：社会秩序与公共政策》，韩朝华译，商务印书馆 2000 年版。

37. [德] 罗尔夫 · 施托贝尔：《经济宪法与经济行政法》，谢立斌译，商务印书馆 2008 年版。

38. [法] 狄骥：《公法的变迁》，郑戈译，中国法制出版社 2010 年版。

39. [法] 泰奥多 · 德萨米：《公有法典》，黄建华、姜亚洲译，凤凰出版传媒集团、译林出版社 2011 年版。

40. [法] 托马斯 · 皮凯蒂：《21 世纪资本论》，巴曙松等译，中信出版社 2014 年版。

41. [日] 北野弘久：《日本税法学原论》（第 5 版），郭美松、陈刚译，中国检察出版社 2008 年版。

42. [日] 大桥洋一：《行政法学的结构性变革》，吕艳滨译，中国人民大学出版社 2008 年版。

43. [日] 丹宗昭信、伊从宽：《经济法总论》，吉田庆子译，中国法制出版社 2010 年版。

44. [日] 金泽良雄：《经济法概论》，满达人译，甘肃人民出版社 1985 年版。

45. [日] 金子宏：《日本税法》，战宪斌、郑林根译，法律出版社 2004 年版。

46. [日] 南博方：《行政法》（第 6 版），杨建顺译，中国人民大学出版社 2009 年版。

47. [日] 中里实等：《日本税法概论》，西村朝日律师事务所西村高等法务研究所监译，法律出版社 2014 年版。

（三）外文原著

1. Alfred C.Aman.Jr, William T. Mayton，*Administrative Law*，Minn，1992.

2. CCH Editorial Staff Publication，Income Tax Regulations, CCH, Vol. § 1.0- § 1.281-4，2011.

3. Fleischacker, Samuel，*A Short History of Distributive Justice*, Harvard University Press，2004.

4. James W. Fesler, Donald F. Kettl，*The Politics of the Administrative Process*, CQ Press，2009.

5. Jorge M. Valadez，*Deliberative Democracy, Political Legitimacy, and Self-determination in Multicultural Societies*, Westview Press，2001.

6. Knight, Carl，*Responsibility and Distributive Justice*, Oxford University Press，2011.

7. Paul R. McDaniel, Martin J. McMahon, JR., Daniel L. Simmons，*Federal Income Taxation of Partnership and S Corporations*，Foundation Press，2012.

8. Reuven S.Avi-Yonah，*International Tax as International Law, An Analysis of the International Tax Regime*, Cambridge University Press，2007.

9. Richard Scott Carnell, Jonathan R. Marcy, Geoffrey P. Miller，*The Law of Financial Institutions*, Wolters Kluwer Law&Business，2013.

二、论文类

（一）中文论文

1. 安体富、王海勇:《结构性减税：宏观经济约束下的税收政策选择》，载《涉外税务》2004年第11期。

2. 白彦锋:《第三次分配与我国和谐社会的建设》,载《税务研究》2008年第1期。

3. 陈少英:《论财产税收入分配调节功能之强化》,载《法学》2011年第3期。

4. 丛中笑:《我国个人所得税法工薪累进税率的优化——扩大级距、减并级次和降低税率》,载《当代法学》2010年第2期。

5. 贾康:《调整收入分配惠顾低收阶层》,载《中国政党干部论坛》2010年第6期。

6. 贾康、程瑜:《论"十二五"时期的税制改革——兼谈对结构性减税与结构性增税的认识》,载《税务研究》2011年第1期。

7. 高培勇:《个人所得税改革的内容、进程与前瞻》,载《理论前沿》2009年第6期。

8. 高培勇:《论完善税收制度的新阶段》,载《经济研究》2015年第2期。

9. 胡伟:《财政民主之权利构造三题》,载《现代法学》2014年第4期。

10. 华国庆:《试论民生支出优先的财政法保障》,载《法学论坛》2013年第5期。

11. 黄学贤:《行政法中的比例原则研究》,载《法律科学》2001年第1期。

12. 蒋悟真:《中国经济法研究范式》,载《法学家》2007年第5期。

13. 李昌麒、范水兰:《正确处理收入分配改革中的十大关系》,载《现代法学》2011年第1期。

14. 李佃来:《马克思正义思想的三重意蕴》,载《中国社会科学》2014年第3期。

15. 李胜利:《分配法与再分配法》,载《法学评论》2008年第2期。

16. 李文:《我国的税制结构与收入再分配》,载《税务研究》2015年第7期。

17. 林晓:《税收公平的四种体现与重塑我国税收公平机制》，载《税务研究》2002 年第 4 期。

18. 刘寒波、杨光明:《对财政收入高速增长的思考——从制度角度的分析》，载《财政研究》2000 年第 5 期。

19. 刘剑文:《收入分配改革与财税法制创新》，载《中国法学》2011 年第 5 期。

20. 刘剑文:《财税法功能的定位及其当代变迁》，载《中国法学》2015 年第 4 期。

21. 刘剑文、侯卓:《财税法在国家治理现代化中的担当》，载《法学》2014 年第 2 期。

22. 刘剑文、侯卓:《现代财政制度的法学审思》，载《政法论丛》2014 年第 2 期。

23. 刘佐:《关于税收法定若干问题的进一步探讨》，载《税务研究》2015 年第 6 期。

24. 孟庆瑜:《分配关系的法律调整论纲——兼论弱势群体的法律保护》，载《法律科学》2004 年第 2 期。

25. 莫于川、林鸿潮:《论当代行政法上的信赖保护原则》，载《法商研究》2004 年第 5 期。

26. 漆多俊:《经济法再分配功能与我国收入分配制度改革》，载《中共中央党校学报》2008 年第 4 期。

27. 任际:《现代财政分配关系的财政法分析》，载《法治研究》2010 年第 10 期。

28. 沈岿:《监控者与管理者可否合一：行政法学体系转型的基础问题》，载《中国法学》2016 年第 1 期。

29. 施正文:《分配正义与个人所得税法改革》，载《中国法学》2011 年第 5 期。

30. 施正文:《论我国个人所得税法改革的功能定位与模式选择》，载《政法论丛》2012 年第 2 期。

31. 施正文:《〈税收征管法〉修订中的法律难题解析》，载《税务研究》2015 年第 8 期。

32. 王绍光:《从税收国家到预算国家》，载《读书》2007 年第 10 期。

33. 向玉乔:《社会制度实现分配正义的基本原则及价值维度》，载《中国社会科学》2013 年第 3 期。

34. 熊伟:《法治视野下清理规范税收优惠政策研究》，载《中国法学》2014 年第 6 期。

35. 熊伟、张荣芳:《财政补助社会保险的法学透析：以二元分立为视角》，载《法学研究》2016 年第 1 期。

36. 许多奇:《非税收入的合法性探讨》，载《法学》2013 年第 4 期。

37. 许多奇:《论税法量能平等负担原则》，载《中国法学》2013 年第 5 期。

38. 徐建炜等:《个人所得税改善中国收入分配了吗——基于对 1997—2011 年微观数据的动态评估》，载《中国社会科学》2013 年第 6 期。

39. 杨志勇:《税收理论的发展研究：公平视角》，载《税务研究》2016 年第 1 期。

40. 姚海放:《宏观调控抑或税收法治：论房产税改革的目标》，载《法学家》2011 年第 3 期。

41. 叶金育:《回归法律之治：税法拟制性规范研究》，载《法商研究》2016 年第 1 期。

42. 叶姗:《社会财富第三次分配的法律促进——基于公益性捐赠税前扣除限额的分析》，载《当代法学》2012 年第 6 期。

43. 张富强:《论营改增试点扩围与国民收入分配正义价值的实现》，载《法学家》2013 年第 4 期。

44. 张守文:《贯通中国经济法学发展的经脉——以分配为视角》,载《政法论坛》2009 年第 6 期。

45. 张守文:《差异性分配及其财税法规制》,载《税务研究》2011 年第 2 期。

46. 张守文:《分配结构的财税法调整》,载《中国法学》2011 年第 5 期。

47. 张守文:《税制变迁与税收法治现代化》,载《中国社会科学》2015 年第 2 期。

48. 张守文:《减负与转型的经济法推进》,载《中国法学》2017 年第 6 期。

49. 张翔:《财产权的社会义务》,载《中国社会科学》2012 年第 9 期。

50. 张怡:《论非均衡经济制度下税法的公平与效率》,载《法学家》2007 年第 4 期。

51. 郑功成:《社会保障:调节收入分配的基本制度保障》,载《中国党政干部论坛》2010 年第 6 期。

52. 郑艳馨:《国家调节与经济法再分配功能》,载《法学评论》2008 年第 2 期。

53. 周飞舟:《分税制十年:制度及其影响》,载《中国社会科学》2006 年第 6 期。

54. 朱大旗、胡明:《正当程序理念下我国〈税收征收管理法〉的修改》,载《中国人民大学学报》2014 年第 5 期。

55. 朱大旗、李帅:《法治视野下的司法预算模式建构》,载《中国社会科学》2016 年第 10 期。

56. 朱广新:《信赖保护理论及其研究述评》,载《法商研究》2007 年第 6 期。

57. 朱为群:《对税收四个基本理论问题的认识》,载《税务研究》2016 年第 1 期。

（二）外文论文

1. Alesina, Alberto，Rodrik, Dani，“Distributive Politics and Economic Growth”，*The Quarterly Journal of Economics*, Vol.109, No. 2，1994.

2. Anton Korinek, Jonathan Kreamer，“The Redistributive Effects of Financial Deregulation”，*IMF Working Paper* No. 13/247，2013.

3. Asoni, Andrea，“Protection of Property Rights and Growth as Political Equilibria”，*Journal of Economic Surveys*，2008.

4. A.V.Dicey，*Introduction of the Study of the Constitution,* Macmillan and Company，1915.

5. Bamji, Andrew N，“Public Finance Indiscretion”，*British Medical Journal,* Vol. 341, No.7768，2010.

6. Beramendi, Pablo, Wibbels, Erik，“Globalization, Public Finance, and Poverty”，*International Studies Review*, Vol. 17, No.4，2015.

7. Boukouras, Aristotelis，Koufopoulos, Kostas，“Separation of Powers”，*Political Competition and Efficient Provision of Public Goods*，2009.

8. Browning, Jacquelene M, “Estimating the Welfare Cost of Tax Preferences”，*Public Finance Quarterly*, Vol.7, No.2，1979.

9. Cerqueti R.，Coppier R.，“Corruptibility and tax evasion”，*European Journal of Law and Economics*, Vol.39, No.2，2015.

10. Degtyar, IM，Goncharova, LI，“Minimization：Legal Tax Reduction or Tax Evasion? ”，*Actual Problems of Economics*, Vol.109，2010.

11. Freebairn, John，“Personal Income Taxation”，*Economic Papers: A Journal of Applied Economics and Policy*, Vol.31, No.1，2012.

12. Fleischacker, Samuel，*A Short History of Distributive Justice*, Harvard University Press, 2004.

13. George Economides, "Optimal Protection of Property Rights in a General Equilibrium Model of Growth", *The Scandinavian Journal of Economics*, 2007.

14. Gillman, M., Kejak, M., "Tax Evasion, Human Capital, and Productivity-Induced Tax Rate Reduction Journal of Human Capital", Vol.8, No.1, 2010.

15. Hyman, David N., "Public Finance: A Contemporary Application of theory to policy", *The Dryden Press Series in Finance*, 6th ed, 1999.

16. Kantorowicz, Jaroslaw Danube, "Judges as Fiscal Activists: Can Constitutional Review Shape Public Finance?", *Law and Economics Review*, Vol. 5, No. 2, 2014.

17. Knight, Carl, *Responsibility and Distributive Justice*, Oxford University Press, 2011.

18. Lamont, Julian, "Distributive Justice", *The Library of Essays on Justice*, 2012.

19. M. Strawczynski, "Optimal Design of New Generation Fiscal Rules: Coping with the Business Cycle and Discretionary Tax Reductions", *Business and Economics Journal*, Vol.6, No. 3, 2015.

20. OECD, *Tax Administration 2015: Comparative Information on OECD and Other Advanced and Emerging Economies*, OECD Publishing, 2015.

21. Persson, Torsten, Roland, Gérard, Tabellini, Guido, "Comparative Politics and Public Finance", *Journal of Political Economy*, Vol.108, No.6, 2000.

22. Radzi, Siti Hirdayu Mohd, Noor, Rohaya Md, "Tax reporting for non-profit organizations (NPOs) in Malaysia, 2012 IEEE Symposium on Business", Engineering and Industrial Applications.

23. Ramakrishnan, Dr., Financial Literacy-The Demand Side of Financial

Inclusion.

24. Riza, Limor, Sher, Noam, "Why Should We Not Protest for Consumption Tax Reduction? Consumption Tax Rate as a Partial Mechanism for Increasing Consumer Wealth", *Loyola of Los Angeles International & Comparative Law Review*, Vol.36, No.3, 2015.

25. Reardon, SF, Bischoff, K, "Income Inequality and Income Segregation", *American Journal of Sociology*, Vol.116, No. 4, 2011.

26. Richard W. Wright, "The Principles of Justice", *Notre Dame Law Review*, Vol. 75, 2000.

27. Robinson, Leslie A, Sansing, Richard, "The Effect of 'Invisible' Tax Preferences on Investment and Tax Preference Measures", *Journal of Accounting and Economics*, Vol.6, No.2, 2008.

28. Security Dennis Hale, "The Evolution of the Property Tax: A Study of the Relation between Public Finance and Political Theory", *The Journal of Politics*, Vol. 47, No. 2, 1985.

29. Stacey, Amand, "No Public Purpose Test for Non-profit Organizations under the Income Tax Act", *Canadian Tax Journal*, Vol.56, No.4, 2008.

30. Stavros Gadinis and Howell E. Jackson, "Markets as Regulators: A Survey", *Southern California Law Review*, Vol. 80, 2007.

31. Thomas M. Porcano, "Distributive Justice and Tax Policy", *The Accounting Review*, Vol. 59, No. 4, 1984.

32. Vezure Oana Sabina. Public Finance Functions, Analele University Constantin Brâncuşi din Târgu Jiu : Seria Economie, Vol.3, No.1, 2011.

33. Walter J. Blun and Harry Kalven, "The Uneasy Case for Progressive Taxation", *The University of Chicago Law Review* 19 (3), 1952.

致　谢

本书系在博士论文的基础上增删修改而成，也是对自己研习财税法 7 年来偶有心得的阶段性小结。

感谢导师刘剑文教授，在为人、为学、处事、处世各个方面悉心教导。自被引进财税法学的殿堂，如同闯入秘密花园，幸得老师无微不至的鼓励、爱护和提携，在春风化雨的环境里，渐渐地也摸索出一些门道。老师强烈的社会责任感和与学生交流时的平等、包容，令我尤为感佩，虽不能至、心向往之。

感谢北京大学法学院经济法专业博士生导师组的张守文教授、甘培忠教授、刘燕教授、蒋大兴教授、郭雳教授、邓峰教授和叶姗教授，在我求学的不同阶段给予我精心指导和温暖关怀。本学科知识体系博大精深、研究生涯道阻且长，希望今后能继续聆听教诲、充实自己。

感谢北京大学法学院的朱苏力教授、潘剑锋教授、王锡锌教授、姜明安教授、王磊教授、徐爱国教授、刘凯湘教授、张平教授、汪劲教授、王新教授、杨明教授、李启成教授、张双根副教授、王社坤副教授等，诸位老师让我领悟了“大师身边宜聆教，未名湖畔好读书”的真谛，在求学期间遇到困惑时，诸位老师的指点和帮助常常能驱散迷雾，言传身教则让我终不忘初心。

感谢中南财经政法大学，为我教学和科研工作的开展提供了极大的便利，也为我的成长挹注了丰富的资源。领导和同事们的关爱让我动容，特别是吴汉东教授、姚莉教授、刘仁山教授、徐涤宇教授、高利红教授、薛刚教授、黎江虹教授、陈柏峰教授、樊启荣教授、张忠民教授、陈虹副教授、王永强副教授、刘桂清副教授和刘征峰博士等，在不同场合给予我以很大的支持，点滴在心头。

感谢葛克昌教授、黄茂荣教授、陈清秀教授、朱慈蕴教授、朱大旗教授、施正文教授、汤贡亮教授、熊伟教授、陈少英教授、张怡教授、张富强教授、周序中教授、张新民教授、熊文钊教授、陈乃新教授、蒋悟真教授、许多奇教授、王霞教授、陈治教授、徐阳光副教授、翟继光副教授等学界前辈。求学和工作期间参加学术活动，有机会不揣冒昧，向诸位先进贤达请益，不时还能获得些许肯定与鼓励，倍感荣幸。

感谢杜坤、耿颖、郭维真、胡明、胡翔、李大庆、李慈强、佘倩影、汤洁茵、王婷婷、王文婷、王桦宇、吴凯、谢宇、叶金育等学友，在学术研究的路途上，无论何时，与他们的交流总能让自己备受启发、受益匪浅。

感谢中国法学会的资助和孙立军处长的辛勤工作，使本书得以面世。书中的部分内容曾在《法学》《法学杂志》《江汉论坛》《财经理论与实践》《现代法治研究》等期刊发表，感谢相关刊物及各位编辑老师的认可。感谢法律出版社黄倩倩编辑的付出，为拙作增色不少。

感谢我的亲人，特别是我的祖父母、外祖父母和父母，一直以来鼓励、支持甚至是放任我按照自己设想的轨迹自行其是，让我感受到一种“浓得化不开”的亲情。本书是献给他们的，也希望今后能有更多的喜悦捧来与他们分享。

2018 年 10 月于江城武汉

图书在版编目(CIP)数据

税法的分配功能研究 / 侯卓著. -- 北京 : 法律出版社, 2018
(中国法学会后期资助项目文丛)
ISBN 978-7-5197-3004-8

Ⅰ. ①税… Ⅱ. ①侯… Ⅲ. ①税法-研究 Ⅳ. ①D912.204

中国版本图书馆CIP数据核字(2018)第282752号

税法的分配功能研究
SHUIFA DE FENPEI GONGNENG YANJIU
侯 卓 著
责任编辑 黄倩倩
装帧设计 李 瞻

出版 法律出版社
总发行 中国法律图书有限公司
经销 新华书店
印刷 三河市龙大印装有限公司
责任校对 李景美
责任印制 陶 松
编辑统筹 学术·对外出版分社
开本 720毫米×960毫米 1/16
印张 23.75
字数 304千
版本 2018年12月第1版
印次 2018年12月第1次印刷

法律出版社/北京市丰台区莲花池西里7号(100073)
网址/www.lawpress.com.cn
投稿邮箱/info@lawpress.com.cn
举报维权邮箱/jbwq@lawpress.com.cn
销售热线/010-83938336
咨询电话/010-63939796

中国法律图书有限公司/北京市丰台区莲花池西里7号(100073)
全国各地中法图分、子公司销售电话:
统一销售客服/400-660-6393
第一法律书店/010-83938334/8335 西安分公司/029-85330678 重庆分公司/023-67453036
上海分公司/021-62071639/1636 深圳分公司/0755-83072995

书号:ISBN 978-7-5197-3004-8 **定价**:89.00元

中国法学会后期资助项目文丛

BOOK SERIES FUNDED BY CHINA LAW SOCIETY

1. 《行政程序法典化研究》姜明安 等著
2. 《解读青年马克思的黑格尔法哲学批判》姚远 著
3. 《清代“杀一家三人”律、例辨析》吴杰 著
4. 《中央地方关系中的民主集中制研究》苗泳 著
5. 《证券内幕交易构成要件比较研究》曹理 著
6. 《欧洲婚姻财产法的未来》樊丽君 译
7. 《德国刑法教义学上的客观处罚条件》王钰 著
8. 《结果加重犯的基本原理与认定规则研究》邓毅丞 著
9. 《刑事诉讼中法院职权调查问题研究》林铁军 著
10. 《人民陪审员角色研究》刘方勇 著
11. 《非典型劳动者权益保护研究》班小辉 著
12. 《创新与反垄断——互联网企业滥用行为之法律规制研究》仲春 著
13. 《不得援引国家豁免的商业交易诉讼研究》纪林繁 著
14. 《国家侵权的国际私法问题研究》李华成 著

15.《法律的空间意象性》朱垭梁 著

16.《罗马体育法要论》赵毅 著

17.《〈大清律例〉律目研究》张田田 著

18.《陕派律学家事迹纪年考证》闫晓君 著

19.《论行政法上的意思表示——兼论行政行为构成中的意识要件》田勇军 著

20.《新农村建设中保障农民政治参与权利的制度创新研究》蔡振亚 王为东 著

21.《国家赔偿法研究述评》上官丕亮 主编

22.《个人信息与权利配置——个人信息自决权的反思和出路》刘金瑞 著

23.《从“大陆”走向“混合”的路易斯安那民法典》李宁 著

24.《防控网络恐怖活动立法研究》皮勇 著

25.《背信犯罪：当代社会的白领犯罪》刘荣 译

26.《刑事诉讼中的鉴定意见质证制度研究》王跃 著

27.《互联网规制的国际贸易法律问题研究》孙南翔 著

28.《相关市场界定研究——以技术许可协议为视角》周围 著

29.《外资并购国家安全审查制度的平衡机制研究》杨静 著

30.《司法改革背景下裁判文书说理繁简分流研究》罗灿 著

31.《当代中国法制的政治逻辑》瞿郑龙 著

32.《美国行政法规的司法审查研究》杨蕾 著

33.《非上市公司股份交易法律问题研究》黄爱学 著

34.《中国商事立法研究》张保红 著

35.《日本民事再审事由研究——以判例分析为中心》翟志文 著

36.《论民法教义体系与家庭法的对立与融合：现代家庭法的谱系生成》刘征峰 著

37.《香港与内地刑事法制冲突问题研究》马正楠 著

38.《刑事程序性法律后果研究》马永平 著

39.《抢劫罪量刑经验研究》赵学军 著

40.《生态安全义务履行与人的致灾性法律控制》王建平 著

41.《税法的分配功能研究》侯卓 著